유럽의
첫 번째 태양,
스페인

처음 만나는 스페인의 역사와 전설

처음 만나는 스페인의 역사와 전설

El primer sol de Europa, España

유럽의 첫 번째 태양,
스페인

서희석 · 호세 안토니오 팔마 지음

을유문화사

처음 만나는
스페인의 역사와 전설

유럽의 첫 번째 태양,

스페인

발행일
2015년 9월 25일 초판 1쇄
2024년 10월 15일 초판 12쇄

지은이 | 서희석·호세 안토니오 팔마
펴낸이 | 정무영, 정상준
펴낸곳 | (주)을유문화사

창립일 | 1945년 12월 1일
주 소 | 서울시 마포구 서교동 469-48
전 화 | 02-733-8153
팩 스 | 02-732-9154
홈페이지 | www.eulyoo.co.kr
ISBN 978-89-324-7322-2 03920

머리말

모히토 칵테일을
닮은 나라, 스페인

✛ 스페인은 어떻게 이루어졌을까? 주변에 스페인 사람이 있다면 한번 물어보라. 그들의 조상이 누구인지. 아마 그들은 머뭇거릴 것이다. 과연 나의 조상은 누구이지? 로마인일까? 서고트족일까? 이슬람 사람일까? 아니면 타르테소스인일까? 이베로족일까? 켈트족일까? 켈티베로족일지도 몰라. 결국 스페인 역사에 스쳐 갔던 종족들을 말하다가 "몰라, 아마 전부 다일지도 모르겠다"고 할 것이다.

스페인은 유라시아 대륙의 서쪽 끝에 있는 반도 국가이다. 우리나라는 유라시아 대륙의 동쪽 끝에 있다. 스페인과 우리나라는 대륙 끝에 있는 반도 국가라는 면에서 닮아 있다. 하지만 스페인은 수많은 이민족의 침략을 받으면서 결국 그들의 조상이 누구인지 알 수 없게 돼 버린 나라이다. 반면 우리나라는 단군이 고조선을 세운 이래 한민족임을 자랑하고 있다. 우리나라 사람이 생각하는 한민족이라는 것이 스페인에서는 굉장히 이상한 이야기로 들릴 수 있다.

스페인 사람들은 어떻게 한 나라가 한 핏줄로 이어져 내려올 수 있는지 그 자체를 신기하게 느낀다. 스페인은 역사적으로 여러 민족이 칵테일처럼 섞이면서 성장해 온 나라이기 때문이다. 따라서 스페인의 역사를 앎으로써 우리는 스페인을 거쳐 간 페니키아, 그리스, 카르타고, 로마, 게르만, 이슬람 등의 옛 민족들의 역사에 대해서 배울 수 있다.

오늘날 스페인의 경제력이 약해져 좋은 뉴스보다는 부정적인 뉴스로 스페인을 접할 때가 많다. 하지만 스페인어는 세계에서 4억 5천만 명이 모국어로 사용하는 언어이다. 중국어에 이어 세계에서 두 번째로 많은 숫자이다. 중국의 경우 중국 자체의 인구가 많기 때문에 언어가 사용되는 지역의 범위와 사용 인구의 수로 보면 스페인어가 전 세계에서 가장 많이 사용되는 언어라 할 수 있다. 그런 스페인어의 저력이 바로 스페인의 역사에 있다. 스페인의 역사는 계속 새로운 민족이 거쳐 가고 융합되며 나타난 독특한 역사이다. 스페인의 역사는 스페인을 거쳐 간 모든 민족의 역사이다.

스페인에서는 라임, 민트, 설탕 시럽을 넣어 만든 모히토라는 칵테일을 많이 마신다. 모히토를 만드는 재료 중에서 하나만 빠져도 모히토는 모히토가 아니다. 스페인도 마찬가지다. 오늘날의 스페인이 등장하기까지 스페인을 거쳐 갔던 모든 민족의 역사가 곧 스페인이다. 이 책에서는 이러한 스페인이 어떻게 만들어졌는지, 어떻게 해가 지지 않는 나라라고 말할 정도로 강한 나라가 되었는지, 그리고 그렇게 강했던 나라가 왜 몰락했는지에 대해서 알아보려고 한다. 스페인 사람조차 모르는 스페인 역사의 비밀, 거기에 막연히 사람들이 스페인을 찾는 이유가 있다. 그 이유는 숨겨져 있지 않다. 다만 복잡하게 얽혀 있어서 어디서부터 말을 해야 할지 알 수 없을 뿐이다. 이 책과 더불어 독자들이 스페인이라는 인류 역사 중에서도 가장 맛있는 칵테일을 함께 음미할 수 있다면 좋겠다.

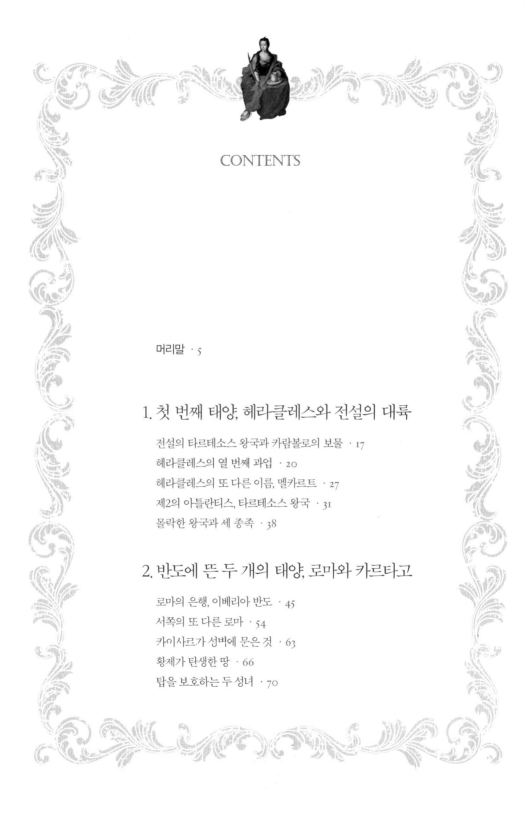

CONTENTS

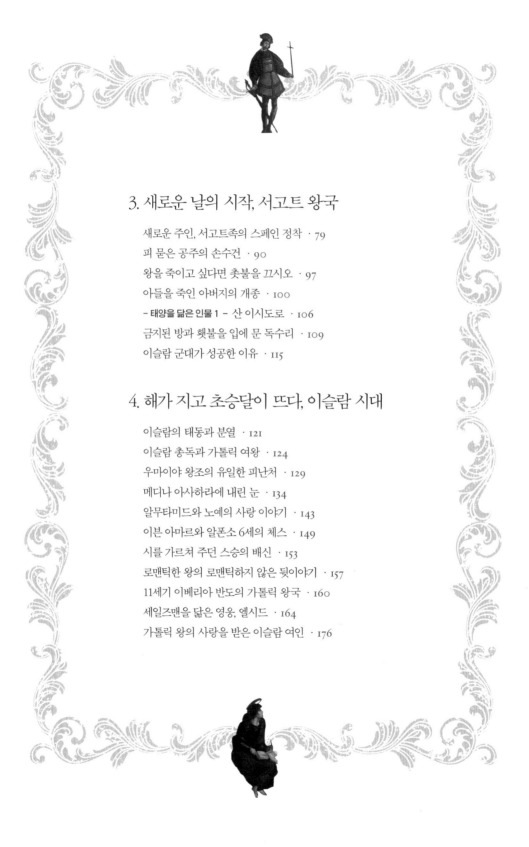

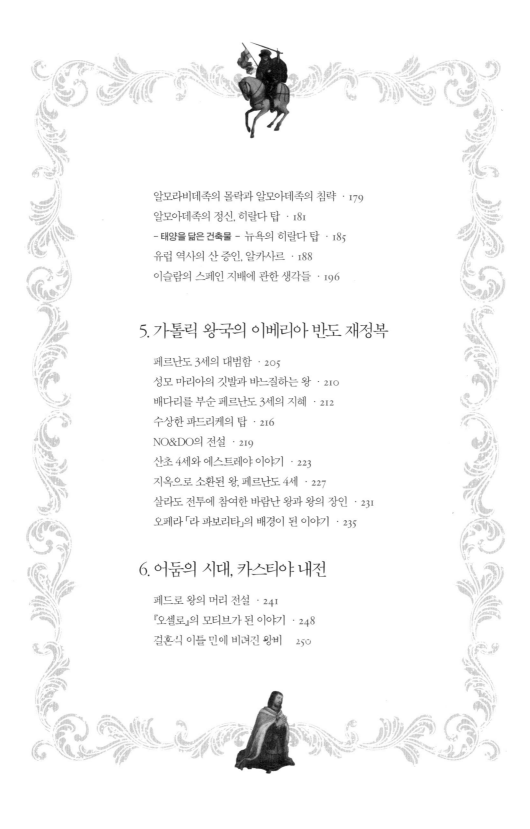

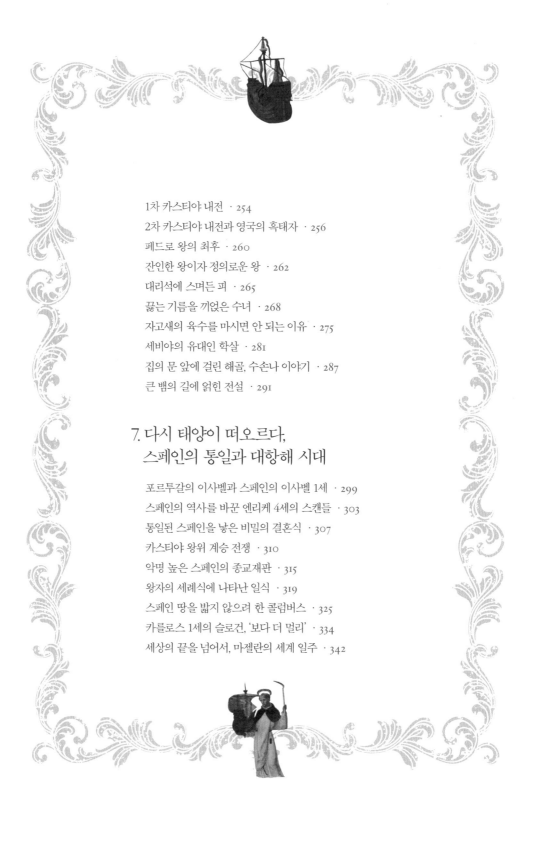

7. 다시 태양이 떠오르다, 스페인의 통일과 대항해 시대

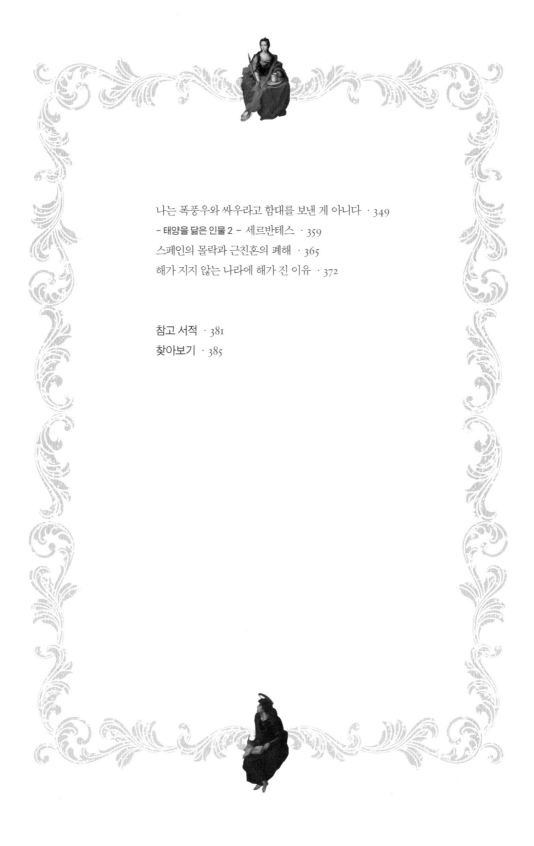

펠리페 2세 시기의
스페인

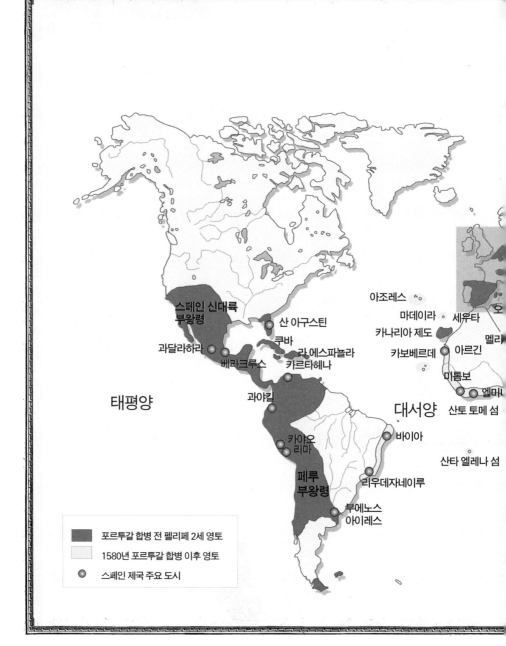

스페인 신대륙
부왕령

과달라하라

베라크루스

산 아구스틴

쿠바

라 에스파뇰라
카르타헤나

태평양

과야킬

카야오
리마

페루
부왕령

바이아

산타 엘레나 섬

리우데자네이루

부에노스
아이레스

대서양

아조레스

마데이라   세우타
카나리아 제도
카보베르데   아르긴

멜리

미톰보
엘미

산토 토메 섬

포르투갈 합병 전 펠리페 2세 영토

1580년 포르투갈 합병 이후 영토

스페인 제국 주요 도시

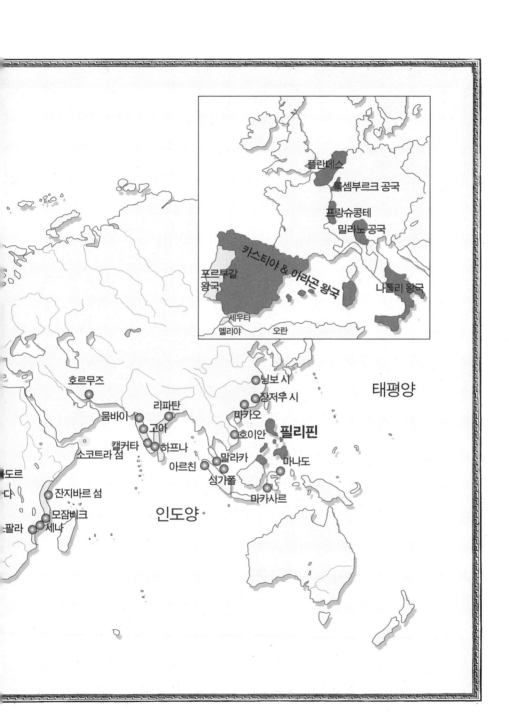

플란데스

룩셈부르크 공국

프랑슈콩테

밀라노 공국

카스티야 & 아라곤 왕국

포르투갈
왕국

나폴리 왕국

세우타

멜리야   오란

호르무즈

닝보 시

장저우 시

태평양

리파탄

마카오

뭄바이

고아

호이안

필리핀

캘커타

하프나

소코트라 섬

아르친

말라카

마나도

도르
다

잔지바르 섬

싱가폴

마카사르

모잠비크

세나

인도양

팔라

GASCONIA

Tholofa
Pyrenei môtes

Monpolier

Baiona

Bitters

Caput crucis

Roncis

Narbona

Fons Rabix

Barb. Marꝰ

Parpian

Ronceuall

Tudela

Bergofa

Pampelona

Vich

Tarazona

Borgia

Girona
Epatus

Empuries

Soria

Saragoza
Cæfar Augufta

Cardona
Ducatus

Lobregat fl.

ARAGONIA

Fraga

Ca ralonia

Ilerda
Leyda

Segre fl.

Alcaniz

ibers et ibro fl.

Tarragona

Cubels

Barfalona

Iubalda mons

Torofa

Noues

Serra fl.

Larone

Valentia

Maiorca
Mallorca

Minori
Menorc

Chinear fl.

Gottanor fl.

Antiglia

Almanfa

Cormedera

Dena

Eues

Murcia

Elda

Alicante

Sicura fl.

Cerne

Mula

Carragena

Aquile

Susana

Bara

Almeria

mare mediterraneum

Der Berg Ronßeual vor zeiten mons Pyreneus geheissen/scheidet Hispaniã von Franckreich/vnnd ziehen sich zwey Gebirg vonn jhm durch Hispaniã/vnder welchen eins sich streckt biß gehn Portugall/v.ad scheidet es von Gallicia/hat mancherley namen/nach dem es ander vnd andere Völcker bekreifft. Bey dem Strictũ Sybilier verstand dz eng Meer/so zwischen Hispaniam vnd Mauritaniam jñher ghet.

CHAPTER

1. 첫 번째 태양, 헤라클레스와 전설의 대륙

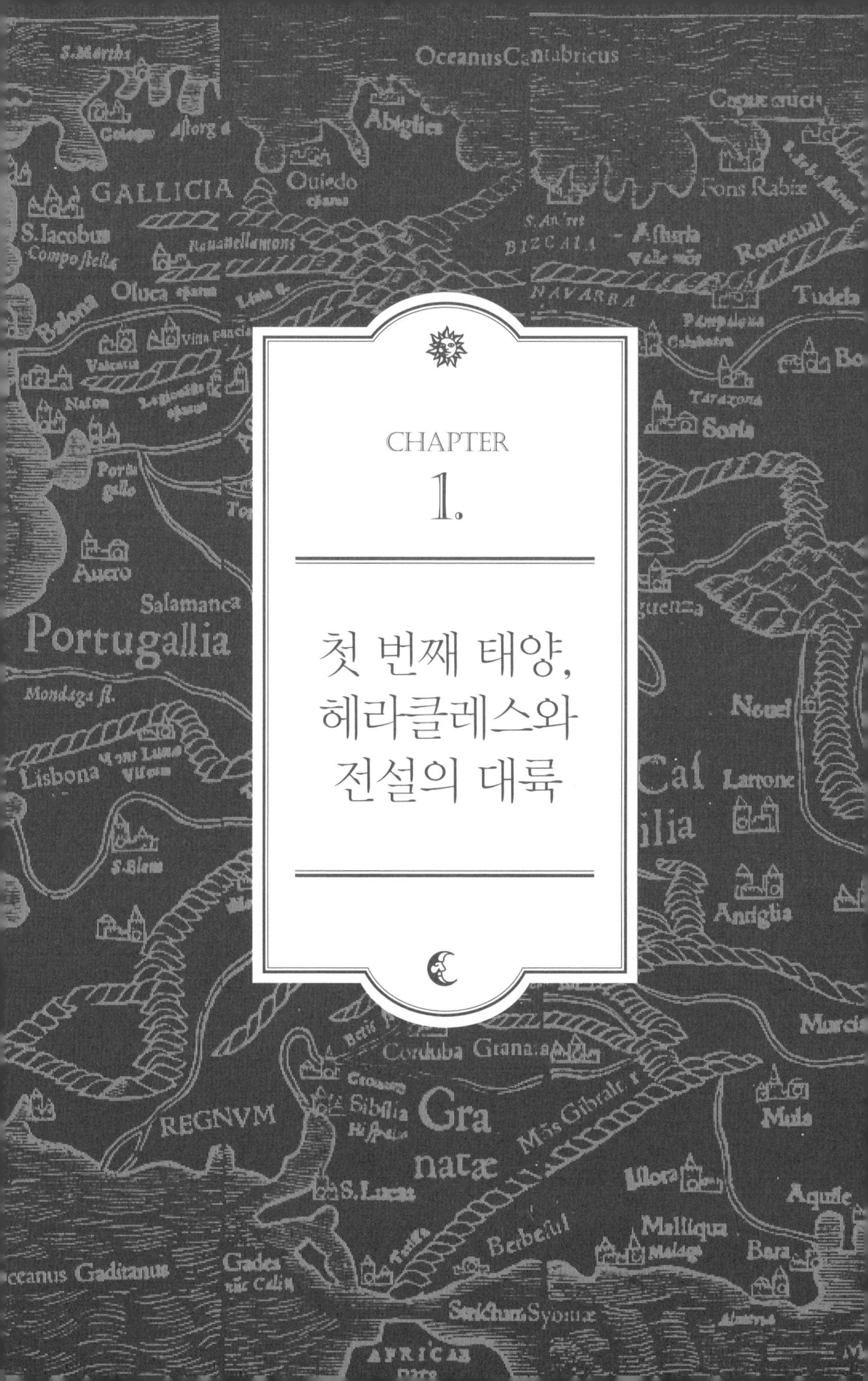

S. Martha
Oceanus Cantabricus
Caput crucis
Colonia   Astorga
Abiglies
B. Sebastiani
GALLICIA   Ouiedo
S. Andres
Fons Rabix
eianus
BIZCAIA
Asturia
S. Jacobus
Valle nös
Ronceuall
Compostella
Rauanellamons
NAVARRA
Tudela
Oluca eianus
Liola fl.
Pampelona
Balona
Vina pancia
Cabateura
Borgia
Valcaria
Lyon
Burgus
Nazera
Tarazona
Soria
Nafon
Legionullo eianus
Pisurg. A.
Asturga
Val Dolis
Palenza
Medina
Porto
Toro
Duero fl.
Siguenza
gallo
CASTI   LIA
Auero
Salamanca
Segobia
Noueļ
Portugallia
Alcala
Madrit
Cal
Mondaga fl.
Tatus
tilia
Larrone
Lisbona
Mons Luna
Vicra
Torneda mōs
Chine
S. Blem
Guadiana fl.
Anriglia
Merida
Elda
Betis et Guadalquebir
Murcia
Betis fl.
Vbed
Corduba   Granaia
Mula
REGNVM   Sibilia   Gra
Hispalis   natæ
Mōs Gibralt. r
Illora
Aquile
Su
S. Lucas
Malliqua
Bara
Berbesul   Malaga
anus Gaditanus
Gades
nc Calis
Stritum Sybour
Almeria
Mare
AFRICAE
pars

전설의 타르테소스 왕국과
카람볼로의 보물

✛ 1958년 9월 30일 카람볼로Carambolo라는 세비야 근교의 낮은 언덕에서 쇼핑 센터를 짓기 위해 인부들이 열심히 땅을 파고 있던 중이었다. 작업을 하던 한 인부의 삽에 툭 하고 무언가가 걸렸다. 일꾼들은 조심스레 그 주변을 파기 시작했다. 그들은 흙 속에서 황금으로 만든 보물을 발견했다. 작업자들은 얼핏 봐도 오래되고 귀해 보이는 보물을 보고 욕심이 생겼다. 그들은 보물을 나눠 가지고 정부에 신고하지 않기로 했다. 하나라도 팔기만 할 수 있다면 모두 부자가 될 수 있었다. 더 이상 땡볕 아래 땀을 흘릴 필요도 없었다. 그런데 보물을 나누는 데서 문제가 생겼다. 보물이라도 똑같은 게 아니었다. 인부 가운데 한 명이 이런 생각을 하기 시작했다.

'내가 받은 보물이 아무래도 저 사람 것보다 작고 초라해 보이는데? 보물을 먼저 발견한 사람은 나인데 너무 한 거 아냐? 저 사람은 한 것도 없이 나보다 더 좋은 보물을 가지고 가다니 너무하잖아.'

이미 그의 보물만해도 대대손손 먹고 살 수 있을 만한 가치가 있었다. 그런데 그는 일단 다른 사람의 보물이 자기가 가진 것보다 값비싸다고 생각하자 질투가 나서 견딜 수가 없었다. 그는 결국 성질을 이기지 못하고 경찰에 신고를 해 버렸다. 자신도 보물을 갖지 못하겠지만 그보다 더 멋져 보이는 보물을 가진 사람도 그와 같이 빈손이 되길 바란 것이다. 작업자들 사이에서 그는 배신자가 된 셈이었지만 그가 아니었다면 카람볼로의 보물은 세상에 나오지 못했을 것이다.

이후 정식으로 고고학자 겸 교수인 후안 데 마타 카리아소 아로키아^{Juan de Mata Carriazo Arroquia}가 이끄는 발굴 작업 팀이 현장에 들어갔다. 작업 팀은 21점의 순금으로 된 목걸이와 팔찌, 브로치 등등의 부장품을 발굴해 냈다.

카람볼로의 보물이 발견된 곳은 과거 페니키아 신을 모시는 신전이었다. 카람볼로의 신전은 사제가 소를 아스타르테^{Astarte} 신에게 제물로 바쳤던 장소로 여겨지고 있다. 스페인에 페니키아 신전이 있는 까닭에 대해서는 두 가지 추측이 있다. 페니키아인들이 항해의 안전을 빌기 위해 신전을 지었거나 아니면, 타르테소스 사람들이 페니키아의 신을 받아들여 만들었다는 것이다. 타르테소스인들은 많은 자료를 남기지 않았고, 남은 자료도 해석할 수 없어서 정확한 판단은 내리기 힘들다.

발굴 작업 팀은 카람볼로에서 발견된 21점의 황금 장신구를 의식에 참여하는 사제의 몸에 둘렀거나 제물로 바치는 소의 몸에 걸쳤던 것으로 추정했다. 보물들의 추정 제작 연도는 기원전 8~6세기경까지 거슬러 올라갔다. 이 시기는 문헌상 타르테소스 왕국이 스페인 남부 지역에 있었다. 타르테소스 왕국과 관련하여 그리스 역사가 헤로도토스는 다음과 같이 기술했다.

"그리스 사모스 섬 출신의 사람들이 이집트를 향해 항해를 하다가 동쪽에서 불어오는 강한 바람에 휩쓸렸다. 바람이 멈추지 않아 그들은 헤라클

레스의 기둥(지브롤터 해협)을 지
날 수밖에 없었다. 바람이 잦아지
자 사모스인들은 육지에 상륙했다.
그곳에는 120살의 아르간토니우스
왕이 다스리는 타르테소스 왕국이
있었다."

헤로도토스는 기원전 630년~
550년에 120살까지 산 아르간토니
우스 왕이 타르테소스 왕국을 80년
간 통치했다고 적었다. 이와 관련하
여 발굴 팀을 이끌었던 후안 교수

로마 시대 도로 지도에 표시된 헤라클레스의 기둥

는 보물들을 모두 조사한 뒤 다음과 같이 발표했다.

"전설적인 타르테소스 왕인 아르간토니우스의 이름에 어울리는 보물이다."

타르테소스 왕국은 아틀란티스처럼 전설에만 존재하는 나라였다. 타르테
소스와 관련된 기록도, 타르테소스의 유물도 남아 있는 것이 거의 없었기 때
문이다. 후안 교수가 카람볼로의 보물이 타르테소스 왕국의 것이라고 발표
하자 온 스페인이 들썩거렸다.

처음 소개한 발굴의 뒷이야기는 사실 잘 알려져 있지 않다. 보통은 카람
볼로에서 공사 중이던 인부들이 바로 유물을 발견한 뒤 신고해서 교수들과
발굴 작업 팀이 들어갔다고 알려져 있다. 카람볼로의 보물과 관련된 발굴의
뒷이야기는 인간의 질투심이 사회에 긍정적으로 작용한 특이한 사례라 할
수 있다. 카람볼로의 보물이 중요한 이유는 전설로만 있던 타르테소스 왕국
의 존재를 증명해 준 최초의 유물이었기 때문이다.

타르테소스 왕국의 중심지였던 세비야에서는 헤라클레스가 도시를 세웠

다고 믿고 있다. 헤라클레스는 어떻게 세비야에 도시를 세울 수 있었을까?
그 해답은 그리스 신화에 나와 있다.

헤라클레스의
열 번째 과업

·┼· 먼 옛날에 지중해 동쪽에 사는 사람들은 지중해를
지나 대서양으로 나가면 그곳에 지옥이 있다고 믿었다. 스페인 서쪽 지역은
유럽 대륙의 끝이자 세상의 끝이었다. 그만큼 지중해 동쪽 끝에서 서쪽 끝
인 스페인까지 오는 일은 어려웠다.

오늘날 스페인 남부 도시 세비야에 가면 시청사와 알라메다 데 에라쿨레
스Alameda de Heracules에 그리스 신화에 나오는 헤라클레스의 동상이 서 있
다. 세비야와 헤라클레스는 언뜻 연관성이 없는 것처럼 보인다. 헤라클레스
는 그리스 출신이고 세비야는 지중해 서쪽 끝인 이베리아 반도에 있기 때문
이다. 그런데 신화에 따르면 마치 단군이 고조선을 세운 것처럼 세비야 사람
들은 세비야에 도시를 맨 처음 세운 사람이 헤라클레스라고 믿고 있다. 세비
야 사람들이 동상을 세워 헤라클레스를 아직까지 기리고 있는 것도 이 때문
이다. 그렇다면 헤라클레스는 어떻게 그리스에서 스페인까지 건너오게 되었
을까? 이 질문에 대한 해답은 헤라클레스의 열두 가지 과업에서 찾아볼 수
있다.

헤라클레스는 신인 제우스와 인간인 알크메네 사이에서 반신반인으로 그
리스에서 태어났다. 헤라클레스는 '헤라의 영광'이라는 뜻으로 제우스가 직
접 이름을 지었다. 질투가 많은 그의 부인인 헤라가 헤라클레스를 사랑해 주
기를 바랐기 때문이다. 제우스는 헤라클레스가 훌륭하게 자라 그리스를 통

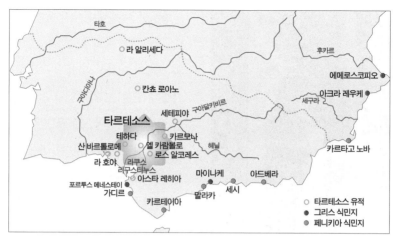

타르테소스 왕국 위치를 추정한 지도

치하는 모습을 보고 싶었다. 제우스는 헤라클레스가 태어나는 날을 미리 알고 "오늘 태어나는 페르세우스의 자손이 그리스의 위대한 왕이 될 것이다"라고 선언한다.

헤라는 제우스가 바람을 피워서 낳은 자식을 그리스의 왕으로 만들려 하자 화가 났다. 그녀는 이를 방해하기 위해 또 다른 페르세우스의 자손인 에우리스테우스를 찾아냈다. 에우리스테우스는 아직 뱃속에서 7개월밖에 안 되었기 때문에 헤라클레스가 태어난 뒤에 세상에 나와야 정상이었다. 헤라는 자신의 능력으로 에우리스테우스가 헤라클레스보다 먼저 태어나게 했다. 이 때문에 운명이 뒤바뀌어 에우리스테우스가 헤라클레스 대신 그리스의 왕이 되었다.

헤라는 그걸로 모자라 태어난 지 얼마 안 된 헤라클레스가 요람에 있을 때 그를 죽이려고 독사 두 마리를 풀어 보냈다. 헤라클레스는 아기였지만 그때부터 힘과 용기가 어찌나 대단했던지 두 손으로 독사를 한 마리씩 잡아 죽여 버렸다.

세비야 시청사에 있는 헤라클레스 동상

장성한 헤라클레스는 오로코메노스Orchomenos의 에르기노스 왕과 테베의 크레온 왕의 전투에 참가했다. 그는 크레온 왕의 편에 서서 아테나 여신의 도움을 받아 테베를 승리로 이끌었다. 큰 공을 세운 헤라클레스는 크레온 왕의 첫째 딸인 메가라와 결혼했다. 이후 헤라클레스는 메가라와 3명의 아이를 낳고 행복하게 살았다.

하늘에서 지켜보던 헤라는 그가 행복하게 사는 모습이 꼴 보기 싫었다. 헤라는 신의 능력으로 헤라클레스를 미쳐 버리게 만들었다. 그는 육지를 나눠서 바다를 생기게 할 정도로 힘이 센 사람이었다. 그러나 그 역시 여신인 헤라를 당해 낼 수는 없었다. 헤라의 저주로 인해 헤라클레스의 눈에 부인과 자식들이 괴물로 보였다. 그는 강했기에 늘 그래 왔듯이 괴물을 두려워하지 않고 때려잡았다. 오히려 그가 약한 인간이었다면 괴물을 보고 무서워서 도망쳤을 것이고 그렇다면 그는 자신의 손으로 자신이 가장 사랑하는 사람을 죽이지도 않았을 것이다.

제정신은 아니었지만, 힘은 그대로였던 헤라클레스는 부인과 자신의 아이들을 죽이고 만다. 한참이 지나 정신을 차린 헤라클레스는 피투성이가 되어 쓰러져 있는 가족들을 보고 충격을 받았다. 그는 사랑하는 사람들을 자기 손으로 죽인 뒤 죄책감과 감당할 수 없는 슬픔을 느꼈다. 가장 강한 인간이 큰 죄를 짓고 가장 약한 인간이 되는 순간이었다. 죄책감은 인간을 나약하게 만드는 무기이다. 그 순간의 헤라클레스는 어린아이라도 마음을 먹으면 쉽게 그를 죽일 수 있었다. 왜냐하면, 그 자신이 죽기를 바랐기 때문이다.

헤라클레스는 자신의 죄를 용서받기 위해 델포이 신전에서 간절히 기도했다. 기나긴 기도 끝에 그는 "미케네의 왕인 에우리스테우스를 섬겨 그가 시키는 일을 하라"는 신탁을 받는다. 그런데 사실 그 신탁은 헤라가 헤라클레스를 괴롭히기 위하여 몰래 내린 것이었다. 헤라클레스는 헤라가 개입한 것도 모르고 신탁에 따라 미케네로 가서 에우리스테우스가 시키는 과업을 수행했다. 이 유명한 열두 가지 과업들은 다음과 같다.

네메아의 사자 죽이기

레르네의 히드라 죽이기

아르테미스 여신의 황금 뿔을 가진 암사슴 데려오기

에리만토스의 멧돼지 사로잡아 오기

아우게이아스의 외양간 청소하기

스팀팔로스의 괴물 같은 새들을 처치하기

크레타의 미친 황소를 생포하기

디오메데스 왕의 식인마를 잡아오기

아마존의 여왕 히폴리테의 허리띠를 훔쳐오기

게리온의 황소 떼를 데려오기

헤스페리데스의 황금 사과 따 오기

저승을 지키는 개 케르베로스를 사로잡아 오기

이중에서 열 번째 과업을 살펴보자. 에우리스테우스 왕은 헤라클레스에게 게리온Geryon의 황소 떼를 데려오라고 했다. 단순히 황소 떼를 데려오는 일이라면 어려운 일이 아닐 텐데 문제는 황소의 주인과 황소 떼가 있는 곳이었다. 황소의 주인인 게리온은 세 개의 머리와 몸을 가진 괴물이었고 황소 떼는 머리가 두 개 달린 괴물 개인 오르토스와 거인 목동 에우리티온이 지키고 있었다. 그리고 게리온은 세상의 서쪽 끝에 있는 에리테이아 섬에 살았다.

스페인에서는 전설에 나오는 에리테이아 섬이 바로 세비야라고 이야기한다. 그 근거로는 첫째, 그리스 신화에서 세상의 서쪽 끝은 스페인 남서부 지방을 의미했다. 둘째, 게리온은 세비야에 있었던 고대 타르테소스 왕국의 왕이었다는 것이다. 물론 지금의 세비야는 섬이 아니다. 그런데 예전에는 세비야에 흐르는 과달키비르 강의 흐름이 지금과 달라서 세비야의 구시가지만 강 위에 섬처럼 드러나 있었다.

헤라클레스가 에리테이아 섬으로 가려면 험난한 아틀라스 산맥을 넘어가야 했다. 신화에서 헤라클레스는 아틀라스 산맥을 넘어가는 대신 힘으로 부숴 버렸다.* 에리테이아 섬에 도착한 헤라클레스는 섬을 돌아다니다 게리온의 황소 떼를 발견했다. 황소들은 넓은 들판에서 한가롭게 뛰놀고 있었다. 그는 황소 떼를 자신이 타고 온 배로 몰았다. 그런데 갑자기 괴물 개 오르토스가 헤라클레스를 향해 사납게 짖으며 뛰어왔다. 헤라클레스는 몽둥이로 오르토스를 때려잡았다. 오르토스를 죽이자 거인 목동 에우리티온이 쫓아왔다. 헤라클레스는 힘이라면 아무리 큰 거인에게도 뒤지지 않았으므로 에우리티온도 싸워 무찔렀다.

---

* 아틀라스 산맥은 원래 지금의 유럽 대륙과 아프리카 대륙을 잇고 있었는데 헤라클레스가 산맥을 부숴 버리는 바람에 대서양과 지중해로 나뉘었다고 한다. 전설에 따르면 그때 지중해에서 대서양으로 나가는 좁은 지브롤터 해협이 생겨났다. 오늘날 지브롤터에 남아 있는 헤라클레스의 기둥이라 불리는 바위산이 바로 그때의 흔적이라고 한다.

헤라클레스는 황소 떼를 배에 싣고 출발하려고 했다. 이때 머리와 몸통이 세 개인 괴물 게리온이 화가 나서 달려왔다. 헤라클레스는 히드라의 독이 묻은 화살로 게리온을 쏘아 죽였다.

보통 그리스 신화에서는 헤라클레스가 황소 떼를 에우리스테우스 왕에게 데리고 가 열 번째 과업을 완수하는 것으로 끝이 난다. 세비야의 전설에는 그 이후 이야기가 펼쳐진다. 헤라클레스는 배에 황소 떼를 싣고 그리스로 돌아가기 전 과달키비르 강 근처에서 한 여자를 만나 사랑에 빠진다. 그 여인의 이름은 아스타르테Astarteh였다. 헤라클레스는 첫눈에 아스타르테에게 반해 그녀를 따라다녔다. 그녀는 헤라클레스에 관해서는 아무것도 알고 싶지

도자기에 묘사된 게리온과 싸우는 헤라클레스

과달키비르 강과 트리아나 지구

않다고 하며 도망쳤다.

아스타르테는 귀찮게 하는 그를 피해 과달키비르 강 건너편으로 도망갔다. 헤라클레스는 여기저기 그녀를 찾아다녔지만 그녀는 어디에도 없었다. 그녀를 얻지는 못했지만 헤라클레스는 그녀를 찾으러 돌아다니는 동안 세비야 지역의 매력에 푹 빠졌다. 항해가 가능한 큰 강, 농작물이 잘 자라는 비옥한 땅, 동물을 방목할 수 있는 넓은 초원, 햇볕이 강하고 맑은 날씨가 마음에 든 것이다. 그는 에리테이아 섬에 새 도시를 세웠다. 바로 이 도시가 오늘날의 세비야이다.

과달키비르 강 건너편에 숨었던 아스타르테는 어떻게 되었을까? 전설에 따르면 아스타르테는 헤라클레스가 강 건너편에 도시를 세우는 것을 보고 샘이 났다. 그래서 아스타르테도 자신이 숨었던 지역에 트리아나라는 새 도시를 세웠다고 한다.

헤라클레스의 또 다른 이름,
멜카르트

✛ 헤라클레스는 그리스 신화에 나오는 영웅이고, 세비야는 세상의 끝에 있다고 믿어지던 곳에 있었다. 실제로 헤라클레스가 세비야를 세웠을까? 이 질문에 답변하기 위해서는 페니키아와 페니키아인이었던 멜카르트Melkart에 대해서 살펴봐야 한다.

페니키아는 현재의 레바논, 시리아, 이스라엘 북부의 해안가에 걸쳐 페니키아인이 세운 도시 국가들을 지칭하는 말이다. 페니키아의 문제점은 동쪽에 강력한 아시리아 제국이 있어서 육지로는 확장을 할 수 없다는 것이었다. 아시리아는 매우 강했다. 페니키아는 아시리아에 대항하기 위해 그보다 더 강해져야 했다. 페니키아인들은 해답을 지중해에서 찾았다. 그들은 열려 있는 지중해에서 교역을 통해 식민지를 세우고 부를 축적하고자 했다. 보통 페니키아 지역에서는 나무를 보기가 힘들었다. 그런데 다행히 레바논 지역에는 나무가 있었다. 페니키아인들은 그 나무로 배를 건조해서 지중해를 항해했다. 페니키아인은 점차 지중해 무역을 독점하면서 부를 축적했다.

지중해를 자유롭게 항해하던 페니키아인들이었지만 감히 넘보지 못하는 곳이 있었다. 지금의 지브롤터 해협을 지나면 대서양이 시작되는데 고대인들은 그 해협을 지나면 세상의 끝이 나와 끝없는 암흑 속으로 추락할 것이라고 믿었다. 멜카르트는 새로운 곳에 가 보고 싶어 하는 열망이 강한 탐험가였다. 그는 지브롤터 해협 너머에 무엇이 있는지 궁금했다. 멜카르트는 과감히 지브롤터 해협을 지나서 대서양으로 항해했다. 세상의 끝이 나오는지 아니면 새로운 기회의 땅이 펼쳐질지 직접 보고 싶었던 것이다. 놀랍게도 지브롤터 해협을 지나서도 바다가 있었고, 육지가 있었다. 멜카르트는 대서양으로 나와 육지를 따라 북상하던 중 내륙으로 통하는 큰 강을 만났다. 바로

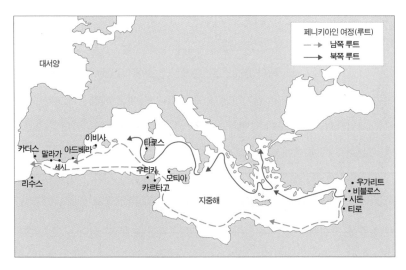

페니키아인의 지중해 항해

이 강이 과달키비르 강이다. 과달키비르 강은 지금과 마찬가지로 넓고 수심이 깊어 항해하는 데 문제가 없었다. 그는 강을 따라 육지로 계속 올라가서 지금의 세비야에 도착했다.

멜카르트가 세비야에 도착했을 때 그곳에는 타르테소스 왕국이 있었다. 이베리아 반도와의 교역이 중요했던 이유는 그곳의 자원 때문이었다. 타르테소스 왕국에는 풍부한 지하 광물이 있었다. 넓은 초원에는 동물을 방목해서 동물 가죽을 가공하여 파는 산업도 발달해 있었다. 멜카르트는 타르테소스 왕국과 교역을 하면 큰 이익을 남길 수 있을 것이라고 생각했다. 그는 오늘날 세비야의 살바도르 광장 부근에 물건을 사고파는 시장과 대구 등의 생선을 염장하는 공장을 세웠다. 그 후 세비야를 거점으로 페니키아인은 타르테소스인과 교역을 시작했다. 페니키아인은 향수, 귀금속, 옷 등 사치품 등을 가지고 왔고, 타르테소스인은 금과 은 등의 광물을 팔았다. 페니키아인은 이베리아 반도에서 자원을 좀 더 가져가기 위해 닻을 육지에 버려두고 가기도 했다고 한다. 타르테소스의 왕과 귀족은 페니키아의 사치품을 좋아했다. 페니키아인은 이 거래로 막대한 이익을 취할 수 있었다.

멜카르트가 죽은 뒤 페니키아인은 그를 신격화했다. 그는 괴물들이 살고 있어서 못 간다고 믿었던 지브롤터 해협을 지나 과달키비르 강에 진입하는 새로운 루트를 개발했고, 세비야의 타르테소스 왕국과 교역을 시작하며 페니키아에 큰 부를 가져다주었기 때문이다. 그는 페니키아의 영웅이었다. 당시에는 영웅을 신격화하는 경우가 많았다.

지금까지 이야기한 것은 페니키아 사람 멜카르트이지 그리스 신화의 헤라클레스가 아니다. 과연 멜카르트와 헤라클레스는 무슨 관계가 있을까? 로마 신화와 그리스 신화의 관계처럼 페니키아 신화는 그리스 신화에 큰 영향을 주었다. 그리스 신화를 만든 사람들은 페니키아의 신격화된 멜카르트를 참고하여 헤라클레스를 만들어 냈다. 즉, 멜카르트가 헤라클레스이다.

헤라클레스의 열 번째 과업을 보면 헤라클레스가 게리온의 황소 떼를 훔치러 에리테이아 섬(세비야)에 온다. 게리온은 그리스 신화에서 몸통과 머리

오늘날의 카디스 전경. 과거에 멜카르트의 신전이 있었던 도시이다.

가 세 개인 괴물로 묘사되어 있다. 그런데 사실 게리온은 타르테소스 왕국의 첫 번째 왕이다. 멜카르트는 에리테이아 섬으로 나오는 세비야에 공장과 시장을 세우고 타르테소스 왕국과 교역을 했었다. 멜카르트는 세비야에 와서 타르테소스 왕국의 왕이었던 게리온을 만났다. 신화에서 헤라클레스 역시 에리테이아 섬에서 게리온을 만났다. 다만 그리스 신화에서는 이베리아 반도에서 탄생한 문명에 대해서는 높이 평가하지 않았기에 타르테소스 왕국의 왕을 괴물로 묘사했다.

기원전 7세기경부터 페니키아는 힘을 잃기 시작했다. 그 틈을 타 그리스인들과 카르타고인들이 지중해의 무역에 본격적으로 뛰어들었다. 시간이 지나고 페니키아의 신이었던 멜카르트는 그리스 신화의 헤라클레스로 바뀌었다. 멜카르트와 헤라클레스의 관계는 아스타르테와 그리스의 아프로디테 관계와 같다. 아스타르테는 페니키아인이 믿던 풍년과 사랑의 여신이었는데, 그리스에서는 아스타르테 신앙을 받아들여 아프로디테라는 사랑의 여신을 만들어 냈다.

카디스의 멜카르트 신전은 로마 시절에 헤라클레스의 신전으로 바뀌었다. 이러한 변화는 그리스의 제우스 신전이 로마 시절에는 주피터 신전으로 변화하는 것과 비슷했다. 그래서 세비야에는 멜카르트가 아닌 헤라클레스의 동상이 서 있으며, 헤라클레스가 세비야의 창시자라고 여기고 있다. 세비야에 가서 직접 멜카르트가 공장과 시장을 세웠다는 장소인 살바도르 광장에 가 보면 어떻게 이곳에 배가 들어올 수 있었는지 의문이 들 수 있다. 살바도르 광장에는 땅만 있지 강의 흔적을 찾아볼 수가 없다. 그런데 예전에는 과달키비르 강이 살바도르 광장 근처까지 흘러서 배가 들어올 수 있었다고 한다. 실제로 살바도르 광장 근처의 누에바 광장에서는 1981년 9월, 6세기 동로마 제국 배의 닻과 이슬람의 범선이 15미터 지하에서 발굴되기도 했다.

제2의 아틀란티스, 타르테소스 왕국

⁘ 역사학자 호세 마리아 데 메나^{José María de Mena}는 왜 카람볼로에 보물이 묻혀 있었는지를 다음과 같이 설명했다.

페니키아인 멜카르트는 세비야에 염장 공장을 세웠다. 생선을 소금에 절여 오래 보관하도록 하는 기술은 페니키아인에 의해서 처음 개발되었다고 한다. 초기 페니키아인과 타르테소스인들의 관계는 좋았다. 타르테소스에서는 동물 가죽과 구리, 주석 등의 광물을 팔았고, 페니키아 사람들은 지중해 교역 루트를 통해서 다양한 사치품들을 가져와 팔았다. 그러면서 타르테소스 사람들은 점점 부유해졌고 옛날에는 갈대로 만든 움막에서 살다가 벽돌로 된 집에서 살기 시작했다. 페니키아인들은 당시 타르테소스와의 무역 독점권을 가지고 있었는데 이를 악용하기 시작했다. 페니키아 상인들은 가격을 담합하여 타르테소스 왕국의 물건들은 싸게 사고, 자신들의 물건은 비싸게

발굴된 카람볼로의 보물들

팔기로 했다. 가격이 페니키아 상인들에 의해 결정되다 보니 타르테소스 사람들은 어쩔 수 없이 페니키아인들에게 타르테소스의 특산품은 싸게 팔고 페니키아 제품은 비싸게 사면서 점점 더 가난해져 갔다.

타르테소스 왕국의 마지막 왕은 아르간토니우스였는데 그는 페니키아인들에게 항의를 하면서 도대체 어떻게 된 일인지 알려 달라고 요구했다. 페니키아인들이 어떤 사람들인가? 그들은 멀리 세상의 끝, 지옥 옆에 붙어 있는 스페인에까지 와서 장사를 하는 산전수전 다 겪은 사람들이었다. 이제야 제대로 타르테소스 왕국에서 한몫 잡으려고 하는데 쉽게 이권을 포기할 리가 없었다. 페니키아인들이 계속해서 불공정한 무역을 하자 아르간토니우스는 페니키아인들이 세운 공장들을 폐쇄하고 안달루시아 지역에서 떠나라고 명령했다. 페니키아인들은 아르간토니우스의 최후통첩을 기다리는 동안 전쟁 준비를 했다. 지중해 무역으로 페니키아에는 돈이 넘쳐 났고, 그들은 그 돈으로 충분한 준비를 할 수 있었다.

결국 타르테소스와 페니키아 사이에서 전쟁이 일어났다. 아르간토니우스는 기병과 보병 중심의 병력을 왕자인 테리온과 반으로 나누어 페니키아의 주요 거점인 카디스와 세비야를 공략하기로 했다. 아르간토니우스는 선제공격이 중요하다고 생각해서 수도에서 병력을 빼내어 급히 출동했다.

페니키아인들은 바보가 아니었다. 그들은 주요 거점이며, 염전 공장이 있는 카디스와 세비야를 버리기로 했다. 그리고 모든 병력들을 배에 태워서 타르테소스의 수도로 쳐들어갔다. 때마침 수도에는 연약한 노인, 여자, 아이들만 있어서 페니키아 병사들은 쉽게 점령할 수 있었다.

그들은 닥치는 대로 사람을 죽이고 집들을 불태웠다. 카디스를 공격하러 가던 아르간토니우스는 말 위에서 수도가 불타오르는 것을 보았다. 병사들도 가족이 남아 있던 도시가 불에 타는 모습을 보고 분노했다. 아르간토니우스는 수도로 병력을 돌릴 수밖에 없었다. 그러나 수도에 도착했을 때 이들은 급하게 먼 길을 오느라 지쳐 있었다. 페니키아군은 이때를 놓치지 않고 공격하여 아르간토니우스를 죽이고 그의 병력들을 괴멸시켰다.

살아남은 병력들의 일부는 세비야를 공격하러 가고 있던 테리온의 군대에 합류했다. 테리온은 아버지가 죽고 그의 가족과 수도에 남아 있던 백성들이 도륙당했다는 소식을 듣고 비탄에 잠겼다. 아버지가 죽었으니 그가 타르테소스 왕국의 왕이었고, 어떻게든 한 나라의 왕으로서 다시 나라를 일으켜야 했다. 가족을 잃은 병사들은 복수심에 불탔다. 테리온은 돌아갈 곳이 없었다. 마지막 힘을 다해서 세비야를 함락해야 했다.

테리온은 세비야에 진입하기 전에 세비야 근교 카람볼로에 진을 쳤다. 그는 군대를 근처의 숲에 숨기고 세비야를 어떻게 공격할 것인가 궁리했다. 어느 날 밤 그 기회가 찾아왔다. 타르테소스의 수도를 공격했던 페니키아의 배들이 세비야로 돌아왔다. 페니키아 군인들은 승리에 취해서 들떠 있었다.

만약 세비야를 공격해야 한다면 바로 그날이어야 한다고 테리온은 생각했다. 그는 해가 뜨기 전에 공격을 감행하기로 했다. 공격을 하러 가기 전에 테리온은 왕가의 보물들을 근처에 묻었다. 타르테소스 왕가에는 선조로부터 전해져 내려오는 보물이 있었다. 그 보물은 성스러운 물건으로 간주되어, 전투에는 가지고 나갈 수 없었다. 왜냐하면 격렬한 전투 중에 소중한 보물을 잃어버릴 수도 있었기 때문이다. 왕이 전투로 나가 있을 때에는 왕비가 왕을 대신해 보물을 지켰다. 그러나 테리온의 경우 왕비가 없었다. 그는 산속으로 가서 왕가의 보물을 묻고는 동틀 무렵 가장 어두운 시간을 이용해 세비야로 쳐들어갔다. 공격을 예측하지 못했던 페니키아 병사들은 당황했다.

테리온은 우선 페니키아 병사들이 달아나지 못하도록 배들을 모두 태우도록 했다. 그런 다음 페니키아 병사들을 죽이되 여자들은 한 명도 죽이지 말라고 명했다. 수도의 모든 타르테소스 여자들이 죽었으므로, 그들은 타르테소스 왕국의 재건을 위해 후손을 남길 여자들이 필요했기 때문이다.

페니키아인들은 제대로 방어를 준비하지 못했기 때문에 테리온의 공격에 당황해서 막대한 피해를 입었다. 페니키아인들은 이 전투에서 패배하였고 테리온은 큰 승리를 거두었다. 그러나 그는 전투 중의 혼란 속에 화살에 맞아 죽었다. 테리온 외에는 왕가의 보물을 묻은 장소를 아는 사람이 없었다. 그의 죽음으로 땅속에 묻혀 있던 왕가의 보물은 역사에서 잊혀졌다. 역사학자 호세의 이야기에 따르면 바로 그 보물들이 2천 년이 훨씬 지난 뒤에 카람볼로 언덕에서 발견된 것이다.

다소 상상이 가미되어 있긴 하지만 앞의 이야기에 나오는 이베리아 반도에 세워진 최초의 국가 중 하나인 타르테소스와 중계 무역으로 번성하던 페니키아의 경제적 갈등은 역사학자들이 공통적으로 지적하는 사항이다. 기원전 6세기경에는 타르테소스 지역에서 은이 많이 생산되어 페니키아 지역의 은 가격이 폭락하기도 했다고 한다. 그 결과 타르테소스는 주요 수출품이었던 은을 제값에 팔지 못해서 경제적인 어려움을 겪었을 것이다. 그리고 그 이유로 사회가 불안정해지기 시작했을지도 모른다.

타르테소스 왕국은 기원전 500년경에 사라졌다. 어떻게 사라졌는지는 아직까지 정확히 밝혀지지 않았으나 기원전 600년~500년 사이에 카르타고의 공격을 받아서 타르테소스가 멸망했다는 가설도 있다. 이 설에 따르면 타르테소스는 페니키아의 뒤를 이은 카르타고와 무역을 했다. 이 무렵 포카이아에서 온 그리스인들이 이베리아 반도에 왔다. 타르테소스 왕국의 마지막 왕인 아르간토니우스는 그들과 친구가 됐다. 카르타고는 아르간토니우스가 그리스인과 친하게 지내자 화가 났다. 카르타고는 타르테소스의 이러한 행동을 카르타고에 대한 반란으로 규정짓고 본보기로 멸망시켜 버렸다는 게 카르타고에 의한 멸망설의 핵심이다. 이 멸망설은 현재에는 학계에서 인정받고 있지 않다. 왜냐하면 카르타고인은 1차 포에니 전쟁 후에 이베리아 반도에 들어온 것으로 알려져 있기 때문이다.

그리스인은 페니키아인과 경쟁적인 관계에 있었다. 페니키아인과 함께 지중해 해상 무역의 강자였던 그리스 출신의 포카이아인은 기원전 6세기경 이베리아 반도에 찾아왔다. 포카이아인은 그리스인들 중에서도 항해 기술이 뛰어났다. 그들은 스페인의 동쪽 지역에 중요한 식민지를 세웠다. 가장 보존이 잘된 유적지는 헤로나 지역의 암푸리아스Ampurias에 있다. 이 단어는 그리스 말로 시장을 뜻했다. 그리스인들에게 이곳은 매우 중요한 곳이었다. 이곳에서 이베로인에게 고대 그리스에서 사용했던 손잡이가 양쪽에 달린 목이 길고 높고 좁은 항아리, 유리로 만든 물건, 천 등을 팔아서 광물을 얻을 수 있었기 때문이다.

기원전 5세기경 암푸리아스는 이베리아 반도에서 가장 중요한 교역 중심지가 되었다. 수시로 많은 배들이 짐을 잔뜩 싣고 왔다가 다시 짐을 잔뜩 싣고 그리스와 카디스를 향해 출항했다. 그러다가 나중에 지중해 신흥 강자로 등장한 카르타고가 이 무역 루트를 차단하자 그리스인들은 그들의 또 다른 중요한 식민지였던 프랑스 남부 마르세유로 거점을 옮겼다.

암푸리아스는 고고학적으로 스페인에서 매우 중요한 곳이다. 처음에는 그리스의 작은 식민지로 출발했지만 지속적으로 발달하면서 로마 시대까지 중요하게 여겨졌다. 암푸리아스의 중심지에 가면 의학의 신인 아스클레피오스의 석상이 서 있는 신전을 볼 수 있다. 이곳은 초기 기독교의 거대한 공동묘지로 사용되기도 했다.

포카이아인들은 이베리아 반도의 사람들에게 선진 문화와 지식을 전파해 주었다. 그리스는 이베리아 반도 동북부에서 주로 활동했다. 그리스인은 마르세유를 통한 프랑스 남부 켈트족과의 교역을 중요시했었기 때문이다. 헤로도토스에 의하면 타르테소스의 왕 아르간토니우스는 그리스의 포카이아인들을 친구로 여겼다고 한다. 포카이아가 페르시아의 공격을 받자 아르간토니우스는 포카이아인들에게 페르시아를 피해 타르테소스 왕국으로 오라고 제안했다. 그들이 거절하자 아르간토니우스는 그럼 성벽을 세우라고 포카이아인들에게 은을 주었다고 한다.

타르테소스 왕국이 사라진 고대 왕국 아틀란티스의 모델이라는 학설도 있다. 플라톤은 『티마이오스』와 『크리티아스』에 기원전 1만 년경에 헤라클레스의 기둥(지브롤터 해협)을 지나서 아틀란티스라는 섬나라가 있었다고 적었다. 아틀란티스는 무지갯빛의 강도가 센 보석 광물을 비롯한 광물 자원과 해상 무역을 통해 막대한 부를 누리고 있다고 했다. 그런데 이 나라는 어느 날 지진과 해일로 인해서 가라앉아 흔적도 없이 사라져 버렸다고 적었다.

그럼 어떤 점에서 아틀란티스와 타르테소스가 비슷할까? 타르테소스는 카디스, 우엘바, 세비아에 걸쳐 있는 왕국이었는데 일단 플라톤이 첫 번째 언급했던 헤라클레스의 기둥 건너편에 있다는 이야기에 들어맞는다. 오리하르콘과 연결되는 고리도 있다. 타르테소스 왕국에는 오리하르콘이 많았다고 한다. 오리하르콘은 내구성이 좋아서 헤라클레스의 방어구를 만들 때 쓰인 재료였다. 타르테소스 왕국에 속했던 우엘바에는 서유럽에서 제일 오래된 광산이 있다. 규모는 당시 최대였고 많은 양의 철, 주석, 구리 등을 생산했다. 그 옆의 강을 붉은 강Rio tinto이라고 하는데 그 이름이 붙은 이유도 강의 물 색깔이 광산 옆을 지나며 광물의 영향으로 붉은색을 띠었기 때문이다.

마지막으로 비슷한 점은 왕국의 최후이다. 아틀란티스가 지진과 해일로 순식간에 가라앉은 것처럼 타르테소스 왕국은 알 수 없는 이유로 기원전

500년경 순식간에 마치 처음부터 없었던 것처럼 지도에서 사라졌다.

타르테소스 외에도 아틀란티스에 관해서는 많은 학설이 있다. 아틀란티스가 실제로 존재했었느냐 안 했었느냐는 물음부터, 위치가 스페인 남부였었느냐 산토리니 섬 근처였었느냐, 대서양 한가운데에 있었느냐라는 논쟁까지, 실제로 1만 년 전이었느냐, 아니면 플라톤이 실수해서 0을 하나 더 붙였기 때문에 기원전 1천 년 전으로 봐야 하는가 등등 많은 이야기가 있다. 아틀란티스를 찾아내려는 노력은 아직도 진행 중이다. 2011년에 미국의 리처즈 프로인드 박사가 주도하는 연구 팀이 스페인 카디스 지역에 해일로 인해 사라진 도시가 있는데 그곳이 아틀란티스라고 발표하기도 했다. 그런데 얼마 후 이에 대해 다른 학자가 반론을 제기했다. 아틀란티스와 관련된 발표는 늘 이런 식으로 반복되어 왔다.

아마 아틀란티스의 존재는 앞으로 과학이 발달한다고 해도 찾을 수 없을지도 모른다. 이미 몇 천 년 전의 일을 지금에 와서 조사한다는 것이 쉽지 않은 일일뿐더러 정확한 증거 자료를 찾기란 더더욱 어렵기 때문이다. 아틀란

암푸리아스 유적지에 있는 아스클레피오스 경내 유적

티스는 플라톤이 책에서 잠깐 언급했을 뿐이고 구체적인 다른 자료는 남아 있지 않다. 그 시대의 사람조차 남겨 놓지 않은 아틀란티스의 흔적을 지금에 와서 찾는 것은 어렵다고 봐야 하지 않을까?

그럼에도 한편으로는 명확한 자료가 없어서 아틀란티스를 찾지 못하는 것에 감사할 일이다. 아틀란티스를 찾지 못하기 때문에 아틀란티스를 상상할 수 있기 때문이다. 아틀란티스는 스페인에 있을 수도 있고, 아프리카에 있을 수도 있고, 대서양 바다 한가운데에 있을 수도 있다. 아니면, 혹시 내가 사는 바로 이 집 아래에 있을 수도 있다.

몰락한 왕국과 세 종족

✛ 스페인과 포르투갈이 있는 반도를 우리는 이베리아 반도라고 부른다. 타르테소스가 사라진 이후 그 자리에는 투르데탄이라는 후손들이 살았다. 그중에서 스페인 남동부 쪽에 살고 있던 사람들이 이베로족이었다. 그들이 중요한 이유는 이베로족이 페니키아인들에게 문자를 배워서 기록을 남겼기 때문이다. 이베로족의 문자는 100퍼센트 완벽하게 이해할 수는 없다. 그래서 이베로족이 돌이나 도자기에 남겨 놓은 내용도 아직 해독을 못하고 있다.

이베로족은 성벽으로 둘러싸인 마을에서 살았다. 집의 형태는 사각형이었다. 왕이 있었고, 주요 산업은 농업, 목축, 수공예품 판매 등이었다. 이베로족은 뛰어난 예술가들이었다. 엘체의 부인상과 같은 뛰어난 조각상이나 멋진 도자기들이 이베로족의 작품이다. 엘체의 부인상은 한 여자가 커다란 장신구로 치장을 하고 있다. 마드리드 고고학 박물관에 소장되어 있는 엘체의

엘체의 부인상, 스페인 국립 고고학 박물관 소장

부인상은 이베로족이 만든 최고의 걸작품으로 손꼽힌다. 이 조각상은 오랜 기간 동안 무덤에 묻혀 있었다. 이베로족은 이집트 사람들처럼 죽은 사람들은 더 먼 곳을 향해 여행을 떠난다고 믿었다. 그래서 무덤에 여행에 필요한 음식, 그에게 소중했던 물건들, 죽은 이들을 보호하기 위한 신이나 여사제의 성상을 시신과 함께 묻는 풍습이 있었다. 엘체의 부인상도 그중의 하나이다. 그 조각상의 주인공은 여신 또는 여사제였던 것으로 추정하고 있다. 이베로족은 종교 의식이 있는 날에는 사제가 신들에게 제물을 바쳤다. 만약 엘체의 부인상이 사제였다면 그녀가 의식을 거행할 때 조각상에서 보듯 화려한 장신구로 치장했을 것으로 추측하고 있다.

이베로족은 팔카타Falcata라는 검도 사용했다. 이베로족은 호전적인 민족인데다 이 검을 자유자재로 사용한 탓에 로마인들은 이들과 싸울 때 어려움을 겪었다. 특히 이 검으로 이베로족은 로마 군인의 방패를 잘라 버리기도 했다고 한다.

켈트족은 기원전 1천 년경부터 스페인에 살기 시작했다. 그들은 중부 유럽으로부터 차츰차츰 전 유럽으로 이주했다. 켈트족은 돌로 둥그런 모양의 집을 만들어서 살았다. 천장은 나뭇가지로 원뿔 모양으로 만들었다. 그렇게 만든 집은 단단해서 천장을 제외하고는 아직까지도 남아 있다. 씨족이 모여서 부족을 이루었고 중요한 사항은 씨족의 장이 모여서 결정했다. 켈트족은 주로 농업과 목축을 했고, 야금술에 일가견이 있었다. 켈트족은 철을 이용해서 도구와 무기를 만들 수 있었고, 이베로족에게 철을 사용하는 법을 알려 주기도 했다.

켈트족이 이베리아 반도에 가져온 또 다른 혁신 중의 하나는 시신을 화장하고 재를 납골함에 보관하는 것이었다. 이베로족은 켈트족의 화장 풍습을 받아들였다. 한편으로 전사의 무덤에는 그가 생전에 썼던 무기를 함께 묻었는데 켈트족도 이베로족과 마찬가지로 호전적인 민족이었기 때문이다. 시간이 지나면서 켈트족과 이베로족의 경계였던 에브로 계곡 주변으로 게르만 계열의 켈트족과 이베리아 반도의 원주민인 이베로족이 융합된 켈티베로족이 나타났다. 두 부족이 교류하면서 자연스럽게 피가 섞여 나타난 켈티베로족은 철저히 계급화된 부족 사회를 유지했다. 그들은 군인 중심의 사회라서 경작하기 좋은 곳이 아니라, 적들의 공격으로부터 방어하기 쉬운 곳에 머물렀다. 켈티베로족은 켈트족과 이베로족의 영향을 받아 무기도 잘 만들었다. 그들은 무기를 만들 때 철을 녹이 슬 때까지 땅속에 넣어 두었다. 그런 다음에 그 철을 녹여 무기를 만든 뒤 강물에 담금질했다. 그렇게 만든 무기는 당시 최고로 인정받았다. 켈티베로족은 전투 민족이라 용감했고, 완고했다. 그들의 교육은 어떻게 하면 효율적으로 전쟁을 할 수 있을까에 집중되어 있었다.

GALLIAE PARS

GASCONIA

Caput crucis

Bajona

Tholofa

Pyrenæi môtes

Moupoller

Barb. flumen

Fons Rabix

Roncis

Bitters

Narbona

Roncuall

Tudela

Parpian

Amphilochia theatra

Bergafa

Tarazona

Borgia

Saragoza

Vich

Girona

Empuries

Soria

ARAGONIA

Cæfar Augusta

Fraga

Segra fl.

Lobregat

Cardona Ducatus

Ranga fl.

Ilerda

Leyda

Catalonia

Barfalona

Cubelt

Alcaniz

Iber & Ebro fl.

Tarragona

Iubalda mons

Tortofa

Nouel

Serua fl.

Larrone

Valentia

Chinear fl.

Gotdamor g.

Maiorca

Mallorca

Minorica

Menorca

Antiglia

Almarifa

Cotmedera

Elds

Denia

Eulza

Murcia

Alicant

Sicura fl.

Cerne

Mula

Carragena

Aquie

Sufana

Bara

Almeria

Der Berg Rontzual vor zeiten mons Pyre-
neus geheissen/scheidet Hispaniä von Franck-
reich/ unnd ziehen sich zwey Gebirg vonn ihm
durch Hispaniä/under welchen eins sich streckt
biß gehn Portugall/ und scheidet es von Galli-
cia/ hat mancherley namen/ nach dem es ander
und andere Völcker bekreifft. Bey dem Strictu
Sybilie/ verstand dz eng Meer/ so zwischen Hi-
spaniam und Mauritaniam hiher ghet.

Mare mediterraneum

반도에 뜬 두 개의 태양, 로마와 카르타고

OceanusCantabricus

S. Marha
Colonia Aftorga
Abiglies
GALLICIA
Ouiedo
ejanu
Cepæ cruci
cl
Fons Rabix
S. Iacobus
Compostella
Ranauellamons
S. An̄res
BIZCAIA
Afturia
Valle nōs
Ronceuall
Oluca ejanu
NAVARRA
Tudela
Baiona
Lixa fl.
Pamplona
Calaora
Borgia
vina fancia
Valentia
Nazera
Tarazona
Soria
Leglonli ejanu
Nafon
Lyon
Burgus
Aftorga
Pifurg fl.
Val Doin
Portu
gallo
Toro
Palenza
Duero fl.
Medina
Siguenza
Auero
Salamanca
CASTI   LIA
Segobia
Alcala
Portugallia
Mondaga fl.
Madrit
Tatus
Nouel
Cal
tilia
Larrone
Lisbona
Mons Luna
Vlton
Tormenda mōs
S. Elena
Guadiana fl.
Antiglis
Coine
Eldi
Merida
Betis et Guadalquebir
Vbis
Murcia
Betis fl.
Corduba Granaia
REGNVM
Crouna
Sibilia
Hifpalo
Gra
Mūs Gibralt
Mula
Illora
Aquila
Sui
natæ
S. Lucas
Berbeiul
Mallique
Malaga
Bara
Cat
anus Gaditanus
Gades
nūc Caliz
Teiffa
Sarichum Syduna
Almena
Mare
AFRICAE
pars

로마의 은행, 이베리아 반도

⟡ 카르타고 전설에 따르면 카르타고는 디도가 세웠다. 디도는 페니키아 도시 국가 중의 하나인 티루스의 왕 피그말리온과 남매 관계였다. 디도의 남편은 아스타르테 신전의 대제사장이고 그녀의 숙부이기도 했다. 그런데 피그말리온이 권력을 더 가지기 위해서 그녀의 남편을 살해했다. 디도는 생명의 위협을 느끼고 도망치기로 했다. 그녀는 도망칠 때 따르는 신하들과 신전의 무녀가 되기로 예정되어 있던 80명의 소녀를 데리고 갔다. 디도의 일행은 북아프리카 해안을 따라가다 튀니지 근처에서 한 원주민 무리를 만났다. 원주민들은 디도의 사정을 듣고 난 뒤 디도에게 정착할 땅을 주겠다고 했다. 다만 그 땅의 넓이는 소 한마리의 껍질로 둘러쌀 수 있어야 한다고 했다. 땅을 주겠다고 하더니 소 한 마리의 껍질로 둘러쌀 수 있을 만큼의 땅이라니 도망자 신세인 그녀에게 원주민들이 장난을 치고 있는 것처럼 보였다. 하지만 디도는 지혜로웠다. 그녀는 황소의 껍질을 얇고 가늘게 띠처럼 잘랐

다. 그 황소의 껍질을 길게 늘어뜨려 놓으니 디도는 새로운 도시를 세울 수 있을 만한 넓은 땅을 손에 넣을 수 있었다. 이때가 기원전 814년이었다.

카르타고의 정치 체제는 공화정으로 왕이나 황제가 없었다. 기원전 739년 페르시아는 페니키아를 공격했다. 카르타고는 페르시아로부터 멀리 떨어져 있었다. 그들은 페니키아가 시리아인들에게 공격을 받고 있는 틈을 타 매우 빠르게 발전했다. 카르타고는 페니키아의 식민지들을 접수하면서 지중해의 새로운 강자로 태어났다.

카르타고는 스페인의 이비자, 그리스 근처의 크레타와 로도스뿐만 아니라 키프로스, 사르데냐, 시칠리아, 몰타 등을 식민지로 두고 지중해 해상 무역을 지배했다. 그리스인들은 카르타고가 지중해에서 활개 치는 것을 두고 볼 수 없었다. 카르타고와 그리스는 기원전 537년 전쟁을 일으켰다. 카르타고는 이탈리아 최초 민족인 에르투리아인과 손을 잡고 그리스에 대항했다. 이 전쟁에서 카르타고는 그리스에게 졌지만 그리스로서도 상처뿐인 승리였다. 그리스는 카르타고와의 전쟁에서 많은 배를 잃은 데다가 동쪽에서 페르시아의 공격을 받아 위태로운 상황에 처했다.

기원전 500년경 타르테소스 왕국이 사라진 뒤 페니키아인의 후예인 카르타고인이 이베리아 반도에 들어왔다. 카르타고인은 스페인 남부 지역을 중심으로 스페인 전역에 점점 세력을 넓혀 갔다. 카르타고는 페니키아 식민지였던 말라카(현재 말라가), 가디르(현재 카디스), 섹시(현재 알무네카르) 등과 그리스 식민지였던 스페인 남부 해안의 마이네케를 차지했다.

지중해 무역을 통해 막대한 부를 축적한 카르타고는 신이 났다. 기원전 264년에서 기원전 241년까지 카르타고는 이탈리아의 시칠리아 섬을 기반으로 지중해 무역을 독점하고 있었다. 로마는 카르타고를 견제하고자 시칠리아 섬에서 지중해 무역을 시도했다. 카르타고는 로마가 자국의 영토와 이권

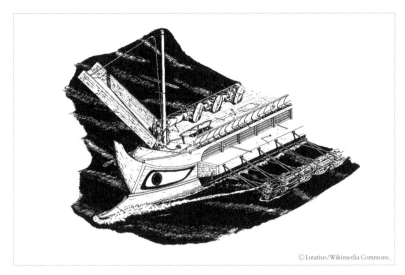

© Lutatius/Wikimedia Commons.

코르부스의 모습

을 빼앗으려 하자 로마에 전쟁을 선포했다. 맨 처음 로마는 카르타고를 당해 낼 수 없었다. 육지에서는 로마가 강했지만 카르타고와의 전투는 바다 위에서 치러졌다. 카르타고군은 바다 위에서 자유자재로 배를 조종할 줄 알았다. 그들은 갑자기 배의 진행 방향을 바꿔 로마군의 배를 들이받아 침몰시키는 전술을 주로 사용했다. 속수무책으로 당하던 로마군은 한 가지 아이디어를 냈다. 그것이 바로 코르부스다. 코르부스는 긴 나무판자로 평상시에는 배 앞쪽에 밧줄로 고정되어 들려 있었다. 전투가 일어나 카르타고군이 로마군의 배를 침몰 시키러 다가오면 로마군은 배에 있는 코르부스의 밧줄을 끊었다. 그럼 카르타고군의 배에 코르부스가 내려가 다리가 만들어졌다. 로마군은 이 다리를 딛고 카르타고군의 배로 올라가 백병전을 펼쳤다. 같은 배에 양쪽 군인들이 마주하자 이제는 육지에서 싸우는 것과 마찬가지였다. 카르타고군은 달려드는 로마군에게 속수무책으로 당했다.

로마는 23년간의 전쟁 끝에, 카르타고 해군을 무찌르고 1차 포에니 전쟁에서 승리했다. 한니발의 아버지인 하밀카르 바르카스는 시칠리아 섬의 카르타고 육군을 이끄는 사령관이었다. 그는 로마군에게 패한 적이 없었으나 카르타고군이 로마와의 해전에서 지면서 북아프리카로 철수해야 했다. 패배한 카르타고는 시칠리아 섬의 지배권을 잃었고 로마에 막대한 전쟁 보상금을 물어 줘야 했다. 또한 이베리아 반도에서는 에브로 강 이남에서만 지낸다는 조약에 합의하였다. 무역의 중심지인 시칠리아 섬을 잃은 카르타고는 지중해 중부에서 해상 교역을 할 수 없게 되었다. 수입을 안겨 주던 핵심 루트를 잃고 배상금을 물어 주느라 카르타고는 경제적으로 큰 어려움을 겪었다. 카르타고는 이를 극복하기 위해 지중해 서쪽 이베리아 반도에 집중했다. 사실 로마 때문에 지중해 서쪽으로밖에 갈 수 없는 상황이기도 했다.

기원전 228년 하밀카르 바르카스는 용병들의 반란을 진압하며 큰 인기를 얻었다. 그런데 그를 시기하는 정치 세력이 생겨나자 북아프리카를 떠나 스페인의 카르타헤나에 가문의 식민지인 카르타고 노바를 세웠다. 이 시기에 이베리아 반도에는 이베로족, 타르테소스 왕국의 후손, 켈트족, 켈티베로족이 살고 있었다.

새로운 이베리아 반도의 식민지에는 망해 가는 카르타고를 살릴 수 있는 히든카드가 있었다. 그것은 바로 카르타고 노바 근처에 있는 은 광산이었다. 그뿐만 아니라 주변에는 잎을 배에 사용해서 물이 안 들어오게 할 수 있는 아프리카 수염새esparto가 많았다. 카르타고의 배는 더 강해졌다. 주변에 넓게 펼쳐진 경작지에서 나오는 풍부한 식량은 보너스였다.

한니발의 아버지인 하밀카르 바르카스는 로마에게 받은 치욕을 잊지 않고 있었다. 그는 로마와의 전쟁도 불사하겠다는 강경파였다. 하밀카르 바르카스는 스페인의 새로운 식민지에서 로마에 맞설 수 있는 군대를 키웠다. 그는 자기 뜻을 이어받을 사람만 있다면 자신이 로마가 무너지는 모습을 볼수 없더라도 상관없었다. 한니발의 아버지가 죽자 그의 사위가 바통을 이어받았다. 그러나 그의 사위 때도 로마 정복의 꿈을 이루지 못했다. 한니발 가문의 가훈은 로마를 없애자가 아니었을까? 하밀카르 바르카스는 누구보다 그의 아들 한니발이 그의 꿈을 이루기를 바랐다. 전설에는 하밀카르 바르카스가 한니발을 신전으로 데려가 절대 로마인과는 친구가 되지 않겠다고 다짐하라고 했다고 한다. 또 한니발은 어릴 때부터 로마군과 싸우는 날을 상상하면서 잡히면 죽으려고 독을 항상 가슴속에 품고 다녔다는 이야기도 있다.

드디어 하밀카르 바르카스의 아들 한니발은 기원전 221년 스페인의 카르타고 식민지의 통치자가 되었다. 카르타고 노바에는 식량도 충분했고 전쟁 자금도 넉넉했다. 포에니 전쟁의 패배에 대한 설욕을 되갚는데 필요한 모든 준비가 끝이 났다. 카르타고는 그 나라 역사상 최고의 장군인 한니발을 만나 다시 일어서려 하고 있었다.

2차 포에니 전쟁은 카르타고의 한니발이 이베리아 반도에 있는 에브로 강 근처의 사군툼이라는 도시를 공격하면서 시작되었다. 사군툼은 로마의 보호 안에 있는 도시였다. 로마는 카르타고에 즉각 군대를 철수할 것을 요청했다. 카르타고는 이 요청을 거절했다. 이는 로마와 카르타고의 자존심 싸움이었다. 만약 카르타고가 로마의 요청대로 군대를 철수한다면 이베리아 반도 내에 있는 카르타고의 다른 식민지들도 사군툼처럼 문제를 일으킬 수 있었다. 한니발은 애초에 그런 싹을 제거하고자 했다. 그는 전쟁 준비를 끝내고 로마와의 전쟁을 원하고 있었다. 한니발이 로마의 요청을 거절하면서 다시 로마와 카르타고의 전쟁이 시작됐다.

그리스 역사가 폴리비오스에 따르면 한니발이 보병 9만 명, 기병 1만 2천 명, 전투코끼리 37마리를 이끌고 알프스 산맥을 넘었다고 한다. 로마군은 카르타고군이 높고 험한 알프스 산맥을 넘어서 올 것이라고는 예상을 하지 못했다. 대군을 이끌고 그것도 한겨울에 알프스 산맥을 넘는 것은 희생이 너무 크기 때문이다. 그러나 한니발은 적의 허를 찌르는 전술을 썼다. 물론 카르타고군의 피해도 컸다. 알프스 산맥을 넘어 한니발이 이탈리아 북부에 도착했을 때에 총 병력은 4만 명 정도로 줄어 있었고, 전투코끼리는 3마리밖에 남지 않았다. 하지만 기습을 당한 로마군을 무찌르는 데 충분한 숫자였다. 로마군은 전쟁 초기에 계속 카르타고군에게 밀려 패색이 짙었다.

한니발은 알렉산더 대왕이 적은 군대로 페르시아 대군을 무찔렀던 전략을 로마에서 재현하고자 했다. 알렉산더 대왕과 싸운 페르시아군은 대군이었지만 페르시아 내 다양한 민족으로 구성된 연합군이었다. 그래서 페르시아군이 알렉산더 대왕에게 큰 패배를 한두 번 당하자 페르시아의 연합 중 일부가 알렉산더 대왕 편으로 돌아섰다. 그러면서 페르시아 제국은 급격히 와해되었다. 로마 역시 동맹들이 연합한 형태였다.

로마는 2년간 한니발에게 10만 정예병을 잃었다. 한니발은 전쟁에서 잡은 포로를 로마 출신과 동맹 출신으로 나누어 로마 출신은 모두 죽이고, 동맹 출신 포로는 전부 풀어 주었다. 자유의 몸이 된 포로에게 한니발은 그가 로마 연합 전체를 적대시하는 게 아니라 적은 오직 로마뿐이라고 밝힌 뒤, 한니발의 편이 되면 자유와 독립, 안전을 보장하겠다고 했다. 그러나 로마 연합은 알렉산더 대왕 시절의 페르시아처럼 와해되지 않았다. 로마에는 페르시아와는 달리 독특한 제도, 즉 '시민권'이 있었다. 특히 로마인들은 다른 문화에 개방적이었다. 정복된 지역 출신의 로마 시민도 높은 자리에 오를 수 있었다. 로마에서는 시민으로 인정받기 위해 개인의 혈통, 문화, 배경, 종교가 상관이 없었다. 로마를 위해 어떤 일을 했는지가 중요했다. 그래서 로마 연합의 시민들은 조상이 다르고 역사도 달랐지만 로마를 그들의 조국으로 생각하고 로마를 지키고자 했다.

　로마는 서두르지 않았다. 시간을 끌면서 카르타고군의 약점을 노렸다. 한니발은 적진의 한가운데에서 싸우고 있었기 때문에 보급이 어려웠고, 사방이 적이라 항상 긴장해야 했다. 그럼에도 한니발은 뛰어난 전술로 로마군을 번번이 격퇴했다. 로마 동맹이 깨지지 않는다면 그 동맹을 구성하는 국가들을 모두 없애 버리면 됐다. 문제는 카르타고에 한니발과 같은 다른 장군이 없다는 점이었다. 다른 카르타고의 장군은 2차 포에니 전쟁에서 베티스 고지의 전투를 제외하고 단 한 번도 로마 군대를 물리친 적이 없었다. 계속되는 패배로 카르타고는 이탈리아 반도에서 힘들게 선전하는 한니발을 지원해 줄 수가 없었다. 그러는 동안 역사의 저울은 한니발이 앉은 반대쪽 접시에 다른 또 한 명의 영웅을 준비하여 올려놓게 된다. 바로 스키피오였다.

　로마군 내에서 스키피오의 활약은 대단했다. 스키피오는 이탈리아 반도에 한니발군이 있음에도 과감히 스페인에 있는 한니발의 본거지인 카르타고 노바를 공격해서 함락시켰다. 그곳에는 한니발의 지원 세력과 돈줄인 은 광산이 있었다. 한니발이 알프스 산맥을 넘었듯이 허를 찌르는 전략으로 재미를 본 스키피오는 이탈리아는 놔두고 이베리아 반도에 있는 카르타고의 식민지를 하나씩 제거해 나갔다.

　카르타고는 스키피오가 이베리아 반도에서 카르타고의 식민지를 점령해 나가는 것을 두고만 볼 수 없었다. 카르타고는 기원전 206년 세비야 북쪽 근교 알칼라 델 리오Alcalá del Río의 옛지명인 일리파에서 스키피오와 일전을 벌였다. 한니발의 동생인 마고와 장군인 시스코네가 이끄는 카르타고군은 보병 7만 명, 기병 4천 명, 전투 코끼리 32마리였고, 스키피오가 지휘하는 로마군은 보병 4만 5천 명, 기병 3천 명이었다. 로마군의 숫자가 카르타고군에 비해 적었고, 그나마 로마군의 절반은 스페인에서 충원하여 훈련되지 않은 병력이었다. 카르타고 출신으로 한니발이 전투의 천재였다면 스키피오는 로마 출신으로 전략의 수재였다. 한니발이 스키피오를 상대했었더라면 결과는 달랐겠지만 스키피오는 병력의 열세에도 불구하고 이 전투에서 대승을 거뒀다. 카르타고군은 불과 6천 명만 살아서 도망칠 수 있었다. 이 전투에서 패배한 카르타고는 스페인에서 영향력을 완전히 잃었다.

로마 군대는 전투에서 이겼지만 많은 병사가 부상을 당해서 고향으로 돌아가기가 힘들었다. 그 병사들 위주로 로마군에서 반란이 일어났다. 스키피오는 그들을 달래기 위해 기원전 206년에 세비야 외곽에 이탈리카Itálica라는 도시를 세웠다. 이탈리카는 로마 밖에 최초로 세워진 로마 도시이면서, 이베리아 반도에 들어선 첫 번째 로마 도시가 되었다.

기원전 204년 스키피오는 이베리아 반도에서 카르타고를 몰아낸 것에 만족하지 않고 카르타고의 본거지인 아프리카를 침략했다. 결국, 한니발은 이탈리아 반도를 점령하지 못한 채 기원전 203년 본국으로 돌아갔다. 2차 포에니 전쟁은 기원전 202년 자마 전투에서 끝이 난다. 북아프리카의 자마에서 스키피오와 한니발은 국운을 걸고 접전을 벌였다. 그러나 2차 포에니 전쟁의 승기가 로마 쪽으로 이미 많이 기운 상황이었다. 한니발은 자마 전투에서 패배하고 도망갔다. 재기를 꿈꾸던 한니발은 로마군에게 쫓기다가 기원전 183년에 자살로 생을 마감했다.

2차 포에니 전쟁이 중요한 까닭은 이 전쟁 이후 로마의 정치 체제가 근본적으로 바뀌었기 때문이다. 한니발이 이탈리아에서 로마 연합을 대패시키고도 결국 패배한 까닭은 로마 시민들이 모두 평등하다는 생각을 가졌었기 때문이다. 시민들은 자신들의 힘으로 나라를 지켰다. 하지만 어느 날 갑자기 한니발이 코끼리를 끌고 와서 로마를 쑥대밭을 만들면서 그에 맞서는 강한 장군의 필요성이 대두되었다. 예전에는 모두 평등했었는데 이제는 한 사람의 강한 지도자가 필요하게 된 것이다. 그 결과 로마의 공화정이 깨지기 시작했다. 2차 포에니 전쟁 이후부터 로마에서는 모두가 평등하다는 생각이 없어졌다. 한니발은 생전에 로마가 멸망하는 장면을 보지는 못했다. 그는 로마의 공화정이 무너지고 제정으로 이행하도록 원인을 제공했다. 그리고 서로마는 황제 체제 상태에서 멸망한다. 한니발은 죽기 전에 로마라는 행성에 자라나면 행성도 파괴시킬 수 있는 커다란 바오밥나무의 씨앗을 심은 셈이었다.

또 다른 로마의 문제거리도 발생했다. 그동안 로마인은 용병을 사용하지 않았다. 로마가 영토를 확장하기 시작하면서 군인의 의무가 있는 로마 시민이 자기 땅을 버리고 오랫동안 전쟁터에 나가야 하는 일이 발생했다. 가령 이베리아 반도에서 전쟁에 참전했다 돌아오면 이미 그의 땅이 황폐화되어서 못쓰게 되어 버리기 일쑤였다. 황무지를 개간하려면 돈이 많이 들어갔다. 그런데 평민에게는 그만한 돈이 없었다. 더군다나 정복지에서 노예와 값싼 식량이 밀려들어 왔다. 그 결과 농민들이 땅을 팔아 버리기 시작했다. 부자들은 라티푼디움latifundium이라는 형태로 농민들의 땅을 사들여 노예로 대규모 농장을 운영하기 시작했다. 땅을 판 농민들은 도시로 들어왔고 사회가 불안정해져 갔다. 그라쿠스 형제는 토지를 재분배해서 이 문제를 해결하려고 했지만 이미 힘이 세진 귀족과 부자들에 의해 실패했다.

이후 가이우스 마리우스Gaius Marius는 이러한 문제를 해결하기 위해 기원전 100년경에 군제를 개혁해서 군인들에게 월급을 지급하기 시작했다. 로마 시대 때에는 동전을 은으로 만들었고 군인들 월급을 은화로 주었다. 스페인 우엘바 근처와 한니발의 근거지였었던 카르타고 노바 근처의 은광에서는 대량의 은이 생산되었다. 그 결과 로마에게는 이베리아 반도가 더욱더 중요해졌다.

서쪽의 또 다른
로마

✛ 옛날 로마인은 이베리아 반도 내 로마 영토를 '히스파니아Hispania'라고 불렀다. 카르타고를 이베리아 반도에서 밀어내고 기원전 197년 로마는 히스파니아를 남북으로 나누어 남부를 히스파니아 울테리오르Hispania Ulterior, 북부를 히스파니아 시테리오르Hispania Citerior라고 불렀다. 히스파니아 울테리오르는 지금의 안달루시아 지방의 구획과 비슷했다.

로마는 제국을 운영하기 위해 필요한 자원을 가지고 있는 스페인에 신경을 많이 썼다. 그래서 기원전 27년에는 포르투갈 지역과 스페인 북부 지역까지 로마의 영향력 아래로 들어갔다. 로마는 다시 한 번 지역을 나누는 데 안달루시아 지방은 과달키비르 강의 옛 이름인 베티스Betis에서 딴 '베티카Betica'라는 이름을 부여받았다. 베티카 지방에서는 금, 은, 구리, 주석 등의 광물들과 밀, 올리브유, 포도주, 가룸Garum 소스 등이 생산되었다. 가룸 소스는 소금을 넣은 생선 소스인데 스페인의 특산품으로 로마에서 큰 사랑을 받았다. 스페인에서는 최근에 로마 시절 레시피를 연구해서 개발에 성공한 회사가 다시 가룸 소스를 유통하기 시작했다.

로마가 이베리아 반도에 건설한 은의 길이 남쪽 세비야에서부터 북쪽으로 이어진 이유는 북쪽에 군인들이 있었기 때문이다. 로마는 맨 처음 스페인의 동쪽과 남쪽 해안가 쪽을 점령하고 점점 서북쪽으로 세력을 넓혀 갔다. 로마에게 서북쪽은 매력적인 땅이 아니었다. 그럼에도 계속 전쟁을 했었던 이유는 로마 지역 밖에 있었던 이베로족, 켈트족, 켈티베로족이 지속적으로 로마의 도시를 약탈했기 때문이다. 그렇기 때문에 로마는 계속해서 이베리아 반도의 원주민들과 전쟁을 해야 했다. 이 원주민들과의 전쟁은 쉽지 않았다. 이베로족, 켈트족은 모두 전사 민족이었다. 거기에 이베로족과 켈트족이 결합하면서 나타난 켈티베로족은 더욱더 강인했다.

기원전 155년부터 139년까지 현재 엑스트라마두라 지방에 속하는 루시타니아의 켈트족은 로마군에 강한 저항을 했다. 루시타니아의 항전은 로마의 집정관이었던 갈바Servius Sulpicius Galba가 아니었다면 언제까지 계속되었을지 알 수 없을 정도였다. 루시타니아의 사람들은 가난했기 때문에 계속 로마의 도시를 약탈했다. 갈바는 루시타니아인들에게 만약 로마와 싸우지 않는다면 그들에게 땅과 양식을 주겠다고 약속했다. 이때가 기원전 150년이었다. 3만 명의 루시타니아인들이 갈바와 협정을 맺고자 무장을 하지 않고 갈바가 약속을 지키기를 기다렸다. 하지만 그는 약속을 어기고 루시타니아인들을 공격했다. 이 공격으로 1만 명에 가까운 루시타니아인들이 학살당했고, 여자, 아이 등을 포함한 2만여 명의 루시타니아인은 노예로 팔려 나갔다.

비리아토Viriato라는 목동은 겨우 이 공격에서 탈출에 성공했다. 기원전 146년 그는 루시타니아인의 왕이 됐다. 비리아토는 갈바에게 복수하기 위해 준비했다. 그는 목동 출신이었으므로 주변의 지형에 매우 익숙했다. 그리고 강한 힘과 뛰어난 지략을 가진 리더였다. 산의 남자였던 비리아토는 치고 빠지는 전술로 로마군을 괴롭혔다.

그의 주변으로 점점 더 로마군에 대항하는 세력이 모여들었다. 그중에는 로마군에서 탈주한 병사들도 있었다. 비리아토는 게릴라전을 펼쳤다. 켈트족인 루시타니아 사람들은 철을 잘 다룰 줄 알았기 때문에 예리한 창과 칼로 무장해서 로마군들을 괴롭혔다. 계속해서 로마군의 피해는 늘어났고, 전쟁은 언제 끝날지 몰랐다. 비리아토가 항상 게릴라전을 펼치는 것은 아니었다. 한 전투에서는 루시타니아군의 총병력을 동원해서 로마군을 1만 명 가까이 격퇴시키기도 했다.

로마는 비리아토를 붙잡기 위해 3만 명의 군대를 파견했다. 비리아토가 원

스페인 바엘로 클라우디아에 있는 가룸 공장 유적

폼페이에서 발굴된 가룸 소스를 담는 병

하는 것은 단지 루시타니아인들이 예전처럼 행복하게 살아가는 것이었다. 비리아토는 로마에 평화 협정을 제안했다. 로마는 맨 처음 평화 협정을 받아들였다. 그런데 로마는 루시타니아를 가만 놔둘 생각이 없었다. 로마는 비리아토의 명을 받아 평화 협정을 제안하러 왔던 아우닥스^{Audax}, 디탈쿠스^{Ditalcus}, 미누루스^{Minurus}라는 세 명의 신하를 매수해서 비리아토의 암살을 사주했다. 비리아토는 기원전 139년 자고 있는 동안 위에서 말한 세 명의 배신자 칼에 찔려 숨졌다. 반역자들은 로마 진지로 돌아가서 보상을 요구했다. 그런데 로마군 대장은 "로마는 반역자에게 보상하지 않는다"라고 말하면서 이들을 사형시켜 버렸다. 만약 로마가 비리아토의 암살을 사주한 것이 아니었다면 이 말이 참 멋있었을 것이다. 위 말은 이때부터 "미국은 테러 집단과 협상하지 않는다"는 말처럼 로마를 말할 때 자주 쓰였다고 하는데 이 말이 나타난 사건을 들여다보면 "로마는 반역자에게 보상을 주지 않는다"라는 말보다 "로마는 약한 자에게 보상하지 않는다"라는 말이 맞을 것이다. 비리아토가 죽으면서 루시타니아는 곧 함락되었다. 전투적이었던 켈트족은 점점 시간이 지나면서 다른 로마 식민지와 마찬가지로 로마화되어 갔다.

기원전 143년 로마는 스페인 북쪽 소리아 지방의 누만티아에서 강한 적을 만났다. 로마는 누만티아에서 항전하고 있는 켈티베로족을 정복하고자 퀸투스 카이킬리우스 메텔루스 마케도니쿠스에게 3만 명의 로마군 지휘를 맡겼다. 메텔루스는 의기양양하게 적진으로 쳐들어갔으나 강인한 켈티베로족의 군대에 패배하고 말았다. 누만티아인들에게 여러번 전투에서 진 메텔루스를 이어 새로운 집정관 퀸투스 폼페이우스 아우르스가 누만티아를 함락하러 왔다. 하지만 그는 메텔루스보다 더 무능했다. 그는 누만티아군에 여러 번 진 뒤에 비밀리에 평화 협정을 맺었다. 기원전 138년에 다시 한 번 로마군의 장군이 마르쿠스 폼필리우스 라에나스로 교체되었다. 누만티아인들

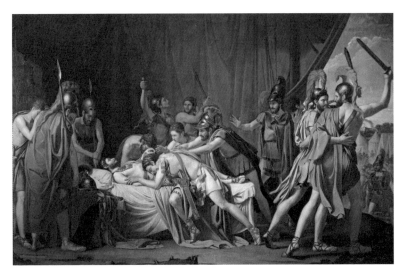

「비리아토의 죽음」, 호세 마드라소 그림, 1807

은 로마와 평화 협정을 맺었다고 주장했다. 폼필리우스 라에나스는 그전에 맺은 평화 협정이 로마 원로원의 승인을 받지 않았기에 유효하지 않다고 말했다. 로마는 기원전 137년 가이우스 호스틸리우스 마니키우스에게 4만 명의 대병력을 주어 누만티아로 보냈다. 마니키우스도 누만티아군을 당해 내지 못했다. 오히려 그는 누만티아군에 포위 당해서 휴전 협정을 강제로 맺을 수밖에 없었다. 그러나 로마 원로원은 그 협정을 승인하지 않았다.

그 후 기원전 134년에 등장한 이가 소小 스키피오였다. 그는 6만 명의 병력을 이끌고 누만티아로 쳐들어왔다. 스키피오는 누만티아 성 주변에 7개의 요새를 쌓고 완벽하게 포위했다. 누만티아 성에서 항전하던 사람들은 굶주림과 전염병에 시달리다 결국 항복할 수밖에 없었다. 기원전 133년 스키피오가 누만티아의 성문을 열고 들어갔을 때 살아 있는 사람은 거의 없었다. 4천 명 가까이의 사람들이 자살한 상태였고, 남아 있는 사람들도 얼마 없었다. 스키피오는 남은 사람들을 노예로 팔아 버렸다. 누만티아의 전쟁은 로마의 위대한 승리로 기록되었다. 로마는 10년 동안 누만티아를 공격하고 포위했었다. 누만티아는 풍족하지 않은 땅이었다. 하지만 로마는 손해를 감수하고도 그냥 놔둘 수가 없었다. 누만티아의 켈티베로족은 켈트족처럼 가만히 놔두면 그 틈을 타서 이베리아 반도 내 로마의 도시를 공격했기 때문이다.

갈리시아 지방은 로마가 맨 마지막으로 점령한 지역이었다. 기원전 19년 칸타브리아 전쟁을 마지막으로 로마는 이베리아 반도 전체를 점령했다. 프랑스 지역은 점령하는데 기원전 58년에서 기원전 51년에 걸쳐 7년이 걸렸다. 반면 로마가 이베리아 반도를 점령하는데는 200년의 시간이 걸렸다. 로마가 밀과 은이 있었던 스페인 남부 쪽에 집중했었던 까닭도 있겠지만 기본적으로 스페인의 원주민들은 전투 민족이었다. 로마 군대가 사용하던 글라디우스라는 검도 애초에 켈티베로족이 사용하던 무기였다.

로마가 이베리아 반도를 통일하면서 이베리아 반도에 있던 사람들은 처음으로 로마의 깃발 아래 뭉치게 되었다. 이전에 사람들은 이베로족, 켈트족, 켈티베로족으로 나뉘어 각자의 삶을 영위해 갔었다. 이 지점이 스페인 사람들이 조상을 누구로 받아들여야 하는지 난감해하는 부분이다. 현재 스페인 사람들은 누만티아를 공격했던 로마의 편을 들 수만도 없고 항전했던 누만티아의 편만을 들 수도 없다. 만약 켈티베로족을 조상으로 받아들인다면 분명 로마는 적이기 때문에 로마에 항전하는 켈티베로족의 편을 들어야 한다. 그런데 이 시기에는 스페인이라는 국가관이 없었다. 로마가 이베리아 반도 내 흩어져 있던 민족들을 결합해서 스페인의 모습을 만들어 냈으니 스페인의 입장에서는 로마의 지배가 긍정적이기도 했다. 스페인 역사에서 누구의 편도 들 수 없는 이 아이러니는 이슬람 지배 시절 다시 한 번 반복된다.

스페인은 로마의 지배를 받으면서 로마의 시스템을 받아들였다. 현재 스

스페인 로마 식민지 초기 지도

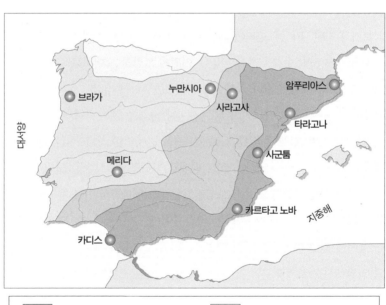

로마의 이베리아 반도 점령 단계

메리다에 남아 있는 로마 시대 유적

페인의 통일된 모습은 로마의 지배 후에 나타났다. 우선 이베리아 반도 사람들이 라틴어를 쓰면서 서로 의사소통이 가능해졌다. 그리고 이베리아 반도에 로마법이 적용되면서 통합된 법이 생겨났다. 로마 사람들은 스페인의 광물 자원과 올리브유 등을 가져가기 위해 길을 닦고 다리를 놓았다. 로마의 기술력은 대단했다. 레온 지역에 있는 라스 메둘라스Las Medulas 광산에서 금을 캐기 위해 로마인들은 300킬로미터나 떨어진 곳에서 물을 가져오기도 했다. 로마 학자 플리니우스는 이 금 광산에서 매년 2만 로마파운드(1로마파운드는 328.9그램 정도이다), 약 6,580킬로그램의 금을 생산했다고 적었다. 이 금을 캐기 위해 보여 준 로마의 기술력은 놀랄 만한 수준이 아닐 수 없다. 로마는 전쟁이 없는 기간에는 병사를 노역시켜서 폭동이 일어나지 않도록 관리했다. 커다란 돌을 자르고 나르고 정확한 위치에 놓는 일은 중노동이었다. 이는 남는 병력을 효율적으로 활용할 수 있는 방법 중의 하나였다. 게다가 로마가 거대한 건축물을 완성하고 나면 피정복민들이 로마 문명을 우러러보면

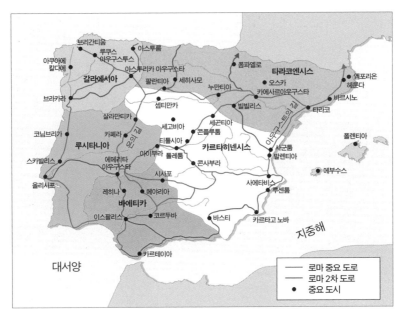

로마 점령 후 도로 지도

서 로마의 문화와 가치를 더 쉽게 받아들였다. 로마는 원형극장에서 로마의 검투사들이 시합하는 장면을 통해 강한 로마의 힘을 보여 주기도 했다.

의도가 순수하지는 않았지만 로마의 건축 기술과 자본 투자로 스페인 내 도시들이 유기적으로 연결되었다. 로마 시절에 세워진 도시의 모습은 엑스트라마두라 지방의 메리다에 아직까지도 잘 남아 있다. 로마인은 스페인의 주요 도시에 수도교를 건설하고, 이탈리아 내 로마 도시처럼 극장, 원형 경기장, 목욕탕, 포로 로마노Foro Romano 등을 만들었다. 주요 도시에는 주피터(그리스 신화의 제우스), 미네르바(그리스 신화의 아테나), 유노(그리스 신화의 헤라)의 신전이 생겼다. 스페인은 스폰지처럼 로마의 문화를 빨아들였고, 단순한 로마의 식민지가 아닌 서쪽의 또 다른 로마가 되었다.

카이사르가
성벽에 묻은 것

✦ 스페인 땅을 거쳐 간 또 한 명의 로마 영웅이 바로 율리우스 카이사르이다. 카이사르는 그의 나이 31살인 기원전 69년에 재무관이 되었다. 그의 근무지는 안달루시아 지방에 속하는 히스파니아 울테리오르 지역이었다. 그는 여기에서 근무를 하다가 기원전 67년에 다시 로마로 돌아갔다. 그가 서둘러 로마로 돌아간 이유에 대해 로마 역사가 가이우스 수에토니우스는 카이사르가 재무관으로 근무할 당시 카디스를 방문했었던 일 때문이라고 전한다. 카디스에는 헤라클레스 신전이 있었는데 카이사르는 그곳에서 알렉산더 대왕의 동상을 보았다. 카이사르는 자신의 나이에 알렉산더 대왕은 세계를 호령했는데 자신은 무엇을 하고 있나, 라는 생각을 문득했다. 카이사르는 그 길로 재무관을 그만두고 로마로 돌아가게 해 달라고 요청했다. 즉, 로마의 역사 나아가 전 유럽의 역사를 바꾼 미래의 황제는 이베리아 반도에서 자신의 야망을 찾았다.

카이사르가 근무했던 히스파니아 울테리오르의 중심 도시인 세비야 지역에서는 그를 헤라클레스와 동급으로 존중하고 있다. 세비야 시청사와 시민들이 많이 찾는 알라메다 광장에는 헤라클레스와 카이사르의 동상이 나란히 서 있다. 또 세비야에 있는 헤레스의 문Puerta de Jerez에는 "헤라클레스는 나를 세웠고 율리우스 카이사르는 성벽과 높은 탑으로 둘러쌌다"라는 시가 적혀 있었다. 세비야에는 예전에 카르타고인이 통나무와 진흙으로 만들어 놓은 성벽이 있었다. 그러나 적의 침입을 막기에는 충분하지 않았기 때문에 카이사르는 당시 로마가 가지고 있던 기술력을 사용해 벽돌로 성벽을 재건했다. 세비야에 있는 마카레나Macarena의 성벽 역시 그때 카이사르가 세운 것들 중 하나다. 세비야는 그의 동상을 세워 카이사르의 업적을

마카레나 성벽

아직까지도 기리는 것이다.

　이 성벽에는 끔찍한 전설이 얽혀 있다. 바람둥이로 유명했던 카이사르는 세비야에 살 때도 만나던 여인이 있었다. 그녀의 이름은 시오마 훌리아Syoma Julia였다. 그녀는 카이사르를 사랑했고, 카이사르의 아이를 임신하고 기뻐했다. 10개월 뒤에 그녀는 쌍둥이를 낳았다. 시오마는 카이사르의 아이를 낳아서 행복했다. 그는 젊고 멋진데다 유능한 남자였기 때문이다. 그의 아이를 낳았기 때문에 앞으로 그녀도 그와 죽을 때까지 함께 할 수 있을 것이라고 생각했을지도 모른다. 적어도 그녀를 스쳐 지나가는 여자로 생각했을지라도 그의 자식들은 아비로서 사랑해 줄 것이라고 짐작했을 것이다. 그런데 그녀가 잘못 생각한 것이 있었다. 카이사르는 목표 지향적이기 때문에 그 목표 밖의 것은 모두 쉽게 버리고 잊을 줄 아는 사람이었다. 로마에서 최고의 위치에 오르는 것이 목표였던 카이사르는 시오마든 그녀가 낳은 그의 자식들이든 아랑곳하지 않았다.

카이사르는 시오마에게서 쌍둥이 중 한 아이를 빼앗아 죽였다. 그런 다음 마카레나 지역의 성벽 아래에 묻었다. 그는 자신의 피가 흐르는 아이의 희생이 성벽을 성스럽게 만들어 적들이 침입할 수 없게 만들 수 있다고 생각했다. 시오마에게는 충격적인 일이었다. 그녀는 아무리 그래도 자신의 자식을 희생시키는 카이사르를 이해할 수 없었고, 그가 또 남은 아이를 죽일까 봐 겁이 났다. 시오마는 아직 죽지 않은 아이를 데리고 카이사르로부터 달아났다.

카이사르는 정말 자식의 희생으로 인해서 적들이 성벽을 침입하지 않으리라 생각한 것일까. 만약 그렇지 않았다면 도대체 그 어린아이의 희생은 무엇을 위한 것이었을까. 카이사르는 이기적인 인물일까, 이타적인 인물일까. 자신을 위해 한 생명을 희생시키는 것은 이기적이다. 그런데 동시에 비록 미신이라도 한 도시의 수많은 시민들을 적의 침략으로부터 구해 내려고 자신의 자식을 희생시켰다면 그것은 이타적인 행동이다.

중요한 것은 그의 자식을 죽여 성벽에 묻은 것이 순수하게 시민들을 위한 행위로는 보이지 않는다는 점이다. 카이사르는 자식을 죽일 정도로 로마에 충성하며 시민들을 생각하는 사람이라는 것을 보여 주기 위해 그랬을지도 모른다. 그렇다면 결국 그의 권력을 위해 불쌍한 새 생명을 희생시킨 것이다. 물론 당시 사람들에게 카이사르는 성벽을 축복하기 위해 소중한 자식을 제물로 바친 영웅 같은 사람으로 보였을 것이다.

로마로 돌아온 카이사르는 법무관직을 수행했다. 이후에는 재무관으로 근무했던 히스파니아 울테리오르의 속주 총독이 되었다. 카이사르는 당시 총독들이 제멋대로 속주에서 세금을 걷던 폐단을 없애는 세제 개혁을 단행했다. 아울러 스페인에서 아직 정복되지 않았던 포르투갈 서쪽 해안 지역을 성복했다.

황제가
탄생한 땅

✛ 이베리아 반도를 떠난 이후 갈리아 지방 등을 정복하며 승승장구하던 카이사르는 기원전 45년에 다시 스페인으로 돌아온다. 그동안 로마 권력을 놓고 폼페이우스와 다투던 카이사르가 최종적으로 승리한 곳이 다름 아닌 스페인 문다 지방이었다. 황제의 꿈을 품었던 땅에서 마침내 마지막 경쟁자 일당을 꺾고 황제가 될 기틀을 마련한 것이다. 기원전 45년 3월 17일 스페인 문다 지방에는 폼페이우스의 두 아들이 그들의 추종 세력들과 함께 약 7만 명의 병사를 모으고 있었다. 카이사르는 후환을 제거하기 위해 4만 명의 병사를 이끌고 문다로 갔다. 문다는 현재 스페인 남부 지방에 있는 에스타파 근처로 알려져 있다.

카이사르는 이 전투에서 자신의 군대는 1천 명만 잃은 반면 3만 명의 적군을 무찌르는 대승을 거두었다. 세비야는 항상 카이사르 편에 서서 그를 지원했다. 카이사르는 문다 전투에서 승리한 후 세비야에 이탈리아 내의 도시와 같은 지위를 주었다. 이탈리아 밖의 도시 중에 이런 대우를 받은 것은 세비야가 처음이었다. 덕분에 이후 트라야누스Trajanus 와 하드리아누스Hadrianus 라는 두 명의 황제가 세비야에서 탄생할 수 있었다.

문다 전투에서 카이사르는 자신에게 대항하는 남은 세력들을 모두 없앴기 때문이 내전이 끝난 줄 알았을 것이다. 그러나 피로 얻은 자리는 결국 피를 불렀다. 불과 1년 뒤 3월 15일 카이사르는 로마 원로원에서 14명의 사람에게 칼에 찔려 숨을 거둔다. 그가 공화정을 위협하고 왕정으로 통치하려고 한다는 것이 이유였다. 단지 그 이유뿐만 아니더라도 그는 적이 많은 사람이었다. 그가 죽어야 할 이유는 그가 살아야 할 이유만큼 많았다.

그는 특별하고 대단한 인물임에는 틀림없다. 많은 업적을 이루어 냈고, 많은 전투를 승리로 이끌었다. 하지만 100퍼센트 그의 업적과 그가 이룬 일들에 대해서 칭송만 할 수는 없다. 로마가 아닌 다른 나라 입장에서 로마는 정복자였고, 그렇게 지배를 받게 된 다른 나라는 식민지와 다름없는 상황이었기 때문이다. 프랑스 남부 아바리쿰은 카이사르가 점령한 뒤 약탈과 살인을 허가하여 4만 명의 민간인 중 800명만 살아남기도 했다.

그에게 원한을 가진 사람들에게 한 가지 위안이 되는 사실은 카이사르가 그렇게 인정받고 싶었던 로마 정치의 중심인 원로원에서 암살자들에게 허무하게 죽고 말았다는 것이다. 평생 그가 원한 것은 로마 시민들의 존경과 인정이었는데 결국 그는 평생 목표로 했던 자리에서 일 년 만에 죽은 채로 내려와야 했다. 그 자리에 오르기까지 그가 노력했던 모든 것, 희생했던 많은 사람을 생각하면 초라한 최후였다.

극단에 이른 인물은 역사에 남는다. 만약 그가 적당한 선에서 물러날 줄 알았더라면 그는 좀 더 행복하고 오래 살 수 있었을 것이다. 그렇다면 역사에는 율리우스 카이사르라는 한 사람이 있었다, 라고 한 줄밖엔 안 남았을지도 모른다. 그는 극단까지 가서 역사에 남는 삶을 선택했다.

기원전 27년에는 로마 최초의 황제가 등장했고 실질적으로 공화정 체제가 사라졌다. 황제는 군사적, 종교적, 정치적 지도자였다. 만약 이 시기에 한니발이 이탈리아에 쳐들어와서 로마 제국을 흔들었다면 동맹국들은 로마에 반기를 들었을지도 모른다. 그러나 이 시기 로마 제국에 대적할 적은 주변에 없었다. 로마의 영토는 날로 늘어갔다.

5현제의 두 명인 트라야누스와 하드리아누스 황제는 세비야의 이탈리카에서 태어났다. 이들 스페인 출신인 두 사람이 황제가 된 것은 스페인 역사에서도 중요한 사건이었다. 그것은 로마의 속주인 스페인이 이탈리아 내 도시와 동등한 대우를 받았다는 것을 뜻했다. 특히 트라야누스는 속주에서 태어나 처음으로 황제가 되었다. 그의 통치 시절이었던 117년에 로마의 영토가 제일 넓었다. 하지만 이때 이후로 로마는 영토가 커지면서 또 다른 문제가 생겼다. 지켜야 하는 곳이 너무 넓어졌기에 퍼져 있는 군대에 보급하는 게 쉽지 않았다. 또한 곳곳에서 전쟁이 일어나면서 점점 군인이 더 많이 필요했다. 로마 식민지의 주민은 병역의 의무를 다하고 나면 땅과 돈을 받았다. 병역의 의무를 마친 로마 식민지 주민이 늘어나자 점점 로마 제국의 사람이 늘어났고 재정 부담도 증가했다.

3세기에 로마는 내외부로 큰 위기를 겪었다. 내부적으로는 정국이 불안해지고 치안이 약해졌다. 특히 235년부터 284년까지 약 50년간을 군인 황제 시대라고 하는데 26명의 황제가 나타나서 극도로 정세가 혼란스러웠다. 이 시기 로마의 각 군단에서는 자기 군단의 사령관이 황제가 되길 원했다. 왜냐하면 자기 군단의 사령관이 황제가 되면 그가 엄청난 액수의 돈을 군대에 주었기 때문이다. 그런데 이 돈은 기존에 유통되고 있던 돈이 아니었다. 새로운 황제는 은의 함량을 줄여 동전을 새로 주조해서 군대에 주었다. 화폐가 시중에 많이 유통되자 물가가 치솟았다. 원래 은화는 은으로 만들어야 했는데 네로 황제 시기부터 은의 함량이 점점 줄다가 3세기 후반에는 은 함량이 2퍼센트밖에 안 되었다.

외부적으로는 페르시아인과 게르만족의 침입을 받았다. 로마가 강한 시절에는 로마로 이어지는 도로망이 로마군이 이동하는데 도움을 주었는데 로마가 약해지자 그 길을 통해 이민족들이 쉽게 쳐들어왔다. 226년 로마 동쪽에는 로마 입장에서 다루기 쉬웠던 파르티아가 멸망하고 호전적인 사산 왕조 페르시아가 등장했다. 사산 왕조 페르시아 제국은 강력해서 서기 260년에 로마 발레리아누스 황제를 포로로 잡아가기도 했다. 과거 로마는 새로운 땅을 공격해서 그 땅에서 나온 전리품으로 전쟁 비용을 충당했었다. 그런데 이미 영토는 넓을 대로 넓었고, 오히려 강력해진 야만족들로부터 국경을 수비하느라 재정을 쏟아부어야 하는 실정이었다.

로마 동쪽 국경을 마주하고 있던 사산 왕조 페르시아 군과 싸우는데 집중을 하려고 북쪽의 병력을 빼자 그 틈에 동북쪽 국경에서 문제가 발생했다. 훈족이 동쪽에서 쳐들어오면서 로마 국경 바깥에 살고 있던 고트족들이 로마 국경 쪽으로 밀려오기 시작한 것이었다. 로마는 사방에서 쳐들어오는 이민족의 침입을 막기가 어려웠다. 로마 군대는 하루에 30~35킬로미터 정도를 움직일 수 있었기 때문에 넓은 로마 국경에서 일어나는 모든 침입을 막을 수는 없었다. 더군다나 이 시기 이민족은 로마군에 근무했던 경험이 있었기 때문에 로마군이 어떻게 움직이는지 알고 있었다. 그리고 로마군에서 훈련을 받았기 때문에 예전의 오합지졸이 아니었다.

문제는 그뿐만이 아니었다. 로마의 돈줄이 되었던 스페인의 은 광산에서도 문제가 생겼다. 채산량이 현격히 떨어지면서 캐내는 데 많은 비용이 들어갔다. 로마 황제는 내부의 재정 문제와 이민족의 침략 문제를 해결해야 했다.

284년 황제가 된 디오클레티아누스는 혼자서 국경을 다 지킬 수 없다는 것을 인정했다. 그는 사두정치라는 새로운 시스템을 도입했다. 로마를 동로마, 서로마로 나누었고, 황제와 부제를 두었다. 혼자서 다스리기에 너무 문제가 많았기 때문이다. 금전적인 문제는 세금을 자치적으로 걷던 것을 변경하여, 황제가 직접 파견한 세무원이 목표만큼의 세금을 걷는 것으로 바꾸었다. 그러면서 행정 구역을 세분화했다.

이 시기에 이베리아 반도의 행정 지역도 다시 나뉘었다. 만약 4명의 지도자가 사이좋게 자신의 지위에 만족하고 대 로마 제국 부흥이라는 한 가지 목표에 힘을 기울였다면 역사는 달라졌을 것이다. 하지만 결국 그들도 평범한 인간일 뿐이었다. 로마를 재건하겠다는 숭고한 목표보다는 다른 권력자를 물리치고 자신이 모든 인간 위에 군림하고 싶다는 욕구가 더 컸다. 그러자 사두정치는 무너지고 권력자들끼리 다투는 역사가 전개되었고 결국 다시 한 명의 황제만 남았다.

탑을 보호하는
두 성녀

✛ 로마는 계속 쇠퇴했다. 그러던 와중에 황제가 된 콘스탄티누스 1세Constantinus I는 313년 탄압받던 가톨릭을 공인했다. 콘스탄티누스 1세는 단순한 종교적 리더 이상이었다. 그는 가톨릭 사제들로부터 신이 보낸 통치자라는 이야기를 들었다. 이러한 평가는 황제의 통치 정당성을 공고히 해 주었고 황제의 힘을 극대화시켜 주었다. 330년에 그는 로마의 재부흥을 꿈꾸며 수도를 로마에서 콘스탄티노플로 옮겼다. 로마는 다신교였다. 콘스탄티누스 1세 이전에 가톨릭은 로마의 다신교를 인정하지 않았기 때문에 박해를 받았다. 그 대상은 로마의 속주이든 나이가 어리든 예외가 없었다.

당시 로마의 속주였던 이베리아 반도에서는 가톨릭의 전파와 관련하여 세비야의 수호성인인 후스타Justa와 루피나Rufina 자매 이야기가 전해지고 있다. 후스타는 268년, 루피나는 270년에 로마 치하의 가난한 가톨릭 집안에서 태어났다. 그녀의 가족은 세비야의 트리아나Triana 지역에서 도자기를 만들었다. 열심히 일했지만 많은 돈을 벌지는 못했던 그들은 종교에 의지하며 힘든 삶을 견뎌 냈다. 그런데 그때는 가톨릭이 로마에서 탄압을 받던 시기였다. 로마 내 많은 사람이 여전히 신화에 나오는 신을 섬기고 있었다.

어느 날 비너스 신을 믿는 한 무리가 후스타와 루피나의 집에 찾아왔다. 그들은 비너스가 사랑했던 남자인 아도니스Adonis의 죽음을 기리는 행사를 진행하기 위해 모금을 하고 있었다. 후스타와 루피나는 가톨릭의 교리를 설명하며 비너스 신을 믿는 것은 잘못되었다고 말했다. 비너스 신의 추종자들은 화가 나서 두 자매와 언쟁을 벌였다. 후스타와 루피나는 무리 중의 한 명이 들고 있던 비너스 형상을 부쉈다. 이 일로 후스타와 루피나는 고소를 당했다.

당시 로마 군대의 수장이었던 디오게니아누스는 후스타와 루피나가 어린 소녀인 것을 보고 가톨릭을 포기할 때까지 세비야 트리니다드 성당에 있는 지하 감방에 가두라고 지시했다. 그는 가녀린 그녀들이 감방 생활을 견디지 못하고 며칠이면 비너스 신을 찬양할 것으로 생각했다. 그런데 하루가 지나고 이틀이 지나도 두 자매가 믿음을 저버렸다는 이야기는 들리지 않았다. 디오게니아누스는 두 소녀를 정식으로 이단자로 처벌하기로 했다. 그는 두 성인의 손과 발을 묶어 세워 두도록 했다. 종교를 버린다면 언제든지 그녀들은 자유의 몸이 될 수 있었다. 손과 발이 묶인 채 강제로 서 있는 것은 불편하고 고통스러운 일이었다. 그러나 후스타와 루피나는 많은 시간이 흘렀지만 굴복하지 않았다. 디오게니아누스는 그 방법으로는 두 소녀의 신념을 저버리게 할 수 없다는 것을 깨달았다. 그는 어둠과 절망감으로 그녀들을 괴롭히기로 했다.

그는 두 성인을 빛이 들지 않는 감옥에 처넣고 죽지 않을 만큼의 음식만 주도록 했다. 아무리 신념이 강하더라도 어두운 방 안에서 혼자 있다 보면 자기가 도대체 무엇 때문에 그 신념을 지켜야 하는지 회의적으로 변하기 마련이다. 그러나 이번에도 두 자매는 믿음을 버리지 않았다. 거짓이더라도 디오게니아누스에게 잘못했다고 용서를 구하고 개종하는 시늉이라도 했다면 후스타와 루피나는 풀려날 수 있었다.

이제 디오게니아누스에게도 오기가 생겼다. 그동안 조금이나마 가졌던 어

「성녀 후스타와 루피나」, 바르톨로메 에스테반 무리요 그림, 1665~1666

린 소녀에 대한 연민도 사라졌다. 디오게니아누스는 그녀들에게 맨발로 세비야에서 150킬로미터 떨어져 있는 시에라 모레나Sierra Morena까지 걸어가라고 명령했다. 지금처럼 도로가 잘 닦인 것도 아니고 감옥에서 제대로 먹고 운동한 것도 아니었기 때문에 두 자매는 걷다가 길바닥에서 죽을지도 몰랐다. 하지만 하늘이 그녀들을 보살폈는지 두 소녀는 기적처럼 시에라 모레나까지 걸어갔다.

디오게니아누스는 화가 나서 그녀들을 죽을 때까지 감옥에 처넣으라고 했다. 후스타는 결국 감옥에서 비참하게 죽고 만다. 디오게니아누스는 후스타의 시신을 우물에 던져 버렸다. 그는 자매가 감옥에서 죽는 꼴을 보았으니 루피나는 죽음을 두려워하여 신앙을 저버릴 것으로 생각했다. 그렇게 된다면 그의 승리였다. 어느새 디오게니아누스에게는 후스타와 루피나를 개종시키는 것이 자존심을 건 싸움이 되어 있었다. 하지만 루피나는 후스타가 감옥에서 죽은 걸 보고도 무릎을 꿇지 않았다. 디오게니아누스는 인내심이 바닥이 났다. 그녀가 개종하느냐 하지 않느냐는 이제 상관이 없었다. 눈을 똑바로 뜨고 대드는 그녀가 잔인하게 갈가리 찢겨 죽는 모습이 보고 싶을 뿐이었다. 그는 루피나를 원형 경기장에서 사자의 먹이로 주라고 명령했다. 자신에게 거역하면 어떻게 되는지 알려 주기 위해 많은 사람들을 원형 경기장으로 불렀다.

루피나는 원형 경기장의 한가운데에 서 있었다. 로마 시대에는 사형수를 사자의 밥이로 주는 것은 하나의 이벤트였다. 흥분한 군중은 미친 듯 환호를 보냈다. 디오게니아누스가 신호를 보내자 사자를 가두고 있는 우리의 문이 열렸다. 군중은 곧 후스타가 살점이 찢겨 사자의 먹이가 될 것으로 생각하며 그녀를 향해 천천히 걸어가는 사자의 힘찬 걸음을 지켜보았다. 사자는 루피나의 주변을 어슬렁거렸다. 사자가 가까이 올수록 루피나에게는 죽음이 조금씩 다가왔다. 그리고 사자는 루피나 바로 옆에까지 왔다. 군중은 사자가 어린 소녀를 물어뜯는 광경을 상상하며 소리를 질렀다. 그런데 이상한 일이 벌어졌다. 루피나를 물어뜯어야 할 사자는 루피나의 곁에 가만히 앉았다. 루피나는 마치 자신의 애완견이라도 되는 듯 사자의 털을 어루만졌다.

사람들은 루피나의 종교에 대해서 아무것도 몰랐지만, 그녀의 신이 그녀를 보호해 주고 있다고 수군거렸다. 디오게니아누스는 기껏 많은 사람들을 불러 루피나의 최후를 보여 주려고 했는데 뜻대로 되지 않자 망신을 당한 느낌이었다. 그는 자존심이 상해 참을 수 없었다. 결국 직접 칼을 들고 원형 경기장으로 내려가 루피나의 목을 베어 버렸다. 287년의 일이다. 세비야의 주교 사비노Sabino가 루피나의 시신을 수습해 후스타의 무덤 옆에 묻어 주었다.

이 두 자매가 세비야의 수호성인인 이유는 세비야 출신의 초기 가톨릭 순교자이기 때문이다. 313년 콘스탄티누스 1세는 밀라노 칙령으로 가톨릭을 공식 종교로 인정하고 박해를 금하였다. 이후 스페인에서도 가톨릭이 정식 종교가 됐다. 이렇게 되기까지는 후스타와 루피나 같은 많은 순교자의 희생이 있었다.

후스타와 루피나를 그린 대표적인 그림으로 두 성인이 히랄다 탑을 안고 있는 모습이 있다. 실제로 세비야 대성당에 가면 두 자매가 히랄다 탑의 양옆에 서 있는 그림을 많이 볼 수 있다. 그런데 후스타와 루피나가 세비야에 살았을 때에는 히랄다 탑이 없었다. 그녀들과 히랄다 탑 사이에는 어떤 관계가 있는 것일까?

1504년 4월 5일 오전, 세비야에서 30킬로미터 떨어진 카르모나에 진도 7~8 사이의 지진이 일어났다. 이날은 예수님이 돌아가신 성 금요일에 해당하는 날이었다. 사람들은 그날 지진이 종말을 부르는 최후의 심판이라고 생각하며 두려워했다. 이 지진으로 수십 명의 사람들이 죽거나 다치고 귀중한 성당과 견고한 건물이 많이 무너졌다. 그런데 100미터에 가까운 히랄다 탑은 벽돌 몇 개가 빠져나갔을 뿐 거의 훼손되지 않았다. 놀라운 일이었다.

사람들은 히랄다 탑이 무너지지 않도록 후스타와 루피나가 지켜 주었다고 믿었다. 지진이 날 때 히랄다 탑 근처에 있었던 사람들은 후스타와 루피나가 히랄다 탑이 넘어지지 않도록 양옆에서 붙잡고 있는 모습을 보았다고 했다. 그들은 지진 때문에 정신이 없어서 환상을 본 것인지도 모른다. 하지만 두 자매가 히랄다 탑을 양옆에서 붙잡고 있는 장면은 많은 예술가들에게 영감을 불러일으켰다. 바르톨로메 에스테반 무리요Bartolomé Esteban Murillo를 비롯한 여러 화가가 두 성인이 히랄다 탑을 양옆에서 붙잡고 있는 그림들을 그리기 시작했다.

정말로 후스타와 루피나가 히랄다 탑을 보호하고 있는 것인지도 모른다. 1680년과 1755년에 지진이 났을 때도 히랄다 탑은 무너지지 않았다. 특히 1755년 지진 때는 히랄다 탑보다 훨씬 낮은 황금의 탑이 반파될 정도였는데도 히랄다 탑은 거의 피해를 입지 않았다.

GALLIAE   PARS

GASCONIA

Caput crucis
Baiona
Tholoſa
Pyrenæi môtes
Moutpolier
Bſſers
Fons Rabix
Roncis
Narbona
Ronceuall
Parpian
Tudela
Berguſa
Borgia
Vich
Saragoza
Giſar Auguſta
Girona
Tarazona
Fraga
Bſiatus
Empuries
Soria
Segrã fl.
Cardona
Ducatus
ARAGONIA
Herda
Leyda
Lobregats
Cuberlt
Barſalona
Iber & Ebro fl.
Tarragona
Alcaniz
Toroſa
Iubalda mons
Noueſ
Seura fl.
Lartone
Valencia
Maiorca
Mallorca
Minorc
Menor
Chincar fl.
Gottamor g.
Cormedera
Almanſa
Aurigia
Elda
Dema
Ebuza
Murcia
Siura fl.
Cerne
Mula
Cartagena
Aquile
Suſana
Bara
Almeria

Der Berg Ronzeual voz zeiten mons Pyre-
neus geheiſſen/ ſcheidet Hiſpaniã von Franck-
reich/ vnnd ziehen ſich zwey Gebirg vonn ihm
durch Hiſpaniã/ vnder welchen eins ſich ſtreckt
biß gehn Portugall/ v.nd ſcheidet es von Galli
cia/ hat mancherley namen / nach dem es ander
vnd andere Völcker bekreifft. Bey dem Strictũ
Sybilie/ verſtand dz eng Meer. ſo zwiſchen Hi-
ſpaniam vnd Mauritaniam hher geht.

Mare mediterraneum

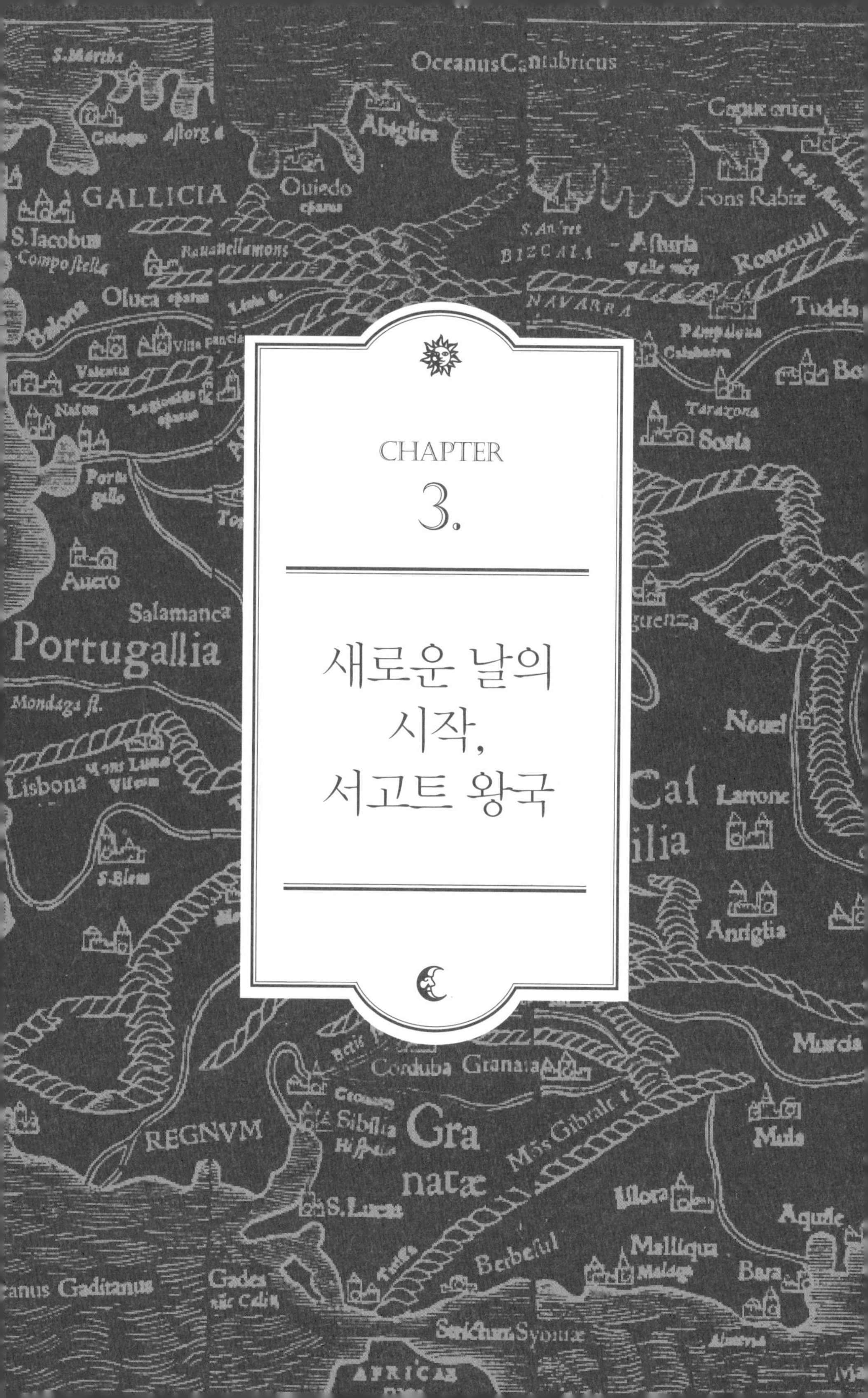

CHAPTER

3.

새로운 날의 시작, 서고트 왕국

S. Martha

OceanusCantabricus

Capue crucis

GALLICIA

Coleque

Astorg a

Abiglies

Ouiedo chatus

Fons Rabir

S. An. tes

BIZCAIA

Asturia Vcle mõs

Roncxualli

S. Iacobus Compostella

Reuanellamons

NAVARRA

Tudela

Balona

Oluca chatus

Lisia c.

Pãpclona
Calahorra

Borgia

Vina pancia

Valcacia

Nalon

La pouilte chatus

Lyon

Burgos

Nazera

Tarazona

Sorla

Astorga

Pisirga fl.

Val Dolis

Medina

Portugallo

Palenza

Demo fl.

Toro

Siguenza

Auero

Salamanca

CASTI LIA

Nouel

Portugallia

Segobia
Alcala

Mondega fl.

Madrit

Lisbona

Mõs Luna Vllem

Cal tilia

Larrone

Tormus de mõs

Tatus

S. Blem

Guadiana fl.

Merida

Antigia

Beria et Guadalquebir

Vbet

Murcia

Beris

Corduba Granata

Crognos

REGNVM

Sibilia Hispalis

Gra natæ

Mõs Gibralt

Mula

Illora

Aquile

S. Lucas

Malliqua
Malaga

Bara

eanus Gaditanus

Gades nc Calis

Berbesul

Strictum Sydmir

AFRICAE pars

새로운 주인, 서고트족의
스페인 정착

✛ 364년에 로마 황제로 등극한 발렌티니아누스 1세 Valentinianus I 는 사방에서 침략이 계속되고 있었기에 로마를 동서로 나누어 동생인 발렌스Valens를 로마 동부 지역의 황제로 임명하였다. 이 시기 동유럽에 살던 게르만 부족 가운데 하나인 서고트족은 동쪽에서 훈족의 공격을 받았다. 서고트 족장 프리티게른은 훈족과 싸워서는 승산이 없었기에 로마에 이주해서 살게 해 달라고 요청했다. 376년 로마 동쪽의 발렌스 황제는 이민족의 침입과 약탈을 막는 조건으로 서고트족을 받아들였다. 로마는 영토가 넓어서 이민족의 침략을 방어하기가 어려웠다. 그래서 국경을 지키기 위해 다른 이민족을 용병처럼 쓰기도 했다. 서고트족도 그중의 하나로 로마에 들어와 트라키아 지역에 살 수 있었다.

한데, 서고트족이 머무는 트라키아 지역의 총독 루피키누스가 문제였다. 그는 서고트족을 괴롭혔다. 에드워드 기번이 쓴 『로마제국 쇠망사』를 보면 그가 세금을 혹독하게 매겨 식량이 매우 비싼 가격에 거래되었고, 시장에는 개고기와 병이 들어 죽은 불결한 고기밖에 없었다고 한다.

서고트족은 로마 제국을 두려워했다. 처음부터 반란을 일으킬 생각은 하지 않았다. 그런데 먹고살기 위해 자신의 전 재산도 모자라 처자식까지 노예로 팔아야 하는 경우까지 발생하자 불만이 극에 달했다. 처우를 개선해 달라고 탄원했지만 아무런 소용이 없었다. 서고트족은 결국 굶어 죽으나 싸우다 죽으나 어차피 죽는 것은 마찬가지였으므로 반란을 일으켰다. 반란은 성공적이었다. 378년 아드리아노플 전투에서 서고트족 군대는 로마 제국의 군대를 물리쳤을 뿐만 아니라 발렌스 황제까지 죽였다. 아드리아노플에서 로마는 1만 2천 명의 정예 군대를 잃었다. 가뜩이나 어려운 로마였는데 이 전투에서 대군을 한번에 잃으면서 큰 타격을 입었다.

발렌스 황제의 뒤를 이은 테오도시우스 1세Theodosius Ⅰ는 서고트족과 평화 협정을 맺었다. 협정의 조건은 서고트족에게 땅과 보조금을 주면서 서고트족을 로마 군대에 받아들이는 것이었다. 로마는 서고트족을 처치할 수 없었으므로 로마군에 입대한다는 조건으로 서고트족을 달랠 수밖에 없었다. 로마군은 숫자는 늘릴 수 있었지만 질적 수준은 많이 떨어졌다. 더군다나 외세의 침입과 내전으로 돈이 없었기 때문에 병사들에게 제대로 된 장비를 지급할 수조차 없었다.

예전에 한니발에 여러 번 패배하면서도 로마가 건재했던 이유는 로마의 구성원들이 로마에 대한 자부심이 있었기 때문이다. 그런데 로마는 변질되었고, 사람들의 마음도 변했다. 시민들은 로마군에 들어가기를 기피했다. 사람들은 로마가 어떻게 되든 신경 쓰고 싶지 않았다. 그들이 원하는 것은 누구든지 그들을 보호해 주면서 가벼운 세금을 걷는 것이었다. 일반 사람들은 로마가 아니라 살고 있는 곳 근처 귀족들에게 자신의 땅을 주고 보호해 달라고 하기 시작했다.

문제는 남아 있었지만 그래도 표면적으로 테오도시우스 1세가 집권하던 시기에 서고트족과 로마는 문제없이 잘 지냈다. 395년 1월 로마의 테오도시우스 1세가 죽었다. 테오도시우스 1세는 그의 두 아들인 호노리우스Flavius Honorius와 아르카디우스Flavius Arcadius에게 각각 서로마와 동로마를 물려줬다. 이 이후로 로마는 동서로 공식적으로 나뉘었다. 테오도시우스 1세는 그의 조카사위이자 군 최고 실력자인 스틸리코에게 서로마 황제 호노리우스를 도와달라고 부탁했다. 그리고 루피누스 재상에게는 동로마 제국의 아르카디우스 황제를 보좌해 달라고 했다.

새롭게 동로마 황제에 즉위한 아르카디우스는 서고트족을 무시하는 실수를 저질렀다. 테오도시우스 1세는 서고트족에게 보조금을 주면서 그들을 달래는 유화정책을 썼었다. 그러나 아르카디우스 황제는 동로마 군대에 종사하는 서고트족에게 주는 보조금을 삭감했다. 서고트족은 예전과 같지 않았다. 예전에 반란을 한번 성공해 보았기 때문에 로마를 상대로 싸울 수 있다는 자신감이 있었고, 알라리크Alaric라는 지도자가 있었다.

알라리크는 로마 군대에서 서고트족군을 이끌고 많은 전투에 참여했었다. 그는 서고트족의 왕으로 추대되어 반란군을 이끌었다. 알라리크가 이끄는 군대는 지난 반란군과 확연히 달랐다. 그는 성벽이 두꺼워 공략이 쉽지 않은 동로마 제국의 수도였던 콘스탄티노플은 두고 그리스 지역을 침략했다. 동로마 제국은 서로마 제국에 도움을 요청했다. 서로마 제국은 스틸리코가 이끄는 군대를 보냈다. 스틸리코는 알라리크의 군대를 물리치고 전멸 직전까지 몰고 갔다. 그런데 스틸리코의 승리를 질투한 동로마 제국의 루피누스 재상이 스틸리코를 서로마 제국으로 돌려보냈다. 덕분에 알라리크는 목숨을 부지했다.

이후 스틸리코와 알라리크는 라이벌 관계가 됐다. 알라리크가 로마를 상

스틸리코와 그의 아내의 조각상

대로 전쟁을 벌일 때마다 스틸리코가 알라리크를 막아서 로마를 지켜냈다. 스틸리코는 알라리크와 계속 싸우는 게 이득이 없다고 생각했다. 그는 알라리크가 서로마에 협력하고 그 대가로 서로마에 일부 영토를 지급하는 조건으로 동맹을 맺었다. 로마 사람들은 이 동맹 협약을 굴욕적이라 생각하고 협약을 진행한 스틸리코에게 불만을 가졌다. 거기에 스틸리코가 자신의 아들인 에우케리우스를 황제로 만들 계획을 가지고 있다는 소문이 돌기 시작했다. 스틸리코를 미워했던 호노리우스 황제의 측근들은 스틸리코를 모함했다. 호노리우스는 스틸리코를 로마의 적으로 규정했다. 스틸리코는 자신에게 충성하는 군대로 반란을 일으켜 로마의 황제에 도전해 볼 수도 있었다. 하지만 그는 라벤나에서 저항하지 않은 채 체포되었고, 408년 8월 22일 사형당했다.

호노리우스는 스틸리코를 질투했었다. 어리석게도 그는 스틸리코를 처형했고 동시에 알라리크와 동맹도 취소했다. 스틸리코 휘하에 있었던 많은 군인들은 이에 불만을 품고 알라리크의 군대에 들어갔다. 호노리우스의 잘못된 선택으로 인해서 서로마 제국은 더욱더 빨리 침몰하게 됐다. 알라리크를 멈출 수 있는 사람은 스틸리코밖에 없었기 때문이다.

410년 알라리크는 억울하게 죽은 스틸리코의 복수를 한다는 명목으로 이탈리아에 쳐들어왔다. 그는 로마를 함락하고 약탈했다. 호노리우스 황제는 알라리크의 침략을 피해 수도를 라벤나로 옮기고 왕궁에 숨어서 알라리크가 로마를 약탈하는 것을 지켜보기만 했다. 알라리크는 로마를 점령한 뒤 다음과 같이 말했다고 한다.

"로마를 손에 넣은 이후 아무도 우리 부족을 얕보지 않았다."

알라리크는 로마를 함락한 뒤 북아프리카까지 공략하려고 했다. 그러나 하늘은 그의 편을 들어주지 않았다. 그는 이탈리아 남부 코센차 지방에서 폭풍우를 만나 목숨을 잃었다. 전설에 의하면 그를 묻기 위해 많은 노예를 동원하여 부센토 강의 방향을 바꾼 다음에 알라리크와 수많은 보물을 묻었다고 한다. 그리고 다시 강의 흐름을 원상태로 복원하는 작업을 한 뒤에 알라리크의 무덤 위치를 영원히 비밀로 하기 위해 작업에 동원되었던 노예들을 모두 죽였다고 전해진다.

알라리크가 죽고 난 뒤 그의 사촌이자 매형인 아타울푸스Ataulphus가 왕위에 올랐다. 그때 서고트족 군대에는 호노리우스 황제의 이복 여동생인 갈라 플라키디아가 인질로 잡혀 있었다. 갈라 플라키디아는 알라리크가 로마를 함락할 때 로마에 있다가 서고트족 군대에 포로로 잡혔었다. 그녀는 서고트족 군대와 함께 움직이는 중이었다.

412년 아타울푸스는 호노리우스 황제와 협상하여 갈라 플라키디아를 풀어 주는 조건으로 갈리아 지방이었던 프랑스 남부에 정착했다. 이 협상으로 서고트족은 프랑스 툴루즈와 보르도 지방에 터전을 잡을 수 있었다. 갈라 플라키디아는 인질 협상이 완료되었으므로, 그녀가 원한다면 로마로 다시 돌아갈 수 있었다. 호노리우스는 갈라 플라키디아가 돌아오면 실질적인 로마의 실권을 가졌던 그의 신하 콘스탄티누스와 결혼시킬 계획이었다. 그런데 갈라 플라키디아와 아타울푸스는 어느새 서로 사랑하는 사이가 됐다. 아타울푸스는 맨 처음에 로마를 무너뜨리고 서고트 왕국을 건설하려는 꿈이 있었다고 한다. 그러나 아무리 몰락해 가는 로마였지만 서고트족만으로 로마를 다스리는 것은 어렵다고 생각했다. 그는 서고트족의 힘으로 로마를 부흥시킨 뒤 로마와 협력하여 로마인과 서고트족이 함께 살아가는 미래를 그렸다. 414년 갈라 플라키디아는 아타울푸스의 이상에 동조하여 그와 결혼했다. 아타울푸스는 결혼식 날 서고트족과 로마가 힘을 합치는 미래를 상징적으로 드러내고자 로마의 전통 복장인 토가를 입었다. 그러나 아타울푸스는 그 꿈을 이루지 못했다. 그는 마르세유를 공략하려다 서로마 장군 콘스탄티누스에게 패배하여 툴루즈와 보르도 지방에서 쫓겨나 스페인 북부의 바르셀로나까지 밀려났다. 이 와중에 갈라 플라키디아는 아타울푸스의 아이를 낳았으나 병으로 그만 아이가 죽고 말았다. 아타울푸스는 415년에 서고트족 내분으로 인해 바르셀로나에서 암살을 당한다. 남편을 잃은 갈라 플라키디아는 서고트족에 있을 이유가 없었다. 그녀는 로마로 돌아가 호노리우스 황제의 명대로 콘스탄티누스와 결혼했다.

한편 이베리아 반도에는 이민족들이 남하하여 문제를 일으키고 있었다. 406년 프랑스 지역의 로마 국경이 무너진 후 그 국경을 통해 내려온 이민족들이 이베리아 반도에 자리를 잡았던 것이다. 418년 호노리우스 황제는 서고트족에게 프랑스 남서부의 가스코뉴 지방을 주고 포이데라티foederati라는 군사동맹을 맺었다. 포이데라티는 이민족이 서로마 제국에 병력을 제공하는 대신 영주권을 받는 제도였다. 서로마는 서고트족을 이용하여 반달족을 비롯한 이민족들을 이베리아 반도에서 몰아내려고 했다.

로마는 항상 지중해 지역 주변 해안을 중요하게 여겼다. 왜냐하면 육지 운송 비용은 비싸고 해상 운송 비용은 쌌기 때문이다. 예를 들어 지브롤터에서 레바논까지는 3,700킬로미터인데 이때 드는 운송 비용이 지상에서 100킬로미터를 이동하는 비용과 비슷했다. 육지 운송 비용이 이만큼 비쌌기 때문에 지상에서 100킬로미터 떨어져 있는 경우, 한쪽에는 밀이 넘쳐나고 다른 한쪽에서는 밀이 없는 경우도 있었다. 로마는 운송할 때 말을 사용하지 않고 보통 소를 사용했다. 로마 시대에는 편자를 사용하지 않았다. 수레를 동물과 연결할 때는 어깨가 아닌 목에다 끈을 연결했기 때문에 동물이 움직일 때 목이 졸리기도 했다.

다시 이베리아 반도 이야기로 돌아가면, 로마에서는 서고트족이 이미 로마화된 것을 알아차리고 있었다. 서고트족은 라틴어를 이해하고 로마법에 대해서도 잘 알았다. 로마는 서고트족을 이용해서 이베리아 반도 이민족을 몰아내기로 했다. 그리고 그 대가로 상대적으로 가치가 낮은 내륙 지방 동북부의 로마 땅을 주기로 했다. 서고트족은 그 제안을 받아들여 반달족, 수에비족, 알라니족을 이베리아 반도에서 몰아내겠다고 약속했다.

서고트족은 429년 알라니족과 반달족을 물리쳤다. 수에비족은 훨씬 뒤인 584년에 멸망시켰다. 그들은 서북쪽 구석에 있어서 별 중요성이 없었기 때문이다. 반달족은 싸움에 져서 이베리아 반도를 버리고 북아프리카로 넘어갔다. 그리고 439년에 카르타고에서 다시 반달족의 국가를 건설했다.

　로마는 이베리아 반도를 빼앗겼을 때보다 더 곤란했다. 왜냐하면 북아프리카에 있던 로마의 해안가를 빼앗겼을 뿐만 아니라 카르타고 주변에 있던 로마의 곡창 지대도 넘어갔기 때문이다. 카르타고는 이집트와 함께 로마에 식량을 공급해 주던 중요한 지역이었다. 스페인에서는 밀을 심으면 일 년에 한 번밖에 추수를 못했지만 카르타고와 이집트에서는 따뜻해서 4~5번을 추수할 수 있었다. 또 다른 문제점은 반달족이 카르타고에서 로마의 조선소를 접수해서 배를 만들기 시작했다는 것이었다. 반달족은 이제 배를 타고 로마의 사방을 공격했다. 그 결과 455년에는 로마를 약탈해서 반달리즘이라는 말이 나오기도 했다.

　이 시기 서고트족의 주요 활동 무대는 프랑스 남부였다. 475년 서고트족의 유리크 왕은 독립을 선포하고 툴루즈를 수도로 하는 서고트 왕국을 세웠다. 프랑스 남부에는 서고트족이 북쪽에는 프랑크족이 머물렀다. 서로마 제국은 무능한 황제에다가 끝임없이 외부의 침략에 시달리다 결국 최후를 맞이했다. 476년 게르만족의 용병대장 오도아케르는 서로마 제국의 황제 로물루스 아우구스툴루스를 퇴위시켜 버렸다.

　로마의 전설에서는 기원전 753년 로물루스가 로마를 세웠다고 한다. 우연히도 로마의 창시자와 서로마 제국의 마지막 황제의 이름이 같다. 동로마 제국의 황제였던 제논^{Zēnōn}은 오도아케르가 싫었지만 일단은 그를 이탈리아의 통치자로 인정하는 척했다. 서로마 제국은 서고트족을 시켜 이베리아 반도의 반달족을 몰아냈었던 전력이 있었다. 동로마 황제 제논은 로마화가 되어 있던 동고트족의 테오도리크 대왕을 시켜 오도아케르를 정복하라고 명했다.

　동고트족이 동로마의 말을 들은 이유는 무엇이었을까? 3세기 전 동고트족과 서고트족은 원래 같은 고트족이었다. 그런데 훈족이 동쪽에서 쳐들어오면서 서고트족은 로마 쪽으로 이주를 했고, 동고트족은 흑해 쪽으로 이동했다. 동고트족은 독립적으로 살다가 370년경에 훈족의 지배를 받게 되었다. 동고트족은 훈족의 지도자 아틸라^{Attila}가 죽은 뒤 1년 후인 454년에 독립했다. 동로마 제국은 동고트족에게 도나우 강 주변의 판노니아 속주에 정착하도록 했다. 이 시기 동고트족과 동로마 제국은 우호적인 관계에 있었다. 동고트족뿐만 아니라 서고트족과 프랑크족은 아직까지 동로마 황제를 따랐다. 그러나 반달족과 오도아케르는 로마에 대한 존경이 없었다. 489년에 테오도리크 대왕은 오도아케르를 처치했다. 그리고 이탈리아에 동고트 왕국을 세웠다.

한편 프랑크족 왕인 클로비스 1세^{Clovis I}는 프랑스 남쪽에 있는 서고트 왕국의 영토를 탐냈다. 그는 서고트 왕국의 알라리크 2세^{Alaric II}와 영토 문제로 507년 부이예^{Vouille}에서 전투를 벌였다. 이 전투에서 프랑크족의 군대가 승리했다. 동고트 왕국 테오도리크 대왕의 사위였던 알라리크 2세는 전쟁 중에 목숨을 잃었다. 클로비스 1세는 남쪽으로 계속 진군하여 서고트 왕국의 수도였던 툴루즈까지 점령했다. 서고트족은 프랑스 지역의 지배권을 잃고 수도를 툴루즈에서 톨레도로 변경했다. 이때부터 서고트족이 본격적으로 이베리아 반도에 정착하기 시작했다. 서고트 왕국은 711년 무슬림이 쳐들어오기 전까지 이베리아 반도를 지배했다.

서고트족이 도착했을 때, 그들은 숫자가 매우 적었다. 이베리아 반도에는 이미 로마 시대부터 살고 있었던 사람들이 있었다. 이베리아 반도의 원주민은 가톨릭교도로 서고트족과 믿는 교리가 달랐다. 서고트족은 로마에서 이단으로 선고받은 아리우스파 교리를 믿었다. 아리우스파와 가톨릭은 그 뿌리가 같다. 아리우스파와 가톨릭의 차이는 예수님에 대한 해석의 차이였다. 가톨릭에서는 하느님이 예수님의 형상으로 나타난 것이므로 결국 성부, 성자, 성령이 같은 것이라고 주장했다. 반면 아리우스파는 예수님을 하느님과

480년 유럽 지도
게르만족 계열 왕국들과 동로마 제국

오도아케르가 로마를 점령했던 시기

동일한 존재가 아니고 인간과도 같은 존재가 아니라고 했다. 알렉산드리아의
신부였던 아리우스는 성부, 성자, 성령이 모두 같다는 삼위일체론에 반대하
였다. 그는 만약 하느님과 예수님이 같다고 하면 그리스 신앙처럼 그리스도
교도 다신교가 되는 것으로 생각했다.

325년 니케아 공의회에서 아리우스파를 이단으로 결정하면서 아리우스파
는 로마에서 영향력을 잃었다. 이전까지는 아리우스파가 이해하기 쉽다는 장
점이 있어서 많은 사람이 아리우스파를 믿었다. 이단으로 선포된 이후에 아
리우스파는 로마에서 포교가 금지되었다. 아리우스파의 신부들은 게르만족
에 복음을 전파하러 떠났다. 게르만 지도자들은 정치적인 이유로 아리우스
파를 선호했다. 가톨릭은 로마의 공식 종교였으므로 게르만 부족장들은 가

톨릭을 믿을 경우 자신들의 영향력이 약해질 것을 우려했다. 아리우스파는 로마에서 이단이었기 때문에 교황이나 로마 황제와는 연관이 없는 별개의 종교였다. 그들은 아리우스파를 받아들여 자신들이 조종할 수 있기를 바랐다.

씨족 사회였던 서고트족은 폐쇄적이었고 이베리아 반도에 살고 있던 가톨릭교도들과 어울리지 않았다. 다만 개종을 강요하지는 않았다. 이 점이 서고트족과 반달족이 다른 점이었다. 서고트족보다 좀 더 일찍 이베리아 반도에 머물렀던 반달족도 서고트족과 마찬가지로 아리우스파였다. 그들은 아리우스파로 개종하지 않는 이베리아 반도 원주민들을 탄압했다.

서고트족에게는 그들의 문자 alfabeto visigodo가 있었다. 그들은 로마 치하에서 살았던 경험이 있었기에 라틴어와 서고트족 언어 두 가지를 모두 쓸 줄 알았다. 그래서 현재 스페인어에는 서고트어의 흔적이 남아 있다. 가령 스페인어에서 전쟁은 guerra이다. 스페인어가 라틴어의 영향을 많이 받았지만 라틴어로 전쟁은 bellum이다. guerra와 bellum은 비슷한 점이 없다. 따라서 guerra의 어원은 라틴어가 아니라 서고트어에서 전쟁을 뜻하는 werra에서 온 것으로 보고 있다. 이 밖에 스페인어에 남아 있는 서고트어는 다음과 같다.

스페인어	서고트어	의미
agasajar	gasalija	환대하다
Burgos	Burgs	부르고스(지명)
guardia	wardja	경비대원
sala	sal	큰 방
tapa	tappa	덮개
ufano	ufjo	뽐내는

피 묻은 공주의
손수건

⊹ 6세기 초 서고트 왕국과 프랑크 왕국은 프랑스의 지배권을 놓고 전쟁을 벌였다. 그러다 서고트 왕국의 알라리크 2세가 프랑크 왕국의 클로비스 1세와 싸웠던 부이에 전투에서 죽고 만다. 왕이 죽으면서 원래 왕의 자리는 정식 왕비의 아들인 아말라리코^{Amalarico}가 이어받아야 했다. 그런데 서고트족의 왕은 정치와 군사의 지도자여야 했다. 왕은 전장에서 앞으로 나아가 싸울 줄 알아야 했지만 아말라리코는 7살로 어려서 싸울 수가 없었다. 그래서 대신 서자인 헤살레이코^{Gesaleico}가 왕위에 올랐다. 그런데 이는 이대로 또 문제가 있었다. 아말라리코의 아버지인 알라리크 2세는 동고트 왕국의 테오도리크 대왕의 딸인 테오데곤다와 결혼을 했다. 아말라리코는 테오도리크 대왕의 외손자였다. 동고트 왕국은 테오도리크 대왕 시절 이탈리아 전 지역을 지배하면서 최고 전성기를 구가했다. 510년 서고트 왕국을 욕심내던 테오도리크 대왕은 손자인 아말라리코를 왕위에 앉히기 위해서 서고트 왕국의 왕위 계승 전쟁을 일으켜 아말라리코를 지원했다.

헤살레이코는 동고트족의 힘을 견뎌 내지 못하고 북아프리카로 도망갔다. 그는 1년 뒤 힘을 비축해서 이베리아 반도로 돌아왔으나 결국 전투에서 사로잡혀 사형을 당했다. 산 이시도로^{San Isidoro}는 헤살레이코에 대해 "처음에는 명예를 잃었고, 그다음에는 목숨을 잃었다"라고 평가했다. 511년 이복형이 죽고 11살의 나이에 아말라리코가 서고트 왕국의 왕위에 올랐다. 동고트족의 테오도리크 대왕은 혈연 관계를 이용하여 아말라리코의 섭정이 됐다.

아말라리코 왕은 톨레도가 아닌 서고트 왕국을 대표할 수 있는 더 크고 멋진 도시로 수도를 옮기고자 했다. 그가 어렸기 때문에 그의 왕위를 탐내는

살바도르 성당

톨레도의 귀족들에게 불안감을 느꼈기 때문일 수도 있다. 그래서 선택된 곳
이 세비야였다. 참고로 서고트 왕국 시절, 왕궁이 있던 장소는 현재 살바도
르 성당이 있는 곳으로 추정되고 있다. 살바도르 성당 주변은 맨 처음 페니
키아인인 멜카르트가 염장 공장과 시장을 세웠던 곳이었고, 로마 시대 때에
는 포로 로마노가 있던 곳이다. 포로 로마노에는 로마 시대의 신전과 공중목
욕탕, 시장 등이 있었다. 로마가 다스리던 시절, 세비야에서 동서남북을 가로
지르는 큰 길이 만나는 곳이기도 했다. 옛날부터 살바도르 성당 근처는 중요
한 곳이었으므로, 이미 길이 잘 닦여 있었고, 쓸 만한 건물들도 많았다. 서고
트 왕국 사람들 역시 이곳을 왕궁으로 사용했을 가능성이 높다. 이슬람 제
국이 세비야에 들어왔을 때 이븐 아다바스Ibn Adabbas는 살바도르 성당이 있
는 위치에 세비야에서 제일 큰 알하마 이슬람 사원을 건설하기도 했다.

　프랑크족은 서고트족을 프랑스에서 몰아내고 프랑스 전 지역을 다스렸다.
511년 클로비스가 죽으면서 그의 네 아들 테우데리히 1세Theuderic Ⅰ, 힐데베르트 1세^{Childebert I}, 클로도미르^{Clodomir}, 클로타르 1세^{Chlotar I}에게 프랑스를
네 지역으로 나눠 주었다.

　서고트 왕국과 프랑크 왕국은 계속 싸울 수는 없었다. 그때나 지금이나
결혼만큼 서로 다른 사람들을 굳게 엮어 주는 것은 없었다. 클로비스 1세에
게는 클로틸드^{Clotilde}라는 딸이 있었다. 그녀는 프랑크 왕국을 다스리는 네
왕의 여동생이기도 했다. 만약 서고트 왕국의 왕과 그녀가 결혼한다면 서고
트 왕국과 프랑크 왕국은 동맹국이 되어 더는 싸우지 않고, 그 힘을 외부로
돌려 영토를 확장할 수 있었다.

　526년 서고트 왕국의 아말라리코 왕은 프랑크 왕국의 클로틸드 공주와 결
혼했다. 아말라리코 왕과 클로틸드는 결혼 후 세비야에서 살았다. 하지만 둘
은 근본적으로 어울릴 수 없는 짝이었다. 아말라리코에게 클로틸드는 자신의
아버지를 죽인 원수의 딸이었다. 둘의 종교도 달랐다. 아말라리코는 아리우
스파였고, 그녀는 가톨릭이었다. 시간이 지나면서 아말라리코는 잔인하게 그
녀를 학대했다. 그녀를 방에 감금하기도 하고 때리기도 했다. 그러나 주변에
는 모두 아말라리코 왕의 측근이라 그녀를 도와줄 사람이 아무도 없었다.

　아말라리코는 그녀가 아리우스파로 개종하도록 강요했다. 서고트족의 귀
족들은 모두 아리우스파를 신봉하고 있었다. 그는 왕으로서 모든 사람의 주
목을 받고 있는데 왕비가 아리우스파 입장에서는 이단인 가톨릭을 믿고 있
었으니 그의 체면이 서지 않았다. 그의 입장에서는 원수의 딸인 데다가 가톨
릭을 신봉함으로써 서고트족 내에서 자신의 체면을 구기는 그녀가 미울 수
밖에 없었을 것이다. 그는 그녀가 미사에 참석하러 갈 때 부랑자를 시켜 그
녀의 얼굴에 소똥을 던지게 했다고 전해진다. 그러나 그녀는 그러한 수모를
견뎌 가며 자신의 종교를 지켰다.

　클로틸드는 왜 남편의 갖은 학대에도 아리우스파로 개종하지 않았을까?

성 클로틸드와 그녀의 아들들, 툴루즈 도서관 소장

아마 그녀가 그의 뜻에 순종하여 아리우스파로 개종했다면 그가 그녀를 좀 덜 괴롭혔을지도 모른다. 그런데 그녀 나름대로 개종할 수 없는 이유가 있었다. 클로틸드의 어머니는 남편 클로비스 1세를 가톨릭으로 개종시키고 독실한 가톨릭 신자로 살았던 성 클로틸드이다(딸과 이름이 같다). 독실한 가톨릭 신자였던 어머니와 가톨릭으로 개종한 아버지에게 교육을 받은 그녀가 아리우스파로 개종하는 것은 가족을 버리는 것과 마찬가지였다. 무엇보다 신성을 모독하는 짓이었다. 그녀는 개종을 할 수 없었기 때문에 남편에게 학대를 당했고 그의 사랑도 얻을 수가 없었다.

그녀는 점점 더 심해지는 남편의 탄압이 무서웠다. 이대로 가다간 언제 죽을지 몰랐다. 프랑크 왕국에는 어머니도 있었고, 프랑크 왕국을 다스리고 있는 오빠들도 있었다. 어떻게든 그녀의 처지를 알려 자신을 구해 달라고 해야 했다. 그러나 그녀는 글을 쓸 줄 몰랐다. 글을 쓸 줄 아는 수도사에게 프랑크 왕국에 보내는 편지를 부탁할 수도 있었지만, 그것은 너무 위험했다. 주변의 수도사는 모두 아리우스파였다. 혹시 수도사가 프랑크 왕국의 오빠들에게 도움을 청하려 한다는 사실을 아말라리코 왕에게 일러바칠지도 몰랐다. 그럼 그녀는 지금보다 더한 고문을 당할 수도 있었다. 그녀는 이러지도 저러지도 못하고 지옥 같은 나날들을 견디며 기회를 엿보았다.

그러던 어느 날 세비야 왕궁에서 프랑크족과 서고트족의 모임이 열린다는 소식이 들렸다. 그녀는 어떻게든 이번 기회에 자신의 처지를 알리는 메시지를 전달해야 했다. 그런데 아말라리코 왕도 바보가 아니었다. 그는 그녀에게 감시를 붙여 그녀가 도움을 청하지 못하도록 했다. 그녀는 아무 일 없는 것처럼 행동해야 했다. 만약 그녀가 그의 지시를 따르지 않는다면 그녀는 오빠들이 도와주러 오기 전에 목이 날아갈지도 몰랐다.

모임 당일 시집오기 전 프랑크 왕국의 왕궁에서 보았던 반가운 얼굴들이 눈에 띄었다. 그러나 그녀는 그들과 형식적인 대화밖에 할 수 없었다. 그들이 그녀를 구해서 프랑크 왕국에 데려다 줄 수만 있다면 얼마나 행복할지 상상했지만 프랑크 왕국에 도착하기도 전에 아말라리코 왕이 보낸 군대에 의해 모두 죽을 것이 분명했다. 그녀는 자신을 구해 달라고 말하려다가 겨우 참았다. 대신 며칠 뒤 프랑크 왕국으로 떠난다는 기사에게 자신의 손수건을 상자에 담아 전달했다. 아말라리코 왕의 명을 받아 그녀를 감시하던 병사는 그녀가 기사에게 무엇인가를 전달하는 것을 보고 긴장하여 다가갔다.

"왕비님 지금 무엇을 전달하신 거죠? 잠깐 봐도 되겠습니까?"

"그냥 평범한 손수건이에요. 제가 이런 것까지 검사를 받아야 합니까?"

그는 손수건을 빼앗아 살펴보았다. 손수건에는 아무런 메시지가 적혀 있지 않았다. 다만 손수건이 피로 물들어 있다는 게 꺼림칙했다. 그가 이 사실을 보고해야 하나 말아야 하나 고민하는 사이, 그녀가 말했다.

"이 손수건의 천은 제 고향에서만 구할 수 있어요. 손수건이 더러워져서 똑같은 천을 구해 달라고 보내는 거랍니다."

그는 손수건을 그녀에게 다시 건네주었다. 그녀의 부탁을 받은 기사는 클로틸드의 피 묻은 손수건을 무사히 프랑크 왕국에 전달했다. 그녀의 어머니인 성 클로틸드는 딸의 피 묻은 손수건을 보고 처음에는 그 의미가 무엇인지 몰랐다. 그녀의 어머니는 딸이 잘 지내고 있는지 기사에게 물었다. 기사는 망설이다가 스페인에서 그녀의 딸이 학대를 받고 있다고 털어놓았다. 그 증거가 바로 그녀의 피 묻은 손수건이었다.

그녀의 어머니는 당장 프랑크 왕국에 흩어져 각자의 나라를 다스리고 있는 자식들에게 서고트 왕국에서 고통을 받고 있는 동생의 이야기를 전했다. 네 명의 왕은 난리가 났다. 잘 살고 있는 줄 알았던 동생이 학대를 받고 있다는 소식을 듣자 병력을 동원해 서고트 왕국으로 쳐들어가 그녀를 구하고자 했다.

그녀의 오빠인 힐데베르트 1세는 3만 명의 병력을 모아 서고트 왕국으로 쳐들어갔다. 프랑크 왕국의 군대가 공격해 들어온다는 이야기를 듣고 아말라리코 왕도 가만히 있지 않았다. 그도 병력을 이끌고 힐데베르트 1세의 군대를 막기 위해 북상했다. 프랑크 왕국의 동생 구출 작전은 서고트 왕국과 프랑크 왕국의 전쟁으로 번졌다.

531년 두 국가의 병력은 서고트 왕국의 영토였던 프랑스 남부의 셉티마니아Septimania에서 부딪혔다. 이 전투에서 아말라리코는 패배했다. 그는 재기하기 위해 바르셀로나로 피신했다. 그러나 바르셀로나에는 힘을 잃고 피신한 왕을 노리는 사람들이 많았다. 그가 죽은 뒤에 서고트 왕국의 왕이 되는 것을 꿈꾸는 사람도 있었고, 그를 죽여 힐데베르트 1세로부터 상을 받고자 하는 사람들도 있었다. 아말라리코는 훌륭한 먹잇감이었다. 결국, 아말라리코는 바르셀로나에서 죽었다. 힐데베르트 1세가 보낸 자객에 의해 죽었다는 설도 있고 아말라리코의 뒤를 이어 왕위에 오른 테우디스Teudis가 아말라리코 왕을 죽였다는 설도 있다. 범인이 밝혀지지는 않았지만, 그는 죽었고, 힐데베르트 1세는 승리했다.

힐데베르트 1세가 전쟁을 일으킨 이유는 영토를 넓히기 위한 것이 아니라 그의 동생을 구하려는 것이었다. 그는 사방팔방으로 클로틸드를 찾았다. 그는 겨우 외딴곳에서 클로틸드를 발견할 수 있었다. 이제 그녀는 드디어 고국으로 돌아갈 수 있었다. 이제는 그녀를 때릴 사람도 없었고, 학대할 사람도 없었다. 그러나 그녀는 상태가 좋지 않았다. 종교가 다르다는 이유로 학대하던 아말라리코 왕이었는데, 그녀를 구하기 위해 프랑크 왕국에서 군대가 출동한 것을 알고 그녀를 가만둘 리 없었다. 그녀는 오빠와 함께 돌아가던 도중에 숨을 거두었다. 그녀는 순전히 프랑크 왕국과 서고트 왕국의 평화 협정을 위해서 아말라리코와 결혼했고 그에게 학대만 당하다 결국 젊은 나이로 세상을 떠났다.

공주는 긍정적인 의미로 모든 것을 다 가진 사람으로 표현되지만, 과거 실제 공주의 삶은 그와 많이 달랐다. 공주는 원하지 않는 사람과 결혼해야 했고, 결혼하더라도 남편의 부속품으로 살아가는 경우가 많았다. 중세에 공주나 여왕들의 삶은 크리스마스트리와 비슷했다. 크리스마스 시기에는 그 어느 때보다 빛났고 소중했지만 그 시기는 짧았고, 이후에는 어디론가 쓸쓸히 사라져 버리곤 했다.

왕을 죽이고 싶다면
촛불을 끄시오

✛ 아말라리코의 뒤를 이어 서고트 왕국의 왕이 된 사람은 테우디스였다. 테우디스는 서고트족 출신이 아니라 동고트족 출신이었다. 그는 힐데베르트 1세가 그녀를 구하러 서고트 왕국에 침입했을 때 테오도리크 대왕이 아말라리코를 돕기 위해 보낸 군대를 지휘하는 장군이었고 테오도리크 대왕의 조카였다. 또한, 그는 서고트족의 제일가는 부자에다 넓은 영지를 가진 귀족의 사위이기도 했다.

알라리크 2세의 아들인 아말라리코가 죽자 귀족들은 투표로 왕을 선출하고자 했다. 투표로 선출된 왕은 힘이 약했다. 귀족과 이해관계가 엇갈릴 경우 제거되는 경우도 많았다. 전체적으로 서고트 왕의 평균 재위 기간은 5년이 채 안 될 정도로 매우 짧은 편이었다.

테우디스는 아말라리코 사후 장인의 막대한 자금력과 군사력을 바탕으로 귀족들을 제압하여 동고트족 출신임에도 불구하고 서고트 왕국의 왕이 됐다. 역사학자 프로코피오 데 세사레아Procopio de Cesarea가 남긴 기록에는 테우디스가 왕위에 오르기 위해 2천 명이 넘는 사병을 동원했다고 한다. 테우디스 왕의 최후는 전왕 아말라리코와 비슷했다. 그는 왕궁에서 한 미친 병사에 의해 암살당했다.

548년 테우디스 이후 왕위에 오른 사람은 테우디셀로Teudiselo였다. 그는 테우디스와 마찬가지로 동고트족 출신의 장군이었다. 전설에 따르면 그는 왕의 권력을 사적인 욕망을 채우기 위해 사용했다. 그는 부하의 아내들을 탐했다. 자신이 원하는 여인을 얻기 위해 그녀의 남편에게 누명을 씌워서 감옥에 가두기도 하고, 멀리 외지로 임무를 주어 보내 버리기도 했다.

그에 대한 불만이 귀족들 사이에서 점점 더 쌓여 갔다. 왕은 귀족 위에 있는 사람이었다. 분노한 귀족 한 명이 상대할 수 있는 존재가 아니었다. 혼자 행동했다가는 금방 잡혀서 처형당할 것이 뻔했다. 귀족들은 은밀하게 그를 제거할 방법에 대해 논의했다. 그 모의를 주도하는 사람은 아힐라^{Agila}라는 귀족이었다. 그는 왕이 멋대로 사리사욕을 채우기 위해 권력을 이용해서 화가 났고, 동고트인이 서고트 왕국의 왕으로 행세하는 꼴이 보기 싫었다. 서고트 왕국에는 왕이 전통적으로 일 년에 한 번씩 귀족들을 모두 불러서 저녁을 먹는 날이 있었다. 아힐라는 바로 그날 테우디셀로를 암살하려고 했다.

테우디셀로를 암살하기로 한 날 예정대로 아힐라를 포함한 모든 귀족이 세비야의 왕궁에 모여서 저녁을 먹고 있었다. 아힐라가 신호를 보내자 갑자기 각 귀족이 일제히 자신의 앞에 있는 촛불을 껐다. 식당 안의 모든 촛불이 꺼지자 식당 안이 어둠에 휩싸였다. 테우디셀로는 무슨 일이냐고 놀라서 소리치며 당장 촛불을 다시 켜라고 했다. 불이 다시 켜지는 대신 식당의 문을 잠그는 소리가 크게 들려왔다.

귀족들은 모의했던 대로 빠르게 움직였다. 한 귀족은 왕을 강제로 자리에 앉힌 뒤 양팔로 그의 목을 졸라서 움직이지 못하게 했다. 다른 귀족들은 모두 각자 칼을 가지고 왕 앞에 나타나 한 번씩 왕의 가슴을 찔렀다. 왕의 약한 숨소리마저 들리지 않게 되었을 때 귀족들은 다시 촛불을 켰다.

테우디셀로의 신하들은 왕이 부르는 소리를 듣고 식당 안으로 들어오려고 했으나 문이 잠겨 들어올 수 없었다. 그들이 강제로 문을 열고 들어오니 왕은 이미 가슴에 수십 번의 칼을 맞고 피를 흘린 채 죽어 있었다. 신하들은 왕이 어떻게 죽었는지 물어봤지만, 귀족들은 자리에 앉아서 모르는 체했다.

왕은 왜 어둠 속에서만 죽어야 했을까? 앞서 살펴봤듯이 서고트 왕국은 귀족들의 투표로 왕을 뽑았다. 그래서 한 왕의 왕위에 있던 기간이 매우 짧았다. 대부분의 왕이 정적에 의해 암살되었다. 그래서 서고트 왕국의 귀족들은 한 가지 아이디어를 생각해 냈다. 그것은 바로 왕을 죽인 사람은 왕을 선출하는 모임에서 후보로 나설 수 없다는 것이었다. 테우디셀로을 가장 죽이고 싶던 사람은 아힐라였으나 만약 아힐라 혼자 왕을 죽였다면 그는 서고트 왕국의 왕을 선출하는 선거에 후보로 나갈 수 없었다. 모든 귀족이 왕에 대한 야심이 있었다. 그러므로 왕이 되기 위해서는 왕이 죽기까지 기다려야 했다. 성급하게 기다리지 못하고 왕을 죽인다면 그 노력도 헛되이 왕이 되지 못하기 때문이다. 그러나 테우디셀로의 경우에는 어둠 속에서 죽었기 때문에 정확히는 누가 그를 죽였는지 몰랐다. 나중에 혹시 재판이 열린다고 해도 범인이 누구인지 증명할 길이 없었다. 왜냐하면, 모든 귀족이 다 참여했기 때문에 자신이 왕을 죽였다고 말할 일은 없었기 때문이다. 왕은 어떤 한 사람이 죽였을 수도 있고, 그 자리에 있던 모든 사람이 다 죽였을 수도 있었다.

테우디셀로 왕이 죽은 이유로 꼽히는 부하의 부인에 대한 탐욕은 사실일 수도 있고, 사실이 아닐 수도 있다. 암살당한 왕은 암살한 왕에 의해서 나쁜 왕이 되어야 한다. 그래야만 그의 행위가 정당화되기 때문이다.

테우디셀로는 동고트족 출신이었으므로 동고트족 왕이 서고트족 왕위에 오른 데에 대한 불만으로 암살을 당했다는 의견도 있다. 서고트 왕은 아말라리코까지는 서고트 왕가의 피였는데 그가 죽고 테우디스가 통치할 때부터는 동고트족 혈통으로 바뀌었기 때문이다. 그러나 무엇보다 테우디셀로 왕이 암살당한 가장 큰 이유는 아힐라의 왕이 되고자 하는 야심 때문이 아니었을까? 아힐라 1세는 민족주의자인 채 행세하며 그의 주변 귀족들에게 언제부터 서고트 왕국이 동고트 왕국의 지배를 받았느냐며 테우디셀로 왕을 죽이는데 동참하도록 설득했을 수도 있다. 왕이 좋았든 나빴든 반란으로 제거되는 왕은 나쁜 왕이어야 한다. 게다가 왕이 역사를 조작하기란 쉬운 일이다. 실제였든 아니든 간에 테우디셀로 왕은 짧은 통치 기간 동안 악행만 한 왕으로 제거되었고, 아힐라는 왕의 암살을 주도했지만 서고트 왕국의 새로운 왕이 되었다.

서고트 왕국의 왕 자리는 언제든지 도전을 받을 수 있었다. 반란으로 오른 왕은 그 자신도 역모로 목숨을 잃을 수 있다는 것을 누구보다 잘 알았다. 그 결과 왕은 항상 불안에 떨고 주변 귀족의 눈치를 봐야 했다.

아힐라 1세는 힘들게 왕위에 올랐지만, 그 역시 죽은 채로 5년 만에 왕좌에서 내려와야 했다. 서고트 왕국의 왕이 된다는 것은 언제 죽을지 모르는 위험천만한 일이었다.

아들을 죽인
아버지의 개종

✛ 레오비힐도Leovigildo는 부인인 테오도시아가 죽자 고스윈다와 재혼을 했다. 그 당시 서고트 왕국은 레오비힐도의 형이었던 리우바 1세Liuva I가 다스리고 있었다. 고스윈다는 리우바 1세의 전왕인 아타나힐도Atanagildo의 부인이었다. 그녀는 독실한 아리우스파 신자에다가 권력에 대한 욕심이 많았다.

레오비힐도가 고스윈다와 결혼할 때 그는 왕이 아니었다. 레오비힐도와 고스윈다의 결혼은 정치적인 야심 때문에 이뤄졌다. 고스윈다는 예전의 왕비였던 만큼 서고트 귀족 사이에서 많은 영향을 미쳤다. 결국 572년 리우바 1세가 죽은 뒤 레오비힐도는 왕위에 올랐다.

레오비힐도는 뛰어난 왕이었다. 그는 북서쪽에 있던 수에비족을 몰아냈다. 그리고 카르타헤나와 말라가에 있는 동로마 세력을 견제했다. 581년에는 바스코족을 몰아내려고 했었다. 그는 이베리아 반도 전체를 가지려 했다.

한편 새 남편인 레오비힐도를 왕으로 만든 뒤 고스윈다는 서고트 왕국의 영향력을 늘릴 계획을 세웠다. 고스윈다는 전 남편인 아타나힐도와의 사이에서 브루네힐다Brunegilda라는 딸이 있었다. 브루네힐다는 갈라진 프랑크 왕국 중 하나인 아우스트라시아Austrasia의 왕 지게베르트 1세Sigebert I와 결혼했다. 그리고 지게베르트 1세와의 사이에서 인군다Ingunda를 낳았다. 고스윈다는 브루네힐다와 이야기해서 서고트 왕국과 아우스트라시아와의 동맹을 위해 자신의 손녀인 인군다와 자신의 의붓아들인 에르메네힐도가 결혼하는 데 합의한다. 에르메네힐도는 서고트 왕국의 왕 레오비힐도의 첫째 왕비였던 테오도시아가 낳은 아들이었다.

579년 에르메네힐도와 인군다가 결혼한다. 이때 에르메네힐도의 나이가 15살이었고, 인군다의 나이는 13살(추정)이었다. 인군다의 처지에서 보면 시어머니가 외할머니라는 점이 좀 이상했다. 그리고 인군다의 종교는 가톨릭이었는데 고스윈다는 서고트 왕국의 왕비답게 아리우스파를 믿었다.

중세 시대에는 왕이나 귀족들이 결혼을 통해 영토를 넓히고 영향력을 늘리는 일이 많이 있었으므로 고스윈다의 결정은 신묘한 한 수였다. 서고트 왕국과 프랑크 왕국은 항상 크고 작은 전쟁을 하고 있었으므로, 이 결혼으로 인해 전쟁을 멈출 수 있을지도 몰랐다. 단, 고스윈다가 간과했던 것이 있었으니 인군다에 대해서는 생각하지 않았다는 것이다.

고스윈다는 인군다를 쉽게 아리우스파로 개종시킬 수가 있다고 생각했다. 한 나라에서 두 번이나 왕비를 한 그녀였다. 십 대 소녀인 인군다는 그녀가 원하는 대로 움직일 수 있을 줄 알았다. 그러나 인군다는 억지로 아리우스파로 개종하라는 왕비이자 외할머니이며 동시에 시어머니인 고스윈다에게 대들면서 가톨릭으로 남겠다고 했다. 인군다는 고스윈다에게 지지 않고 할 말을 다 했다. 톨레도 왕궁에서 날카로운 두 여인의 고함과 치고받는 소리가 끊이지 않았다.

레오비힐도 왕은 두 여자가 함께 사는 게 불가능하다고 생각했다. 그래서 일단 둘을 어떻게든 떨어뜨려 놓으려 했다. 제일 좋은 방편은 에르메네힐도를 멀리 보내 버리는 것이었다. 그는 에르메네힐도를 현재의 안달루시아 지방에 해당했던 베티스의 통치자로 임명했다. 에르메네힐도를 따라 떠나는 인군다를 바라보며 레오비힐도는 이제야 평화가 찾아오겠다고 생각했을지도 모른다. 그에게 중요한 것은 인군다가 아리우스파로 개종하느냐 안 하느냐 문제가 아니라 왕궁의 평화였다. 그런데 새로운 문제가 발생했다. 독실한 가톨릭 신자인 인군다가 세비야 레안드로 대주교와 함께 에르메네힐도를 가톨릭으로 개종하도록 설득한 것이다. 이 일이 어떻게 가능할 수 있었을까? 에르메네힐도의 어머니이자 레오비힐도의 첫째 부인이었던 테오도시아는 카르타헤나 출신으로 알려져 있다. 테오도시아의 아버지는 세베리아노였다. 세베리아노의 자식인 레안드로, 이시도로, 풀헨시오, 플로렌티나 등이 모두 가톨릭 성인으로 추대받을 정도로 그의 집안은 독실한 가톨릭 집안이었다. 그러므로 아버지인 세베리아노의 영향을 받아 테오도시아 역시 가톨릭이었을 것이고, 그녀는 레오비힐도 왕 몰래 자식들인 에르메네힐도와 레카레도에게 가톨릭을 가르쳤을 수도 있다.

에르메네힐도가 가톨릭으로 개종했다는 소식을 전해 들은 레오비힐도 왕은 난리가 났다. 서고트 왕과 귀족은 아리우스파라는 공식이 성립하고 있었으므로 에르메네힐도가 가톨릭으로 개종하면 레오비힐도 왕은 에르메네힐도의 아버지이기 이전에 왕으로서 용납할 수 없었다. 레오비힐도 왕은 처음에는 편지를 써서 잘 타일렀다.

"서고트 왕의 자식이 가톨릭으로 개종하면 어떻게 백성들이 따를 수 있겠느냐? 네가 아무리 가톨릭을 믿더라도 적어도 겉으로는 아리우스파를 믿는 것처럼 하면 안 되겠느냐? 그게 왕의 아들로서 가져야 할 자세야. 네가 이러면 이 아비도 정말 곤란하다."

에르메네힐도는 아버지가 쓴 편지를 받고 잠깐 흔들렸다. 그런데 그의 곁에 부인 인군다와 대주교 레안드로가 에르메네힐도를 흔들리지 않도록 붙잡았다. 마음을 다잡고 에르메네힐도는 아리우스파를 믿는 것은 잘못된 것이며 가톨릭을 서고트 왕국의 공식 종교로 해야 한다며 581년 세비야에서 반란을 일으켰다. 마침 레오비힐도 왕에게 불만을 품고 있던 귀족들이 함께 들고일어나 에르메네힐도를 지원했다. 단순한 고부 갈등이 결국에는 아버지와 아들 간의 전쟁으로까지 번진 셈이었다.

에르메네힐도가 반란을 일으킨 이상 레오비힐도도 더는 가만있을 수 없었다. 레오비힐도 왕은 그를 처단하기 위해 직접 톨레도에서 세비야로 병력을 이끌고 내려왔다. 아들과 아버지의 전투가 시작되었다. 그러나 아들은 아버지를 이길 수 없었다. 에르메네힐도의 열정과 이상은 레오비힐도 왕의 많은 전투 경험과 통솔 능력을 당해 내지 못했다.

세비야에 입성한 레오비힐도는 예전에 에르메네힐도가 앉아 있던 세비야 왕궁의 의자에 앉았다. 그리고 밧줄에 묶여 자신 앞에 무릎을 꿇고 앉아 있는 아들을 바라보았다. 아버지인 자신보다 부인의 말을 따라 가톨릭으로 개종한 그가 미웠으나 그래도 자식이었다. 반란까지 일으켰던 그였기에 아무리 왕이라도 그를 사면한다면 귀족들이 가만있지 않을 것이었다. 하지만 차마 아들을 죽이라는 말이 떨어지질 않았다. 레오비힐도는 아들인 에르메네힐도가 아리우스파로 개종을 하면 살려 줄 생각이었다. 그러나 에르메네힐도는 끝내 개종을 거부하였다.

그가 개종을 거부한 이상 레오비힐도가 할 수 있는 일은 없었다. 에르메네힐도는 론다 데 카푸치노Ronda de Capuchino에 있는 오래된 성벽 옆의 감옥에 갇혀 있다가 사형을 당했다. 인군다는 에르메네힐도가 잡히기 전에 이탈리아

LEOVIGILDO
Mr. A°. DE 585.

© Luis García/Wikimedia Commons.

© CNG/Wikimedia Commons.

레오비힐도 왕 동상과 레오비힐도 시절의 동전

로 피신하였으나 그녀도 결국 그곳에서 객사했다. 에르메네힐도와 인군다 모두 스무 살 안팎의 어린 나이였다. 가톨릭을 국교로 하자는 반란이 진압되고 아리우스파 아래 서고트 왕국에 평화가 찾아오는 듯 보였다.

그런데 정작 문제는 레오비힐도 왕 자신이었다. 그는 자기 아들을 죽인 후 마음이 편치 않았다. 그는 아들이 죽으면서까지 지키려 한 가톨릭이 무엇인지에 대한 고민을 했다. 그리고 고민 끝에 가톨릭으로 개종했다. 자신이 가톨릭으로 개종한다고 해서 죽은 아들이 살아서 돌아올 일은 없었겠지만 그럼으로써 마음의 짐을 조금이라도 덜 수 있지 않았을까?

레오비힐도는 죽기 전에 그의 아들인 레카레도Recaredo가 다음 왕이 될 수 있도록 물밑 작업을 했다. 이에 대해 많은 귀족이 왕을 투표로 선출하는 전통을 깨뜨리는 행위라면서 반대했다. 그러나 결국 레카레도는 586년 레오비힐도가 죽고 나서 아버지의 자리를 물려받았다. 레오비힐도 왕은 죽기 전 레카레도에게 아리우스파를 버리고 가톨릭으로 개종하라는 유언을 남겼다.

레카레도 역시 테오도시아의 아들이었다. 그의 형인 에르메네힐도는 가톨릭을 포기하지 않고 순교자가 되었다. 아버지가 가톨릭으로 개종하라고 유음까지 남겼기 때문에 그도 가톨릭으로 개종해야겠다는 생각을 했다. 그리고 587년 그는 몰래 성당에서 세례를 받았다.

레카레도는 비공식적인 가톨릭교도였다. 그러나 언제까지 서고트 왕국의 왕이 자신의 종교를 숨기고 살 수는 없었다. 그는 589년 5월 8일 세비야의 대주교 레안드로의 주재로 톨레도 3차 종교 회의를 열었다. 이날 레카레도는 자신이 가톨릭으로 개종하였으며, 가톨릭을 서고트 왕국의 국교로 삼고 아리우스파를 배척한다고 선포했다. 이날을 기점으로써 서고트 왕국의 공식 종교는 아리우스파에서 가톨릭으로 바뀌었다.

레카레도의 가톨릭 공인으로 서고트 왕국의 서고트인과 기존에 살았던 원주민들이 종교적으로 하나가 되었다. 이베리아 반도의 원주민들은 로마의 영향을 받아서 가톨릭을 믿고 있었다. 그래서 서고트 왕국 내에서 아리우스파인 서고트족과 가톨릭인 원주민의 갈등이 심했다. 서고트 왕국은 원주민과 섞이지 않았다. 이 문제 때문에 레카레도 이전에는 서고트족의 왕과 로마의 영향을 받은 원주민들을 위한 왕이 따로 있었다는 학설이 나오기도 했다. 그 진위를 떠나 이전까지 서고트 왕국의 왕은 원주민을 아리우스파로 개종시키고자 노력했다. 하지만 그 노력은 모두 수포로 돌아갔다. 결국에는 소수 지배 집단인 아리우스파의 서고트족이 다수 피지배 집단인 가톨릭 원주민과 하나가 되고자 자신들의 종교를 바꾼 셈이 되었다. 레카레도가 가톨릭으로 개종하면서 그는 진정한 의미에서 서고트족과 원주민을 통치하는 왕이 되었다. 서고트 왕국은 종교를 통일한 후 620년에 스페인 남부에 있었던 동로마 제국을 몰아냈다.

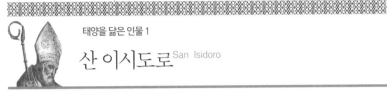

산 이시도로 San Isidoro

560년경에 태어난 이시도로 성인은 세비야 대주교이면서 유명한 학자였다. 그는 레안드로의 스무살이 넘게 어린 동생이었다. 레안드로는 584년부터 세비야의 대주교로 있으면서 에르메네힐도가 가톨릭으로 개종하도록 돕고, 서고트 왕국에서 가톨릭이 공식 종교가 될 수 있게 중요한 역할을 했다. 형인 레안드로가 죽고 난 뒤 이시도로는 그의 뒤를 이어 세비야의 대주교가 되었다. 이시도로는 형이었던 레안드로처럼 사람들의 존경을 받고 있었기 때문이다.

이시도로는 부모가 일찍 죽어서 큰형인 레안드로 밑에서 자랐다. 그는 중세 시대에 제일가는 지성인으로 20권에 달하는 방대한 내용을 담은 『어원학』이라는 책을 펴냈다. 이 책은 백과사전과 같은 형식인데 이후 몇 세기 동안이나 중요한 교육 자료나 참고 서적으로 사용되었다. 또한 그는 히브리어, 그리스어, 법률, 의학 등을 가르치기도 했다.

이시도로는 세비야에 살면 한 번은 들어보는 이름이다. 그의 이름으로 된 길도 있고, 그의 이름을 딴 성당도 있으며, 대성당에 가면 무리요를 비롯한 다양한 화가가 그린 그의 초상화도 있다. 그가 이룬 방대한 업적을 보면 어렸을 적부터 천재 소리를 들으며 살았을 것이라 생각할 수 있다. 그의 공적은 아무리 머리가 좋은 사람이라도 쉽게 이룰 수 없는 것이기 때문이다. 당연히 이시도로는 어린 시절부터 공부에 대한 관심이 남달랐던 것으로 보인다. 그런데 어렸을 적에 그도 학문에 어려움이 있었다고 한다. 이시도로는 어렸을 때 세비야에 살면서 학교에 다녔다. 레안드로는 자신의 어린 동생이 바르게 자라기를 바라서 동생을 굉장히 엄하게 대했다. 어린 나이였던 이시도로는 레안드로가 너무 엄하게 대하자

가출을 하기도 했다. 가출했던 이시도로가 반성해서 다시 집에 돌아오자 레안드로는 그가 다시는 가출을 하지 못하고 공부에만 집중할 수 있도록 얼마 동안 수도원에 보냈다.

어렸을 적 이시도로는 공부할 분량이 끝이 없어 공부하는 것이 막막하게 느껴졌다. 그런데 그의 경우에는 쉽게 공부를 포기할 수도 없는 상황이었다. 자신의 형인 레안드로는 많은 사람으로부터 공경받는 사람

© Pylaryx/Wikimedia Commons

스페인 국립도서관에 있는 산 이시도로 상

이었고 이시도로도 그를 존경했다. 만약 그가 공부를 중도에서 포기한다면 형을 실망시킬 수도 있었다. 공부도 못 하고 재능도 없고 이해도 못 하는 레안드로의 동생은 상상할 수 없었던 것이다.

이런저런 생각을 하며 걷던 이시도로는 우물가에 앉았다. 그때 눈에 딱 보인 것이 우물가 돌담 위에 남겨진 두레박 끈의 자국이었다. 우물에서 물을 마시려면 두레박으로 물을 길어 올려야 한다. 그런데 오랜 시간 동안 두레박으로 물을 긴다 보니 어느 순간에 그 단단한 우물가를 둘러싼 돌담에도 두레박 끈 자국이 생겼던 것이다. 이시도로는 그 자국을 보면서 포기하지 않고 열심히 정진한다면 언젠가는 그도 형처럼 뛰어난 사람이 될 수 있을 것이라고 생각했다.

이시도로는 이후 학문에 정진하여 훌륭한 책들을 많이 썼다. 서고트족, 반달족, 스베니아족에 관한 역사책도 저술해서 오늘날 스페인의 역사 관련 문헌들을

참고하다 보면 그의 이름이 꼭 나오는 것을 볼 수 있다. 가령 후스타와 루피나의 이야기나 당시 서고트족 왕들의 이야기나 역사를 언급하기 위해 정보를 찾다 보면 그의 책을 참고하지 않을 수 없다.

그때 이시도르가 우물가에서 해답을 얻지 않았다면 기록을 남기는 일에 인색했던 서고트 왕국 사람들의 삶과 역사에 대해서 알 길이 없었을 것이다. 마치 북유럽 신화 자체가 여러 세기에 걸쳐 구전으로 전해 내려오다가 끊겨 현재는 전해져 오는 내용이 얼마 없듯이 말이다.

1598년 교황 클레멘스 8세Clemens Ⅷ는 이시도로를 시성했다. 스페인에서는 이시도로 성인을 산 이시도로San Isidoro라고 하는데 여기서 산San은 성인이라는 뜻이다. 이시도로는 스페인 인문 학부 대학, 마드리드의 수호성인으로 추앙받고 있다.

흥미롭게도 이시도로는 컴퓨터 프로그래머와 인터넷의 수호성인이기도 하다. The Observation Service for Internet라는 기관은 컴퓨터의 수호성인을 지정하기 위해 지금까지의 가톨릭 성인들을 모두 조사했다고 한다. 이 기관은 조사 결과 이시도로 성인이 컴퓨터의 수호성인으로 가장 적합하다는 결론을 내렸다. 이시도로가 쓴 백과사전인 『어원학』이 지금 인터넷과 같은 구조로 쓰였으며, 내용과 내용 사이의 연관성이 밀접하고 그 자체로 완벽한 정보를 제공하기 때문이다.

금지된 방과 횃불을
입에 문 독수리

✛ 서고트 왕국의 마지막 왕은 로드리고^{Rodrigo}이다. 로드리고의 전 왕은 위티사^{Witiza}였다. 위티사는 에히카^{Egica} 왕의 아들이었다. 에히카 왕은 전통적으로 왕이 귀족에 의해 선출되는 방식을 거부하고 아들 위티사에게 왕위를 물려주었다. 위티사 왕은 약 10년간 왕위에 있었는데 그동안 두 번의 반란이 일어났다. 그는 710년 죽음을 맞는다. 그가 어떻게 죽었는지 몇 살에 죽었는지는 남은 자료가 없어서 정확히 알 수는 없다. 다만 그가 죽었을 때 25살~30살 정도의 나이였고, 평화로운 상태에서 죽지는 않았으리라고 추측할 뿐이다. 위티사 왕이 죽은 뒤 로드리고는 전통적인 방식으로 귀족에 의해 왕으로 선출되었다. 그런데 왕위에 오른 지 채 1년이 되지 않아 로드리고는 이슬람교도들과의 싸움에서 죽고 서고트 왕국도 사라진다.

일반적인 역사에서는 무슬림들이 북아프리카에서 이베리아 반도를 침략하여 서고트 왕국이 멸망한 것으로 알려져 있다. 그런데 서고트 왕국의 전설에서는 로드리고 왕의 잘못 때문에 나라가 멸망했다고 전한다. 그 이야기는 다음과 같다.

서고트 왕국의 톨레도의 왕궁에는 숨겨진 방이 있었다. 일반 사람은 모르는 그 방은 왕궁의 깊숙하고도 깊숙한 곳에 숨겨져 있었고, 무려 10명의 경비병이 교대로 24시간 그 문을 지키고 있었다. 아무도 그 방에 들어갈 수 없었고, 그 방에서 나오는 사람도 볼 수 없었다. 그 방에 이르는 길도 경비병이 통제하고 있었기 때문에 방 앞끼지 기는 것민 해도 쉬운 일이 아니었다. 그곳은 봉인된 장소였다. 모든 서고트 왕국의 왕은 몇 년 혹은 몇 십 년에 한 번, 전왕이 죽고 새롭게 즉위했을 때 인적이 드물고 경비가 삼엄한 그곳을 찾았다. 그가 전왕을 암살하여 왕이 되었든, 아버지로부터 왕위를 물려받아 왕이 되었든, 귀족의 투표로 왕이 되었든, 새 왕은 그곳을 방문해야 했다.

새 왕이 그곳에서 행하는 일은 왕들만이 가지고 있는 비밀이었다. 누가 언제부터 시작했는지 모르지만, 서고트의 왕은 선출될 때마다 봉인된 방의 자물쇠에 새 자물쇠를 채우고 방에는 들어가지 말라는 이야기를 들었다. 위티사까지 수십 명의 왕이 그 방에 자물쇠를 채웠기 때문에 이미 방에는 수십 개의 자물쇠가 주렁주렁 매달려 있었다. 삼엄한 감시를 뚫고 그 많은 자물쇠를 따고 문을 열기란 불가능에 가까웠다.

왕이 된 로드리고 역시 봉인된 방을 찾았다. 로드리고는 왕의 의무를 다하기 위해 새 자물쇠를 가지고 가서 자물쇠를 채웠다. 그런데 그는 호기심이 많은 사람이었다. 절대로 방을 열어서는 안 된다는 이야기를 들었지만, 자꾸 방에 무엇이 있기에 그러는지 궁금했다. 그러나 왕으로서 전통을 무시할 수는 없었다. 그는 방에 들어가고 싶은 욕망을 억누르기 위해 애썼다. 로드리고 왕은 관심을 돌리려고 산책에 나섰다. 산책길에서 그는 어여쁜 소녀를 발견했다.

그 소녀의 이름은 플로린다Flolinda였다. 그녀는 북아프리카의 세우타를 다스리는 돈 훌리안Don Julian 백작의 딸이었다. 그녀는 피부병을 가지고 있었는데 세우타에서는 치료할 수가 없었다. 돈 훌리안은 딸의 피부병을 치료하고, 수도에서 공부하면서 좋은 남편감을 만나 결혼하기를 바라며 왕궁으로 보냈다.

로드리고는 서고트 왕국의 왕이 되어 기뻤고, 마음대로 무엇이든 할 수 있다고 착각했다. 그는 넘치는 자신감으로 플로린다를 강제로 범했다. 돈 훌리안 역시 귀족이었으므로, 그가 돈 훌리안을 존경한다면 그의 딸 역시 함부로 대해서는 안 되었다. 이미 그는 권력이 주는 달콤함과 자만심에 눈이 멀어 가고 있었다. 플로린다는 화가 나고 슬프고 절망스러웠다. 그러나 너무도 수치스러웠기에 차마 아버지에게 무슨 일이 있었는지 정확히 말할 수 없었다.

어느 날 세우타에 있는 돈 훌리안에게 플로린다가 보낸 선물이 도착했다. 선물의 포장을 풀자 상한 계란이 나왔다. 그는 그 선물을 받고 딸에게 무슨 일이 벌어졌는지 알아차렸다. 돈 훌리안은 분노로 인해 이성을 잃었다. 로드리고에게 복수할 수 있다면 서고트 왕국이 망해도 상관없다고 그는 생각했다. 돈 훌리안은 세우타 근처에 있던 북아프리카의 이슬람 제국의 총사령관인 무사 빈 누사이르Musa bin Nusair에게 연락했다. 그와 함께라면 로드리고를 죽여 딸의 원수를 갚을 수 있었다. 그는 무사에게 이베리아 반도에 있는 서고트 왕국 내부가 혼란스러우므로 이 틈에 이베리아 반도 남부의 조그만 도시 하나를 점령하자고 제안했다. 세우타에서 자신이 길을 열어 준다면 무사의 군대는 손쉽게 이베리아 반도로 쳐들어갈 수 있었다.

711년 무사는 타리크 이븐 지야드Tariq ibn Ziyad 장군에게 병력을 주고 서고트 왕국을 침략하라고 명령했다. 돈 훌리안이 세우타에서 병력을 배에 싣고 출발할 수 있도록 도와주었기 때문에 출정하는 데에는 아무런 문제가 없었다.

톨레도에서 로드리고는 세우타에서 무슨 일이 벌어지고 있는지 아무런 정보가 없었다. 만약에 돈 훌리안 백작이 북아프리카의 무사 군대가 어떻게 움직이는지 보고했더라면 전쟁에 대비할 수 있었겠지만 돈 훌리안 백작이 원하는 것은 로드리고의 목이었기에 그가 제대로 보고할 리 없었다.

로드리고는 매일매일 왕 놀이에 빠져 있었다. 이 여자, 저 여자를 탐하며 하루하루를 보냈다. 하지만 그것도 곧 지겨워졌다. 지루한 일상이 시작되니 잊으려 했던 왕궁의 봉인된 방이 생각났다. 왠지 그곳에는 그가 깜짝 놀랄 만큼 재밌는 것이 있을 것 같았다. 어쩌면 그곳에 옛날 왕가로부터 내려오는 전설의 보물이 있을지도 몰랐다. 만약에 그곳에 괴물이 있다고 해도 무찔러 버리면 그뿐이었다. 그러면 사람들은 그를 영웅으로 부를 게 분명했다. 생각이 거기에까지 이르자 그 문을 열지 않았던 선왕들이 겁쟁이라는 생각이 들었다. 봉인된 문을 열면 그가 서고트 왕국의 새로운 시대를 열 수 있을 것만 같았다. 더 참을 수 없게 된 그는 봉인된 방으로 달려가 경비병에게 문에 달린 모든 자물쇠의 열쇠를 가져오라고 명했다.

경비병은 왕의 명령이기에 감히 거역하지 못하고 먼지가 잔뜩 쌓인 열쇠 꾸러미를 가져왔다. 하나하나 열쇠를 열며 로드리고는 점점 희열을 느꼈다. 그는 수십 개의 자물쇠를 모두 열고 수백 년이나 잠들어 있던 방으로 들어갔다. 로드리고는 혹시 괴물이 나오지 않을까 경계하며 주변을 살폈다. 다행히 괴물은 보이지 않았다. 눈앞에 딱 봐도 화려해 보이는 보물 상자가 하나 있었다. 로드리고는 이 보물 상자를 그대로 둔 선왕들을 비웃으며 우쭐해했다. 그는 자신이 서고트 왕국의 제일가는 부자 왕으로 기록되리라 생각했다.

그는 보물 상자를 열었다. 그런데 거기에 보물은 없었다. 단지 두루마리 하나가 있을 뿐이었다. 로드리고는 실망했다. 보물을 기대했는데, 두루마리라니…… 어쩌면 두루마리는 보물의 위치가 표시된 지도일지도 몰랐다. 로드리고는 떨리는 마음으로 두루마리를 펼쳤다. 두루마리에는 무장한 아랍인들의 그림이 그려져 있었다. 그리고 다음과 같이 적혀 있었다.

'이 두루마리를 본 순간, 무슬림이 들어와 이 땅의 새 주인이 될 것이다.'

로드리고는 두루마리를 보고 코웃음을 쳤다. 아랍인이 어떻게 바다를 건너 이베리아 반도로 넘어온단 말인가? 그는 기분 나쁜 두루마리를 찢어버리고 자신의 방으로 갔다. 그런데 창밖으로 횃불을 입에 문 거대한 독수리가 보였다. 독수리는 횃불을 왕궁에 떨궜다. 신하들이 양동이에다 물을 받아 불을 끄고자 했다. 그런데 불은 점점 더 커져서 나중에는 걷잡을 수 없이 번졌다. 로드리고는 왕궁을 버리고 나왔다. 불은 결국 왕궁을 모두 태웠다. 그는 허탈하게 타고 있는 왕궁을 바라보았다. 그때 신하들이 급하게 다가와 그에게 보고했다.

세우타에서 지브롤터 해협을 넘어온 타리크의 군대가 스페인 남부 카디스 주변의 도시들을 점령해 가고 있다는 소식이었다. 로드리고는 이야기를 듣고 두루마리에서 본 예언을 생각했다. 그러나 그것은 어디까지나 미신이었다. 수백 년 전에 어떻게 오늘 있을 일을 예언한단 말인가? 그는 이슬람 군대의 조무래기들이 와서 도시

『로드리고 왕 연대기』의 속표지

를 약탈하는 것으로 생각했다. 그런 일은 예전에도 가끔 있었다. 그리고 언제나 서고트 왕국의 군대가 출동하면 그들은 당해 내지 못하고 다시 북아프리카로 도망갔다.

로드리고는 귀족들을 불러 아랍인들을 무찌르기 위한 군대를 모집했다. 코르도바에 모인 병력은 로드리고의 지휘 하에 타리크의 군대가 있는 카디스 지방으로 진격했다. 로드리고의 군에는 아랍인들을 무찌르기 위한 귀족의 병력도 있었지만, 이 위기를 틈타 로드리고를 제거하고자 하는 귀족의 병력도 있었다.

로드리고 왕의 서고트 왕국 군대와 타리크의 이슬람 제국 병력은 과달레테 강에서 마주쳤다. 수치상으로 로드리고의 군대가 월등히 많았다. 로드리

고는 두루마리의 예언을 비웃으며, 타리크의 군대를 쉽게 쳐부술 수 있다고 예상했다. 그런데 전투가 시작되자 이상한 흐름이 보였다. 진격하라는 명령을 내렸는데, 절반의 병력이 뒤로 후퇴했다. 로드리고는 물러서는 병사는 자신의 칼로 쳐 죽이겠다고 말했지만 일사불란하게 퇴각하는 많은 수의 병력을 막을 수는 없었다.

타리크의 군대는 우왕좌왕하는 로드리고의 군대를 공격했다. 진영도 무너졌고, 진격하던 병력도 도망가는 동료를 보며 전의를 상실했다. 로드리고는 이 전투에서 완벽하게 패배했다. 화살에 맞은 로드리고의 말은 발견되었으나 그는 찾을 수도 없었다. 후퇴한 절반의 병력은 로드리고의 전왕인 위티사를 지지했던 귀족의 병력이었다. 돈 훌리안은 위티사를 지지했던 귀족들에게 이 전투에서 로드리고가 지면 새 왕을 선출할 수 있다고 설득했다. 귀족들이 지지하는 새 왕이 선출되면 그들은 서고트 왕국에서 더 많은 부와 권력을 누릴 수 있었다.

돈 훌리안도, 배반했던 귀족들도 로드리고를 물리친 뒤 타리크에게 수고비와 스페인 남쪽의 조그만 영토를 주면 다시 북아프리카로 돌아갈 것으로 생각했다. 그들의 삶의 터전은 북아프리카에 있었기 때문이다. 그런데 그것은 로드리고가 두루마리의 예언을 비웃었듯이 착각이었다. 무사와 타리크는 이베리아 반도를 넘어서 전 유럽을 이슬람화시키고자 했다.

돈 훌리안이 무슬림들을 데리고 온 이유는 그것이 아니었다. 그는 니에블라, 베헤르, 세비야 세 개의 도시에서 서고트족 귀족들과 연합하여 이슬람군을 공격했다. 무사는 아들인 아브드 알아지즈 이븐 무사를 세비야로 보내서 반란을 막도록 했다. 그는 돈 훌리안을 붙잡았는데 죽이지 않고 피레네 산맥 남쪽의 우에스카Huesca 지방으로 쫓아냈다. 반란을 일으키기는 했지만 돈 훌리안의 공으로 북아프리카에서 손쉽게 군대를 이베리아 반도에 실어올 수 있었기 때문이다. 그러나 돈 훌리안은 추방당한 우에스카 지방에서 독립을 선포하며 저항했다. 720년에 돈 훌리안은 이슬람 군대에 붙잡혀서 산 채로 꼬챙이에 꽂혀 죽었다.

이슬람 군대가 성공한 이유

✛ 전설에서는 이슬람 세력이 이베리아 반도를 점령할 수 있었던 것이 세우타 총독인 돈 훌리안이 세우타에서 이슬람군이 침략할 수 있도록 도와줬기 때문이라고 한다. 그런데 이는 서고트 왕국이 멸망한 이유 가운데 일부일 뿐이다. 711년 과달레테 전투에서 승리를 거둔 이슬람군은 기세를 올려 이베리아 반도의 도시를 하나하나 점령해 나갔다. 불과 5년 만에 이슬람군은 북쪽의 아스투리아Asturia 지방을 제외하고 이베리아 반도를 모두 정복했다. 짧은 시간 안에 이슬람군이 이베리아 반도를 점령할 수 있었던 이유는 서고트 왕국이 지니고 있던 내부적인 문제점 때문이었다. 서고트 왕국은 왕을 귀족 회의에서 선출하다 보니 왕의 재위 기간이 매우 짧았다. 왕이 있더라도 귀족들은 서로 다른 생각을 했다. 그러다 보니 왕의 힘이 약할 수밖에 없었다. 서고트 왕국의 멸망은 왜 왕의 자리를 아들에게 물려주는 게 중요한지 보여 준다.

로드리고 왕이 죽고 나자 이슬람군에 맞서 서고트 귀족들의 힘을 모을 사람이 없었다. 힘을 합치지 않은 서고트 왕국의 도시 하나하나는 강력하고 수적으로 우세한 이슬람군에게 대적하기 힘들었다. 게다가 이슬람군이 많지 않은 경우라도 내부 유대인들이 반란을 일으켜 성문을 열어 이슬람군을 환영하였다. 이슬람군 또한 도시를 공격하기에 앞서 힘으로 제압하기보다는 항복할 경우에는 성주를 그대로 두고 약간의 세금을 걷어 가는 것으로 항복을 권유했다.

대다수의 성주는 이슬람군에게 맞서 싸우기보다는 세금을 내고 항복하는 것을 선택했다. 물라디muladí는 가톨릭에서 이슬람교로 개종한 사람을 일컫고, 모사라베mozárabe는 이슬람 치하에서 세금을 내고 가톨릭교도로 살아가는 사람을 지칭했다. 그들은 보통 이슬람인들보다 3배 정도의 세금을 더 내야 했다.

최근의 이론 가운데 하나로 『신의 용광로』라는 책에서는 서고트 왕국이 이슬람 제국에 쉽게 무너진 계기로 반유대주의로 인한 내부의 분란을 꼽기도 한다. 서고트 왕국이 무너질 당시 왕국의 전체 인구는 500만 명 정도였으나 서고트족은 40만 명에 불과했다. 서고트족은 사회 지도자 계층과 전사 계급을 서고트족만이 될 수 있도록 했다. 서고트족 귀족은 귀족끼리만 혼인하며 혈통주의를 지켜 나갔기 때문에 폐쇄적인 사회였다.

589년 레카레도는 톨레도 회의에서 가톨릭을 서고트 왕국의 정식 국교로 선포했다. 이는 서고트 왕국의 가톨릭 신자에게는 환영을 받았지만, 왕국 내 다른 종교를 가진 사람들에게는 큰 문제였다. 이전까지 서고트 왕국의 왕족과 귀족들의 경우 아리우스파를 믿어야 했지만 일반 백성들의 경우에는 자신의 신념에 따라 가톨릭, 아리우스파, 유대교를 선택할 수 있었다. 그런데 서고트 왕국에서 가톨릭이 정식 종교가 되면서 가톨릭 외 아리우스파와 유대교가 탄압을 받았다.

서고트 왕국에는 유대인이 많이 있었는데 그들이 믿는 유대교는 아리우스파도 아니고 가톨릭도 아니었다. 아리우스파와 가톨릭은 공통점이 많았으므로 아무래도 유대교인보다 가톨릭으로 개종하기가 수월했다. 그러나 유대인의 경우 유대교를 지키고자 노력하며 가톨릭으로 개종하기를 거부했다. 이는 서고트 지배층이 유대인을 탄압하는 데 좋은 구실이었다. 유대인은 많은 노예를 거느리고 부자로 사는 경우가 많아서 서고트 왕국에서는 유대인을 미워하는 사람이 꽤 있었다. 일반적인 정서가 그러하니 유대인은 왕과 귀족의 주 표적이 되었다. 서고트 왕국의 지배층은 개종을 거부하는 유대인을 종교적으로 탄압하면서 보너스로 세금도 거둘 수 있었다.

『신의 용광로』라는 책에서는 "에히카 왕(687~702년 재위) 695년 11월 제16차 톨레도 공의회에서 강압적인 개종을 거부하는 유대인의 강제 추방, 재산 몰수 등을 하기로 했고, 이후 제17차 톨레도 공의회에서는 개종하지 않으면, 모든 성인 유대인은 노예로 팔아넘기고 그들의 자녀는 기독교 가정에 분산 배치한다고 으름장을 놓았다"고 쓰고 있다.

반유대주의와 유대교에 대한 억압이 계속되면서 유대인은 탈출구가 필요했다. 유대인은 모로코 지역에까지 영향력을 넓힌 이슬람 세력에게 구원을 요청했다. 이슬람 치하에서는 소득 일부를 세금으로 내면 자기 종교를 유지할 수 있었고, 직업도 가질 수 있었다. 유대인은 종교의 자유를 주는 이슬람 세력이 서고트 왕국을 통치하기를 바랐다.

이슬람 군대가 들어왔을 때 유대인은 이슬람 세력이 쉽게 이베리아 반도를 점령할 수 있도록 내부에서 도왔다. 이는 이슬람 세력이 코르도바를 점령할 때를 살펴보면 알 수 있다. 타리크는 과달레테 전투에서 승리한 뒤 전체 병력에서 700명의 기병을 코르도바로 보내고 자신은 톨레도로 진격했다. 이 정도의 병력은 정찰병이지 한 도시를 점령할 수 있는 병력이 아니었다. 타리크 자신도 그 병력으로 코르도바를 점령할 것이라고는 상상하지 못했을 것이다. 그렇게 무기트는 700명의 기병을 이끌고 코르도바로 향했다.

무기트가 도착했을 때 코르도바는 빈 도시였다. 코르도바의 수비대와 서고트 귀족들은 겁을 먹고 코르도바를 버리고 도망치는 중이었다. 무기트는 그들을 추격해서 모조리 죽여 버렸다. 그는 코르도바에 돌아와서 협조적인 가톨릭 교인과 유대인에게 코르도바를 관리하도록 했다. 무기트는 대항하는 자에게는 죽음을, 항복하는 자에게는 자비를 베푸는 이슬람 정책을 보여 줬다. 그런데 속사정을 들여다보면 이는 어쩔 수 없는 선택이었다. 왜냐하면 이슬람 군인은 전체 서고트 왕국 인구에 비하면 적은 수였기 때문에 강압적으로 서고트 왕국의 백성을 다스릴 수 있는 상황이 아니었다. 만약 백성들이 봉기한다면 이슬람인은 쫓겨날 수밖에 없었다.

서아시아, 북아프리카, 이베리아 반도에 이르는 이슬람의 거대한 식민지는 다른 종교를 인정하면서 유지될 수 있었다. 피지배인은 자신의 종교를 유지하는 대신 이슬람 제국에 세금을 냈다. 비이슬람 사람이 내는 종교세가 이슬람 제국의 주요 수입원이었다. 다마스쿠스의 칼리프는 동로마 제국과 계속되는 전쟁으로 많은 돈이 필요했다. 이슬람으로 개종하면 종교세가 없어졌기에 칼리프는 피지배인의 이슬람 개종을 바라지 않기도 했다.

역사는 반복됐다. 로마 제국이 무너진 결정적 이유 중 하나는 이민족을 홀대했던 것이었다. 만약 로마 제국에서 서고트족을 불가리아 지방에 이주시킨 뒤 그들을 인정하고 대우해 줬다면 서고트족은 반란을 일으키지 않았을 것이다. 로마의 관리가 그들을 심하게 학대함으로써 반란을 일으킬 구실을 주었고, 결국 로마가 함락당하고 약탈당하는 수모를 당했다. 서고트 왕국의 왕은 그의 선조가 로마인에게 이민족이라는 이유로 학대받던 역사를 잊고 유대인을 똑같이 괴롭혔다. 그리고 서고트 왕국은 로마 제국이 몰락했듯이 역사 속으로 사라졌다.

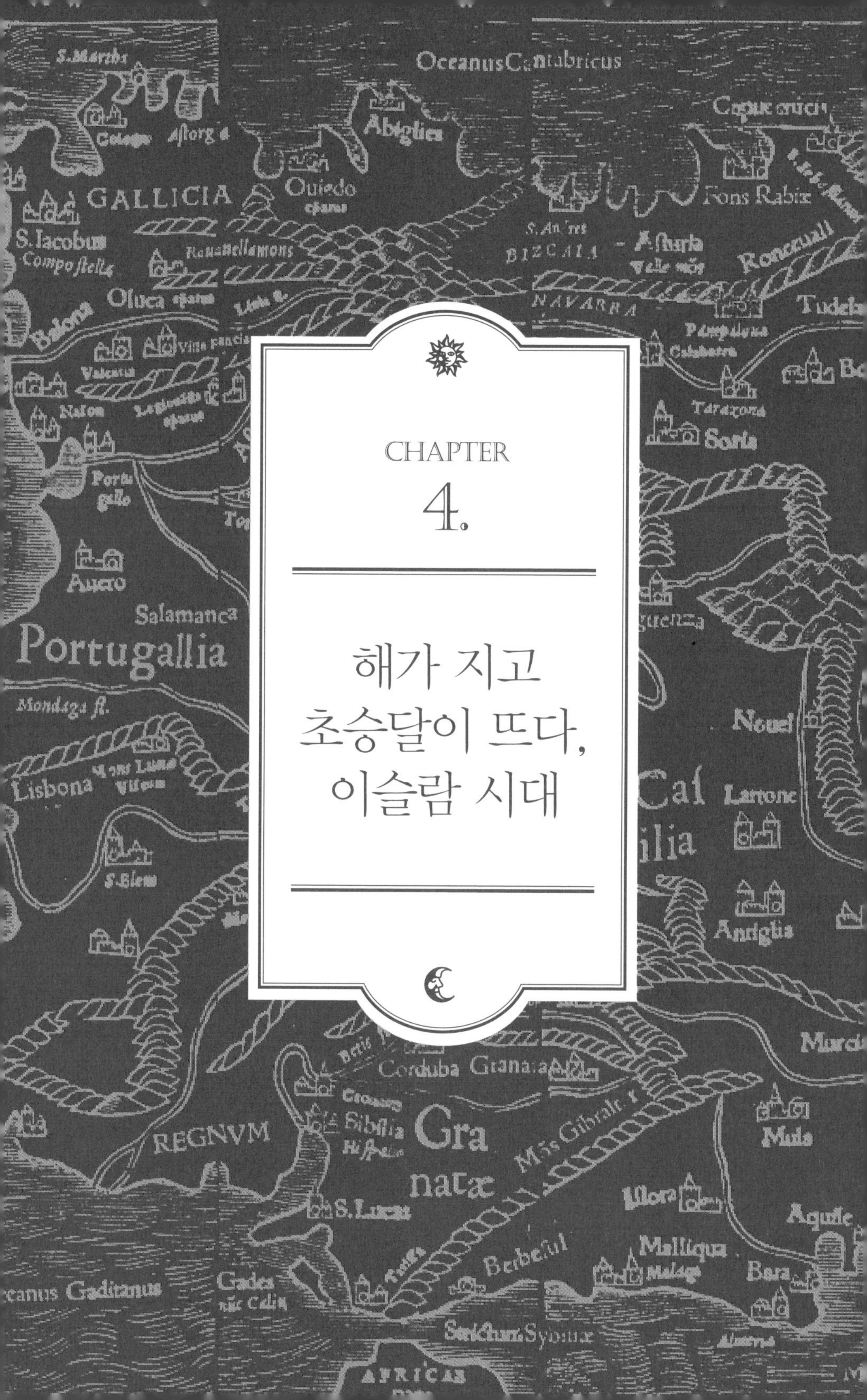

CHAPTER

4.

해가 지고 초승달이 뜨다, 이슬람 시대

이슬람의
태동과 분열

✛ 이슬람 제국이 일어난 사우디아라비아의 메카 지역에는 6세기 전까지 유목민들이 부족 생활을 했었다. 그들은 동로마와 사산 왕조 페르시아의 군대에서 복무를 하기도 했다. 이 지역은 동서 교역로에서 벗어나 있었다. 이곳이 주목받기 시작한 시기는 6세기에 이후부터였다. 사산 왕조 페르시아가 동양으로 나가는 교역로를 막아서자 상인들이 우회하기 위해 홍해와 지중해를 넘나들기 시작했다. 그 결과 홍해에서 가까운 아라비아 반도의 메카와 메디나가 점점 성장했다.

마호메트가 창시한 이슬람은 주변 강대국 동로마와 사산 왕조 페르시아가 싸우는 덕에 성장할 수 있었다. 602년부터 30여 년간 사산 왕조 페르시아와 동로마는 전쟁을 벌였다. 전쟁에서는 동로마가 이겼지만, 두 나라 모두 전쟁에서 국력을 많이 소진했다. 지중해 동쪽 거대한 두 나라의 싸움은 기원전 537년 카르타고와 그리스의 알랄리아 전쟁을 생각나게 한다. 이 전쟁에서 그리스가 이겼지만 그리스는 병력과 군함을 많이 잃어서 결국에는 지중해 패권을 빼앗겼기 때문이다. 동로마도 알랄리아 전쟁의 승자였던 그리스와 닮아 있었다.

마호메트 사후 632~661년 사이 4명의 칼리프가 통치하던 시기를 정통 칼리프 시대라고 한다. 이 시기 이슬람 제국은 사산 왕조 페르시아와 이집트 지역을 손에 넣었다. 사산 왕조 페르시아는 동로마와의 전쟁 후에 매우 약해져서 이슬람 제국에 651년 점령됐다.

초기 이슬람 제국이 강력하게 성장해 나갔던 이유는 이슬람 교리가 간단했기 때문이다. 하나의 신 알라를 믿으면 되었기에 사람들은 쉽게 이슬람을 이해했다. 이슬람 제국에 정복된 국가의 사람들은 큰 거부감없이 비교적 쉽게 이슬람으로 개종했다.

또 다른 이유 한 가지는 초기 이슬람 제국은 피정복민들과 융화를 잘했다. 피정복민들은 종교세를 내면 그들의 종교를 유지할 수 있었다. 이슬람이 융성하기 전 그 지역에는 가톨릭과 유대교가 있었다. 많은 사람들이 이미 다른 종교를 가지고 있었다. 이슬람에서는 가톨릭, 유대교 또한 이슬람과 뿌리가 같은 종교라고 가르쳤다. 따라서 이슬람은 타 종교에 관용을 베풀 수 있었다. 신흥 종교인 이슬람은 이미 종교를 가진 사람들에게 포교를 해야 했기 때문에 그러한 관용은 어찌 보면 당연한 일이었다. 살아남기 위해 베풀었던 관용이 오히려 이슬람이 더 널리 퍼져 나갈 수 있게 도와줬다. 이슬람의 이러한 모습은 타민족도 너그러이 받아들였던 초기 로마와, 여러 왕국을 위협했던 칭기즈 칸과 비슷한 점이 있다.

칭기즈 칸은 뛰어난 장군이자 지도자였지만 어떤 지도자보다 열린 사고 방식을 가진 사람이었다. 그가 여러 왕국을 단시간 내에 빠르게 정복할 수 있었던 이유도 바로 관용에 있었다. 그는 정복 활동을 벌일 때 한 성을 점령하면 적이었던 성안의 사람들을 죽이거나 노예로 팔아 넘기지 않고 다른 성

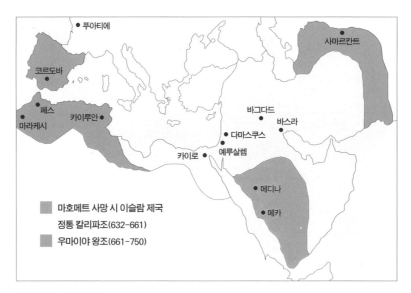

이슬람 제국 시기별 확장

을 함께 공격할 것과 보상을 제안하고 자기 편으로 만들었다. 이런 식으로 그는 빠르게 영향력을 넓혀 나갔다.

이슬람 제국은 4명의 정통 칼리프 이후 후계자를 정하는 데 문제가 생겼다. 4대 칼리프 알리가 암살을 당했는데 이 시기 이후 다음 칼리프를 정하는 과정에서 수니파와 시아파로 나뉘었다. 수니파는 마호메트와 혈연관계가 있지 않다 하더라도 칼리프가 될 수 있다는 입장이었다. 시아파는 칼리프가 마호메트의 혈통을 이어야 한다고 주장했다.

우마이야 가문 출신의 무아위야가 칼리프가 되면서 수니파가 주도권을 잡았다. 무아위야는 5대 칼리프가 된 이후 칼리프 자리를 그의 아들에게 물려주었다. 이전의 칼리프는 선출제였는데 무아위야가 세습제로 바꾼 것이다. 칼리프가 세습제가 되면서 이슬람 제국은 중앙집권적인 강한 나라가 되었다. 우마이야 왕조는 활발하게 영토를 넓혔다. 우마이야 왕조 6대 칼리프인

왈리드 1세는 계속되는 정복 전쟁을 벌이면서 북아프리카를 넘어 서유럽의 관문인 스페인을 넘보기 시작했다.

이슬람 총독과
가톨릭 여왕

╬ 이슬람군은 712년에 세비야를 정복했다. 그들은 세비야를 '이스빌리야Isbiliya'라고 불렀다. 이로부터 지금의 세비야Sevilla라는 이름이 생겨났다. 세비야 주변의 모든 도시를 공략했지만, 메리다는 강하게 저항하는 중이었다. 메리다 공격의 책임자는 아브드 알아지즈 이븐 무사 이븐 누이사르Abd al-Aziz ibn Musa ibn Nusayr였다. 그는 북아프리카 이슬람 군대 총사령관인 무사 빈 누이사르의 아들로 메리다를 공략하여 그의 능력을 보여 주고자 했다. 전력을 다해 메리다를 공격한 결과, 로마 시절부터 이어져 내려오던 튼튼한 성벽 뒤에서 메리다는 선전했지만 이미 주변 도시가 모두 함락되어 보급을 받지 못해 결국 버티지 못하고 항복했다.

아브드 알아지즈 이븐 무사는 메리다에서 서고트 왕국의 마지막 왕 로드리고의 부인인 에힐로나를 붙잡았다. 에힐로나는 로드리고 왕이 죽고 나자 메리다에 숨어 살고 있었다. 이슬람 군대의 남자는 점령한 서고트 왕국 도시의 귀족 여인과 결혼을 해서 자손을 남겼다. 그 자손이 계속 살아가며 결혼과 출산을 반복하며 나중에 서고트 왕국은 자연스럽게 이슬람화될 것이라고 생각했기 때문이다.

아브드 알아지즈 이븐 무사는 아직 결혼하지 않은 상태였다. 그는 서고트 왕국의 왕비였던 에힐로나를 보고 반했다. 그녀의 외모도 아름다웠지만, 자신에게 전 왕비만큼 어울리는 배필이 있을까 싶었다. 그는 에힐로나에게 결혼해서 세비야로 가서 살자고 청혼했다. 그녀는 다른 선택권이 없었다. 둘은 713년에 결혼한다.

714년 칼리프였던 왈리드 1세는 아브드 알아지즈 이븐 무사를 안달루시아에 해당했던 알안달루스Al-Andalus를 다스리는 총독으로 임명했다. 그래서 초기 이슬람 제국이 이베리아 반도에 들어왔을 때 716년까지 알안달루스의 핵심 도시였던 세비야는 이베리아 반도 내에서 수도 역할을 했다. 타리크는 칼리프가 자신이 아닌 무사의 아들에게 높은 지위를 주자 질투가 났다. 그가 이베리아 반도를 정복하는 데 가장 큰 공을 세웠다고 믿었기 때문이다. 그의 공을 몰라주는 칼리프보다 자신의 자리를 차지한 아브드 알아지즈 이븐 무사가 더 미웠다. 타리크는 아브드 알아지즈 이븐 무사 주변에 심복들을 심어 복수할 기회를 엿봤다.

아브드 알아지즈 이븐 무사는 알안달루스의 총독이 된 이후에도 진심으로 에힐로나를 사랑했다. 에힐로나는 세비야의 왕궁에서 살았다. 주변에 수십 명의 하인이 있었고 이슬람에서 가져온 생전 보지 못한 목걸이, 반지 등의 사치품으로 치장했다. 다시는 이슬람 군대에 쫓길 일도 없었다. 그런데 결혼 후 그녀는 행복해 보이지 않았다. 죽은 남편인 로드리고를 생각해서 그런 것은 아니었다.

권력과 부를 가지고 있던 아브드 알아지즈 이븐 무사는 그녀가 행복하길 바라며 더 희귀하고 값비싼 선물을 했지만, 그 무엇도 그녀를 행복하게 할 수 없었다. 아브드 알아지즈 이븐 무사는 진심으로 그녀가 행복하기를 바랐으므로 그녀에게 어떻게 하면 행복할 수 있을지 물었다. 몇 번이나 대답을 거절하던 그녀는 그가 집요하게 묻자 말했다.

"당신은 제게 잘해 줍니다. 하지만 부족한 것이 있습니다. 당신은 알안달루스의 최고 높으신 분입니다. 하지만 당신 위에는 칼리프가 있지요. 저는 제가 사랑하는 사람이 최고 높은 사람이기를 바랍니다. 당신은 왜 스스로 왕이 되려고 하지 않으시나요? 언제까지 칼리프의 꼭두각시로 살아가실 건가요?"

에힐로나의 말은 반란을 일으키라는 무서운 이야기였다. 아브드 알아지즈 이븐 무사는 다른 것은 다해도 그 일만은 할 수 없었다. 거대한 이슬람 제국을 상대로 반란을 일으키더라도 얼마 못 가 목숨을 잃을 가능성이 높았다. 전 이슬람 제국을 상대로 자신이 홀로 싸울 수는 없었다.

"그 말은 다시 입 밖에 내지 않도록 주의하시오. 그대는 어찌하여 내가 왕이 되기를 바라시오? 이미 내 권력으로 당신은 평생 화려한 옷을 입고, 진귀한 음식을 먹으며 살 수 있소. 이슬람 제국의 칼리프를 상대로 싸운다면 죽음밖에 없을 뿐이오."

"전 서고트 왕국의 왕비였습니다. 만약 당신께서 스스로 왕임을 선포하신다면 저를 따르는 많은 귀족이 당신을 왕으로 모실 것입니다. 당신은 남자로서 야망도 없으십니까?"

에힐로나는 아브드 알아지즈 이븐 무사를 부추겼다. 그때 둘만 있던 방에 갑자기 물건이 흔들리는 소리가 들렸다. 아브드 알아지즈 이븐 무사는 칼을 빼 들고 소리가 난 쪽으로 달려갔다. 괴한이 창문을 넘어 도망가는 모습이 보였다. 아브드 알아지즈 이븐 무사가 괴한을 잡으라고 소리를 지르자 경비병들이 횃불을 들고 모여들었다. 샅샅이 왕궁을 뒤져 봤지만, 괴한은 자취를 감춘 뒤였다. 그는 타리크에게 매수된 아브드 알아지즈 이븐 무사의 하인이었다. 에힐로나의 이야기를 듣고 하인은 공을 세우기 위해 타리크에게 달려가 자신이 들은 것을 말했다. 아브드 알아지즈 이븐 무사가 반란을 일으키겠다는 확실한 계획을 세운 것도 아니고 에힐로나의 계획을 허락한 것도 아니었다. 오히려 그는 에힐로나에게 반란을 일으키려는 생각을 그만두라고 했었다. 하인은 반란이 확실한 것은 아니고 아브드 알아지즈 이븐 무사는 반란을 일으킬 생각이 없어 보인다고 말했다. 타리크는 별 상관이 없다고 생각했다. 에힐로나와 아브드 알아지즈 이븐 무사가 반란에 관해 이야기했다는 것만으로도 그들을 없애는 데 충분했다.

오랜 시간 기다린 보람이 있었다. 아브드 알아지즈 이븐 무사가 죽는다면 이베리아 반도를 정복한 자신의 공을 가로챘던 그의 아버지에게도 복수하는 셈이었다. 그리고 혹시 아브드 알아지즈 이븐 무사가 죽고 나면 자신이 알안달루스의 총독으로 임명될지도 몰랐다. 지긋지긋하게 말 위에서 달리고 벌레에게 물어뜯기고 풀밭 위에서 자는 삶이 쾌적하고 넓은 궁 안에서 정원을 산책하는 고상한 것으로 바뀔 수도 있었다.

타리크는 다마스쿠스의 칼리프에게 아브드 알아지즈 이븐 무사가 가톨릭으로 개종하여 반란을 도모한다고 보고했다. 칼리프는 대노했다. 안 그래도 이베리아 반도에서 활동하고 있는 군인들이 반란을 일으킬까 염려하던 참이었다. 칼리프는 이번 일을 그냥 넘어가지 않고 철저하게 응징해서 본보기로 삼아야겠다고 생각했다. 그는 아브드 알아지즈 이븐 무사와 사촌 사이인 하빕 벤 오베이다Habib ben Obeida와 자야즈 벤 나바Zayaz ben Nabaa를 불렀다. 칼리프는 그들에게 세비야로 가서 아브드 알아지즈 이븐 무사를 죽이라고 지시했다. 두 명의 사촌은 자신의 친척을 죽이는 것이 마음에 내키지 않았다. 특히 하빕은 아브드 알아지즈 이븐 무사의 친한 친구였다. 그러나 칼리프의 명령이었고, 그 명령을 지키지 않는다면 자신들이 먼저 죽을지도 몰랐다.

세비야에 도착한 두 사촌은 세비야의 경비대장을 찾아가 아브드 알아지즈 이븐 무사를 죽이라고 명령한 칼리프의 서류를 보여 주었다. 716년 봄 아브드 알아지즈 이븐 무사는 살바도르 성당에 있던 모스크에서 새벽 기도를 올리고 있었다. 그의 두 사촌과 경비병이 무기를 들고 갑자기 들이닥쳤다. 아브드 알아지즈 이븐 무사 주변에 있던 신하가 막으려고 했지만, 정식으로 아브드 알아지즈 이븐 무사를 처치하기 위해 무장하고 출동한 그들을 이길 수 없었다. 그들은 아브드 알아지즈 이븐 무사를 칼로 찔러 죽인 뒤 그의 목을 잘라서 다마스쿠스에 증거로 보냈다.

타리크는 성공적으로 복수했다. 어쩌면 이 일은 에힐로나가 남편의 복수를 한 것인지도 모른다. 에힐로나는 남편인 로드리고를 앗아간 원수의 아들인 아브드 알아지즈 이븐 무사와 결혼하여 결국 그의 목숨을 빼앗은 셈이 되었기 때문이다. 그녀는 아브드 알아지즈 이븐 무사가 죽을 때 서고트 왕국의 귀족인 펠라요 Pelayo의 도움으로 세비야에서 탈출해서 살아남았다.

아브드 알아지즈 이븐 무사가 목숨을 잃은 뒤 세비야는 쇠퇴하기 시작했다. 칼리프가 코르도바에 알안달루스를 통치하는 궁정을 설치했기 때문이다. 세비아에 남아 있던 서고트 왕국의 귀족은 이탈리아, 프랑스 등으로 피신했다.

타리크와 무사는 이베리아 반도를 정복한 이후 어떻게 되었을까? 서고트 왕국을 무너뜨리고 이베리아 반도를 손에 넣었으니 큰 포상을 받았을 것으로 짐작하기 쉬울 것이다. 그런데 그들의 말로는 비참했다. 다마스쿠스의 칼리프는 이베리아 반도에 쳐들어가는 일에 대해서 반대했었기 때문이다. 그 시기에 이슬람 제국은 동로마 제국과 전쟁 중인 상황이어서 전투를 여기저기서 벌이는 것이 부담이었다. 칼리프는 이베리아 반도를 정복하는 것을 그만두라고 지시했다.

계속되는 무사의 승전보는 이베리아 반도 점령에 반대했던 칼리프에게 정치적으로 부담이 되었다. 코르도바를 점령했던 무기트는 시리아에서 칼리프에게 이베리아 반도의 승전보를 보고했다. 당시 타리크와 무사는 톨레도 이남까지 점령하고 북쪽은 점령하지 못한 상황이었다. 칼리프는 불필요한 전쟁을 그만두고 타리크와 무사에게 시리아로 돌아오라고 지시했다. 그런데 타리크와 무사는 칼리프의 명령에도 불구하고 북으로 계속하여 진격했다.

714년에 이슬람 군대는 북부 일부를 제외하고 이베리아 반도 전체를 점령했다. 715년 이들은 다마스쿠스에 엄청난 양의 전리품을 가지고 왔다. 그들은 큰 공을 세웠으니 높은 관직과 보상을 받을 것으로 생각했다. 그런데 그때 칼리프였던 왈리드 1세는 몸이 안 좋은 상황이었다. 그는 타리크와 무사가 도착한 지 2개월 만에 사망했다. 다음 칼리프는 왈리드의 동생인 술라이만이었다. 그는 두 사람이 예전에 칼리프의 지시를 어기고 이베리아 반도를 계속 공격한 것을 문제 삼아 벌을 내리고 추방했다. 그 후 타리크와 무사는 역사 속에서 사라졌다.

우마이야 왕조의 유일한 피난처

✛ 이슬람 군이 이베리아 반도에 들어왔을 때 서고트 왕국은 매우 약했다. 왕을 귀족의 투표로 뽑다 보니 왕권이 약했고, 귀족들은 자신들의 이익을 대변할 수 있는 왕이 왕위에 오를 수 있도록 내전을 일으키기 일쑤였다. 이슬람군은 이베리아 반도를 쉽게 점령하고 프랑스로 진격했다. 732년 프랑크 왕국의 샤를 마르텔이 투르-푸아티에에서 이슬람군을 물리쳤다. 이슬람군은 그때까지 패배를 몰랐었다. 투르-푸아티에 전투에서 패배한 뒤 이슬람군은 더 이상 프랑크 왕국을 넘보지 않았다. 샤를 마르텔과 프랑크 왕국이 무서워서 그런 것은 아니었다. 북아프리카의 베르베르족의 반란과 다마스쿠스의 역모 때문이었다.

이 시기에는 베르베르족이 디민족과의 차별과 과도한 세금 때문에 이슬람 제국에 반란을 일으키던 상황이었다. 베르베르족은 마그레브라고 불렸던 튀니지, 모로코, 알제리 지역에서 살았었는데 용맹했기 때문에 이슬람 제국

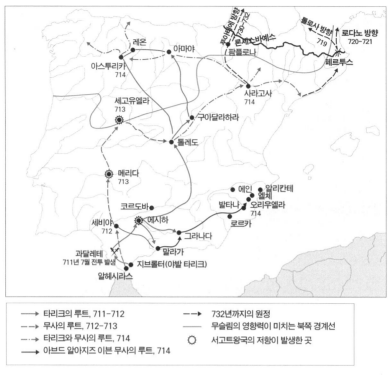

→ 타리크의 루트, 711-712
-→ 무사의 루트, 712-713
-·→ 타리크와 무사의 루트, 714
→ 아브드 알아지즈 이븐 무사의 루트, 714
--→ 732년까지의 원정
— 무슬림의 영향력이 미치는 북쪽 경계선
⊙ 서고트왕국의 저항이 발생한 곳

이슬람군의 단계별 이베리아 반도 점령

의 군대에서 중요한 역할을 차지했다. 그런데 그들은 목숨을 바쳐 싸웠지만 다른 부족에 비해 대우를 못 받았다. 가령 이베리아 반도 원정이 성공한 뒤 보상을 해 줄 때, 베르베르족은 피레네 산맥의 이남에 있는 시골 지역을 하사받고 시리아인은 대도시인 세비야, 코르도바, 카디스 등의 영지를 받는 식이었다. 코란에서는 하나님(알라)이 모든 인간을 평등하게 창조했다고 했는데 실제로는 그렇지 않았다.

이슬람 제국은 이교도가 내는 종교세가 큰 수입원이었다. 그런데 북아프리카에서 베르베르족이 이슬람으로 개종하면서 이 수입이 줄어들었다. 그러자 칼리프는 북아프리카 지역에 토지세를 부과하고, 2.5퍼센트의 부가세를 징수했다. 이에 불만을 품은 하위 계급의 베르베르족 군인들을 중심으로 반란이 일어났다.

다마스쿠스의 칼리프는 3만여 명의 서아시아인들로 구성된 군대를 마그레브의 베르베르족의 반란을 진압하라고 보냈다. 그러나 이슬람군은 오히려 베르베르족 반란군에 패배하여 총사령관까지 잃었다. 남은 군대는 세우타로 피신해 코르도바에 있던 총독에게 이베리아 반도에 피신하게 해 달라고 요청했다. 코르도바 총독이 이 요청을 받아들여 세우타에 있던 아랍인, 이집트인, 시리아인, 레바논인 등으로 이루어진 이슬람 군인들이 베르베르족을 피해 이베리아 반도로 건너왔다.

이때 건너온 군인은 모두 남성이었고, 혼자였다. 그들은 알안달루스의 각 지방에 정착해 현지 여인과 결혼해서 자식을 낳았다. 지금도 스페인에는 아랍인처럼 보이는 스페인 사람들을 많이 볼 수 있는데, 이는 이 시기부터 이베리아 반도 원주민과 섞인 이슬람 혈통의 영향 때문이다.

역사학자 블라스 인판테Blas Infante는 『플라멩코의 기원』이란 책에서 플라멩코라는 말이 이때부터 생겨 났다고 설명한다. 이 시기에 북아프리카의 군인뿐만 아니라 농사나 유목을 하던 일반인도 함께 넘어왔다. 아랍어로 농민, 시골 사람을 뜻하는 말이 '펠라felah'이고 유랑하는 사람이라는 뜻이 '멩구스mengus'인데 이를 합친 펠라 멩구스felah-mengus가 플라멩코라는 말의 어원이라는 것이다. 그의 의견을 받아들이면 플라멩코는 아랍계열 이주자들의 음악과 기존에 안달루시아 지방에 있던 전통 음악이 어울려 만들어진 새로운 음악의 형태이다.* 플라멩코 음악을 들으면 인도나 모로코의 음악과 어딘가 비슷하다는 생각이 드는 것도 이 때문이다. 플라멩코에서 아랍 색채가 느껴

---

* 플라멩코의 기원에 대해서는 집시들이 안달루시아에 정착한 뒤 현지 음악과 융합하여 만들어 낸 것이라는 다른 설명도 있다.

지는 건 우연이 아니다.

이슬람 제국이 처음 이베리아 반도를 손에 넣었을 때, 다마스쿠스에 있던 우마이야 왕조의 칼리프는 스페인 지역을 중요하게 생각하지 않았다. 그러나 아이러니하게도 스페인은 우마이야 왕조의 유일한 피난처가 된다. 750년 아바스 왕조를 세운 아부 알아바스 앗사파흐Abū al-Abbās as-Saffāh 가 반란을 일으키면서 상황이 달라졌다. 그는 우마이야 왕조의 가문 사람을 몰살시켰다. 우마이야 가문에서는 딱 한 명만이 살아남았다. 그가 바로 우마이야 왕가의 왕자 아브드 알라흐만 1세'Abd ar-Rahmān I였다. 그는 시리아의 다마스쿠스에서 이베리아 반도의 코르도바로 도망쳤다. 왜 이베리아 반도였을까? 이베리아 반도에 있는 이슬람 군대는 거의 다 시리아 출신이었다. 시리아 출신 군인들은 다마스쿠스에서 온 우마이야 왕조의 아브드 알라흐만 1세에게 충성했다. 반란에 성공한 아바스 왕조는 수도를 바그다드로 옮겼다.

756년 우마이야 왕조의 후예인 아브드 알라흐만 1세는 코르도바에 정착한 뒤 아바스 왕조의 칼리프에게 자신이 알안달루스의 에미르Emir라고 공표했다. 에미르는 정치적 힘만을 가지고 있고, 한 지역을 다스리는 총독이었다. 이에 반해 칼리프는 정치와 종교의 지도자였다. 아브드 알라흐만 1세는 아직 힘이 약했기 때문에 형식적으로 아바스 왕조의 칼리프를 인정하면서 독자적인 세력을 구축하고자 했다. 아브드 알라흐만 1세는 이베리아 반도의 시스템을 모두 바꾸고자 했다. 이 왕조를 후우마이야 왕조 또는 코르도바 칼리프 왕조라고 부른다. 이 이후로 이슬람 제국은 아바스 왕조와 후우마이야 왕조가 다스리는 두 개의 나라로 갈라졌다.

알안달루스는 베르베르족이 사는 북아프리카 지역까지도 영향력을 미쳤다. 서아프리카의 말리에 있는 금과 노예 등도 코르도바로 넘어왔다. 중앙집

지중해

카롤링거
왕국

레온
왕국

대서양

에미라토 데 코르도바

쿠르투바

지중해

이드리스
왕조

코르도바 에미르 시절의 지도

권적이었던 후우마이야 왕조는 코르도바를 알안달루스의 수도로 삼으면서 유럽의 어느 도시보다 번성한 도시로 만들었다. 전성기 때 코르도바의 인구는 50만으로 서유럽에서 가장 큰 도시였다. 780년에 축조한 코르도바의 모스크는 메카의 모스크에 이어 두 번째로 큰 규모였다. 이 모스크를 건설하기 위해 좋은 돌이 많이 필요했었다고 한다. 이슬람교도는 기존에 있던 로마와 서고트족이 남긴 신전과 왕궁들을 부숴 거기에서 나온 좋은 돌을 모스크를 만드는 데 썼다.

물론 다른 도시에도 변화가 있었다. 무슬림은 도시에 성벽을 새로 세우고, 모스크를 만들었다. 도시에 있던 가톨릭 교인들은 스페인 북쪽의 가톨릭 왕국으로 이주했다. 서고트 왕국 시대에 탄압을 받던 유대인들은 종교세를 내고 종교를 유지하며 활발한 사회 활동을 했다.

알안달루스는 시간이 지나며 점차 안정되는 듯했다. 그런데 바이킹이 스페인 남부를 공격해서 카디스를 점령했다. 바이킹의 주된 타깃이 되었던 곳은 세비야였다. 바이킹은 844년 10월 대서양에서 과달키비르 강을 통해 세비야로 쳐들어왔다. 이들은 6주간 세비야에 있던 모스크, 성벽, 왕궁, 공공건물을 불태우고 파괴했다. 바이킹의 침략은 발전하기 시작하던 세비야에 큰 타격을 주었다. 기세등등했던 바이킹은 11월 11일 코르도바의 아브드 알라흐만 2세에게 세비야 근교의 알하라페Aljarafe에서 패배하고 후퇴했다. 이 전투를 타블라다 전투라고 한다. 바이킹 군대의 30여 척 배가 불타고 2만 명이 죽었다는 기록이 있는데 이는 이슬람 군대의 승리를 과장한 것으로 보인다. 바이킹은 그 후에도 스페인을 가만히 내버려 두지 않았다. 그들은 859년 재침략하여 세비야에서 제일 컸던 이븐 아다바스의 모스크를 부쉈다.

메디나 아사하라에 내린 눈

✦ 929년에 아브드 알라흐만 3세는 스스로 칼리프임을 선언했다. 이로써 후우마이야 왕조의 실질적인 칼리프 시대가 시작됐다. 아브드 알라흐만 3세는 전쟁보다는 경제적인 발전에 초점을 두었다. 그는 또한 전설적인 로맨티스트로 유명하다. 그는 아사하라Azahara라는 여인을 사랑해서 그녀를 그라나다에서 코르도바로 데려왔다. 그는 그녀를 기쁘게 하려고 코르도바에서 8킬로미터 떨어져 있는 곳에 112헥타르 크기의 메디나 아사하라Medina Azahara를 만들었다. 메디나 아사하라는 아사하라의 도시라는 뜻이다. 아브드 알라흐만 3세는 궁전을 빨리 만들려고 만 명의 최고 장인들을 동원해서 25년만에 완성시켰다. 궁전은 모두 값비싼 재료를 이용해서 아랍

'아사하라의 도시'라는 뜻의 메디나 아사하라의 유적

식으로 멋지게 꾸몄다. 아브드 알라흐만 3세는 천국 같은 궁전을 원했다. 궁전 안에는 멋지고 큰 규모의 정원, 동물원, 연못이 있었다. 연못에 있는 물고기에게 주기 위해서만 매일 1만 2천 개의 빵이 필요했었다고 한다. 궁전에는 4,300개의 대리석 기둥이 있었고, 1만 2천 명이 머물 수 있는 거대한 숙소도 있었다. 왕궁, 궁정, 정부 기관 등이 함께 지어졌다. 제일 높은 곳에 아브드 알라흐만 3세의 왕궁이 있었다. 그는 왕궁에서 모든 것을 다 내려볼 수 있었다. 그런데 아사하라는 그토록 화려한 궁전에 살면서도 슬픔에 빠져 살았다. 아브드 알라흐만 3세가 무슨 이유로 그토록 슬픈 얼굴을 하느냐고 물었다. 그러자 아사하라는 고향에서 보던 그라나다의 눈 덮인 산이 그립기 때문이라고 말했다.

아브드 알라흐만 3세는 그녀에게 하얀 눈이 내린 산을 어떻게 하면 보여 줄 수 있을까 고민했다. 그러다 방법을 찾았다. 그는 꽃이 핀 아몬드 나무를 아사하라 궁전에서 보이는 산에 모조리 심기로 했다. 며칠 뒤 아사하라는 창밖의 산을 보고 미소를 지었다. 하얀 꽃이 핀 아몬드 나무들이 심어진 산이 멀리서 보니 마치 산에 눈이 내린 것처럼 보였기 때문이다.

실질적으로 아브드 알라흐만 3세가 메디나 아사하라를 만든 이유는 칼리프의 힘을 보여 주려는 정치적 목적이었을 것으로 추측되고 있다. 메디나 아사하라는 폐허로 버려져 있다가 1910년에 발굴되었다.

아브드 알라흐만 3세가 활동하던 비슷한 시기에 튀니지 지역에 새로운 이슬람 왕국이 나타났다. 909년 우바이드 알라 알마흐디가 파티마 왕조를 튀니지에 세운 것이다. 파티마 왕조는 아바스 왕조에서 갈라져 나왔다. 파티마 왕조와 후우마이야 왕조의 통치 구역에는 겹치는 부분이 있었다. 그 지역은 북아프리카였다. 후우마이야 왕조는 스페인에 있었지만 북아프리카에 영향력을 미치고 있었다. 코르도바가 바그다드보다 북아프리카에서 더 가까웠기 때문이다. 그런데 파티마 왕조가 나타나면서 상황이 달라졌다. 파티마 왕조는 후우마이야 왕조로부터 921년에는 북아프리카의 지배권을 빼앗았다.

파티마 왕조는 북아프리카에 만족하지 않았다. 튀니지에 있었던 카르타고 사람들처럼 파티마 왕조는 이탈리아의 관문이며 지중해 중부 무역의 중심지인 시칠리아를 정복했다. 이후 파티마 왕조는 1100년경에는 리비아, 이집트까지 영토를 확장하면서 바그다드의 아바스 왕조와 대립했다.

이슬람 제국은 초기에 한 명의 칼리프만 있었다. 그런데 졸지에 이슬람 제국이 3개로 쪼개지고 3명의 지도자가 자신이 칼리프라고 주장했다. 3명의 칼리프는 누가 진짜 칼리프인지 가리고자 싸우기 시작했다. 내전은 언제나 나라를 약하게 만든다. 스페인에서는 후우마이야 왕조의 칼리프가 한눈을 파는 사이 북쪽에서 가톨릭 왕국들이 힘을 비축하기 시작했다.

961년 아브드 알라흐만 3세가 죽고 난 뒤 칼리프가 된 알하캄 2세 시절 후우마이야 왕조의 코르도바는 전성기를 맞이했다. 코르도바에 인구가 급격히 증가하기 시작해서 50만 가까이 되었던 시절이 바로 알하캄 2세 Al-Hakam Ⅱ 때이다. 일부 학자들은 계속 발견되고 있는 유적지를 통해 인구가 100만 정도였다고 주장하기도 한다. 코르도바는 정치와 경제뿐만 아니라 학문의 중심지이기도 했다. 알하캄 2세 시절 코르도바의 도서관은 40만 권의 장서를 소장하고 있었다. 코르도바는 그리스어-아라비아어 번역에서 바그다드 이외의 또 다른 중심지로 그리스어 고전 연구가 활발했다.

문제는 그 후부터 발생했다. 976년 알하캄 2세가 세상을 떠나자 그의 아들인 히샴 2세가 칼리프가 됐다. 그런데 히샴 2세는 어려서 궁정을 휘어잡지 못했다. 알하캄 2세의 부인은 재무 담당 관리이자 알만소르 Almanzor 라고 알려진, 알만수르 이븐 아비 아미르 Al-Mansur ibn Abi Aamir 와 불륜 관계에 있었다. 알만조르는 궁정 내에서는 정적을 제거했고 외부적으로는 가톨릭 왕국들과

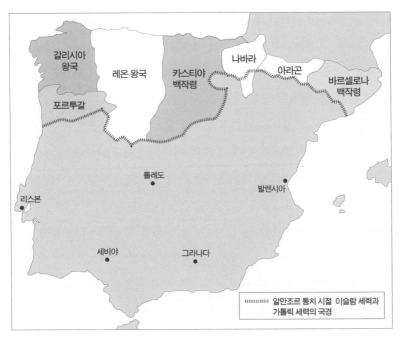

10세기 알만조르 시절의 지도

전투를 하며 영향력을 늘려갔다. 그리고 결국에는 막강한 권한을 지닌 총리가 되어 독재자로 군림했다. 히샴 2세는 칼리프였지만 실질적인 권력은 모두 알만조르에게 있었다.

알만조르는 독재자이자 뛰어난 군인이었다. 그는 50여 차례에 걸쳐 북쪽의 가톨릭 왕국들을 공격했다. 스페인 북부는 로마 시절에 제일 마지막에 점령되었던 곳이다. 이베리아 반도의 이슬람 지배 시기에서도 마찬가지로 북쪽 부분은 제일 마지막까지 독립을 유지했다. 로마와 이슬람인이 스페인 북쪽을 마지막으로 공략한 이유는 그 지역이 춥고 지형이 험난해서 공격하기가 어려웠고 성공해서 점령한다고 해도 얻을 것이 별로 없었기 때문이다.

그럼에도 로마가 스페인 북쪽으로 공격을 감행했었던 이유는 스페인 원주민이 로마가 그어 놓은 국경선을 넘어 로마 식민지를 침략했기 때문이다. 알만조르도 마찬가지였다. 스페인 북부에서 가톨릭 왕국들이 힘을 모아 점차 이슬람의 땅을 차지하며 내려왔다. 알만조르는 가톨릭 교도가 가진 희망의 싹을 잘라 버리고자 했다. 덤으로 가톨릭 세력을 물리친다면 인기를 얻을 수 있었다. 알만조르의 북부 원정은 성공적이었다. 그는 997년 산티아고 데 캄포스텔라를 점령해서 대성당의 종을 코르도바까지 가지고 와서 녹인 뒤 모스크의 초등을 만드는 데 사용했다. 가톨릭교도들에게는 치욕적인 사건이었다.

　패배를 모르던 그였지만 죽음을 피해 갈 수는 없었다. 그는 1002년에 전쟁에서 이기고 귀환하던 중 돌아오다가 숨졌다. 그는 귀족 가문 출신이 아니었다. 그래서 그랬는지 지나치게 권력에 집착했다. 알만조르는 사후에도 가문의 영광이 계속되기를 바랐다. 죽기 전부터 그는 총리 공석을 그의 아들인 아브드 알말리크Abd al-Malik가 차지하도록 손을 써 두었다. 알만조르의 각본대로 아브드 알말리크는 총리가 되었다. 하지만 역사는 각본대로 흘러가지 않았다. 아브드 알말리크에게는 아브드 알라흐만 산츄엘로Abd al-Rahman

뛰어난 군인이었던 알만조르의 동상

©Islami/Wikimedia Commons.

Sanchuelo라는 이복동생이 있었다. 아브드 알라흐만 산츄엘로는 알만조르와 가톨릭 왕국 나바라 왕의 딸 사이에서 태어났다. 이복동생이었던 그 역시 권력 욕심이 대단했다.

아브드 알말리크는 6년 동안 총리 자리에 있었다. 총리 자리가 욕심이 났던 산츄엘로는 이복형을 암살했다. 산츄엘로는 힘이 없는 칼리프였던 히샴 2세를 위협해 아브드 알말리크의 자리를 물려받았다. 그의 욕심은 거기서 끝이 아니었다. 아버지 알만조르도 이복형 아브드 알말리크도 칼리프의 자리는 탐내지 않았다. 하지만 그는 히샴 2세를 강요해서 칼리프 계승권을 받아냈다. 문제는 칼리프의 경우 전통적으로 단순히 힘이 세다고 될 수 있는 것이 아니었다. 그가 원칙을 무시하고 칼리프가 되려고 하자 시민들은 그에게 반감이 들었다.

산츄엘로는 군대를 이끌고 가톨릭 왕국과 전쟁을 하러 갔다. 그는 아버지가 했었던 것처럼 가톨릭 세력을 물리치면 민심이 그에게 돌아오리라고 생각했다. 하지만 오산이었다. 그가 코르도바를 비운 사이 오히려 코르도바에서 반란이 일어났다. 반란 주동자는 칼리프 계승권을 따내는 정도가 아니라 아예 히샴 2세를 퇴위시키고 자신이 칼리프라고 선언했다.

아브드 알라흐만 산츄엘로는 전쟁터에서 그 소식을 듣고, 코르도바로 급하게 돌아왔다. 반란군의 세력은 그의 생각보다 훨씬 컸다. 반란군은 돌아온 산츄엘로의 군대를 물리치고 그를 죽였다. 이후 알안달루스에는 이와 같은 반란이 거듭해서 일어나 계속 지도자가 바뀌었다. 그러다 보니 궁정의 중앙집권적인 힘이 약해졌다. 알안달루스의 각 지방을 다스리던 총독들이 칼리프에게 충성하는 대신 점점 자신의 영향력을 늘리는 데 관심을 두기 시작했다. 코르도바의 칼리프는 힘이 약해서 딴생각을 하는 지방의 실력자를 응징하지 못하고 땅을 떼어 주면서 달랬다.

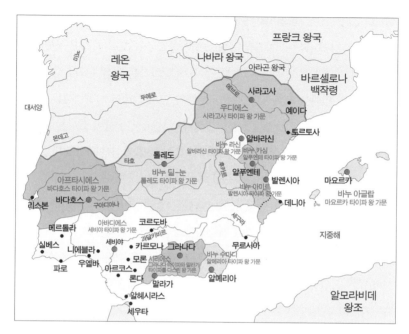

프랑크 왕국

레온
왕국

나바라 왕국

아라곤 왕국

바르셀로나
백작령

사라고사

대서양

우디에스
사라고사 타이파 왕 가문

예이다

문데고

토르토사

두에로

알바라신

타호

바누 라신
알바라신 타이파 왕 가문

바누 카심
알푸엔테 타이파 왕 가문

톨레도

아프타시에스
바다호스 타이파 왕 가문

바누 딜-눈
톨레도 타이파 왕 가문

알푸엔테

발렌시아

마요르카

바누 아미르
발렌시아 타이파 왕 가문

바누 아글랍
마요르카 타이파 왕 가문

리스본

바다호스

구아디아나

데니아

지중해

메르톨라

아바디에스
세비야 타이파 왕 가문

코르도바

세쿠라

실베스

니에블라

세비야

카르모나

그라나다

무르시아

파로

우엘바

모론

아르코스

시리에스

바누 수마디
알메리아 타이파 왕 가문

론다

말라가

그라나다 타이파와 말라가
타이파를 다스린 왕 가문

알메리아

알헤시라스

알모라비데
왕조

세우타

1080년경 이베리아 반도의 이슬람 세력(타이파 시기)

이베리아 반도 내 이슬람 국가였던 알안달루스의 후우마이야 왕조는 1031년 마지막 칼리프였던 히샴 3세가 죽으며 끝이 났다. 후우마이야 왕조가 끝날 무렵 알안달루스는 이미 각 지역의 총독들이 자신을 왕으로 지칭하는 소왕국인 타이파Taifa로 분열되고 있었다. 중앙집권력이 사라졌기 때문이다.

소왕국에는 각각 왕이 있었다. 북쪽에 가톨릭 왕국들이 힘을 키우고 있다는 사실을 잊어버리고 그들은 서로 전쟁을 했다. 이 틈을 타 북쪽에 있던 가톨릭 왕국들은 다시 남쪽으로 진격하기 시작했다.

세비야 타이파는 아부 알카심 무함마드 이븐 압바드Abu al-Qasim Muhammad ibn Abbad가 세웠다. 아부 알카심은 원래 코르도바에서 세비야로 파견된 총독이었다. 그는 코르도바가 내분으로 세비야를 신경 쓰지 못하자 귀족들의 도움을 받아 1023년 세비야 지역의 독립을 선언하고 스스로 왕이라고 칭했다.

전설에 따르면 세비야의 총독이었던 아부 알카심은 히샴 2세가 죽지 않고 자신과 함께 있다고 하며 힘을 모았다고 한다. 그의 말대로 히샴 2세는 회의에도 나오고 궁전에서도 보였다. 일부 사람들은 히샴 2세가 살아 있다는 것을 믿었으나, 믿지 않는 사람들도 있었다. 세비야의 아부 알카심은 히샴 2세를 자신이 보호하고 있으므로 자신에게 충성을 바칠 것을 요구했다.

후우마이야 왕조의 알안달루스는 하나의 칼리프가 있어서 여러 지방을 다스릴 수 있었는데 히샴 2세의 재등장으로 지방의 총독들은 누구에게 충성을 바쳐야 할지 갈등하며 분열하기 시작했다. 이후 히샴 2세는 아부 알카심이 닮은 사람을 세워 놓은 대역임이 밝혀졌다. 이미 소왕국인 타이파로 해체되기 시작한 알안달루스였으나 이 일로 그 해체 속도가 더 빨라졌다.

1031년 이후 여러 소왕국들로 나뉜 이슬람 국가들은 힘이 없었다. 각 이슬람 소왕국의 왕은 스페인 북쪽에 있던 가톨릭 왕국들이 침략할까 봐 걱정했다. 그래서 그들은 과거의 영광을 버린 채 가톨릭 왕에게 보호비 성격의 파리아스parias라는 세금을 내며 명맥을 유지했다.

1042년 세비야에서는 아부 알카심이 죽은 뒤 그의 아들인 아브 아미르 압바드 2세 알무타디드Abu Amr Abbad Ⅱ al-Mu'tadid가 왕위에 올랐다. 젊고 유능했던 알무타디드는 우엘바, 헤레스, 론다, 알헤시라스, 말라가, 지브롤터, 포르투갈 남부의 알가르베 지방까지 점령했다.

1069년 알무타디드가 죽고 세비야 타이파의 왕은 그의 둘째 아들인 무함마드 이븐 압바드 알무타미드Muhamnad ibn Abbad al-Mu'tamid가 되었다. 그는 시인으로서 좋은 시를 많이 남겼고 왕으로서도 유능해서 그가 집권하던 시기에 세비야 타이파의 통치 구역이 가장 넓었다.

알무타미드와
노예의 사랑 이야기

┿ 이슬람 세력은 711년부터 1492년까지 이베리아 반도에 살았다. 초기 이슬람 세력은 북쪽 일부를 제외한 거의 모든 이베리아 반도를 지배할 정도로 힘이 셌었다. 시간이 흐르면서 이베리아 반도의 이슬람 제국은 칼리프의 힘이 약해졌고, 여러 이슬람 소국으로 다시 나누어졌다. 이때 나누어진 이슬람 소국들을 타이파라고 부른다. 세비야 지역에도 타이파가 있었다. 세비야 타이파의 왕 중에서는 왕이자 시인이었던 알무타미드가 가장 유명하다.

알무타미드는 알무타디드의 두 번째 아들이었다. 그는 12살 때 포르투갈에서 스승인 이븐 아마르ibn Ammar에게서 시를 배웠다. 그때부터 그는 시를 사랑하기 시작했다. 선생이었던 이븐 아마르는 알무타미드가 왕이 됐을 때 든든한 조언자이자 친구로서 그를 도왔다.

알무타미드는 둘째 아들이었으므로, 원래는 왕위 계승권자가 아니었다. 그런데 알무타디드의 첫째 아들이 반역을 도모한 죄로 처형되었기 때문에 두 번째 아들인 그가 세비야 타이파 왕위에 오를 수 있었다.

어느 날 알무타미드가 왕이 된 후의 이야기이다. 그는 이븐 아마르와 함께 과달키비르 강 언저리를 산책하고 있었다. 알무타미드는 바람이 불어 강에 비친 햇살이 흔들리는 모습을 보고 문득 시상이 떠올라 시를 읊었다.

바람은 물속에서 갑옷을 만들고

그는 이븐 아마르를 바라보며 다음 시구를 이어가기를 기다렸다. 그런데 이븐 아마르는 마땅한 시구를 찾지 못해서 머뭇거렸다. 알무타미드는 포기하지 않고 다시 한 번 시를 읊었다.

　　바람은 물속에서 갑옷을 만들고

　이븐 아마르는 어떻게 대답해야 할지 몰라 난감한 상황이었다. 그때 과달 키비르 강가에서 빨래를 하던 어여쁜 여자의 목소리가 들렸다.

　　그 물이 언다면 얼마나 강한 갑옷이 될까

　그녀의 시구와 빼어난 미모에 반한 알무타미드는 이븐 아마르에게 그녀가 누구인지 알아오라고 했다. 이븐 아마르는 그 지역의 주변 사람들에게 물어 여자의 존재를 알아냈다. 그녀의 이름은 이티마드Itimad였다. 그녀는 트리아나 지역에서 기와 공장을 하는 로마이크Romaicq의 노예였다. 알무타미드는 로마이크에게 이티마드를 자신에게 팔라고 했다. 로마이크는 알무타미드에게 돈을 받지 않고 그녀를 넘겨주었다. 이티마드는 로마이크의 노예였지만 항상 다른 세상에 사는 것처럼 상상에 빠져 일을 잘하지 못했다. 로마이크의 입장에서는 어차피 그녀가 있더라도 사고를 치는 일이 많아서 별 쓸모가 없었기 때문에 이 기회에 왕에게 환심도 사고 골칫덩이를 치워 버리고자 했다.
　알무타미드는 이티마드를 알기 전에는 시, 경마, 무기, 공부에만 관심이 있었다. 후손을 남겨야 하는 왕이 여자에는 아예 관심이 없으니 왕의 가족과 신하들이 안 그래도 걱정하던 찰나였다. 왕이 이티마드를 왕궁으로 데려오자 주변 사람들은 드디어 왕이 여자를 알기 시작했다며 기뻐했다. 이티마드의 신분을 알고 깜짝 놀라긴 했지만, 주변 사람들은 그가 이티마드를 통해 여자를 알게 되고 노예인 그녀가 싫증나면 금방 버릴 줄 알았다. 그리고 곧 왕비가 되기에 적합한 집안의 딸과 결혼을 해서 세비야 타이파의 왕자를 낳아도 된다고 생각했다.

알무타미드는 이티마드의 신분을 초월하여 진심으로 사랑했다. 그녀가 가지고 있는 감성과 시적 재능에 놀라워했고, 그녀의 천진난만함을 좋아했다. 알무타미드는 태어나서 처음으로 누군가와 마음속 깊은 이야기를 나눌 수 있었다. 그런 그에게는 이티마드와 결혼하는 것이 당연했다. 주변 사람들은 알무타미드가 이티마드와 결혼하겠다고 하자 깜짝 놀랐다. 주위에서는 왕에게 신분의 차이가 있으니 결혼하는 것을 다시 한 번 생각해 달라고 요청했다.

코란에서는 일부다처제를 허용했기 때문에 첫 번째 부인을 출신 가문이 좋은 집안에서 들이고 그다음에 이티마드를 두 번째 부인으로 들이는 것도 한 방법이었다. 이 방법을 취한다면 굳이 주변과 부딪히지 않고도 모두 행복할 수 있었다. 그러나 알무타미드는 진실한 사랑을 찾는 사람이었다. 만약 그가 주변의 반대를 무마하기 위해 신분 좋은 집안의 처녀와 결혼을 한다면 그가 그녀를 사랑하지 않기 때문에 그녀는 불행할 터였다. 이티마드 역시 그가 다른 여자와 결혼하면 마음이 좋을 리 없었다. 그리고 불행한 두 여인 사이에서 감수성이 예민한 알무타미드는 방황할지도 몰랐다. 그는 이티마드를 깊이 사랑했고, 그녀를 행복하게 해 주고 싶었다. 알무타미드는

알무타미드 기념비

주변의 반대를 무릅쓰고 결국 노예 신분의 이티마드와 결혼했다.

　결혼 후 알무타미드와 이티마드는 세비야에 있는 알카사르에서 함께 살았다. 화려한 이슬람 장식으로 치장된 궁에서 이티마드는 예전에 노예였을 때는 누리지 못했던 호사를 누렸다. 눈치를 볼 주인도 없었고 주변의 수많은 하인이 그녀가 손 하나만 까딱하면 원하는 모든 것을 처리해 주었다. 굶주림도 없었고 항상 맛있는 음식을 얼마든지 먹을 수 있었다. 추운 겨울에도 따뜻한 물로 목욕할 수 있었고, 좋은 화장품, 비싼 목걸이로 치장할 수 있었다. 그리고 무엇보다 그녀가 평생 받지 못했던 사랑을 끊임없이 주는 알무타미드가 옆에 있었다. 하지만 그녀는 조금씩 외로워졌다. 비록 노예였지만 친구가 있고, 자유 시간에는 자유롭게 뛰어놀던 그 시기가 점점 생각났다. 왕궁에도 물론 사람은 있었지만, 그녀 또래의 하인들은 그녀와 어울릴 수 있는 신분이 아니라서 그녀를 어려워만 했다. 주변의 귀족들은 그녀가 예전에 노예였기 때문에 어울리는 것을 꺼렸다. 격식 없이 살아왔던 이티마드 역시 귀족들과 어울리는 삶을 원하지는 않았다.

　이티마드는 트리아나에서 어린 시절을 보냈다. 트리아나는 세비야에서 과달키비르 강만 건너면 되는 가까운 곳이었다. 이티마드는 트리아나에서 살면서 친구들과 함께 일하고 놀던 시절이 점점 더 생각났다. 그녀는 숲을 뛰어다녔고 주변의 시장이나 다른 마을들에 놀러 가곤 했다. 특히 그녀는 트리아나의 공방에서 도자기와 유리를 만드는 일을 좋아했다. 왕비가 된 그녀는 다시는 예전에 트리아나에서 살았던 삶 속으로 돌아갈 수 없었다. 실제의 트리아나는 가까웠지만, 마음속에 남아 있는 트리아나는 다시 찾아가기에 너무 먼 곳이었다. 왕비로서 모든 것을 다 가진 이티마드였지만 그녀에게 향수병이 찾아왔다. 왕은 그녀가 우울한 것을 보고 물었다.

　"이티마드, 무슨 일 때문에 그렇게 슬퍼하시오?"

"슬퍼하다뇨? 저는 당신의 사랑으로 행복하답니다."

"당신은 요새 예전처럼 웃지도 않고, 침실 밖으로 나가지도 않소. 날 보면 웃지만 나는 그 웃음 속에 그리움이 보이오. 나는 이 나라의 왕이오. 당신을 행복하게 할 수 있는 일이라면 무엇이든 하겠소."

"당신은 내게 모든 것을 다 주었잖아요. 나는 행복해요. 더 바란다면 저는 정말 나쁜 사람일 거예요. 그저 요새 제 어린 시절이 계속 떠올라요. 친구들과 함께 뛰어놀던 생각도 나고요. 공방에서 다른 아이들과 함께 도자기와 기와를 만들기 위해 맨발로 열심히 진흙을 밟던 때는 정말 신이 났었어요. 하지만 이제 돌아갈 수 없는 현실이라고 생각하니까 문득 외로워졌어요."

이티마드는 말을 마치고 눈물을 흘렸다. 알무타미드는 말없이 그녀의 눈물을 닦아 주고 꼭 안아 주었다. 일주일 뒤, 알무타미드는 아침 일찍 그녀를 깨워 함께 알카사르의 정원으로 갔다. 정원에는 그녀가 어린 시절 공방에서 진흙을 밟던 곳이 재현되어 있었다. 그녀는 신이 나서 신발을 벗고 진흙탕으로 들어가서 어린 시절로 돌아간 듯 환하게 웃으며 장난을 쳤다. 진흙에서는 진귀한 향수 냄새가 났다. 알무타미드가 그녀를 위해 진흙에 값비싼 향수를 사다가 잔뜩 뿌려 놓았기 때문이다. 그녀는 알무타미드의 정성에 감동했다.

시간이 흐르고 그녀는 다시 우울해졌다. 왕은 그녀에게 왜 슬픈지 물었다. 그녀는 이베리아 반도의 모든 왕국에서 눈이 쌓인 산을 볼 수 있는데 자신은 볼 수 없어서 그렇다고 대답했다. 알무타미드는 그녀에게 눈을 보여 주고 싶었지만, 세비야 근처에서는 눈이 내리는 곳이 없었다. 피레네 산맥이 있는 북쪽에는 가톨릭 왕국이 있었다. 스페인 남부 그라나다에 있는 높은 산(시에라 네바다)은 나사리 왕국의 영토여서 방문을 할 수 없었다.

고민하던 알무타미드는 아브드 알라흐만 3세와 아사하라의 이야기가 떠올랐다. 이 무렵 코르도바는 세비야 타이파에 속해 있어서 갈 수 있었다. 알무타미드가 1070년에 코르도바를 점령했기 때문이다. 알무타미드는 이티마드를 데리고 코르도바의 알카사르로 갔다. 화려했던 메디나 아사하라 궁전에는 갈 수 없었다. 메디나 아사하라 궁전은 1010년에 후우마이야 왕조 권력자들이 내전을 벌이는 도중 파괴되었다. 알무타미드는 예전에 아브드 알라흐만 3세가 심어 놓은 아몬드 나무가 있는 산이 잘 보이는 방에 이티마드와 함께 묵었다. 밤에 도착한 이티마드는 어두워서 창문 밖으로 무엇이 있는지 볼 수 없었다.

다음 날 아침 이티마드는 침실에서 일어나 깜짝 놀랐다. 창문 밖에 그녀가 그토록 보고 싶어 했던 새하얀 눈이 보였다. 그녀는 눈을 볼 수 있어서 무척이나 행복해했다. 알무타미드는 산에 눈이 내린 것이 아니라는 사실을 알고 있었다. 아몬드 나무의 꽃이 마치 눈이 쌓인 것처럼 보여서 그녀가 멀리서 눈이 내렸다고 착각했던 것이다. 그러나 그는 아무 말 없이 기뻐하는 그녀를 보며 웃음을 지었다.

알무타미드의 왕비뿐만 아니라 그의 경비대원도 출신이 특이했다. 알무타미드의 경비대원 중 한 명이었던 알콘 그리스Halcón gris는 도적이었다. 그는 세비야 근교에서 강도짓을 하다가 붙잡혀서 십자가형을 선고받았다. 세비야의 시내 한가운데서 그는 십자가에 못 박혀 죽음을 기다리고 있었다. 그때 한 상인이 수레에 물건을 잔뜩 싣고 그의 앞을 지나갔다. 알콘 그리스가 상인을 불러 긴히 할 말이 있다고 말했다. 그는 바로 앞에 보이는 마른 우물에 황금 10냥을 숨겨 두었는데 자신은 이렇게 십자가에 못 박혀 꺼낼 수가 없다고 말했다. 그는 상인에게 우물 안에 들어가 황금 10냥을 꺼내 절반은 그가 갖고 절반은 자신의 아내와 자식들에게 나누어 달라고 부탁했다.

상인은 그의 말을 듣고 수레를 세워 둔 채 우물 안으로 들어갔다. 장에서 팔 물건이 가득 담긴 수레가 신경 쓰였지만, 황금 5냥을 얻게 된다면 앞으로 평생 힘들게 수레에 물건을 실어 나를 필요가 없었다. 그때 알콘 그리스의 부인이 갑자기 달려 나와 상인이 올라올 수 없도록 도르래의 줄을 잘라 버렸다. 십자가형을 선고받기 전 알콘 그리스는 이미 재산을 모두 몰수당했다. 자신이 죽은 뒤 가족의 생계를 걱정하던 그는 아내에게 어떤 상인이 자신과 이야기한 뒤 우물에 들어가면 줄을 자르라고 시켰다. 그런 다음 상인이 남겨 둔 물건을 팔아서 앞으로 살길을 마련하라고 말했다.

알무타미드는 처음부터 몰래 그 모습을 지켜보고 있었다. 알무타미드는 알콘 그리스의 재치를 보고 그가 마음에 들었다. 그래서 그는 알콘 그리스를 용서하고 자신의 경비대에서 근무하도록 했다. 죽다가 살아난 그는 항상 알무타미드의 옆에서 그를 충성스럽게 경호했다고 한다.

이븐 아마르와
알폰소 6세의 체스

✢ 이븐 아마르는 잘 알려지지 않은 가문 출신으로 알무타미드가 왕이 되었을 때 비시르로 권력을 누렸던 인물이다. 그는 알무타미드가 어렸을 때 그에게 시를 가르쳤는데 그 이후부터 그와 각별한 사이를 유지하며 출셋길을 닦아 놓을 수 있었다. 알무타미드의 형 이스마일이 있었기 때문에 그때 알무타미드는 왕위 계승권이 없었다. 그런데 1060년 알무타디드가 왕위 계승권자인 이스마일을 사형에 처했다. 이스마일이 사형을 당한 정확한 이유는 알려져 있지 않다. 다만 이스마일이 알무타디드의 명령으로 한 도시를 점령했는데, 그 도시를 기반으로 알무타니드에 반란을 일으켰다가 알무타디드에게 붙잡혀 죽었다는 설이 있다.

1069년 알무타디드가 죽으면서 알무타미드가 세비야 타이파의 왕이 됐

다. 알무타미드는 즉위한 뒤 이븐 아마르를 왕실로 불러들여 자신의 오른
팔 격인 비시르로 임명했다. 비시르는 왕의 고문이나 장관에 해당하는 높은
직위였다. 이븐 아마르는 알무타미드에게 충성을 다했다. 이븐 아마르가 세
비야에 쳐들어온 알폰소 6세의 군대를 지혜롭게 돌려보낸 이야기는 유명하
다. 그 전설은 다음과 같다.

　1078년 카스티야·레온 왕국의 알폰소 6세가 군대를 이끌고 세비야를 향
해 내려오고 있었다. 그는 직접 세비야 타이파로부터 파리아*를 걸으려고
했다. 알무타미드는 카스티야·레온 왕국에 파리아를 내지 않으려 했다. 파
리아로 밀 수천 가마를 주고 나면 많은 백성이 다음 수확기 때까지 굶주릴
수밖에 없었다. 그러나 이것이 가톨릭 왕국이 파리아를 걷는 목적이기도 했
다. 만약 이슬람 소왕국이 다시 부강해지면 예전처럼 가톨릭 왕국을 공격할
지도 모르기 때문에 파리아를 받아서 가난하게 만들려고 했던 것이다.

　알무타미드는 걱정이 많았다. 그의 군대는 알폰소 6세의 군대를 이길 수
없었다. 전쟁에 지고 나면 알무타미드는 더 많은 파리아를 내야 할지도 몰
랐다. 알무타미드의 오른팔이었던 이븐 아마르가 나서서 알무타미드에게
자신이 해결하겠다고 말했다. 이븐 아마르는 홀로 알폰소 6세를 찾아갔다.
알폰소 6세는 체스를 잘 두고 승부욕이 강했다. 이븐 아마르는 그 점을 이용
하기로 했다.

　"저는 왕께서 카스티야 왕국에서 체스를 제일 잘 두는 분이라고 들었습니

---

* 　파리아는 일종의 세금이다. 처음에 파리아는 후우마이야 왕조의 칼리프 시대가 끝나고 갈라진
이슬람 소왕국들끼리 전쟁을 벌일 때, 가톨릭 왕국이 돈을 받고 용병처럼 도와주는 것으로부터 시
작했다. 그런데 계속되는 전쟁으로 이슬람 소왕국들이 약해지자 가톨릭 왕국은 보호비 명목으로
파리아를 받아냈다. 시간이 지나면서 이슬람 소왕국은 살아남기 위해 가톨릭 왕국에 정기적으로
파리아를 내야 했다. 파리아는 왕에게 직접 가는 세금이었고, 왕은 이를 통해 부를 갖고 군대를 유
지할 수 있었다.

다. 그런 분을 만나 뵙게 되어 영광입니다."

알폰소 6세는 이븐 아마르의 이야기를 듣고 우쭐했다.

"그러나 카스티야 왕국은 어떨지 모르지만, 이슬람 제국에서는 최고가 아니실지도 모릅니다. 체스는 원래 저희 선조들이 두던 게임이니까요."

알폰소 6세는 이븐 아마르의 말에 기분이 상했다.

"그렇다면 이슬람 제국에서 체스를 제일 잘 두는 사람을 데려오거라. 누가 이기는지는 승부를 해 보도록 하지."

"멀리 갈 필요가 있겠습니까? 저희 아랍인들은 어릴 적부터 체스를 배워서 누구나 체스를 둘 줄 압니다. 저는 체스 고수는 아니지만, 말을 어떻게 움직여야 하는지 정도는 압니다. 저와 한번 겨뤄 보시는 것은 어떻겠습니까?"

"좋아. 그럼 체스를 한번 둬 보지."

둘이 체스판을 사이에 두고 앉았다. 알폰소 6세가 말했다.

"그럼 시작하지."

"그냥 이렇게 체스만 두는 것은 심심하지 않겠습니까? 내기를 하는 것이 어떻겠습니까?"

"나는 왕이고 너는 한낱 이슬람 소국의 신하이다. 네가 뭘 걸 수 있겠느냐?"

"만약에 제가 지면 왕에게 파리아로 드려야 하는 밀을 2배로 드리도록 하겠습니다. 대신 만약에 제가 이기면 처음에 밀 2가마부터 시작해서 이길 때마다 제게 주셔야 하는 가마의 수량을 2배씩 올려 주십시오."

알폰소 6세가 간단히 계산을 해 보니 자신이 이기면 세비야 전체에서 받을 밀의 2배를 받는 것이고 지면 처음에 자신이 줄 가마는 2가마밖에 안 됐다.

"좋아. 그럼 그렇게 하도록 하지."

처음 체스를 시작하고 난 뒤 알폰소 6세는 이븐 아마르를 이겨 가고 있었다. 그는 이런 바보 같은 놈을 보낸 알무타미드가 멍청하다고 생각했다. 덕분에 자신은 2배의 세금을 더 걷어 갈 수 있으니 기분이 점점 좋아졌다. 몇 수만 더 두면 이븐 아마르를 이길 수 있었다. 그런데 이븐 아마르가 말을 한 번 움직이자 갑자기 판세가 변했다. 알폰소 6세는 맹공을 펼치고 있어서 말들이 이븐 아마르 진영에 가 있었다. 이븐 아마르는 방어만 하다가 알폰소 6세의 허를 찔렀다. 알폰소 6세는 그의 공격을 당해 낼 수 없었다. 알폰소 6세는 자신이 방심했다며 다시 한판 두자고 했다. 그 판도 마찬가지였다. 이븐 아마르는 손쉽게 말을 잃었고 의미 없는 수를 두기도 했다. 아무리 봐도 체스를 잘 두는 사람으로 보이지는 않았다. 그런데 결정적인 순간에 항상 그의 공격이 들어왔고, 그것으로 끝이었다. 알폰소 6세는 오기가 생겼다. 둘은 낮에 체스를 두기 시작했는데 한 판, 두 판 두다 보니 어느 새 밤이 되었다. 이븐 아마르가 알폰소 6세에게 말했다.

"체스 잘 두었습니다. 오늘은 제가 운이 좋았습니다. 이제 밤이 늦어 세비야로 돌아가야 합니다. 약속대로 제 몫의 밀을 주시기 바랍니다."

알폰소 6세는 하인을 불러 자신이 진 판 수와 이븐 아마르에게 줘야 할 밀의 가마 수를 계산했다. 맨 처음 알폰소 6세가 한 판을 졌을 때 줘야 할 밀 가마의 수는 2가마였다. 그리고 두 판을 졌을 때 줄 가마의 수는 4가마, 세 판을 졌을 때 줄 가마의 수는 8가마였다. 이런 식으로 계산하다 보니 열세 판을 졌을 때 줘야 할 가마의 수는 8,192가마에 이르렀다. 나중에는 알폰소 6세가 세비야 타이파로부터 받기로 한 밀을 모두 받아도 이븐 아마르에게 줄 밀이 부족했다. 알폰소 6세의 얼굴이 붉으락푸르락해졌다. 이븐 아마르는 알폰소 6세의 심기를 건드리지 않도록 공손히 말했다.

"저는 딱 세비야 타이파가 이번에 드려야 하는 밀의 양만큼만 받도록 하겠습니다. 그 이상은 받지 않겠습니다."

알폰소 6세는 그 소리에 안도하고 군대에 철수 명령을 내렸다. 왕의 체면

상 약속을 안 지킬 수 없었다. 이븐 아마르는 어리숙한 척했지만, 체스의 고수였다. 그는 세비야를 구하기 위해 알폰소 6세의 진영에 홀로 뛰어들었다. 그 덕분에 그해 세비야 백성들은 굶지 않을 수 있었다. 세비야의 모든 사람들이 이븐 아마르와 알무타미드 왕을 칭송했다.*

시를 가르쳐 주던
스승의 배신

✤ 알무타미드는 왕이 되어서도 어린 시절 스승이었던 이븐 아마르를 잊지 않고 그를 세비야로 불러들였다. 이븐 아마르는 알무타미드의 좋은 친구이자 신하가 되었다. 알무타미드와 이븐 아마르의 문제는 1078년 이후 발생했다. 이븐 아마르는 자신에게 전권을 주면 무르시아 타이파를 점령할 수 있다고 주장했다. 알무타미드는 이븐 아마르를 믿고 그에게 군사를 내어 주었다. 일설에 따르면 이븐 아마르는 무르시아를 공격할 때 세비야의 군대로만은 힘들어서 외부의 도움을 받아야 한다고 생각했다. 그래서 1078년 바르셀로나의 백작 라몬 베렝게르 2세Ramon Berenguer II에게 군대를 보내 주면 1만 디나레스를 주겠다고 했다. 라몬 베렝게르 2세는 왕이 아닌 그가 어떻게 약속을 할 수 있느냐고 물었다. 이븐 아마르는 알무타미드 모르게 담보로 알무타미드의 아들인 알라시드Al-Rashid를 인질로 주었다. 알무타미드는 갑자기 자기 아들이 인질로 잡혀가자 대로했다. 어떻게든 아들을 데려오고자 했던 그는 아들을 다시 데려오기 위해 3만 디나레스를 써야만 했다.

---

* 이때 이븐 아마르가 체스로 세비야를 구한 것은 전설일 뿐이고 알폰소 6세가 돌아간 것은 세비야 타이파에 요구한 파리아를 모두 받았기 때문이라는 이야기도 있다.

1079년 이븐 아마르는 무르시아 타이파를 점령했다. 그는 스스로 무르시아의 왕이라고 공표하고 무르시아의 독립을 선포했다. 그는 알무타미드를 배반했다. 이 시점부터 알무타미드와 이븐 아마르는 원수 사이가 됐다. 허무하게도 이븐 아마르의 왕 노릇은 1년도 가지 못했다. 이븐 아마르와 함께 무르시아 타이파를 공격했던 이븐 라식Ibn Rasiq이 반란을 일으켜 이븐 아마르를 쫓아냈기 때문이다. 이븐 아마르와 이븐 라식을 보면 끼리끼리 논다는 말이 괜히 나온 게 아님을 알 수 있다. 배반한 사람을 배반하기는 쉽다. 이미 이븐 아마르는 알무타미드를 배신하며 상처를 주었다. 이븐 아마르는 이븐 라식이 그를 밀어냈다고 해서 불평할 수 있는 처지가 아니었다.

1080년 이븐 아마르는 무르시아에서 쫓겨나 톨레도 타이파로 도망갔다. 톨레도 타이파의 왕 알카디르Al-Qádir는 이븐 아마르를 받아 주었다. 그는 이븐 아마르가 자신은 배신하지 않을 것이라고 믿었다. 알카디르는 알무타미드가 이븐 아마르를 제대로 대우해 주지 않아서 반란을 일으켰다고 생각했다. 그런데 이는 그의 판단 착오였다. 이븐 아마르는 은혜를 원수로 갚았다. 이븐 아마르는 1080년 5월 톨레도 타이파의 왕 알카디르를 상대로 폭동을 선동했다. 이 소요 사태가 진압되고 이븐 아마르는 목숨을 부지하기 위해 쿠엥카로 피신했다. 그는 재기할 기회를 엿보았지만, 톨레도 타이파에 그의 자리는 없었다. 그해 여름 이븐 아마르는 사라고사 타이파로 도망가기로 했다.

사라고사 타이파의 왕은 유수프 알무타만Yusuf al-Mu'taman이었다. 알무타만은 이븐 아마르를 환영해 주었다. 알무타만은 이븐 아마르를 세비야에 있을 때의 관직과 같은 비시르로 임명하고 그에게 좋은 집과 두둑한 돈을 주었다. 계속 반란을 일으키고 쫓기는 생활을 하며 이븐 아마르도 변했다. 그는 사라고사 타이파에서 일어난 반란을 진압하며 자리를 굳건히 했고, 알무타만에게 충성을 다했다. 그가 이슬람 종교에서 금지된 와인을 즐겨서 비판을 받은 적이 있다는 기록이 있기는 하지만 그 시기 이베리아 반도에서 무슬림이 와인을 마시는 것은 큰일이 아니었다. 사라고사에서 안정을 찾은 이븐 아마르는 세비야의 알무타미드에게 지난날의 추억을 회상하는 시를 보냈다.

실베스Silves* 는 상처를 입고 울지 않았던가?

세비야는 후회로 인해 한숨을 쉬지 않았던가?

비는 우리 어린 시절의 담요를 덮었다.

어린 시절의 부적들을 부숴 버린 젊은이들의 나라에서

나의 어린 시절을 추억하면, 내 가슴속 사랑의 불이 타오른다.

그 많은 밤 우리는 사려 깊은 충고에 귀 기울이지 않고 철없는 사람처럼 실수했었다.

졸린 눈꺼풀에 불면을 선고하고,

부드러운 나뭇가지들이 주는 고통을 받았다.

뱀처럼 꼬불꼬불 흘러가는 강** 굽이의 댐 위에서 얼마나 많은 밤을 함께 보냈던가,

정원을 우리의 이웃으로 삼고

부드러운 미풍의 손이 가져 온 선물을 받았다.

그 선물은 우리에게 보내는 숨결이었다.

우리는 더 강한 향기를 미풍에 실어 그 숨결을 돌려보냈다.

오고 가는 미풍은 마치 저주를 퍼부으며 남의 말을 하기 좋아하는 사람 같았다.

---

* 포르투갈 남부 알그레브Algrave 지방에 속해 있는 지역.
** 실베스 부근에 흐르는 오델루오카 강을 이른다.

태양은 우리에게 마실 것을 주었다.

우리 말고 그 누가 깜깜한 밤의 중간에서 태양을 보았을까?

맨 첫 줄에 나오는 실베스는 포르투갈 남부의 도시 이름이다. 이븐 아마르와 알무타미드는 선생과 제자로 실베스에서 처음으로 만났다. 그리고 그 시기 두 사람은 점점 가까워져 우정을 넘어 사랑을 나눈 사이였다. 알무타미드는 이븐 아미르를 연인으로 좋아했다. 실베스에는 오델루오카 강이 흘렀는데 그들은 그 강의 댐 위에서 많은 밤을 지새우며 즐겁게 지내곤 했었다. 이 시는 그때의 추억을 회상하며 적은 시였다.

이 시를 읽고 알무타미드는 옛 친구이자 연인이었던 그를 용서했다. 그런데 역시 인간은 변하지 않나 보다. 이븐 아마르는 알무타미드의 아들에게 몰래 편지를 보냈다. 그 편지가 중간에 걸려서 알무타미드에게 전해졌다. 편지의 내용은 알무타미드의 아들이 반란을 일으키면 자신이 도와주겠다는 내용이었다. 알무타미드는 그 편지를 읽고 이븐 아마르를 용서한 일을 취소했다.

이븐 아마르는 그 일이 있은 후 사라고사 타이파를 대표해 세비야 타이파의 관할에 있는 무르시아 지역의 세구라Segura를 공격했다. 그는 불행하게도 전투 도중 포로로 잡혔다. 알무타미드는 이븐 아마르가 붙잡혔다는 이야기를 듣고 그를 감옥에 가뒀다. 그리고 얼마 후 지난날의 스승이자 애인이었던 이븐 아마르를 직접 죽였다. 전해져 오는 이야기로는 알무타미드가 이븐 아마르를 죽일 때 알폰소 6세가 선물해 준 도끼를 사용했다고 한다.

알무타미드가 이븐 아마르를 직접 죽일 필요는 없었다. 그러나 인연을 끊는다는 말이 있다. 알무타미드는 평생 이븐 아마르와 얽히고설킨 감정과 인연의 끈을 그를 직접 죽임으로써 끊으려 했었던 것이다.

로맨틱한 왕의
로맨틱하지 않은 뒷이야기

┿ 알무타미드가 이븐 아마르를 중용한 이유는 무엇보다 둘의 각별한 사이 때문이다. 알무타미드가 실베스에서 이븐 아마르에게 시를 배우던 어린 시절 그는 스승과 사랑에 빠졌다. 그 당시 동성애는 흠이 아니었다. 다만 이븐 아마르는 양성애자이면서 알무타미드의 마음을 밀고 당기며 유혹했던 것 같다. 다음은 알무타미드가 실베스에서 이븐 아마르에 관해 쓴 연시다.

> 나의 사랑스러운 친구는 눈과 칼과 창으로 싸웠다.
> 어떤 때는 여인들을, 아름다운 가젤들을
> 어떤 때는 남자들을, 용맹스러운 사자들을 사냥했다.

이 시에서 알무타미드는 이븐 아마르가 다른 여러 여자, 남자들을 유혹하는 모습을 사냥하는 것에 비유했다. 알무타미드에게는 이븐 아마르뿐이었지만 이븐 아마르는 아니었다.

사라고사 타이파의 알무타만이 여러 번 왕을 배신했던 이븐 아마르를 중용한 것도 어쩌면 그의 매력 때문이었는지도 모른다. 사라고사 타이파의 왕 역시 가톨릭 종교를 가지고 있었던 하인과 사랑에 빠지기도 한 동성애자였다.* 알무타미드가 이븐 아마르에게 빠졌듯이 알무타만도 그에게 호감을 느꼈을 가능성은 충분하다. 지금의 잣대로는 놀라워 보일지도 모르지만 11세기 이베리아 반도의 알무타미드가 살던 시절, 그리고 그 이전 시기에도 동성

---

* 『동성애Homosexualismo』, 헤라르도 산체스Gerardo Sanchez와 나바로Navarro p107 (공)저, Create Space (2010).

애나 양성애는 정상적인 행동이었다. 그리스 시대 소크라테스는 미소년들과 사랑을 나누기도 했고 당시 왕이나 귀족은 하인과 성적인 관계를 갖기도 했다. 또한, 동성애를 환상적으로 다루는 이야기도 있었다. 알무타미드는 이슬람 국가의 왕이었기 때문에, 그가 원한다면 수십, 수백 명의 여인으로 하렘을 채우는 것이 가능했다. 그런데 그의 인생에는 딱 한 명의 여자, 노예였던 이티마드뿐이었다. 그녀와 결혼한 후 알무타미드는 한눈을 팔지 않았다. 왕이 왕비 한 명만을 두고 다른 여자를 두지 않는 일은 드물었다. 그러나 알무타미드가 자신의 하인에게 보낸 시를 보면 그 내막을 알 수 있다.

> 나는 너를 나의 노예로 만들었다.
> 그런데 너의 비천한 시선이
> 나를 너의 노예로 바꿔 버렸다.
> 이리하여 이제 우리 두 사람은
> 동시에 서로의 노예이며
> 서로의 주인이다.*

알무타미드의 여자관계는 이티마드와 딱 한 번이었지만, 남자관계는 그보다 많았을 것으로 보인다. 그러니 아무래도 알무타미드가 이티마드를 만나기 전까지 여자에게 관심이 없었던 것, 그리고 이티마드를 만난 이후 후궁을 들이지 않았던 이유는 그가 남자를 좋아하는 성적 취향을 가졌기 때문이라는 의견도 있다. 그러나 이러한 이유로 알무타미드를 비난할 수는 없다. 그리스 시대에는 남자가 여자보다 완벽한 인간이었기 때문에 남자와 남자의 사

---

* 앞서와 같은 책, p104

랑이 남자와 여자의 사랑보다 더 고귀하다고 믿기도 했다.

스페인은 2005년 이후로 동성 간의 결혼이 가능한 국가이다. 그리고 앞으로 세계적으로 동성애에 대해서도 인정하는 것이 추세이다. 사실 사랑하는 대상의 성별이 아니라 그 사랑이 얼마나 진실한지가 더 중요한 법이다.

다만 알무타미드가 노예인 이티마드와 신분을 초월한 아름다운 사랑을 펼쳐 나갔다는 생각에는 문제가 있는 것 같다. 그가 그녀만을 사랑했던 것은 아니기 때문이다. 처음부터 계속해서 이븐 아마르와의 사랑을 지켜 나갔더라면 아름다운 사랑 이야기라고 생각할 수도 있다. 알무타미드와 이티마드의 사랑 이야기를 단순히 아름답게만 볼 수 없는 이유는 또 있다. 만약 알무타미드가 동성애자였다면 이티마드와의 결혼은 단지 후손을 이을 여인이 필요했기 때문일 수도 있다. 이후에 등장하는 카스티야 왕국의 알폰소 11세 Alfonso XI의 경우 포르투갈 왕의 딸을 맞이한 뒤 항상 포르투갈에 있는 장인의 눈치를 보아야 했다. 그런데 알무타미드는 이티마드와 결혼했고 그 출신이 노예였기 때문에 마음대로 할 수 있었다. 물론 그가 전략적으로 동성애자인 사실을 숨기고 다른 나라의 공주와 결혼을 할 수도 있었을 것이다. 그리고 자신의 비밀을 감추고 공주를 통해 얻은 지참금이나 영토는 그대로 유지할 수도 있었다. 그러나 알무타미드는 감수성이 풍부한 시인에 가까운 사람이었지, 서고트 왕국의 아말라리코 왕처럼 독한 사람이 아니었다.

이티마드 역시 노예에서 왕비로 신분이 급상승했기 때문에 비록 남자를 좋아하는 알무타미드라고 해도 그녀에게는 감사한 사람이었다. 알무타미드는 이티마드를 아꼈고 그녀를 못살게 굴지 않았다. 수십, 수백 명의 첩을 두고 자신을 돌아보지 않는 남편과 비록 동성애사이더라도 오직 여지는 나 한 사람뿐인 남자, 어느 쪽이 더 낫다고 할 수 있을까?

11세기 이베리아 반도의
가톨릭 왕국

✛ 스페인의 이슬람 세력이 여러 소왕국들로 나누어진 사이 북쪽에 있던 가톨릭 왕국인 카스티야·레온 왕국, 아라곤 왕국은 남쪽으로 진군하면서 점령한 새 지역에 새로운 도시를 만들었다. 같은 가톨릭 왕국이었던 나바라 왕국은 아라곤과 카스티야 왕국 사이에 갇혀서 더 남쪽으로 갈 수 없는 상황이었다. 가톨릭 왕국의 왕들은 새로 생긴 도시에 이주하는 사람들에게 땅을 주고, 세금 면제 등의 혜택을 주면서 도시를 키웠다.

페르난도 1세Fernando I는 레온 왕국의 백작령이었던 카스티야를 1029년에 물려받았다. 1037년에 그는 레온 왕국의 왕위에 오르면서 레온 왕국과 카스티야를 함께 통치했다. 1065년 페르난도 1세가 죽었다. 그는 죽으면서 땅을 자식들에게 골고루 나누어 주었다. 첫째 아들인 산초 2세Sancho II에게는 카스티야 지역을 물려줬고 둘째 아들인 알폰소 6세Alfonso VI에게는 레온 지역을 물려주었다. 막내아들인 가르시아 2세García II에게는 갈리시아Galicia를 주었다. 두 딸인 우라카Uraka와 엘비라Elvira에게는 각각 사모라Zamora와 토로Toro를 다스리게 했다.

당시 보통은 장남에게 모든 땅을 물려주었다. 그런데 페르난도 1세는 장남인 산초 2세에게 모든 땅을 물려주지 않았다. 그 이유는 둘 중 하나인 것으로 보인다. 첫째는 모든 자식을 사랑하여 그의 유산을 공평하게 분배해 주고자 했었을 수도 있고, 아니면 산초 2세가 탐탁지 않아서 그의 땅을 다른 자식에게도 나누어 줬을 수도 있다. 만약 페르난도 1세가 산초 2세가 마음에 들지 않아서 유산을 골고루 분배해 주기로 했었던 것이라면, 좀 더 깊이 생각을 했어야 했다. 성격이 좋지 않은 아들이라면 그가 유산을 물려받은 다른 형제들을 공격할 가능성도 있기 때문이다.

산초 2세와 알폰소 6세는 1067년 어머니이자 왕비인 산차^{Sancha}가 죽고 나자 유산 다툼을 시작했다. 산초 2세는 장남으로서 아버지의 모든 땅을 받을 권리가 있다고 생각했다. 그는 형제들을 하나씩 공격해 나갔다. 알폰소 6세와는 잠시 화해를 하기도 해서 1069년 5월 산초 2세가 알베르타라는 영국 귀족과 결혼할 때 알폰소 6세가 참석했다. 이 일로 형제들 사이에 평화가 찾아오나 싶었으나 이 결혼식에서 산초 2세와 알폰소 6세는 둘이 손을 잡고 동생 가르시아 2세가 왕으로 있는 갈리시아 지방을 치기로 합의했다.

계획대로 1071년 둘의 연합군은 갈리시아를 공격했다. 가르시아 2세는 형들에게 나라를 빼앗기고 세비야 타이파로 도망을 갔다. 페르난도 1세는 각 나라를 분배하여 줄 때 이슬람 소 왕국들이 보호비 명목으로 내는 파리아의 권리도 함께 넘겨주었다. 갈리시아는 세비야 타이파에서, 레온은 톨레도 타이파에서, 카스티야는 사라고사 타이타에서 파리아를 받았다. 갈리시아는 세비야 타이파에서 파리아를 받았기 때문에 갈리시아와 세비야는 밀접한 연관이 있었다. 그래서 갈리시아의 왕이던 가르시아 2세는 세비야로 피신했던 것이다.

갈리시아를 점령한 같은 해 1071년 알폰소 6세와 산초 2세는 3년간 휴전 협정을 맺었다. 갈리시아라는 땅이 새로 생겼고, 둘의 협력으로 이루어 낸 것이었기 때문에 두 사람의 분위기가 좋았던 모양이다. 그런데 산초 2세는 갈리시아 지방만으로는 만족할 수 없었다. 그의 입장에서 갈리시아는 새로운 땅을 얻은 것이 아니라 잃어버린 땅을 찾은 것에 불과했다. 아직 그가 돌려받아야 할 더 많은 땅이 남아 있었다. 그는 1072년 1월 휴전 협정을 깨고 알폰소 6세의 레온을 공격했다.

알폰소 6세는 패배하여 포로로 잡혔다. 산초 2세의 처분만을 기다리며 우울한 나날을 보내던 알폰소 6세는 큰누나 우라카의 도움으로 감옥을 탈출했다. 그가 왕으로 있던 레온 왕국과 동생 가르시아가 있던 갈리시아도 모

산초 2세(왼쪽)와 우라카의 잔(오른쪽)

두 카스티야의 왕이자 그의 형인 산초 2세에게 점령된 상황인지라 그가 피신할 곳은 파리아를 받던 톨레도 타이파밖에 없었다. 가르시아가 세비야 타이파로 도망쳤듯 알폰소 6세는 톨레도 타이파로 피신했다.

산초 2세는 알폰소 6세의 레온을 차지한 후 기세를 몰아 작은누나인 엘비라가 다스리던 도시, 토로를 점령했다. 산초 2세는 그의 형제들로부터 거의 모든 땅을 빼앗았다. 마지막 공격 목표는 사모라 지방에 있던 큰누나 우라카였다. 그는 추호의 망설임도 없이 1072년 3월 사모라 공격을 감행했다. 사모라는 쉽게 함락되지 않았다. 우라카는 성벽의 방비를 튼튼히 해 두었고, 그녀의 군대도 사모라를 지키기 위해 온 힘을 기울였다.

산초 2세는 사모라 근처에 진을 치고 5개월간 공격을 시도했지만, 사모라를 함락시킬 수 없었다. 그런데 산초 2세에게 좋은 소식이 하나 찾아들었다. 우라카의 측근 중 한 명인 벨리도 돌포스Vellido Dolfos가 항복을 한다는 것이었다. 그는 산초 2세에게 항복하고 사모라의 성벽에서 약한 부분을 알려 주어 성을 공략하는 데 도움을 주겠다고 제안했다. 산초 2세는 처음에는 쉽게 그의 말을 믿지 않았다. 그가 우라카의 충성스런 신하였다는 것을 알았기 때문이다. 그는 자신을 함정으로 유인할 수도 있었다.

산초 2세는 그가 믿을 만한 사람인지 아닌지 지켜보고자 했다. 벨리도 돌포스는 산초 2세의 시중을 들며, 그의 마음에 들려고 노력했다. 하지만 산초 2세는 그가 미심쩍어 그와 단둘이 있는 시간을 갖지 않았다. 그렇게 두 달의 시간이 흘렀다. 벨리도 돌포스가 끈기 있게 산초 2세를 받들고 충성을 하자 산초 2세는 방심을 했다. 그래서 결국 둘만이 있는 시간이 생겼다. 벨리도 돌포스는 그 기회를 놓치지 않고 칼로 산초 2세를 찔렀다.

1072년 10월 벨리도 돌포스가 사모라에서 산초 2세를 암살한 후, 알폰소 6세는 레온으로 돌아와 레온의 왕이 되고 산초 2세가 죽어서 빈 카스티야의 왕위를 차지했다. 우라카는 알폰소 6세를 감옥에서 구해 준 이유로 알폰소 6세의 국정 운영에 많은 참여를 했다. 둘의 사이가 가까운 것을 시기한 사람들이 둘이 연인 관계라고 험담을 하기도 했으나 실제 그럴 가능성은 낮아 보인다.

최근에는 레온 지방에 있는 산 이시도로 성당 박물관에 전시된 우라카의 잔이 화제가 됐다. 우라카의 잔은 금속으로 된 포도주잔이다. 2014년 초 스페인 역사학자인 마가리타 토레스와 호세 오르테가 델 리오는 우라카의 잔이 예수님이 최후의 만찬에 사용했던 성배라고 주장하기도 했다.

세일즈맨을 닮은 영웅,
엘시드

╂╀ 엘시드^{El Cid}는 11세기에 활동한 로드리고 디아스 데 비바르^{Rodrigo Diaz de Vivar}를 말한다. 스페인에서 그는 이슬람의 통치 기간 동안 나라를 구한 영웅으로 회자된다. 그는 로드리고 디아스 데 비바르보다 우리나라에는 엘시드로 잘 알려져 있다. 엘시드의 엘^{el}은 스페인어의 관사이고, 시드^{cid}는 아랍어에서 온 말로 주군이라는 뜻이다. 그의 활약을 그린 중세 시대의 노래도 있고, 그의 영웅담을 토대로 한 할리우드 영화도 만들어졌으며, 스페인에서 만든 애니메이션도 있다. 작품에서 보통 엘시드는 가난한 가문에서 태어나 자신의 힘으로 자수성가하여 정의를 지키고 왕에게 충성하는 영웅의 모습으로 그려져 있다. 그런데 역사적으로 볼 때 그는 뛰어난 장군이었고, 전투에서 이기는 법을 알았던 사람이었지만 일부 행적은 영웅적인 행동과는 거리가 멀었다.

엘시드는 페르난도 1세 사후 산초 2세가 형제들을 상대로 벌인 전쟁에서 많은 활약을 했다. 이슬람 군대와 싸워 공을 세운 것은 그 이후의 일이다. 1048년* 엘시드는 부르고스^{Burgos}에서 귀족 가문의 아들로 태어났다. 가난한 집안에서 태어났다고 하는데 그것은 그를 영웅적으로 만들기 위한 설정이고 역사적인 사실은 아니다. 그의 아버지는 페르난도 1세의 총애를 받던 기사였던 까닭에 엘시드는 어린 시절 왕궁에서 왕자 산초 2세와 가깝게 지낼 기회가 많았다.

산초 2세는 엘시드를 그의 모든 기사 중에서 가장 총애했다. 1063년 처

---

* 엘시드의 출생 연도는 학자마다 의견이 분분하다. 『엘시드의 역사^{El Cid Historico}』의 저자 곤살로 마르티네스 디에스^{Gonzalo Martinez Diez}는 엘시드의 출생 연도를 1048년이라고 밝혔다. 이밖에 1043년에 출생한 것으로 보는 견해도 있다.

엘시드 동상

음으로 엘시드는 산초와 함께 전투에서 큰 공을 세웠다. 이 전투는 페르난도 1세가 살아 있을 때 가톨릭 왕국들 사이에 벌어진 싸움이었다. 라미로 1세 Ramiro I는 아라곤의 왕이었는데 카스티야 왕국에 파리아를 내고 있는 사라고사 타이파를 공격하였다. 파리아는 보호비의 명목으로 가톨릭 왕국에 내는 세금이었으므로 카스티야 왕국은 공격을 받고 있는 사라고사 타이파를 가만히 두고 볼 수 없었다.

페르난도 1세는 사라고사 타이파를 돕고자 산초와 엘시드를 보냈다. 둘은 전투에서 대승을 거뒀다. 아라곤의 왕이었던 라미로 1세는 이 전투 중에 죽었다. 엘시드는 어린 나이에 군인으로서의 뛰어난 자질을 승빙했다. 그런데 이 전투는 이교도를 돕기 위해 가톨릭 국가인 아라곤 왕국을 친 것이므로 정의로운 싸움이었다고 보기에는 어려웠다. 오히려 공공의 적이던 이슬람 소

왕국을 보호하기 위해 같은 종교, 같은 핏줄을 가진 나라의 군대를 격파한 아이러니한 일이었다.

페르난도 1세의 부인이자 산초 2세의 어머니인 산차가 죽고 난 뒤, 산초 2세는 다른 형제들의 유산을 뺏으려고 전쟁을 벌였다. 페르난도 1세가 유산을 모든 자식에게 골고루 나누어 물려주기로 한 것은 이후 권력 다툼이 있을 수도 있다는 것을 염두에 두지 않았던 그의 잘못일 수도 있다. 하지만 그의 유언이 그러하였고, 유산을 나눈 것이 자신의 형제들인데, 그것을 무력으로 빼앗으려는 산초 2세가 정당하다고 하기는 어렵다. 엘시드는 항상 산초 2세의 옆에서 전투에 참여해서 큰 공을 세웠다. 그러나 전쟁의 동기가 불순했기 때문에 아무리 엘시드가 싸움에서 멋진 활약을 했다고 하더라도 그 공에 대해서 칭송하기는 좀 모호하다.

1072년 산초 2세가 암살당하고 난 뒤 그는 곤란한 상황에 빠졌다. 산초 2세가 죽고 난 뒤 산초 2세를 피해 톨레도에 숨어 있었던 레온의 왕 알폰소 6세가 다시 돌아왔기 때문이다. 그리고 더불어 알폰소 6세는 레온 왕국뿐만 아니라 산초 2세가 왕으로 있던 카스티야와 갈리시아까지 다스리는 왕이 되었다. 알폰소 6세가 카스티야의 새 왕이 되자, 카스티야의 신하였던 엘시드는 과거 적이었던 그를 섬겨야 하는 처지가 됐다. 엘시드는 알폰소 6세가 나라를 잃고 감옥에 포로 신세로 수감되고 톨레도로 도망가게 만들었던 장본인이었다.

전설에는 엘시드가 카스티야의 왕이 된 알폰소 6세에게 그가 산초 2세를 죽이지 않았다고 선언해야만 그를 섬기겠다고 한 것으로 전한다. 알폰소 6세는 엘시드가 껄끄럽고 싫었지만, 카스티야를 원만하게 운영하기 위해서는 카스티야의 귀족과 백성들로부터 인정받는 엘시드를 데리고 있어야 할 필요가 있었다. 그렇지 않을 경우 반란의 위험이 있을 수도 있었다. 알폰소 6세는 자신이 산초 2세가 죽는데 가담하지 않았다고 맹세하고 엘시드를 곁에 두었다.

1074년경 엘시드는 히메나 디아스Jimena Díaz와 결혼했다. 그녀는 레온 왕가의 핏줄을 이어받은 귀한 신분으로 알폰소 6세의 조카딸이었다는 설도 있고, 레온의 알폰소 5세Alfonso V의 딸인 히메나 알폰소Jimena Alfonso가 낳은 딸이라는 추측도 있다. 어찌 됐던 엘시드는 알폰소 6세 가문과 연관된 신부를 맞아들이면서 알폰소 6세와 관계를 회복해 가는 중이었다. 하지만 산초 2세가 살아 있을 때처럼 대우를 잘 받지는 못했다. 알폰소 6세는 레온 왕가의 핏줄이 흐르는 나헤라Najera 지방 출신의 귀족 가르시아 오르도녜스Garcia Ordóñez를 중용했다.

1079년에 엘시드는 알폰소 6세의 명으로 파리아를 받기 위해 세비야에 방문했다. 레온의 알폰소 6세 역시 강한 군사력을 바탕으로 이슬람 소국들을 점령하는 대신 보호비를 받고 그들을 이슬람 소왕국들끼리의 싸움이나 다른 적으로부터 공격을 받을 때 군사적인 도움을 주었다.

알폰소 6세는 동시에 파리아를 징수하러 가르시아 오르도녜스를 그라나다로 보냈다. 그런데 공교롭게도 이때 세비야 타이파와 그라나다 타이파는 코르도바 지역의 카브라Cabra라는 도시를 두고 다투고 있었다. 그라나다 타이파의 왕은 파리아를 낸 대가로 가르시아 오르도녜스에게 카브라를 공격하는 데 도와달라고 했다. 그러자 세비야 타이파의 왕 알무타미드는 엘시드에게 카브라를 지키는 데 협력해 달라고 했다. 파리아를 내면 그 나라를 군사적으로 도와주어야 했으므로 엘시드는 세비야 타이파의 편에 서서 싸우게 됐다. 이에 따라 복잡한 상황이 펼쳐졌다. 가르시아 오르도녜스는 그라나다를 위해 엘시드를 물리쳐야 했고 엘시드는 세비야 타이파를 위해 가르시아 오르도녜스를 막아야 했다. 엘시드와 가르시아 오르도녜스의 두 군대는 카브라에서 같은 알폰소 6세 휘하의 사람이지만 각기 다른 이슬람 소왕국을 돕기 위해 전투를 벌였다.

이 전투에서 엘시드는 승리를 거두고 가르시아 오르도녜스를 감옥에 3일 동안 붙잡아 넣었다. 그런데 문제는 가르시아 오르도녜스가 보통 인물이 아니라는 것이었다. 그는 레온 왕가 가문의 오르도뇨 오르도녜스Ordoño Ordóñez의 아들이었다. 그리고 알폰소 6세의 오른팔과 같은 사람이었다. 그런 그를 감옥에 붙잡아 넣은 것은 가르시아 오르도녜스뿐만 아니라 알폰소 6세에게도 원한을 살 수 있는 일이었다. 얼마 지나지 않아 풀려난 가르시아 오르도녜스는 엘시드에게 복수할 궁리만 했다. 엘시드는 카브라의 전투에서 승리하고 세비야 타이파로 돌아간 뒤 알무타미드에게 많은 선물을 받았다. 세비야 사람들은 엘시드를 영웅으로 대접했다.

알폰소 6세와 엘시드의 사이가 갈라지는 결정적인 계기는 1080년에 발생한다. 엘시드가 허락없이 알폰소 6세의 보호 안에 있는 톨레도 타이파의 소리아Soria를 약탈한 것이었다. 당시에는 이런 일이 드물지 않았다. 하지만 알폰소 6세는 엘시드가 못마땅하던 차였기 때문에 그가 틈을 보이자 곧바로 레온 왕국에서 추방해 버렸다. 엘시드는 모든 부와 명예를 버리고 그를 따르는 부하 몇 명과 함께 길을 떠나야만 했다. 엘시드는 카스티야, 레온, 갈리시아 왕국을 다스리는 알폰소 6세에게 쫓겨났기 때문에 가톨릭 왕국에서는 알폰소 6세의 눈치를 보며 그를 등용하지 않았다. 그래서 그는 그나마 알폰소 6세의 영향력이 미치지 않는 바르셀로나의 쌍둥이 통치자 베렝게르 라몬 2세와 라몬 베렝게르 2세에게 가서 일자리를 구하려 했다. 하지만 그곳에도 그의 자리는 없었다. 갈 곳을 잃고 방황을 하던 그는 사라고사 타이파에 찾아갔다. 당시에는 가톨릭 왕국의 귀족이라 하더라도 필요하면 이슬람 소왕국에 몸을 의탁하기도 했다.

1081년 사라고사 타이파의 아마드 이븐 술라이만 알무크타디르Ahmad ibn

Sulayman al-Muqtadir는 엘시드를 받아들였다. 사라고사 타이파에서 엘시드는 용병과 같은 생활을 했다. 알무크타디르는 엘시드의 능력을 알아보았고, 그를 존중해 주었다. 그런데 알무크타디르는 얼마 안 가 바로 죽고 말았다. 그러면서 사라고사 타이파를 두 아들에게 나눠 주었다. 사라고사 지역은 알무타만Al-Mutamán이, 레리다 지방은 알문디르Al-Mundir가 다스리게 했다. 그런데 거의 항상 이렇게 되면 형제들 사이에 다툼이 생겼다.

알무타만과 알문디르는 1082년 전쟁을 시작했다. 엘시드는 알무타만을 도왔고 바르셀로나의 베렝게르 라몬 2세와 아라곤 왕국의 산초 라미레스Sancho Ramirez는 알문디르의 편에 서서 싸웠다. 알메나르 전투에서 알문디르의 연합군은 엘시드에 대패하고 베렝게르 라몬 2세는 포로로 잡혔다. 그는 많은 몸값을 낸 뒤 풀려날 수 있었다. 이 전투에서 큰 공을 세운 엘시드는 알무타만에게 인정을 받으며 사라고사 타이파 내에서 안정된 생활을 보장받았다.

한편 1084년 알폰소 6세는 톨레도를 공격했다. 이전까지는 가톨릭 왕국은 힘이 있었어도 이슬람 소왕국들을 두고 세금을 받는 정책을 썼었다. 알폰소 6세는 이슬람 소왕국에 대한 정책을 바꿔 이베리아 반도 전체를 가톨릭 왕국으로 통일시키고자 했다. 그 첫 희생양은 그를 도와주었던 톨레도 타이파였다. 10개월간 버티던 톨레도는 1085년 마침내 함락당했다. 이로써 톨레도가 300년 만에 다시 가톨릭 국가의 손에 돌아왔다.

세비야의 알무타미드 왕은 1085년 알폰소 6세가 톨레도를 점령하자 위기감을 느끼고 모로코에 알모라비데족의 왕인 유수프에게 도움을 청했다. 이전에 그의 아들인 라시드는 유수프가 이베리아 반도에 와서 그를 왕에서 몰아낼 수 있다고 경고했다. 알무타미드는 "가톨릭 왕 치하에서 이교도의 돼지

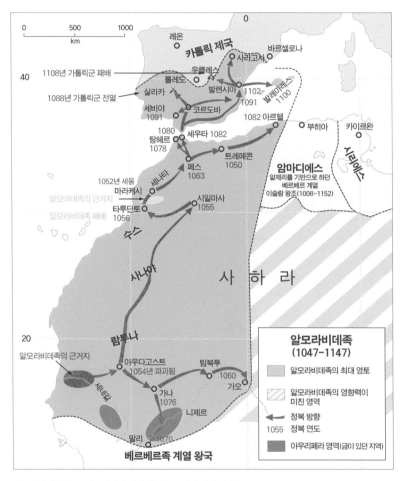

알모라비데족 영토. 지도 하단의 파란색 원은 금광이 있던 지역

로 살아가느니, 모로코에서 낙타를 치며 사는 것이 낫다"고 말하며 사신을 보냈다.

알모라비데족은 모로코 남쪽의 금광을 차지해서 부유했다. 그들은 보수적인 이슬람교도였다. 이슬람은 맨 처음에는 관용적이었다. 처음 이슬람이 나타났을 때는 신흥 종교였고 타 종교를 가진 피정복민들을 포용하기 위해서는 개방적일 수밖에 없었다. 그런데 시간이 지나면서 이슬람은 점점 닫혀 가기 시작했다.

이베리아 반도의 이슬람 소왕국들을 도와주러 알모라비데군이 아프리카 북부에서 건너왔다. 1086년 엑스트라마두라 지방의 바다호스Badajoz 근처 사그라하스Sagrajas에서 알모라비데군과 알폰소 6세가 이끄는 가톨릭 연합군이 맞부딪혔다. 이를 사그라하스 전투라고 한다. 예전 문서에 따르면 알폰소 6세의 군은 6만, 알모라비데족과 알무타미드 연합군은 3만이라고 하는데 이는 이슬람 쪽에서 승리의 영광을 드러내기 위해 과장한 것이라는 의견이 대다수다. 실제로는 알폰소 6세의 군은 중무장 기병 2,500명 정도였고, 알모라비데족과 알무타미드의 병력은 7,500명 정도의 보병과 경무장 기병으로 이루어져 있었던 것으로 추측하고 있다. 알모라비데군이 강력했던 것은 사실이었다. 성기사단과 같이 종교인이면서 동시에 군인인 컨셉을 개발한 게 알모라비데족이었다. 이 싸움에서 알폰소 6세는 절반의 병력을 잃고 패배하여 도망쳤다. 알모라비데군의 왕인 유수프 이븐 타수핀Yusuf ibn Ta□ufin은 이 전쟁에서 승리 후 갑자기 모로코로 군대를 이끌고 돌아갔다. 그의 아들이 죽을지도 모르는 위급한 상황이었기 때문이다.

당장의 위험은 사라졌지만 알모라비데군을 맞아 패배했던 알폰소 6세는 그들이 다시 돌아올 것을 염려했다. 만약 그가 무너진다면 다시 한 번 이베리아 반도를 이슬람 세력이 지배할지도 몰랐다. 전투는 병사가 아무리 많다고 하더라도 그 병사를 통솔하는 장군의 능력이 떨어지면 질 수밖에 없다. 알폰소 6세의 밑에는 쓸 만한 장군이 없었다. 고민하던 그는 사라고사 타이파에 있는 엘시드를 기억해 냈다.

1086년 알폰소 6세는 엘시드를 불렀다. 알폰소 6세는 엘시드에게 화해를 청했고 엘시드는 알폰소 6세를 도와서 다시 한 번 카스티야의 군대를 지휘하기로 했다. 엘시드는 알폰소 6세의 명을 받아 충실히 군사 작전을 수행했다. 1087년에 알폰소 6세는 군대를 이끌고 다시 이슬람 소왕국들을 압박하기 시작했다. 이해 알폰소 6세는 세비야 타이파 입장에서 무르시아 지방과 교역을 하는 데 중요한 길목에 있는 알레도^{Aledo} 성을 함락했다.

유리한 고지에 선 알폰소 6세는 알무타미드에게 세비야에 그의 군 주둔지를 마련해 달라고 요청했다. 그렇게 되면 세비야의 군사적 위협을 통제할 수 있는 데다 추후 알모라비데군이 쳐들어왔을 때 효과적으로 방어할 수가 있었다. 그러나 알무타미드는 이 요청을 거절했다. 그는 알모라비데군에게 다시 한 번 도움을 청했다.

1088년 다시 알모라비데군이 이베리아 반도에 쳐들어왔다. 알모라비데군은 그해 여름 무르시아 지방의 알레도를 공격했다. 알폰소 6세가 알레도 지방을 지키고 있었기 때문에 세비야 타이파뿐만 아니라 그라나다 타이파는 큰 곤란을 겪고 있었다. 알폰소 6세는 알레도 지방으로 출동하면서 다른 지역에 있는 엘시드에게 지원군을 보내라고 명령을 내렸다. 그런데 엘시드는 알폰소 6세의 군대가 알모라비데군과 전투를 개시할 때까지도 도착하지 못했다. 알레도 방어에는 성공했지만 그 대가로 많은 피를 흘렸기에 알폰소 6세는 화가 많이 났다. 알폰소 6세는 엘시드의 모든 재산을 빼앗고 다시 한 번 그를 추방했다.

발렌시아의 대성당

엘 시드는 추방당한 뒤 다시는 주군을 모시지 않겠다고 다짐했다. 그에게는 그를 따르는 많은 병사들이 있었다. 그는 사병을 이끌고 다니면서 스페인 동북부 해안 발렌시아 근처의 이슬람 소왕국들로부터 보호비를 받았다. 이 일은 주변 나라들로부터 불만을 샀다.

1090년 여름, 테루엘Teruel 근처 테바르Tevar에서 바르셀로나의 베렝게르 라몬 2세와 레리다 지방의 왕 알문디르가 엘 시드를 공격했다. 엘 시드는 양쪽에서 적을 맞아 상처를 입었으나 연합군을 물리치고, 바르셀로나의 베렝게르 라몬 2세를 포로로 붙잡았다. 베렝게르 라몬 2세는 엘 시드에게 앞으로 발렌시아 지역에 상관하지 않기로 약속하고 막대한 전쟁 보상금을 물어 주기로 한 뒤에 풀려날 수 있었다.

엘 시드는 점점 발렌시아 지역에 영향력을 넓혀 갔다. 발렌시아 지역은 다른 나라도 모두 갖고 싶어 하는 매력적인 곳이었다. 비옥하고 넓은 땅이 도시 주변에 펼쳐져 있었기 때문이다. 1092년 알폰소 6세는 제노바와 피사의 군주와, 그가 발렌시아를 육지에서 공격할 때 바다에서 도와주겠다는 협약을 맺었다. 알폰소 6세는 그 약속을 믿고 발렌시아를 공격했다. 그런데 두 도시에서 보낸 배가 늦게 도착하면서 엘시드에게 지고 만다. 거칠 것이 없어진 엘시드는 1094년 5월 발렌시아에 내부 반란이 일어나자 입성하여 진압한 뒤 완전히 그의 나라로 만들어 버렸다. 1094년 10월 알모라비데군은 발렌시아가 엘시드에게 넘어갔다는 이야기를 듣고 발렌시아로 진격했다. 10월 21일 발렌시아에서 몇 킬로 안 떨어진 콰르트 데 포블레트Quart de Poblet에서 엘시드군과 알모라비데군의 전투가 벌어졌는데 엘시드 군이 승리를 거두었다. 이 전투는 알모라비데군을 상대로 가톨릭 진영이 거둔 첫 번째 승리였다. 이길 수 없다고 믿었던 알모라비데군을

부르고스 성당의 엘시드 무덤

엘시드군이 물리치자 다른 가톨릭교도들도 알모라비데군을 무찌를 수 있다는 자신감이 생겼다. 엘시드의 노래가 나온 이유는 아마 이 부분 때문일 것이다.

엘시드는 발렌시아를 다스리다가 1099년 죽음을 맞이했다. 그가 죽은 뒤 발렌시아는 그의 부인인 히메나가 통치했다. 엘시드의 유일한 아들이었던 디에고 로드리게스Diego Rodriguez는

1097년에 알폰소 6세를 도와 콘수에그라Consuegra에서 알모라비데군을 상대로 싸우다가 전사했다.

알모라비데군은 끊임없이 발렌시아를 공격했다. 히메나는 먼 친척 관계인 알폰소 6세와 사위 바르셀로나의 라몬 베렝게르 3세의 도움을 받아 도시를 지키려 노력했지만 역부족이었다. 알폰소 6세는 스페인 전 지역에서 전투를 벌이느라 발렌시아를 신경 쓸 수 없었기 때문에 발렌시아를 그냥 포기하는 것이 낫다고 판단했다. 그녀는 알폰소 6세의 충고를 받아들여 1102년 발렌시아를 알모라비데족에게 넘겨주었다.

어떻게 보면 엘시드는 기회주의자라는 생각이 들기도 한다. 그런데 그건 사실이 아니다. 인간에게 제일 중요한 욕구는 무엇일까? 그건 생존이다. 그가 알폰소 6세에게 쫓겨난 가장 큰 이유 중의 하나는 1079년에 그라나다와 세비야가 싸울 때 그라나다 편에 서서 싸우는 가르시아 오르도녜스를 붙잡아 세비야 감옥에 가두었기 때문이다. 그 일로 엘시드에게 앙심을 품은 가르시아 오르도녜스는 알폰소 6세에게 엘시드의 험담을 했고 그것을 들은 알폰소 6세가 엘시드를 벼르고 있던 참에 기회가 오자 엘시드를 추방한 것이다. 인간의 인생이란 이렇게 하루아침에도 바뀔 수 있는 법이다.

엘시드는 내가 알던 일반 영웅과는 달랐다. 그는 쉽게 주인을 바꿨고 주어진 자리에서 최선을 다했다. 유교적인 충성의 관점에서 본다면 그는 지조 없는 신하다. 그런데 엘시드의 삶은 기업에 다니는 일반 직장인의 삶과 묘하게 닮아 있다.

예전에는 회사가 평생 직장의 개념이었다. 가족 같은 회사를 중요시하면서 회사에 대한 희생을 당연시하게 여겼다. 그런데 어느 순간부터 회사는 직원들을 쉽게 자르기 시작했다. 이런 환경에서 살아남기 위해서 사람들도 생각이 바뀌고 있다. 예전 같으면 이직이란 것을 생각하지 않았을지 모르지만, 지금은 사람들이 어떻게든 기회가 생기면 연봉을 더 주는 회사, 경력을 더 쌓을 수 있는 회사, 기회를 더 주는 회사로 미련 없이 옮기려고 한다.

그런 의미에서 우리는 누구나 엘시드이다. 엘시드는 알폰소 6세에게 버림을 받았지만 그게 그의 인생이 끝은 아니었다. 그는 주군이 가톨릭교도이든 무슬림이든 가리지 않고 그를 섬기는 동안 충성을 다했다. 엘시드는 주어진 상황에서 최선을 다했고, 딱 그가 보상받을 수 있을 만큼 성실하게 봉사했다. 그는 왕을 위해 목숨을 바치지도 않았다. 허벅지의 살을 자르거나 자식을 죽여 국을 끓여 바치지도 않았다. 그러면서 결국 그의 왕국을 만들었다.

가톨릭 왕의 사랑을 받은 이슬람 여인

✛ 사이다Zaida는 알무타미드의 며느리*이다. 1063년경에 태어난 그녀는 알무타미드의 아들이자 코르도바의 총독이었던 알마문al-Ma'mun의 부인이었다. 1088년 알무타미드 요청으로 북아프리카 지역에 있던 알모라비데족의 유수프 왕이 이베리아 반도에 두 번째로 발을 밟았다. 이번에 그는 가톨릭 세력뿐만 아니라 약해진 이슬람 소왕국들을 공격했다.

---

* 대부분의 역사책에서는 사이다를 알무타미드의 며느리라고 소개한다. 그런데 사이다가 알무타미드의 며느리가 아니라 딸이었다는 이야기도 있다. 대표적으로 호세 마리아 데 메나는 사이다가 알무타미드의 두 딸 중의 한 명이었다고 설명한다. 사이다가 15살이 되었을 때 알폰소 6세가 알무타미드에게 그녀를 부인으로 맞이하고 싶다고 했다는 것이다. 알폰소 6세는 당시 카스티야, 레온, 아스투리아스, 갈리시아를 다스리는 강력한 왕이었기 때문에 알무타미드는 그 제안을 거절할 수 없었다. 그래서 알무타미드는 사이다를 알폰소 6세에게 시집을 보냈고 사이다는 이후 가톨릭으로 개종했다고 한다.

유수프는 보수적이고 원론적인 사람이었고, 코란에 쓰인 그대로 살아야 한다고 믿는 사람이었다. 스페인에서는 무슬림이 와인을 마시는 게 흔할 정도로 스페인의 무슬림들은 이슬람의 종교 계율을 잘 지키지 않았다. 더군다나 그는 스페인 내 이슬람 세력들이 이베리아 반도를 점령했던 선조들의 역사를 잊고 가톨릭 왕국에 보호비를 내며 생존하는 모습을 보자 분노했다. 알모라비데족의 유수프 왕은 스페인 내 쪼개진 이슬람 세력들을 통일시켜 옛날 후우마이야 왕조 시대의 알안달루스를 재건하고자 했다.

유수프의 공격에는 세비야 타이파도 예외가 아니었다. 세비야 타이파에 속해 있던 코르도바도 알모라비데군의 공격을 받았다. 코르도바는 알무타미드의 아들인 알마문이 지키고 있었다. 그는 열심히 싸웠지만 강력한 알모라비데군을 막기에는 역부족이었다. 알무타미드는 알폰소 6세로부터 보호를 해 달라고 알모라비데족에게 도움을 청했는데 오히려 알모라비데족에게 공격을 받은 것이다. 역설적으로 알무타미드 왕에게 파리아를 받아서 보호의 의무가 있던 알폰소 6세가 알바르 파녜스^{Álvar Fáñez}에게 군대를 주어 코르도바로 향하게 했다. 하지만 결국 코르도바를 지키지 못했다.

1091년 3월 26일 알모라비데족은 세비야 타이파의 코르도바를 함락했다. 알마문은 코르도바가 함락되기 전에 부인 사이다를 코르도바 인근의 알모도바르 델 리오^{Almodóvar del Río}에 있는 성으로 대피시켰다. 코르도바를 함락한 알모라비데족은 사이다가 숨어 있는 알모도바르 델 리오로 향했다. 알폰소 6세의 알바르 파녜스의 군대는 알모도바르 델 리오에서 알모라비데족을 막아섰다. 알바르 파녜스는 전투에서 패배했지만, 톨레도로 퇴각하기 전에 사이다를 구했다. 만약 그녀가 그대로 있었다면, 그녀는 알모라비데족에게 포로로 붙잡혀 험한 일들을 겪었을 것이었다.

알모아데족의 수도였던 붉은 도시 마라케시의 메디나로 들어가는 관문

　톨레도에 도착한 사이다는 이름을 이사벨로 바꾸고 가톨릭으로 개종한 뒤 알폰소 6세의 궁전에서 살아갔다. 이미 그녀가 살던 코르도바는 알모라비데족에게 넘어갔고 남편도 죽었다는 이야기가 들려왔다. 알폰소 6세는 절망에 빠진 그녀를 옆에서 지켜 주었다. 그러다 둘은 자연스럽게 사랑에 빠졌다. 1093년~1094년 사이 사이다는 알폰소 6세의 아들 산초 알폰세스Sancho Alfónsez를 낳았다. 알폰소 6세는 이전까지 대를 이을 아들이 없어서 많은 걱정을 했었다. 가톨릭 진영을 대표해 이슬람 세력과 싸우던 알폰소 6세의 유일한 아들의 어머니가 이슬람 출신이라는 사실은 어찌 보면 무척이나 아이러니한 일이다. 사이다는 유일한 왕자의 어머니로서 톨레도 궁정에서 중요한 위치를 차지했다. 그녀가 알폰소 6세의 왕비였는지 정부였는지 정확한 자료는 남아 있지 않다. 확실한 것은 사이다가 계속해서 알폰소 6세의 사랑을 받아 엘비라와 산챠를 낳았다는 것이다.

사이다는 1101년에 숨을 거뒀다. 알폰소 6세는 그녀의 시신을 왕실 가문의 묘가 있는 산 베니토San Benito 수도원에 안장시켰다. 레온 지방에 있는 산 베니토 수도원은 알폰소 6세와 그의 부인들, 그의 자식들의 무덤이 있는 곳이다. 이를 보면 알폰소 6세가 사이다를 얼마나 소중하게 여겼는지 알 수 있다. 알폰소 6세의 유일한 아들인 산초 알폰세스는 잘 컸다면 좋았겠지만, 1108년 우클레스 전투에서 전사하고 말았다. 그때 그의 나이는 15살에서 16살로 추정된다.

알모라비데족의 몰락과
알모아데족의 침략

✥ 알모라비데족은 흩어져 있던 이베리아 반도의 여러 소왕국을 하나의 제국으로 합치고자 했다. 알모라비데족이 모로코를 넘어 이베리아 반도까지 영향력을 미칠 수 있었던 데에는 알모라비데족을 이끌었던 유수프 이븐 타수핀의 공이 컸다. 그런데 그는 이베리아 반도에 다시 통일된 이슬람 제국을 세우는 꿈을 이루지 못하고 숨을 거뒀다. 그다음 왕은 그의 아들인 알리 이븐 유수프Alí ibn Yúsuf가 되었다. 그는 가톨릭 왕국에 내던 파리아를 내지 않기로 하고 갈라져 있던 이슬람 소왕국들을 통합하고 부강하게 하는 데 집중했다.

알모라비데족이 이베리아 반도에 신경을 쓰는 사이 1125년에 알모아데족이 마그레브에 등장했다. 알모아데족은 알모라비데족의 본거지였던 북아프리카 지역에서 영향력을 넓히기 시작했다. 알모라비데족은 이베리아 반도에서 가톨릭 왕국과 소득 없는 전쟁을 계속하는 데다가 모로코에서는 알모아데족의 공격을 받아 어려움을 겪고 있었다. 더군다나 알모라비데족은 엄격한 이슬람교도였으나 점차 이베리아 반도의 느슨한 분위기에 동화되어 타락하고 있다는 비난도 받았다.

1144년에는 알모라비데족의 영역이던 포르투갈의 메르톨라Mértola 지방에서 반란이 일어났다. 그 지방을 다스리던 이븐 카시Ibn Qasi가 반란군의 리더였다. 그는 반알모라비데족을 외치면서 이슬람 소왕국 시대로 돌아가야 한다고 주장했다. 반란이 실패하고 알모라비데족에 쫓기던 이븐 카시는 북아프리카로 건너가 알모아데족에게 도움을 요청했다.

알모아데족의 왕은 그를 포르투갈 남부 실베스의 총독으로 임명하고 군사를 보내 돕기로 약속했다. 이븐 카시는 이베리아 반도에 돌아와서 가톨릭 왕국에도 협력을 요청해서 알모라비데족을 사방에서 공격하려고 했다. 그러나 가톨릭 왕국까지 끌어들이는 것은 반란군 내에서 협의가 이뤄진 사항이 아니었다. 불만을 가진 반란군 내부 세력에 의해 이븐 카시는 암살을 당하고 만다. 이븐 카시가 죽으면서 반란은 흐지부지해졌지만 이미 한번 빈틈을 노출한 알모라비데족은 알모아데족의 도전을 피할 수 없었다. 알모라비데족이 힘이 약해지자 이베리아 반도에서는 통합되었던 이슬람 소왕국들이 다시 갈라지기 시작했다. 이렇게 해서 두 번째 이슬람 소왕국 시기가 나타나게 되었다.

1145년 알모아데족은 알모라비데족을 무찌르고 순수한 이슬람 제국을 건설하고자 이베리아 반도에 들어왔다. 알모라비데족은 1147년 북아프리카의 수도인 모로코의 마라케시를 알모아데족에게 빼앗기면서 모로코와 이베리아 반도의 패권을 알모아데족에게 넘겨주었다. 알모아데족은 북아프리카에서 이베리아 반도 남부까지 아우르는 거대 국가를 세웠다.

1170년에 알모아데족은 세비야를 이베리아 반도 지역의 수도로 정했다. 알모라비데족이 있던 시기에는 이베리아 반도 지역의 수도를 그라나다로 했기 때문에 세비야는 크게 주목을 받지 못하고 있었다. 알모아데족은 세비야를 수도로 정한 뒤 그들의 위대함을 알리기 위해 세비야에 그들의 노하우와 기술력이 함축된 건축물들을 지었다. 특히 알모아데족이 세비야에 남긴 최고의 선물은 히랄다 탑이었다. 히랄다 탑 옆에는 기존에 없던 큰 모스크를 만들었고 세비야와 트리아나를 배다리로 연결했다. 세비야 도시가 커지면서 많은 양의 물이 필요해지자 그들은 과달키비르 강의 지류인 구아다이라 강에서 물을 끌어올 수 있도록 로마 시절의 수도교를 보수하여 사용했다.

이 시기 황금의 탑을 지은 것도 알모아데족이었다. 황금의 탑은 과달키비르 강변에 1220년에서 1221년 사이에 지어진 군사 시설이다. 당시 이 건물은 군사 목적으로 지금과 같이 삼단의 모습이 아니라 첫째 단만 있었다. 이 시기에 은의 탑도 함께 지어졌으며 두 탑은 알카사르까지 성벽으로 이어져 있었다. 그리고 세비야에서 볼 수 있는 지금의 알카사르 모습이 본격적으로 나타나기 시작한 시기도 알모아데족 때부터였다.

알모아데족의 정신, 히랄다 탑

✛ 히랄다 탑과 비슷한 건축물로는 마라케시의 쿠투비야^{Kutubiyya} 모스크의 탑이 있다. 알모아데족의 왕 아브드 알무민^{Abd al Mu'min}이 1147년 알모라비데족의 수도 마라케시를 함락한 뒤 쿠투비야 모스크를 짓기 시작했다. 그리고 옆에 77미터 높이의 탑을 함께 건설했다. 마라케시에서는 그 후 이보다 높은 건물을 짓지 못하게 해서 아직까지도 마라케시에는 이보다 높은 건물이 없다.

1163년 아브드 알무민이 죽고 그의 아들인 아부 야쿱 유수프^{Abu Yaqub}

맨 위 왼쪽부터 시계 방향 순서대로 세비야의 히랄다 탑, 쿠투비야 모스크의 탑, 라바트의 하산 탑

Yusuf가 아버지의 뒤를 이었다. 세비야가 수도가 되자 기도를 하기 위한 이슬람 성전이 가장 먼저 필요해졌다. 살바도르 성당 자리에 모스크가 있었지만, 그 모스크는 알모아데족의 수도에 걸맞지 않게 작았다. 1172년부터 알모아데족은 예전보다 훨씬 더 큰 모스크를 지금 세비야 대성당이 있는 자리에 건설하기 시작했다. 그리고 그들은 1184년에 모스크 옆에 82미터에 이르는 히랄다 탑을 세우기로 결정했다. 1198년에 완공된 히랄다 탑은 12세기 유럽에서 제일 높은 건물이었다.

히랄다 탑은 100미터 가까이 되는 높은 탑이었다. 높은 만큼 지진에 쓰러지기 쉬웠다. 그래서 알모아데족은 히랄다 탑을 짓기 위해 넓은 지역에 기초공사를 했다. 과장된 이야기로 현재 투우장에서 산타크루즈 거리의 끝에 있던 고기의 문Puerta de la Carne까지 기초를 세웠다는 이야기도 있다. 이는 세비야 구시가지 서쪽 끝부터 동쪽 끝까지 1킬로미터가 넘는 거리를 기초 공사하는 데 사용했다는 것인데, 유럽에서 제노바와 베네치아에 이어 세 번째로 큰 세비야 구시가지의 크기를 고려하면 과장되었다는 생각이 든다. 그러나 히랄다 탑을 세우기 위해 넓게 기초공사를 했다는 것은 분명해 보인다.

히랄다 탑에 가까이 다가가서 보면 이 탑이 벽돌 한 장, 한 장을 쌓아서 올린 탑이라는 것을 알 수 있다. 히랄다 탑을 만들기 위해서 많은 돌이 필요했다. 알모아데족은 그 돌을 구하기 위해 세비야에 있었던 옛 건물들을 부쉈다. 특히 히랄다 탑의 기초는 알모아데족이 로마 건축물의 돌을 다 빼서 만든 것이기 때문에, 로마 역사를 연구하기 위해서는 히랄다 탑을 해체해야 한다는 농담이 있을 정도다. 실제로 히랄다 탑을 보면 아랫부분에 있는 돌과 윗부분에 있는 돌의 크기가 다르고, 아랫부분의 어떤 돌에는 로마의 라틴이가 쓰여 있다.

히랄다 탑의 특징은 내부가 계단이 아닌 경사로로 만들어져 있다는 것이다. 왕은 히랄다 탑에 올라갈 때 힘이 들지 않게 말을 타고 올라갔다. 경사로는 왕의 편의를 위한 것이었다. 히랄다 탑은 천문대 역할도 했다. 페르난도 3세Fernando III가 세비야를 공격할 때 그는 히랄다 탑을 부수려고 했다. 그런데 그의 아들 알폰소 10세Alfonso X는 천문학에 관심이 많아서 히랄다 탑의 가치를 알아보고 이에 반대했다. 1248년 페르난도 3세와 세비야의 알모아데족이 항복 협정을 맺을 때 알모아데족은 이슬람의 역사적인 건축 유산인 히랄다 탑을 넘겨주기 싫어서, 항복은 하되 히랄다 탑은 자신들이 부수고 가겠다고 요구하기도 했다. 하지만 알폰소 10세는 이 조항에 반대하면서 만약 히랄다 탑의 벽돌 하나라도 없어진다면, 세비야에 있는 이슬람교도들의 목을 모조리 베어 버리겠다고 위협했다.* 이에 놀란 알모아데족은 온전히 히랄다 탑을 페르난도 3세에게 넘겨주었다.

1356년에 리스본 대지진이 일어나면서 탑 위쪽 부분에 있던 4개의 공(구슬) 모양의 장식이 떨어졌지만, 탑은 무너지지 않았다. 이슬람 시절의 히랄다 탑에 종탑 등 윗부분을 증축하여 지금의 히랄다 탑의 모습을 갖춘 시기는 1568년으로 세비야를 알모아데족으로부터 넘겨받은 지 300년이 지난 후였다.

모로코를 여행할 때 히랄다 탑과 비슷한 모로코 마라케시의 쿠투비야 모스크의 탑과 라바트의 하산 탑을 모두 보았다. 이상하게도 이슬람 국가인 모로코에 있는 그 두 탑보다도 세계 3대 성당 옆에 우뚝 서 있는 세비야의 히랄다 탑이 제일 멋져 보였다. 그 이유는 아마도 이슬람과 가톨릭 건축 양식의 조화 때문일 것이다. 지금도 다투고 있는 두 종교의 건축 유산이 함께 있는 모습은 언제 봐도 신기하다.

---

* 일부 전설에서는 이 말을 한 사람이 페르난도 3세였다고 하는 경우도 있다.

태양을 닮은 건축물

뉴욕의 히랄다 탑

1905년 세비야 산 텔모 궁전에서 700미터 떨어진 과달키비르 강변에 이른바 '뉴욕 부두'가 만들어졌다. 산 텔모 궁전에는 프랑스 왕자이자 몽팡시에Montpensier 공작인 앙투안 도를레앙Antoine d'Orléans과 스페인 왕 페르난도 7세의 딸인 마리아 루이사 페르난다María Luisa Fernanda가 살았다. 여담으로 1893년 마리아 루이사 페르난다는 그녀가 살던 산 텔모 궁전의 정원을 시에 기증했는데 그게 지금 마리아 루이사 공원이다.

도를레앙 공작은 세비야에 있는 산 텔모 궁전에 살면서 자주 신대륙에 있는 뉴욕에 출장을 갔다. 그때에는 세비야에서 뉴욕으로 가는 배가 바로 없어서 그는 배를 타기 위해 긴 육지 여행을 해야 했다. 이에 그는 산 텔모 궁전 근처에 뉴욕으로 향하는 배가 정박할 수 있는 곳을 만들라고 지시했다. 그래서 산 텔모 궁전 옆 과달키비르 강변에 부둣가가 새로 생겼다. 이 부두는 뉴욕행 배를 위해 만들어졌기 때문에 사람들은 '뉴욕 부두'라고 불렀다.

세비야의 뉴욕 부두에서는 우뚝 솟은 히랄다 탑이 보였다. 히랄다 탑을 처음 본 미국 사람들은 세비야에

스탠퍼드 화이트가 만든 뉴욕 메디슨 스퀘어의 탑

서 본 독특한 건축물에 관해서 이야기했다. 1890년 뉴욕 메디슨 스퀘어 재건축의 책임을 맡고 있던 건축가 스탠퍼드 화이트Stanford White는 그 이야기를 듣고 세비야에 있는 이슬람 건축 양식의 히랄다 탑을 뉴욕에 재현하기로 했다.

뉴욕 메디슨 스퀘어에 완성된 탑은 겉모습이 히랄다 탑과 비슷했으나 200미터 정도로 히랄다 탑의 두 배 높이였고, 탑 위에는 히랄디요 상이 아닌 디아나 여신상이 있었다. 디아나 여신은 그리스의 사냥과 처녀의 여신인 아르테미스를 로마 사람들이 받아들여 섬긴 여신이었다. 디아나 상은 히랄디요 상처럼 바람이 불면 바람의 방향에 따라 돌아갔다. 뉴욕 시 한가운데 생긴 이 메디슨 스퀘어 건물은 뉴욕 시민의 사랑을 받았지만, 경제적으로는 적자였다. 결국 누적된 빚을 갚지 못해 1925년에 이 건물은 사라지고 대신 그 자리에 1928년 뉴욕생명보험 빌딩이 들어섰다.

스탠퍼드 화이트의 메디슨 스퀘어 건물은 히랄다 탑과 비슷해서 유명하기도 했지만 스탠퍼드 화이트가 이 건물에서 유명 여배우와 밀회를 즐기던 중 그녀의 남편에게 총격을 당해 숨지면서 화제가 되었다. 이 이야기를 거슬러 가 보자. 비극의 주인공이 된 스탠퍼드 화이트는 47살이던 1901년에 16살의 이블린 네스빗Evelyn Nesbit을 브로드웨이에서 처음 만났다. 그는 성공한 건축가로 부유했다. 반면 이블린의 집은 찢어지게 가난했다. 그녀의 부모는 이블린이 모델 일로 벌어오는 돈으로 근근이 살아갔다.

스탠퍼드 화이트는 이블린에게 많은 돈을 투자하고 끊임없는 선물 공세를 해서 그녀의 마음을 움직였다. 그리고 그의 인맥을 동원하여 그녀가 모델과 배우로 성공할 수 있도록 도와줬다. 세상에 공짜가 있을까? 그가 괜히 그녀를 도운 것은 아니었다. 그는 그녀의 첫 남자가 되기를 원했다. 스탠퍼드 화이트는 변태적인 성향이 있었다. 집 안에 어떤 방은 온 방이 거울로 되어 있었고, 기모노도 구비하고 있었다고 한다. 어렸고 가난했고 미래가 불투명했던 이블린은 점차 스탠퍼드 화

(왼쪽부터 차례대로) 스탠퍼드 화이트, 이블린 네스빗, 해리 켄달 쏘우

이트를 좋아하게 되었다. 그러나 스탠퍼드 화이트는 바람둥이 기질이 있어서 이미 정복한 이블린에 대해서는 흥미를 잃어 갔다.

이블린은 점점 모델로 이름을 알리면서 유명해졌다. 이때 그녀에게 다른 남자가 다가왔다. 새로운 남자는 부잣집 출신의 해리 켄달 쏘우Harry Kendall Thaw였다. 그는 술을 좋아했고, 마약에도 손을 댔지만, 생산적인 일에는 일절 흥미를 두지 않았다. 그도 그럴 것이 그의 집안에는 돈이 산처럼 쌓여 있어서 기분을 내기 위해 배우 100명을 불러서 파티를 즐길 정도였다고 한다. 그는 이블린에게 첫눈에 반했다.

처음에 이블린은 그를 만나 주지 않았다. 어쩌면 그와의 불행한 미래가 보여서 그랬을지도 모른다. 하지만 해리는 이블린에게 끊임없이 구애했고, 결국 둘은 1905년 4월 4일에 결혼했다. 그녀는 결혼하면 그가 변해서 좋은 사람이 될지도 모른다고 생각했겠지만, 결혼 후 둘의 관계는 악화되었다. 해리가 이블린과 스탠퍼드 화이트의 지난 일을 알게 되었기 때문이다. 그는 스탠퍼드 화이트가 이블린의 처녀성을 차지했다는 것을 알고 분노로 미칠 지경이 되었다.

1906년 스탠퍼드 화이트와 이블린은 단둘이 스탠퍼드 화이트가 설계한 메디슨 스퀘어 건물의 전망 좋은 테라스에서 저녁 식사를 하고 있었다. 이때 그녀의 남편 해리가 갑자기 나타나 세 발의 총알을 스탠퍼드에게 발사했다. 한 방은 머리, 한 방은 입술, 한 방은 가슴을 겨냥했다. 스탠퍼드는 즉사하고 해리는 그대로 경찰에 잡혀 지루한 재판이 계속되었다. 재판에서 해리는 최고의 변호사를 고용하고, 언론을 매수하여 그가 부인의 명예를 더럽혔던 스탠퍼드 화이트를 보고 격분하여 우발적으로 살해를 저지른 것으로 몰고 갔다. 그리고 그의 집안에서는 이블린에게 많은 돈을 주면서 해리가 스탠퍼드를 죽일 때 제정신이 아니었음을 증언해 달라고 부탁했다. 이블린은 시키는 대로 증언을 했고, 해리는 무죄를 선고받았다. 다만 그의 정신이 정상이 아니므로 사회에 복귀는 하지 못하고, 정신병자 수용소에서 지내야 한다는 판결이 나왔다. 이후 이블린은 나름대로 성공한 여배우로 살아갔지만, 그때의 상처를 극복하지는 못했다. 그녀는 여러 번 자살 시도를 했으며 술과 마약에 의지하며 우울한 삶을 살았다.

<hr />

유럽 역사의 산 증인,
알카사르

┼ 세비야의 알카사르는 유네스코 세계 문화유산에 등재된 유럽의 궁전들 중에서 가장 오래된 궁전이다. 알카사르의 정식 명칭은 레알레스 알카사레스Reales Alcazares로 왕궁들이라는 뜻이다. 알카사르는 하나의 왕궁으로 이루어진 것이 아니라 시대에 따라 다른 여러 왕궁이 지어지고 합쳐졌기 때문에 복수형으로 쓴 것이다.

알카사르가 있던 곳은 역사적으로 중요한 곳이었다. 로마 시대 때에는 이곳에 그리스어로 한 도시에서 가장 높은 곳을 의미하는 아크로폴리스가 있

알카사르에 있는 대사의 궁전 전경

알카사르에 있는 대사의 방

었다. 아크로폴리스는 신전이나 집회 장소인 아고라 등이 있었기 때문에 도시에서 가장 중요한 곳이었다. 세비야는 평지라서 아테네와 같이 언덕에 아크로폴리스가 있지는 않았다. 다만 현재 알카사르의 위치가 세비야 구시가지의 중심에 있었기 때문에 아크로폴리스의 기능을 하는 장소가 알카사르에 모여 있었다.

서로마 제국이 이민족에 의해 무너지고 난 뒤 스페인의 안달루시아 지방은 서고트 왕국에 속했다. 서고트 왕국 시기 알카사르 입구 광장에는 산 비센테San Vicente 성당이 있었다. 성당 건물은 원래 로마 시대 때 지어진 일반 건물이었는데 서고트족은 그 건물을 성당으로 개조하여 사용했다. 이 성당이 유명한 이유는 산 이시도로 성인이 9세기까지 그곳의 무덤에 묻혀 있었기 때문이다.*

이베리아 반도 원정의 이슬람 군 총 책임자의 아들이었던 아브드 알아지즈 이븐 무사와 서고트 왕국 로드리고 왕의 부인이었던 에힐로나는 산티시마Santisima 성당 근처 왕궁에서 살았다고 한다. 둘이 함께 왕궁에서 나와 왕궁 근처 산티시마 성당 옆의 모스크로 예배를 드리러 갔다는 기록이 남아 있다. 어떤 책에서는 아브드 알아지즈 이븐 무사가 알카사르를 처음 지었다고 하기도 하는데 신빙성은 낮다.

712년 이슬람 세력이 스페인에 들어온 이후, 그들은 알카사르 위치에 관리들이 머무는 숙소를 만들었다. 이 시기에는 알카사르 주변에 도자기와 유리를 만드는 공방들이 많이 생겨났다. 역사적으로 알카사르가 왕궁으로서 역할을 하기 시작한 시기는 913년 이후로 추정한다. 후무아이야 왕조의 칼리프 아브드 알라흐만 2세는 알카사르 자리에 높은 성벽과 적의 공격을 막

---

* 『주목할 만한 세비야의 건물들Edificios notables de sevilla』, 하이메 파솔라스 하우레기Jaime Passolas Jáuregui, p 17

을 수 있는 방어 탑들로 둘러싸여 있는 요새를 만들었다. 그리고 아브드 알라흐만 3세는 그 요새에 세비야 최고 관리가 머무르는 궁을 건설했다고 전해진다. 바로 그 궁이 지금의 알카사르 원형이 되었다고 보고 있다.

후우마이야 왕조가 무너지고 이슬람 세력이 소왕국인 타이파로 나뉘는 시대에 세비야 타이파를 세운 아부 알카심은 알카사르에 살았다고 보고 있다. 그에 따라 그의 아들인 알무타디드 왕과 그의 뒤를 이은 알무타미드 왕도 이 궁전을 사용했을 것이다. 확실히 이야기하지 못하는 이유는 1147년 이베리아 반도에 들어온 알모아데족이 이베리아 반도의 수도를 세비야로 삼은 뒤, 알카사르에 11세기 아부 알카심이 지은 왕궁을 부수고 다시 지으며 예전의 흔적을 없앴기 때문이다.

세비야의 새 주인이 된 알모아데족은 뛰어난 건축 기술을 가지고 있었다. 그들은 알카사르에 계약의 궁전Palacio de Contratación과 석고 정원Patio de Yeso을 만들었다. 알모아데 건축 양식의 특징은 장식의 간소함이다. 알마드 이븐 바소Almad ibn Baso는 알모아데족의 대표적인 건축가로 알카사르를 건설하는 데 깊은 관여를 했다. 그는 이란의 건축에서 영감을 받았다고 전해진다. 그 시기에는 주로 코란의 문구와 기하학적인 리본으로 꼬인 매듭, 별, 도형 등을 사용해서 건물을 장식했다.

알모아데 왕국의 건축 양식은 1195년부터 변화가 나타났다. 알리 데 고마라Ali de Gomara는 코르도바의 메디나 아사하라 궁전과 모스크 등 이베리아 반도 내 이슬람 건축물에서 쓰인 특징을 살리고자 했다. 그는 두 개의 아르코가 겹친 형태와 마름모꼴의 무늬가 망처럼 펼쳐져 있는 셉카sebka라는 양식을 알카사르와 히랄다 탑에 적용했다.

알모아데족이 처음 지었을 때 계약의 궁전은 계약관Casa de Contratación과 계약의 정원Patio de Contratación으로 이루어져 있었다. 이후 14세기 페드로 왕

알카사르의 고딕 궁전 전경

이 계약관을 개축해서 지금 알카사르의 계약관에 가면 이슬람의 흔적은 찾아볼 수 없다. 그 근처에 있었던 계약의 정원은 옛날 문서 속에서만 존재하다가 1970년에 발견되었다. 발견 후 건설 연도와 건축 양식들을 추정한 결과 알모아데족의 건축물임이 밝혀졌다. 아쉽게도 알모아데족의 계약의 정원은 알카사르에 속하지만, 정부 기관 청사 내에 있어 일반 관광객은 입장이 불가능하다.

일반 관광객이 입장해서 볼 수 있는 알모아데 왕국의 건축물로는 석고 정원이 있다. 석고 정원의 구불구불한 아치 장식과 셉카는 알모아데 왕국의 건축 양식에 속한다. 아치가 구불구불하고 옆에 그물 모양으로 마름모꼴이 반복되는 셉카는 히랄다 탑에서도 볼 수 있다.

1248년 11월 23일 카스티야 왕국의 페르난도 3세는 세비야를 이슬람 세력으로부터 되찾았다. 이날을 기점으로 세비야의 이슬람 역사는 끝이 났다.

알카사르에서 신하들이 말에서 내리던 곳

1252년 페르난도 3세가 죽고, 그의 아들인 알폰소 10세가 왕위에 올랐다. 알폰소 10세는 알카사르에서 살았고, 그곳에서 죽었다. 그는 알카사르를 아꼈다. 알폰소 10세는 알모아데족이 만들어 놓은 궁전의 한 부분을 부수고 고딕 양식으로 된 세 개의 살롱을 만들었다. 이것이 오늘날 고딕 궁전의 원형이다. 알폰소 10세 시절 그곳은 달팽이의 방Cuarto del Caracol이라고 불렸다.

이슬람 세력이 세비야에서 쫓겨난 뒤 가톨릭 세력의 왕들은 알카사르를 세비야의 왕궁으로 사용하면서 왕이 바뀔 때는 새로운 궁전을 짓기도 하고, 기존의 궁전을 변형하기도 했다. 그러면서 알카사르에는 무데하르 양식, 고딕 양식, 르네상스 양식, 바로크 양식 등이 혼재되어 나타났다. 알카사르는 오래된 궁전이기는 한데 정확히 알모아데족 이전 왕들이 알카사르에 살았었는지, 살았다면 어디에 살았었는지는 정답을 찾기가 어렵다. 왕조가 바뀌면 예전의 건물을 바꾸고 새롭게 건물을 올리는 경우가 많았기 때문이다. 이미 너무 오래전 일이라 제대로 된 기록이 남아 있지 않은 경우도 많았다. 정확한 정보를 얻기 위해 세비야 출신 교수나 세비야 가이드에게 물어봐도 초창기 알카사르의 정확한 위치를 알기는 힘들다. 그럼에도 나는 정확한 장소를 알고 싶었다. 알카사르를 방문했을 때 아말라리코 왕과 클로틸드의 이야기가 알카사르가 있었던 장소에서 있었던 일이라면, 알무타미드가 이티마드와 함께 살던 곳이 알카사르였고, 이티마드를 위해 진흙탕을 만들었던 곳이 알카사르의 정원이라면 알카사르는 더욱 특별한 곳이 되기 때문이다.

알카사르는 보이는 것 그 이상을 담고 있는 곳이다. 알카사르는 눈으로 보되 마음의 눈을 함께 사용해서 봐야 그 진정한 모습을 볼 수 있다. 별 볼일 없어 보여도 그곳이 어떤 곳이었느냐 하는 배경 정보를 가지고 본다면, 그곳이 다르게 보일 수도 있다.

이슬람의 스페인 지배에
관한 생각들

✢ 중세 시대를 흔히들 어둠의 세기라고 말한다. 그때는 안다는 것이 일부의 특권이었다. 수도사 등 특정 계층만 글을 쓰고 읽을 줄 알았다. 그 시기가 어두웠다는 뜻은 소수가 지식을 독점하고 다수를 다스리는 도구로 사용했던 상황을 비유적으로 이야기한 것이다. 일반인은 지식에 접근하기 어려웠다. 가톨릭과 관련된 학문은 발달했지만, 그 외에는 모두 교회의 눈치를 보며 함부로 논의를 펼칠 수 없었다. 어둠의 세기 뒤에는 지식의 통제가 있었고, 그 뒤에는 가톨릭이 있었다. 중세 시대에는 종교의 자유와 학문의 자유가 없었다. 인류가 발전하기 위해서는 자유롭게 지식을 교류해야 한다. 그러나 중세 시대 가톨릭은 성서에 반하는 지식에 대해서는 통제했다.

반면 이슬람 치하의 초기 스페인에는 종교와 학문의 자유가 있었다. 코란에서는 이교도와 싸울 것을 명했지만, 실제 이슬람교도는 타 종교인에게 관용적인 모습을 보였다. 이베리아 반도 초기 이슬람 통치자들은 유연한 종교 정책을 펴며 타 종교인들을 받아들였다. 세금을 내면 가톨릭교도도, 유대교인도 이슬람 치하에서 살아갈 수 있었다.

이교도들은 바뀐 상황에 만족했다. 서고트 왕국에서 가톨릭이 공인 종교가 된 이후 이교도는 스페인을 떠나거나 지독한 차별과 학대를 견뎌야 했다. 『신의 용광로』의 저자는 이슬람 통치자들이 지니고 있던 이러한 타 종교 및 문화에 대한 관용을 높이 산 바 있다. 덕분에 스페인에서는 다른 종교를 받아들이면서 다름을 인정하는 열린 문화가 만들어졌다. 그 문화를 토대로 성장을 멈추었던 지식이 자라나기 시작했다.

초기 이베리아 반도의 이슬람 제국 수도였던 코르도바는 전 유럽에서 가장 번화하고 지적인 사람들이 많은 도시였다. 발전된 사상과 삶을 윤택하게 하는 지식들이 코르도바를 통해 퍼져 나갔다. 이에 『신의 용광로』를 쓴 데이비드 리버링 루이스는 이베리아 반도에 있던 이슬람 제국이 유럽 전역에 영향력을 펼쳤더라면, 유럽의 발전이 더 빠르게 되었을 것이라고 주장하기도 했다. 그런데 이슬람 통치자가 유연한 종교 정책을 펼친 까닭이 꼭 종교의 자유를 인정했기 때문만은 아닐지도 모른다. 이베리아 반도의 이슬람 제국에서는 지배자 계급이 소수였기 때문에 종교의 자유를 인정할 수밖에 없었다. 피지배계층의 다수인 이교도가 종교 탄압으로 인해 반란이라도 일으키면 감당할 수 없었다. 이교도들은 세금을 내더라도 종교의 자유를 인정해 주는 통치자를 바랐다. 유연한 종교 정책은 이슬람 제국의 지배를 정당화하는 동시에 피지배층으로부터 지지를 받을 수 있는 수단이었다.

아랍 문명에 관한 전문가인 디미트리 구타스 교수는 『그리스 사상과 아랍 문명』이라는 책에서 8~10세기 이슬람 제국의 아바스 왕조에서 일으켰던 그리스어-아라비아어 번역 운동을 다루었다. 이 시기 아랍 학자들은 유럽에서 사라지다시피 했던 고대 그리스의 문헌들을 아라비아어로 번역했다. 그 문헌들의 종류는 점성학, 연금술, 산수, 기하, 천문, 음악 이론, 형이상학, 윤리학, 물리학, 동물학, 식물학, 논리학, 의학, 약리학, 수리학 등등으로 다양했다. 아랍 학자들의 노력으로 그리스의 문헌들은 번역되어 보존되었다. 만약 그리스 문헌들이 번역되지 않았다면 유럽에서는 르네상스가 일어나지 못할 수도 있었다. 당시 유럽에서는 가톨릭을 믿으며 그리스 학문과 사상은 소외받았기 때문이다. 중세 유럽에는 학문 탐구보다 전쟁이 주요 관심사였다.

아바스 왕조에서는 번역 운동을 국가적인 차원에서 지원했다. 이슬람 제국은 유럽과 항시 다투고 있었는데, 유럽 문명의 뿌리인 그리스의 문헌들을 번역했다는 사실이 얼핏 이해가 가지 않는다. 아바스 왕조에서 그리스 문헌들을 번역하는데 열성적이었던 이유는 이슬람 제국이 이슬람교가 시작했던 아라비아 반도를 넘어서 페르시아, 유럽, 소아시아, 아프리카에 영향력을 미쳤기 때문이다. 그만큼 이슬람 제국에는 다양한 인종과 사고방식이 있었다. 그렇기 때문에 아바스 왕조는 그리스 문헌들이 가치가 있다면 번역하여 보존하는데 거부감이 없었다.

또한 태생적으로 아바스 왕조는 다양성을 인정할 수밖에 없었다. 아바스 왕조는 칼리프를 세습제로 바꾸고 이슬람 제국의 권력을 소수가 독점하려고 했던 우마이야 왕조를 전복시키고 나타났다. 그렇기 때문에 아바스 왕조는 우마이야 왕조보다 열려 있어야 했다. 그리고 우마이야 왕조를 전복시킬 때 아바스 왕조는 페르시아인들의 도움을 받았다. 페르시아인들은 조로아스터교를 믿었다. 아바스 왕조에게 페르시아인들은 은인이었다. 어떻게 은인을 무시할 수 있겠는가? 아바스 왕조는 자연스럽게 페르시아인과 조로아스터교를 받아들여야 했다. 이러한 열린 마음은 아라비아 반도와 페르시아를 넘어 이슬람 제국 전체로 확대되었다. 이슬람 제국이 계속 성장해 나간 것을 보면 자신과 다른 민족, 종교, 철학 등을 받아들이는 태도가 강대국의 조건이라는 생각이 든다. 초기 로마 역시 적이라도 능력이 있으면 로마에서 관리나 장군으로 성공할 수 있었다. 노예라도 10년이 지나면 자유민이 될 수 있었고 그의 자식은 로마 시민이 될 수 있었다. 이러한 열린 사회에서 로마의 구성원들은 로마인이라는 자긍심을 가질 수 있었고 궁극적으로 어려움 속에서도 로마를 지켜 냈다. 이러한 역사가 이슬람 제국에서 반복되고 있었다.

그럼 왜 그리스 문헌들이었을까? 이슬람 제국은 일반적인 국가가 아니었다. 이슬람을 널리 포교하는 것이 제국의 중요한 임무였다. 이슬람 제국은 다양한 사람들이 믿고 있던 그들의 신으로부터 이슬람교로 개종시킬 필요가 있었다. 사람들은 쉽게 믿음을 버리지 않는다. 아바스 왕조는 이슬람을 믿지 않는 새로운 이슬람 제국의 구성원을 설득하기 위한 논리의 토대를 그리스 학자들로부터 찾았다. 이러한 사회적 분위기 속에서 980년에 태어난 이븐 시나Ibn Sinā는 17세기 유럽의 의학 참고서로 쓰였던 『의학정전』이라는 책을 집필했다. 또한 유일신을 믿을 때 생기는 철학적인 문제에 대해 연구하여 토마스 아퀴나스를 비롯한 중세 유럽 철학자들에게 영향을 주기도 했다.

아바스 왕조와 경쟁 관계에 있던 후우마이야 왕조도 이베리아 반도에 문명의 빛을 가져왔다. 이슬람은 아리스토텔레스, 플라톤 등의 철학을 다시 가져왔다. 이 시기 이베리아 반도도 가톨릭 위주가 되면서 그리스 철학이라는 거대한 유산이 사라져 있었다. 1126년에 코르도바에서 태어난 아베로에스 Averroes와 1135년에 코르도바에서 태어난 유대인 마이모니데스Maimonides는 아리스토텔레스의 사상을 계승한 유명한 철학자였다. 이 둘을 비롯한 아랍 출신의 학자들은 그 유산을 다시 유럽에 선물했다. 이는 조그만 르네상스라고 할 만했다.

스페인과 달리 프랑스, 독일, 영국 등의 지역에는 이슬람 제국의 영향력이 미치지 않았다. 그 당시 유럽은 낙후되어 있었다. 각 유럽 지역의 인재들은 이슬람 문명을 흡수하며 발전하는 스페인을 보고 학문의 중심지였던 코르도바 대학에 유학을 왔다. 코르도바에서는 바그다드와 마찬가지로 옛날 그리스 문헌들을 복구하고 번역했다. 나중에 카스티야 왕국의 알폰소 10세가 톨레도에서 고전 문헌을 번역하던 일은 이 번역 운동을 계승한 것이나 마찬가지였다.

그리스어 번역 외에도 이슬람이 스페인에 가져다준 것은 더 있었다. 이슬람 지배 전까지 스페인 수학에는 0이 없었다. 이슬람은 0의 개념을 인도에서 가져와 스페인 사람들에게 알려줬다. 뿐만 아니라 이슬람 제국은 스페인에 종이를 가져왔다. 종이는 이슬람 제국이 당나라를 통해 알게 된 것이었다. 농지에 물을 대는 관개 기술도 이슬람이 가져왔다. 코르도바에는 하수도가 벌써 있었다. 반면 이 당시 유럽의 대부분 도시에는 하수 처리 시설이 없었다. 이슬람은 살구, 복숭아 등 새로운 작물도 가져와서 생산성이 높아졌고 재배되는 작물의 종류도 늘어났다. 또한 스페인의 많은 언어가 아랍어에서 오기도 했다.

새로운 요리 방식도 소개됐다. 예를 들면 스페인에서는 불로 요리할 때 올리브유를 쓰지 않았다. 그런데 무슬림들은 돼지 기름을 못 쓰므로 올리브유를 써야 했다. 그 이후부터 스페인 사람들은 올리브유를 사용하기 시작했다. 또한 스페인 사람들은 한국인이 추석에 송편을 먹듯 오늘날까지도 12월 25일에 알파호레스Alfajores라는 이슬람식 디저트를 먹는다.

이슬람 제국은 유연한 종교 정책을 통해서 제국의 부도 이룰 수가 있었다. 이교도가 이슬람 제국에 세금을 내면서, 이슬람 제국은 점점 부자가 됐다. 많은 세금을 내면서도 대중이 이슬람 통치자들을 따랐던 이유는 이슬람 제국이 잘 다스렸다기보다는 서고트 왕국이 통치를 못했기 때문이라고도 볼 수 있다.

이슬람은 좋고 가톨릭은 나쁘다는 것이 아니다. 이슬람도 강경파가 있고 온건파가 있다. 21세기에는 이슬람 수니파 무장 단체인 IS나 탈레반 같은 극단적인 성향의 이슬람교도들도 있다. 만약 이러한 이슬람 강경파가 집권했었다면 이교도들을 박해해서 오히려 대중은 서고트 왕국 시절로 돌아가기 위해 반란을 일으켰을지도 모른다. 그러나 실제로는 이슬람 사람이 지배할 때 대중은 서고트 왕국이 통치할 때보다 더 행복했다. 종교의 자유는 좀 더 유연한 사회 분위기를 가져왔다. 그러한 분위기 속에서 사람들은 종교에 억압받지 않고 하고 싶은 것을 할 수 있었다.

최첨단 시대에 살고 있지만, 아직도 종교 간 전쟁은 계속되고 있다. 종교가 다르다는 이유만으로 서로 죽고, 죽이는 세상은 아무리 생각해도 좋아 보이지 않는다. 모든 것이 다 발달해 왔는데 종교에 한해서는 왜 아직 중세 시대에 머물러 있는 것일까? 중세 시대 이베리아 반도에서 타 종교들이 어울려 살던 그때처럼 서로 다른 종교를 인정한다면 전쟁과 테러를 멈출 수 있지 않을까?

GALLIAE   PARS

GASCONIA

Capur cruci

Baiona

Tholofa

Mōtpolier

Pyrenei môtes

Fons Rabix

Roncis

Biſſers

Roncuall

Narbona

Tudela

Bergoſa

Parpian

Borgia

Rangs fl.

Vich

Saragoza

Cæſar Augusta

Tarazona

Girona

B Patus

Empuries

Soria

Fraga

Segeg fl.

Cerdona Ducans

ARAGONIA

Ilerda

Leyda

Catalonia

Iber & Ebro fl.

Alcaniz

Tarragona

Cubels

Barſalona

Iubaldz mons

Tortoſa

Noue

Serna fl.

Larrone

Valentia

Maiorca

Mallorca

Minork

Menork

Chuncar fl.

Getſamor g.

Anriglia

Almanſa

Cormedera

Elds

Ebita

Murcia

Ocaia

Siura fl.

Cerne

Mula

Carragena

Suſana

Aquile

Bara

Alcatra

Der Berg Ronßeual vor zeiten mons Pyre-
neus geheiſſen/ſcheidet Hiſpaniä von Franck-
reich/vnnd ziehen ſich zwey Gebirg vonn jhm
durch Hiſpaniä/vnder welchen eins ſich ſtreckt
biß gehn Portugall/v̄d ſcheidet es von Galli-
cia/hat mancherley namen / nach dem es ander
vnd andere Völcker bekreifft. Bey dem Strictū
Sybilie/verſtand dz eng Meer. ſo zwiſchen Hi-
ſpaniam vnd Mauritaniam zither ghet.

Mare mediterraneum

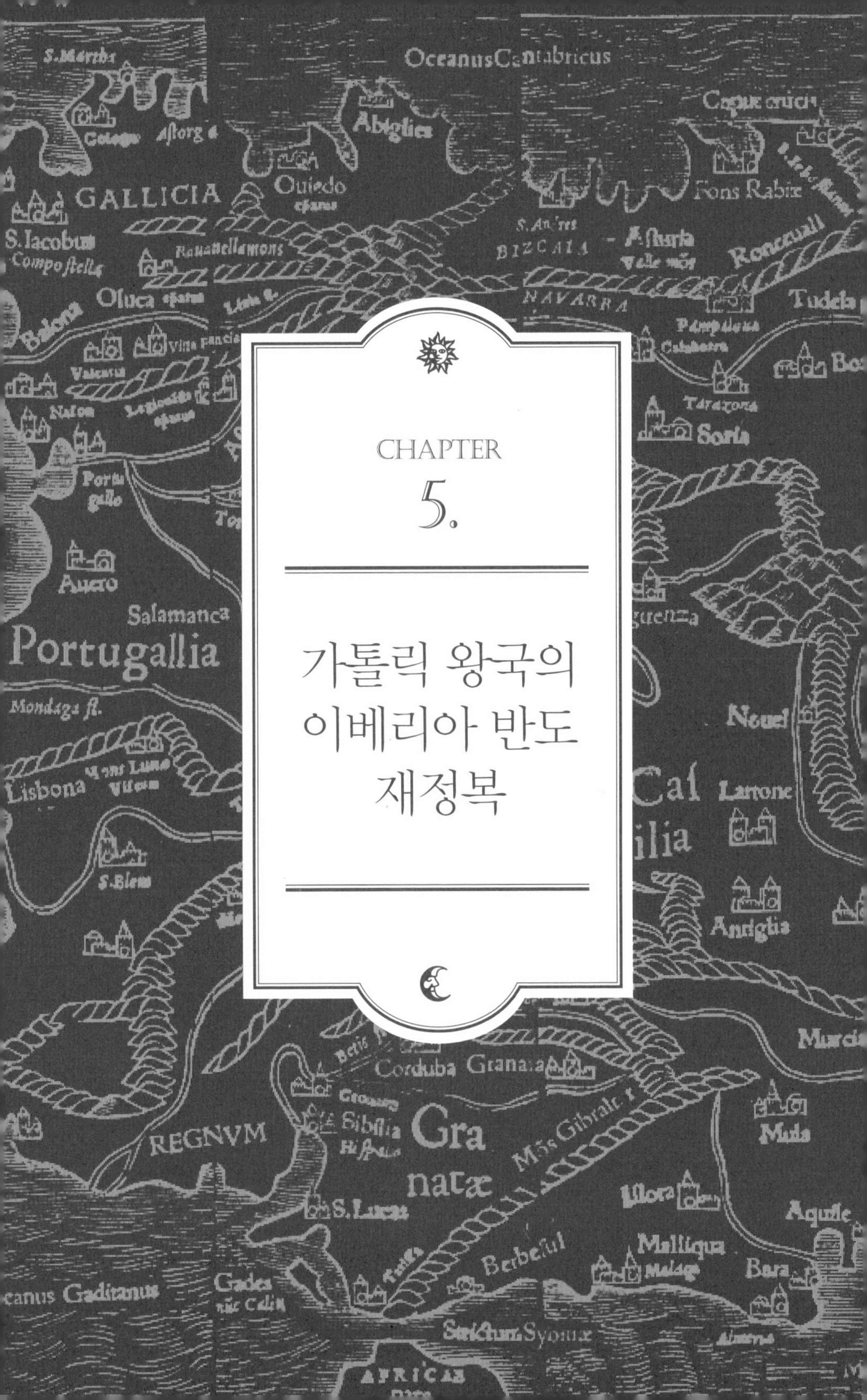

CHAPTER

5.

가톨릭 왕국의 이베리아 반도 재정복

Oceanus Cantabricus
GALLICIA
S. Iacobus Compostella
Ouiedo
Abiglia
Caput crucis
Fons Rabie
S. Andres
BIZCAIA
NAVARRA
Roncevall
Tudela
Pampalona
Borgia
Nazera
Taracona
Soria
Oluca
Burgus
Lyon
Palenza
Val Dolit
Toro
Portu gallo
Auero
Medina
Siguenza
Salamanca
Portugallia
CASTI LIA
Segobia
Alcala
Madrit
Tajus
Nouel
Mondaga fl.
Lisbona
Cas tilia
Lamone
S. Blaus
Guadiana fl.
Merida
Andiglia
Beda et Guadalquebir
Vbed
Murcia
Betis fl.
Corduba
Granata
Sibilia
Gra natæ
REGNVM
Mōs Gibraltar
Mula
S. Luca
Illora
Aquile
Malliqua
Berbesul
Bara
Gades
anus Gaditanus
Sindum Syomæ
Almeria
AFRICAE pars
Mare

페르난도 3세의
대범함

╋ 알모아데족이 1147년 이베리아 반도에 들어와서 알모라비데족 이후 또다시 갈라졌던 이슬람 소왕국을 재통일했다. 그들은 세비야를 수도로 삼았다. 알모아데족은 세비야에 많은 공을 들였다. 세비야에 본토 모로코의 수도 마라케시에 있는 탑보다 더 화려하고 높은 히랄다 탑을 지었다. 만약 알모아데족이 50년 만에 모로코로 다시 쫓겨 갈 것을 알았다면, 세비야에 히랄다 탑을 건설하지는 않았을 것이다. 알모아데족은 이슬람 제국이 무한한 시간 동안 이베리아 반도를 통치하기를 바랐다. 엄격한 이슬람교도였던 그들은 제2의 알안달루스를 만들어서 이베리아 반도를 이슬람화시키고자 했다. 그러나 영원한 것은 없었다. 13세기 초 이베리아 반도에 들어와 실딘 무슬림의 시대도 끝나 가고 있었다.

이 시기에 주목할 만한 다른 사건은 포르투갈의 탄생이다. 포르투갈은 처음에 레온 왕국의 일부였다. 알폰소 6세에게는 히메나 무뇨스Jimena Muñoz라는 정부가 있었다. 히메나 무뇨스는 테레사와 엘비라라는 두 딸을 낳았다. 알폰소 6세는 프랑스와 잘 지내려고 딸들을 프랑스 귀족들에게 시집을 보냈다. 카스티야와 레온 왕국은 프랑스와 사이가 좋은 편이었다. 알폰소 6세는 딸 테레사를 프랑스 부르고뉴의 귀족 엔리케와 결혼시켰다. 그리고 지참금 명목으로 현재 포르투갈 북부 땅에 대한 지배권을 부르고뉴의 엔리케에게 주었다.

프랑스 귀족 출신이었던 엔리케는 야심가였다. 그는 포르투갈을 독립시킬 욕심이 있었다. 하지만 아쉽게도 생전에는 꿈이 이뤄지는 모습을 볼 수 없었다. 엔리케가 죽고 난 뒤 테레사가 포르투갈의 지배권을 물려받았다. 그녀의 생각도 죽은 남편과 마찬가지였다. 그녀는 어린 아들 아폰수 엔리케스^{Afonso Henriques}를 보호하며 포르투갈의 독립을 위해 싸웠다. 아폰수 엔리케스는 포르투갈 최초 왕인 아폰수 1세가 되는데 그 과정이 흥미롭다.

테레사는 20세 연하의 갈리시아 출신 귀족 페르난도 페레스^{Fernando Pérez}라는 애인이 있었다. 그녀는 페르난도 페레스의 딸을 두 명 낳기도 했다. 아폰수 엔리케스는 심한 사춘기를 보냈다. 그는 어렸을 적부터 정치적으로 어머니와 반대 입장에 섰다. 그는 19살이던 1128년에는 어머니와 어머니의 정부를 상대로 전쟁을 벌여 승리했다. 승리한 그는 테레사를 성에 가두었다고 하기도 하고 수도원에 감금시켰다는 말도 있다. 최근에는 테레사와 페르난도 페레스를 포르투갈 밖으로 추방시켜 둘이 갈리시아 지방에서 함께 살았다는 이야기도 전해진다. 어찌됐든 테레사는 1130년에 숨을 거두었다. 아들을 잘못 교육시킨 어머니의 초라한 최후였다.

불효자 아폰수 엔리케스는 1139년에 알모라비데족을 상대로 큰 승리를 거두었다. 그의 군대는 그를 포르투갈의 왕으로 추대했다. 1179년 교황 알렉산데르 3세^{Alexander III}는 공식적으로 포르투갈을 독립 국가로 인정했다.

프란시스코 데 파울라 반 하렌이 그린 라스 나바스 데 톨로사 전투 장면

1211년 카스티야 왕국의 알폰소 8세Alfonso Ⅷ는 교황 인노첸시오 3세 Innocentius Ⅲ에게 십자군 전쟁 때처럼 이슬람 제국을 몰아내기 위한 칙령을 내려 달라고 청했다. 교황은 이 요청을 받아들여 칙령을 내렸다. 1212년 스페인 내 모든 가톨릭 왕국들과 프랑스, 포르투갈, 성기사단 등의 국외 지원 연합군이 모였다. 알폰소 8세가 이끄는 가톨릭 연합군과 무함마드 알나시르 Muhammad al-Nàsir 칼리프가 이끄는 알모아데군은 하엔 지방의 산타 엘레나 Santa Elena에서 이베리아 반도의 지배권을 두고 한판 대결을 벌였다. 이를 '라스 나바스 데 톨로사Las Navas de Tolosa 전투'라고 한다. 이 전투에서 수적으로 열세에 있던 가톨릭 연합군이 알모아데군을 물리쳤다. 알모아데군은 이후 세력이 약해지기 시작했다.

페르난도 3세는 알폰소 8세의 딸인 베렝겔라Berenguela의 아들이었다. 그는 레온 왕국과 카스티야 왕국을 동시에 물려받았다. 알폰소 6세가 레온 왕국과 카스티야 왕국을 동시에 다스린 적이 있었지만 두 왕국은 별개로 존재했었다. 두 나라가 하나가 된 시기는 페르난도 3세 이후부터였다. 페르난도 3세는 어머니로부터 카스티야 왕국을 물려받고 아버지로부터 레온 왕국을 물려받았다. 페르난도 3세는 두 나라를 통일시키기 위해 레온 왕국의 의회를 카스티야 왕국의 의회와 합쳤다. 그래서 1230년 이후 레온 왕국과 카스티야 왕국은 합쳐서 카스티야 왕국이라고 불린다.

페르난도 3세는 레온 왕국과 카스티야 왕국을 통합시킨 뒤 이슬람 세력을 더욱더 강하게 압박했다. 그는 1236년 코르도바를 점령했다. 1246년 교황은 페르난도 3세에게 세비야를 공략하라는 칙령을 내렸다. 교황의 명으로 프랑스, 독일, 이탈리아는 페르난도 3세에게 군대와 전쟁 유지비를 지원했다. 세비야는 알모아데족의 수도였다. 세비야가 무너진다면 남은 이슬람 세력은 하나로 뭉치지 못하고 뿔뿔이 흩어질 것이었다.

1247년 봄 각지에서 모인 가톨릭 연합군이 페르난도 3세의 지휘 아래 세비야로 향했다. 페르난도 3세는 바로 세비야로 쳐들어가지 않고 세비야 교외 지역에 진용을 갖추면서 공성전을 대비했다. 알모아데족이 두꺼운 성벽 뒤에 숨어 좀처럼 밖으로 나오지 않았기 때문이다.

페르난도 3세는 호기심이 많고 용감했지만 무모한 면을 가진 왕이었다. 그는 알모아데족이 어떻게 세비야를 지키고 있는지 알고 싶었다. 정찰대를 보냈지만, 성안을 정찰하지 못하고 번번이 실패했다. 답답했던 그는 호위병도 대동하지 않고 진지를 나섰다. 그리고 산타후스타 기차역 근처에 있었던 코르도바의 문Puerta de Cordoba에 접근했다. 페르난도 3세는 이슬람 사람들 옷을 구해 입고 무슬림인 척 연기하며 성문 앞을 서성거렸다. 그러다 성 밖의 농장에서 나오는 농작물을 성안으로 실어 나르는 새벽 시간에 성문이 열린다는 정보를 엿들었다. 페르난도 3세는 농장에서 일하는 이슬람 일꾼처럼 꾸미고 새벽에 문이 열렸을 때 일꾼들과 함께 세비야로 잠입했다.

한편 페르난도 3세의 군대 주둔지에 있던 호위병들은 페르난도 3세가 없어져서 난리가 났다. 호위병은 즉시 기사들에게 달려가 왕이 사라졌다고 보고했다. 기사들은 이 일을 비밀에 부치기로 했다. 왕이 없어졌다는 사실이 밝혀지면 군대의 사기가 꺾이기 때문이다. 비밀리에 뛰어난 대여섯 명의 기사가 왕을 찾기 위해 나섰다. 그들은 페르난도 3세가 세비야에 침입해서 적들의 상황을 알아야 한다고 했었고, 그의 무모한 성격도 알고 있었기 때문에 그가 세비야로 혼자 침입했을 것이라고 짐작했다. 강력한 알모아데군으로 가득한 세비야였다. 세비야로 들어가기는 싫었지만, 혹시 페르난도 3세가 발각되어 포로로 잡히는 날에는 이슬람 세력에게 다시 이베리아 반도의 주도권을 뺏길지도 몰랐다. 최악의 경우에는 왕이 죽고 가톨릭 세력들이 뿔뿔이 흩어질 수도 있었다.

이들은 황금의 탑 근처의 헤레스의 문Puerta de Jerez을 통해 세비야로 침입했다. 조심한다고 했지만 알모아데 경비병들은 허수아비가 아니었다. 경비병들은 적의 침입을 알리기 위해 히랄다 탑의 종을 울렸다. 세비야를 염탐하고 있던 페르난도 3세는 요란하게 울리는 종소리를 들으며 방어 태세를 갖추기 위해 부지런히 움직이는 이슬람 병사들을 보았다. 그는 자신을 찾아온 이들이 있다는 것을 알아차렸다. 자신이 들키지 않았는데, 방어 태세를 취하라는 소리가 난다면 다른 적이 침입을 한 것이 분명했다. 다른 적이라면 가톨릭 연합군 쪽 사람일 터였다.

페르난도 3세는 싸움 소리가 들리는 곳으로 뛰어갔다. 그곳에는 가톨릭 기사들과 이슬람 경비병들이 싸우고 있었다. 그는 싸움에 끼어들어 이슬람 경비병들을 물리쳤다. 그 후 왕의 일행은 헤레스의 문으로 도망쳐 나왔다고 한다.

성모 마리아의 깃발과
바느질하는 왕

✢ 페르난도 3세는 세비야를 둘러싸고 계속 공격을 가했다. 세비야의 성안에 있던 이슬람인들은 어떻게 하면 그의 군대를 물리칠 수 있을지 온갖 아이디어를 짜냈다. 가장 그럴듯한 의견은 페르난도 3세의 막사에 침입하여 가톨릭 연합군의 성모 마리아 깃발을 훔치자는 것이었다. 알모아데족은 군대에서 깃발이 사기에 얼마나 중요한지 잘 알고 있었다. 페르난도 3세의 군인들이 만약 성모 마리아 깃발이 사라진 것을 알게 된다면 그들은 신이 그들을 버렸다고 생각하고 도망갈지도 몰랐다.

계속 궁지에 몰리던 세비야의 무슬림들은 양동작전을 준비했다. 먼저 성 밖으로 군대를 내보내 전면전을 벌이면서 놀란 페르난도 3세의 군대가 진영을 비우고 나오면 뒤쪽으로 별동대가 페르난도 3세의 빈 주둔지에 침투해 깃발을 훔치기로 했다. 계획대로 이슬람군이 성문 밖으로 나오자 페르난도 3세 군대는 이슬람군을 막기 위해 대규모의 병력을 성문 앞으로 보냈다.

항상 성안에서 방어만 하던 이슬람군이었기 때문에 가톨릭 연합군은 긴장했다. 알모아데족은 페르난도 3세가 막사를 비우고 이슬람군을 상대해서 공격을 지휘하고 있을 것으로 생각했다. 그러나 이 순간 페르난도 3세는 막사에서 기도를 드리고 있었다. 신실한 가톨릭 신자였던 그는 정기적으로 기도하는 시간이었기 때문에 이슬람군의 도발에도 나가지 않고 있었다. 이슬람 별동대는 막사에 페르난도 3세가 있는지도 모르고 침입을 했다. 페르난도 3세는 기도 중에 이상한 낌새를 알아차리고 이슬람 병사들을 발견했다. 그리고 바로 칼을 집어 공격했다.

이슬람 병사들은 페르난도 3세를 성모 마리아 깃발로부터 멀리 유도해서 깃발을 훔치려고 했다. 그러나 페르난도 3세가 강하게 저항해서 깃발에 접근

「성 페르난도」, 바르톨로메 에스테반 무리요 그림

조차 어려웠다. 막사 안의 소란을 듣고 밖에 대기하던 친위대가 막사로 달려왔다. 이슬람 별동대의 대장은 깃발을 훔치는 것을 포기하고는 퇴각하라는 신호를 보냈다. 아무런 소득도 없이 돌아갈 수는 없다고 생각한 병사 한 명이 퇴각하면서 뒤돌아 깃발을 겨냥해 화살을 쐈다. 화살은 깃발을 찢고 벽에 꽂혔다.

이슬람 별동대가 도망가고 난 뒤, 페르난도 3세는 화살에 성모 마리아 깃발이 훼손된 것을 보고 슬퍼했다. 신하들은 사람을 시켜 깃발을 고쳐 오겠다고 했다. 그러자 페르난도 3세는 고개를 가로저었다. 그는 신하에게 실과 바늘을 가지고 오라고 한 뒤 손수 깃발에 생긴 구멍을 꿰매었다. 그것은 용감하고 누구보다 높은 신분의 왕에게 어울리지 않는 일이었다. 혼자 적진으로 뛰어들어 적을 염탐할 만큼 용감한 왕이 얌전히 앉아서 바느질을 하고 있는 모습을 상상하면 사실 숭고하기보다도 다소 측은한 모습이 아닐 수 없다. 그러거나 말거나 페르난도 3세는 한 땀, 한 땀 뜰 때마다 이슬람 세력을 몰아내야겠다는 그의 다짐도 점점 더 강해졌을 것이다.

배다리를 부순
페르난도 3세의 지혜

⊹ 세비야는 성벽이 워낙 견고한 데다 이슬람군의 방어도 튼튼해서 쉽게 무너뜨릴 수 없었다. 그 점을 무시하고 지상에서 공격할 경우 병력의 손해가 막심할 것은 뻔했다. 그래서 페르난도 3세는 과달키비르강에서 세비야를 공격하는 방법을 생각해 냈다. 특히 황금의 탑 옆에 트리아나와 세비야를 잇기 위해 만든 배다리를 공략하는 것이 중요했다. 알모아데족은 그 다리를 통해 세비야 성 밖에서 식료품과 군대 물자를 보급받았기

때문이다. 알모아데족은 중요한 보급로인 배다리를 필사적으로 지키고 있었다. 거기에다 강둑에 있는 군인들이 화살을 쏴서 페르난도 3세의 해군이 다리 주변에 다가올 수조차 없게 했다.

페르난도 3세는 어느 쪽도 쉽지 않겠지만, 성벽을 오르는 것보다는 배다리를 공격하는 것이 낫다고 생각했다. 다리를 공략하기 위해서는 다리를 보호하는 사슬을 끊어야 했다. 막상 머릿속으로 판단했지만, 그는 배다리의 굵고 단단한 사슬을 과연 어떻게 끊을 수 있을지 계속 고민했다. 그러나 방법이 쉽게 생각이 나지 않았다. 페르난도 3세가 계속 머리를 싸매다 강가로 나가서 머리를 식히고 있는데 날씨가 갑자기 심상치 않게 변했다. 먹구름이 몰려오고 바람이 세게 불어서 폭우가 쏟아질 것 같았다. 과달키비르 강도 거칠게 넘실거렸다. 페르난도 3세 군은 세비야 공략이 진전이 없는 상황에서 날씨까지 짓궂게 변하자 사기가 떨어지고 있었다. 페르난도 3세는 거센 바람에도 움츠리지 않고 강풍을 맞고 서 있었다. 그 모습을 바라본 기사들은 왕이 하늘을 원망하여 저렇게 밖에 나가 있나 생각했지만, 페르난도 3세는 바람의 방향을 확인하고 있었다.

마침내 그는 큰 배 두 척에 돌을 가득 실어 강 위에 띄울 것을 명령했다. 이해할 수 없는 명령이었지만 왕이 지시했으므로 군인들은 무섭게 퍼붓는 비를 맞으며 세차게 흔들리는 배 위에 돌을 하나씩 가져다 날랐다. 두 척의 배에 산처럼 돌이 가득 차자 페르난도 3세는 그 배들의 닻을 올리라고 했다. 닻이 올라가자마자 두 척의 배는 무섭게 휘몰아치는 바람 덕택에 무서운 속도로 움직이기 시작했다. 배들은 배다리를 향해 갔다. 바람이 배다리 쪽으로 불고 있었기 때문이다.

이슬람군은 커다란 배 두 척이 강풍에 무서운 속도로 돌진하는 것을 보고 화살을 쏘아 댔다. 그러나 돌진하는 배를 화살로 막을 수는 없었다. 두 척의 배는 배다리와 충돌했다. 배에 가득 실린 돌의 무게와 강풍에 의한 속도로 다리를 보호하던 사슬이 끊어지고 배다리를 구성하던 일부의 배도 부서져 가라앉았다.

이로써 페르난도 3세는 이슬람 치하의 세비야를 완전히 고립시킬 수 있었다. 세비야 내의 알모아데족은 배다리를 잃으면서 전의를 상실했다. 알모아데족은 항복하기로 결정하고 페르난도 3세와 협상을 시작했다. 알모아데족은 예전처럼 보호비 명목의 파리아를 가톨릭 왕에게 내고 계속해서 세비야에 살기를 원했다. 하지만 페르난도 3세는 예전의 가톨릭 왕과는 달랐다. 그는 단호하게 알모아데족이 한 달 안에 세비야에서 전부 나가고 도시를 온전하게 넘겨줘야 한다고 요구했다. 알모아데족은 세비야를 넘겨줘도 히랄다 탑은 남겨 둘 수 없다고 주장했다. 히랄다 탑은 알모아데족의 최고 작품이었다. 그 건축물은 단순한 탑이 아니라 이슬람 장인의 혼이 담긴 탑이었다. 세비야는 넘길 수 있었지만 그들 선조의 혼까지 팔아넘길 수는 없었다. 알모아데족은 페르난도 3세가 요구하는 모든 조건을 들어주되 다만 히랄다 탑은 부수고 가게 해 달라고 부탁했다.

신실한 가톨릭 신자였던 페르난도 3세는 어차피 이교도인 알모아데족이 만든 히랄다 탑에는 큰 관심이 없었다. 그는 몇 백 년간 빼앗겼던 세비야를 이슬람 세력으로부터 다시 찾는데 집중했다. 그래서 그는 알모아데족과 그대로 협상을 마무리 지으려고 했다. 하지만 페르난도 3세의 아들인 알폰소 10세는 그 이야기를 듣고 아버지를 말렸다. 그는 히랄다 탑의 가치를 알아보았다. 알폰소 10세는 히랄다 탑을 이슬람 사람들이 지었다고 하더라도 뛰어난 건축물은 시대와 종교를 초월하여 보존할 가치가 있다고 보았다. 알폰소 10세는 아버지를 대신하여 알모아데족에게 다음과 같이 답장하였다.

"만약 히랄다 탑의 벽돌 하나라도 없어진다면 세비야에 있는 모든 이슬람 시민들의 목을 베어버리겠다."

알모아데족이 주기 싫어하는 만큼 알폰소 10세는 간절히 히랄다 탑을 원했다. 히랄다 탑을 넘겨주지 않으면 다시 전쟁이 벌어질 것이 뻔했다. 만약 전쟁이 일어나면 이미 열세에 몰린 알모아데족은 모두 죽을 수도 있었다. 히랄다 탑도 중요했지만 그들의 목숨보다 가치가 있지는 않았다. 알모아데족은 결국 히랄다 탑을 두고 세비야를 떠나기로 했다.

페르난도 3세는 세비야를 정복한 것으로 만족하지 않고 계속해서 카디스 지방에 남은 이슬람 세력을 몰

누에바 광장의 페르난도 3세 동상

아냈다. 그 후 4년 뒤 1252년 페르난도 3세는 알카사르에서 그의 가족이 지켜보는 가운데 숨을 거뒀다. 페르난도 3세는 세비야의 영웅이다. 세비야 사람들이 가장 많이 찾는 누에바 광장의 한가운데, 가장 높은 곳에는 말을 탄 페르난도 3세의 동상이 서 있다.

페르난도 3세의 무덤은 세비야 대성당에 있다. 유언으로 무덤을 간소하게 하라고 했기 때문에 처음에 무덤은 평범했다. 그의 아들인 알폰소 10세는 왕위에 오른 뒤 아버지의 무덤을 금과 은으로 한껏 치장했다. 세비야를 구한 영웅에게는 너무 초라한 무덤이었기 때문이다. 그런데 결국 페르난도 3세의 무덤은 그의 유언대로 돼 버렸다. 그가 죽은 후 100년 뒤 카스티야의 왕이 된 페드로 왕이 이복형제와의 전쟁 비용을 충당하기 위해 페르난도 3세의

무덤에 있던 금과 은을 모두 팔아 버렸기 때문이다.

수상한
파드리케의 탑

┄┼┄ 1199년에 태어난 페르난도 3세는 1219년에 독일 귀족 출신인 베아트리스 데 수아비아Beatriz de Suabia와 결혼했다. 1235년 그녀가 죽고 혼자가 된 페르난도 3세는 2년 뒤 프랑스 귀족 출신으로 17세였던 잔 드 다마르탱Jeanne de Dammartin과 결혼했다. 이 결혼은 페르난도 3세의 어머니 베렝겔라와 그녀의 동생이자 프랑스 루이 8세Louis Ⅷ의 왕비인 블랑쉬가 주관한 것이었다.

프랑스의 다마르탱 가문은 프랑스 왕실의 지원을 받는 대신 가문의 자식이 결혼할 때는 왕실의 허락을 받기로 했다. 다마르탱 가문의 잔 드 다마르탱이 결혼할 적령기가 되자 영국의 헨리 3세가 그녀와 결혼하고 싶다고 알려 왔다. 프랑스와 영국의 관계는 좋지 않았다. 프랑스 왕비 블랑쉬는 영국의 왕과 프랑스의 다마르탱 가문이 엮이는 것이 싫었다. 그래서 블랑쉬와 베렝겔라는 페르난도 3세와 후아나를 맺어 주기로 했다.

페르난도 3세는 결혼한 이후 알모아데족과 전투를 하느라 항상 전쟁터에 있었기 때문에 잔 드 다마르탱에게 신경을 쓸 수가 없었다. 그는 세비야를 정복한 이후에도 계속해서 무슬림들을 이베리아 반도에서 몰아내기 위해 노력하다가 숨을 거뒀다. 페르난도 3세가 죽었을 때 과부가 된 그녀의 나이는 32살이었다. 그녀는 고향에서 멀리 떨어져 있는 세비야의 알카사르에 홀로 남겨졌다. 후아나는 외로운 시간을 알카사르 정원에서 매가 사냥하는 광경을 지켜보면서 보냈다. 그러던 어느 날 페르난도 3세의 아들인 파드리케가 전쟁터에서 돌아왔다. 파드리케는 그라나다와 말라가에서 전선을 지키고 있었기 때문에 세비야에 올 일이 없었다.

파드리케는 새어머니이자 과부가 된 잔 드 다마르탱에게 인사를 하기 위해 알카사르에 왔다. 잔 드 다마르탱이 그의 새어머니였지만 그보다 겨우 4살이 많을 뿐이었다. 파드리케는 정원에서 그녀가 매를 이용해 비둘기를 사냥하는 광경을 지켜봤다. 그 모습이 무척 쓸쓸해 보였다. 잔 드 다마르탱은 인기척을 느끼고 파드리케를 쳐다봤다. 파드리케는 잔 드 다마르탱에게 과달키비르 강 쪽에 가면 더 많은 종류의 새가 있어서 사냥이 더 재밌다고 이야기했다. 잔 드 다마르탱은 마침 세비야에서의 삶이 무료하던 차라 파드리케를 따라 과달키비르 강으로 사냥하러 가기로 했다. 그런데 파드리케와 잔 드 다마르탱이 사냥을 갔을 때는 겨울이라 찬 바람이 세게 불어서 사냥하기가 쉽지 않았다. 추위에 떠는 잔 드 다마르탱을 보며 파드리케는 안타까웠다.

파드리케는 사냥에서 돌아온 후 과달키비르 강 옆에 성벽 방어를 위해서라는 명목으로 탑을 쌓기 시작했다. 그런데 탑은 성벽 안에 지어지고 있었기 때문에 방어 목적이라고 전혀 볼 수 없었다. 사람들이 숙덕거리기 시작했다. 귀족들도 이해가 가지 않아 페르난도 3세의 아들로 왕위에 앉아 있던 알폰소 10세에게 탑의 위치가 이상하다고 건의했다. 알폰소 10세는 그 탑은 동생 파드리케가 하는 일로 다시는 말하지 말라며 동생을 감쌌다.

성벽 안에 지어진 이상한 탑이 완공되고 그 탑에는 파드리케의 탑이라는 이름이 붙었다. 그 후 파드리케와 잔 드 다마르탱은 파드리케의 탑에서 사냥을 했다. 그제야 사람들은 파드리케가 그 위치에 왜 탑을 지었는지 알 수 있었다. 또한, 파드리케가 잔 드 다마르탱을 쳐다보는 눈빛을 보고 그가 그녀에게 어떤 감정을 가졌는지 알 수 있었다. 그러나 둘의 관계는 아들과 어머니 사이로 금지된 관계였다. 둘이 사냥하러 나갈 때면 지나는 길에 사는 사람들은 창과 문을 닫고 그들을 외면했다.

 귀족들은 둘의 일탈 행동에 대해 알폰소 10세에게 강력하게 항의했다. 알폰소 10세는 이 시기에 궁정을 세비야에서 톨레도로 옮겼다. 전설에서는 궁정을 옮긴 이유가 잔 드 다마르탱과 파드리케에 관한 안 좋은 소문 때문이었다고 전하기도 한다. 잔 드 다마르탱은 파드리케와 사냥을 하러 나가며 활력을 되찾고 있었다. 그러나 사람들은 둘을 용납하지 않았다. 당시에는 자신의 가톨릭 성인의 날에 파티를 열었다. 잔 드 다마르탱의 성인은 산 후안이었다. 그녀는 산 후안의 날에 알카사르에서 파티를 열기로 하고 성직자, 군인, 귀족들을 초청했다. 그런데 산 후안의 날 파티 장소에는 아무도 오지 않았다. 초대를 받은 사람들은 파드리케와의 관계를 알고 그녀를 업신여겼기 때문에 초청에 응하지 않았던 것이다. 텅 빈 파티장은 그녀의 처지를 보여 주었다. 그녀는 결국 혼자였다.

 그녀는 이 일로 상처를 받고 프랑스로 돌아가기로 마음먹었다. 파드리케에게는 비밀로 하고 모든 것을 급하게 준비했다. 떠나는 당일 그녀는 황금의 탑 옆에 있는 부두에서 프랑스로 가는 배를 탔다. 파드리케는 새어머니를 사랑했던 죄로 재판에 회부되어 톨레도에서 처형되었다. 이후 파드리케의 탑은 사용되지 않았다. 실제로 파드리케가 처형된 이유는 그가 알폰소 10세에 대한 반란을 꾀했기 때문이라는 의견도 있다. 잔 드 다마르탱이 떠난 연도와 그가 처형된 해가 20년 정도나 차이가 나고 그를 재판에 넘긴 사람이 형인 알폰소 10세였기 때문이다.

 파드리케의 탑은 베카스Becas 길에 있는 산타 클라라Santa Clara 수도원 안에 있다. 2014년에는 보수 공사로 입장이 불가능했지만, 이전에는 직접 올라갈 수도 있었다고 한다. 보수 공사가 끝나면 다시 파드리케와 잔 드 다마르탱처럼 탑에 올라가서 과달키비르 강을 바라볼 수 있을 것이다. 현재는 탑에 올라가지 못하지만, 탑의 모습은 베카스 길 근처에 가면 볼 수 있다.

NO&DO의 전설

✛ 알폰소 10세는 페르난도 3세의 첫째 아들이다. 그는 페르난도 3세와 함께 알모아데족과 싸우며 세비야를 점령할 때 공을 세웠다. 페르난도 3세가 죽으면서 알폰소 10세는 왕이 되었다. 알폰소 10세는 '박식한 사람'이라는 뜻으로 엘 사비오^{el sabio}라고 불렸다. 그는 문학, 천문학, 역사, 법학 등 다양한 분야에 걸쳐 많은 업적을 이뤘다. 특히 1256~1265년에 걸쳐 편찬된 『7부법전^{Las Siete Partidas}』이 높은 평가를 받았다. 그는 현왕^{賢王}으로 불릴 정도로 박학다식했지만, 왕에게 제일 중요한 덕목인 나라를 다스리는 법은 잘 알지 못했다.

알폰소 10세의 어머니는 독일 왕가 가문 출신이었다. 신성로마제국의 황제 자리가 비자 그는 신성로마제국의 황제가 되기 위해 소득 없이 막대한 돈을

알폰소 10세

썼다. 그래서 알폰소 10세 치세 후반에는 국가 운영에 대해 불만이 높았다.

알폰소 10세에게는 많은 자식이 있었지만, 그의 왕위를 이을 수 있는 아들은 페르난도 데 라 세르다Fernando de la Cerda가 유일했다. 그런데 그가 1275년에 갑작스레 죽고 왕위를 그의 어린 아들인 알폰소 데 라 세르다Alfonso de la Cerda가 이어야 하는 상황이 됐다. 『7부법전』이 만들어지기 전에는 왕의 첫째 아들이 죽거나 왕위 계승권을 박탈당할 경우 왕의 둘째 아들이 왕위를 이을 수 있었다. 그런데 『7부법전』이 1265년 제정되면서 첫째 아들이 죽을 경우 그의 아들이 왕위 계승권을 물려받도록 규정되었다.

누구보다 더 많이 이 법에 불만을 품고 있었던 사람은 알폰소 10세의 차남인 산초 4세Sancho IV였다. 그는 예전 같았으면 알폰소 10세 이후 왕위에 오를 수 있었는데 아버지 알폰소 10세가 법을 개정하여 자신의 왕위 계승권을 박탈했다고 생각했다. 급기야 그는 1278년 왕위 계승권을 주장하며 반란을 일으켰다.

귀족들 역시 알폰소 10세에게 불만이 많았다. 그들은 『7부법전』이 왕권을 강화하고 중앙집권 정부를 추구해서 자신들의 자리를 위협한다고 느꼈다. 그래서 귀족들은 산초 4세의 편에 서서 반란을 도우며 그를 왕으로 추대했다. 1282년에 이르러서는 세비야, 바다호스, 무르시아를 제외한 모든 도시가 산초 4세를 왕으로 인정했다. 세비야는 약해질 대로 약해져 형식적인 왕이었던 알폰소 10세에게 충성하면서 산초 4세를 왕으로 인정하지 않았다. 산초 4세는 세비야에 있던 아버지를 공격하지는 않았다. 그는 스스로 카스티야 왕국의 왕으로 행동했다. 알폰소 10세는 자신을 저버리지 않은 세비야에 감사했다. 세비야마저 그를 버렸다면 그는 반란군에 의해 목숨을 잃을 수도 있었다. 그는 1284년 4월 4일 세비야에서 숨을 거뒀다.

알폰소는 죽기 전에 세비야에 'NO&DO'라는 상징을 내려주었다. 이 뜻

세비야의 상징 NO&DO

은 무엇일까? &는 매듭 모양을 뜻하고 스페인어로 매듭은 '마데하madeja'라고 읽는다. 즉, 'NO&DO'는 No ma dejado(노 마 데하도)를 뜻했다. 세비야는 마드리드에서 쓰는 스페인어와 달리 말을 줄이는 경우가 많다. No ma dejado는 No me ha dejado(노 메 아 데하도)를 세비야식으로 발음한 것이다. 이 뜻은 스페인어로 '나를 저버리지 않았다'이다. 박식했던 알폰소 10세는 죽기 전까지 재치를 발휘하여 그에게 충성을 다한 세비야에 멋진 심볼을 선물한 것이다.

이 시기 이베리아 반도 북동쪽의 아라곤 왕국과 카탈루냐 자치 지역은 하나로 합쳐지기 시작했다. 오늘날 발렌시아 지역의 말이 카탈루냐 지방의 말과 비슷한 이유가 이 때문이다. 그동안 이베리아 반도 내 가톨릭 왕국들은 이슬람이라는 공통의 적이 있었기 때문에 사이좋게 지낼 수가 있었다. 그런데 가톨릭 연합군이 1248년 세비야를 점령하면서 이슬람 세력은 급격하게 약화되었다. 더 점령할 곳이 그라나다의 나사리 왕국밖에 없는데 그곳은 산으로 둘러싸여 치기가 어려웠다. 그라나다는 공략하기는 어려운데 얻어도 이득이 별로 없는 계륵 같은 곳이었다. 가톨릭 왕국들은 그라나다는 신경 쓰지 않고 늘어난 영토를 두고 국가 내외부에서 다투기 시작했다.

카스티야 왕국의 목표는 이슬람 세력으로부터 영토를 회복하는 것이었다. 세비야 점령 이전까지는 이슬람 세력의 땅을 점령하면 새 땅이 생겨 왕이 귀족들에게 일을 시키는 대신 줄 땅이 많았다. 덕분에 왕의 힘이 매우 강했다. 그런데 이제 정복할 땅이 줄어들면서 귀족과 정복한 땅을 나누는 문제가 생겼다. 13~14세기에 들어서 카스티야 왕국은 포르투갈과 아라곤 왕국과 전쟁을 자주했다. 특히 아라곤 왕국과 무르시아 지역에서 다툼이 심했다. 왜냐하면 무르시아는 카스티야 왕국에서 지중해 동쪽으로 바로 나갈 수 있는 유일한 통로였기 때문이다. 이슬람이라는 공통이 적이 약해지고 국경을 맞대면서 가톨릭 왕국끼리의 사이가 안 좋아졌다. 아라곤 왕국은 멀리 떨어져 있는 영국과는 사이가 좋았다.

13세기 아라곤 왕국은 이베리아 반도에서 더 점령할 데가 없게 되자 이탈리아와 그리스 쪽으로 확장을 했다. 아라곤 왕국은 사르데냐 섬, 시칠리아 섬, 이탈리아 남부와 아테네까지 점령했다. 아라곤 왕국이 지중해 쪽으로 확장을 쉽게 할 수 있었던 이유는 700년 동안 이슬람 세력과 전쟁을 하면서 쌓은 노하우 때문이었다.

카스티야 왕국이 중앙집권적이었던데 반해 아라곤 왕국은 지방 분권적이었다. 아라곤 왕국 안에는 4개의 자치구가 있었고 왕의 힘이 약했다. 왕이 무엇을 하려 해도 마음대로 할 수 있는게 아니라 로마 공화정 때처럼 의회의 허락을 맡아야 했다.

아라곤 왕국과 포르투갈은 이베리아 반도에 확장할 만한 땅이 없다는 점에서 비슷했다. 다른 점은 아라곤 왕국이 지중해 쪽으로 나갔다면, 포르투

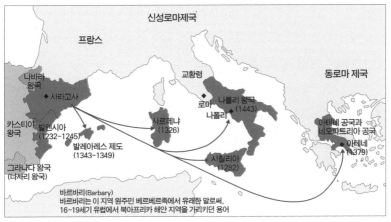

아라곤 왕국의 지중해 영토 확장

갈은 대서양 쪽으로 나갔다는 점이다. 포르투갈은 13세기부터 아프리카 해안을 따라가면서 영토를 확장했다. 이슬람 제국이 아시아와 통하는 육로를 막고 있었기 때문에 포르투갈은 아시아로 갈 수 있는 해상 교역로를 확보하기 위해 국가 차원에서 지원을 아끼지 않았다.

산초 4세와
에스트레야 이야기

➳ 산초 4세 왕은 알폰소 10세의 둘째 아들로 1284년에 왕위에 올랐다. 많은 귀족이 그를 지지했지만 원래 왕위 계승권을 가진 이는 『7부법전』에 따라 알폰소 10세의 큰아들인 페르난도 데 라 세르다의 아들 알폰소 데 라 세르다였다. 알폰소 데 라 세르다는 알폰소 10세의 유지를 따르려고 하는 귀족들의 도움을 받아 산초 4세에게 반란을 일으켰다. 그

러나 이미 산초 4세는 카스티야 왕국에 대한 지배력을 공고히 하고 있었기 때문에 반란은 실패로 돌아갔다. 알폰소 데 라 세르다는 루이 9세의 딸이었던 어머니의 나라 프랑스로 망명했다.

산초 4세는 좋아하는 것이 두 가지가 있었다. 하나는 전쟁이고 다른 하나는 여자였다. 이와 관련해서 다음과 같은 이야기가 전해지고 있다. 한때 산초 4세는 타베라Tavera 가문의 에스트레야Estrella를 좋아하였다. 그런데 이미 에스트레야는 로엘라스Roelas 가문의 산초라는 청년과 사랑에 빠져 결혼을 약속한 상태였다. 로엘라스 가문의 산초는 에스트레야의 오빠인 부스토스Bustos의 둘도 없는 친구이기도 했다. 에스트레야와 산초는 그녀의 아버지가 돌아가신 지 얼마 되지 않아 결혼식을 올리지 않고 적절한 시기를 기다리는 중이었다. 부스토스는 둘이 결혼해서 행복하기를 진심으로 바라고 있었다.

산초 4세는 저돌적인 사람이었다. 마음에 드는 여자라면 그 여자가 사랑하는 사람이 있어도 상관이 없었다. 그는 그녀가 직접 자신을 본다면 그녀도 바로 자신을 좋아하게 될 것이라고 자신했다. 산초 4세는 에스트레야가 사는 집의 하녀에게 돈을 주고 밤에 문을 몰래 열어 달라고 했다. 하녀가 문을 열어 놓은 밤, 왕은 그녀의 집에 침입했다. 왕은 정원에서 하녀가 일러 준 에스트레야가 사는 방으로 찾아가는 중이었다. 그런데 그때 누군가 침입하는 소리를 들은 부스토스가 무기를 들고 나타났다.

"누구시오?"

산초 4세는 당황했다. 에스트레야 외에 다른 누군가를 만나리라는 생각은 하지 않았기 때문이다. 그래도 자신은 왕이지 않은가. 그는 당당하게 대답했다.

"나는 산초 왕이다."

그는 자신이 왕이라고 하면 상대방이 놀라 예의를 갖출 것이라 생각했다.

그런데 상대방은 오히려 칼을 빼 들었다.

"당신이 왕이라면 왜 정문으로 오지 않고 내 집에 몰래 들어오느냐?"

부스토스는 칼로 산초 4세를 공격했다. 산초 4세는 겨우 부스토스를 따돌리고 집에서 탈출해서 알카사르로 도망쳐 돌아왔다. 그는 부스토스와 결투하던 도중에 다치기까지 했다. 다음 날 알카사르의 대문 앞에 문을 열어 주었던 하녀의 시체가 버려져 있었다. 하녀의 가슴에는 검으로 찔린 상처가 많이 나 있었다. 산초 4세는 자신의 잘못은 생각하지도 않고, 부스토스가 괘씸하기만 했다. 하녀의 시체를 알카사르 앞에 놓아두었다는 것은 어젯밤 그가 자신을 알아보았다는 것을 의미했다.

자신이 왕인지 알면서도 공격했다는 사실에 산초 4세는 화가 많이 났다. 그 무렵 로엘라스 가문의 산초와 에스트레야가 결혼한다는 소식이 들려왔다. 산초 4세는 부스토스에게 복수하고 에스트레야도 가질 수 있는 계략을 짰다. 그는 로엘라스 가문의 산초를 알카사르로 몰래 불렀다. 그런 다음 근심 어린 표정을 연기하며 그에게 말했다.

"누군가가 나를 모욕했소. 왕을 모욕한 자라면 어떻게 해야 한다고 생각하오?"

"왕을 모욕한 자라면 사형을 시켜야 합니다."

"그런데 문제가 있소. 이자는 힘센 가문 출신이라 만약 그를 공식적으로 사형에 처할 경우 폭동이 생길 수도 있소. 이런 경우라면 어떻게 해야 하오?"

"그렇다면 그를 몰래 죽이는 방법이 있겠지요."

"마지막으로 묻겠소? 기사의 제일가는 덕목은 무엇이오?"

"왕에게 충성을 다하는 것입니다."

산초 4세는 흡족해하며 그에게 쪽지를 전해 주었다.

"그 안에 이름이 쓰여 있소. 그를 몰래 처리해 주시오."

로엘라스 가문의 산초는 알카사르에서 나와 집에서 쪽지를 펴 보았다. 쪽지에는 그의 친구이자 사랑하는 사람의 오빠인 부스토스의 이름이 적혀 있었다. 그는 잔인한 운명에 눈물을 흘렸다. 부스토스를 죽이면 에스트레야는 오빠를 죽인 그를 받아들이지 않을 게 분명했다. 그렇다고 왕의 명령을 어겨 부스토스를 죽이지 않는다면 명을 거역한 죄로 자신이 죽을 수도 있었다.

그는 밤새 고민하다 부스토스에게 비밀리에 결투를 신청했다. 처음 부스토스는 그의 친구가 자신에게 왜 결투를 신청했는지 이해가 되지 않았다. 그의 친구가 산초 4세로부터 자신을 죽이라고 명령을 받은 것을 알고 나서야 둘 다 그의 계략에 빠진 것을 알았다. 누가 죽든 살든 그 이후의 삶이 행복할 리 없었다. 둘은 남자답게 힘을 겨뤄 운명을 선택하기로 했다. 둘 중의 한 명은 죽어야 끝나는 결투가 시작됐다.

이 결투에서 결국 로엘라스 가문의 산초는 부스토스를 죽이고 만다. 산초는 검에 찔려 피를 흘리며 죽어 가는 부스토스에게 에스트레야를 죽을 때까지 보살펴 주겠다고 약속했다. 로엘라스 가문의 산초가 부스토스를 죽였다는 소식이 알카사르에 전해졌다. 산초 4세는 그 이야기를 듣고 기뻐했다. 자신을 모욕했던 부스토스가 죽어서만은 아니었다. 자신의 계략대로 부스토스와 로알레스 가문의 산초를 에스트레야의 시야에서 없애 버릴 수 있게 되었기 때문이다.

산초 4세는 부스토스가 죽었다는 이야기를 듣고 있을 수 없는 일이라며 짐짓 화를 냈다. 그는 당장 부스토스를 죽인 범인을 잡아서 감옥에 가두라고 지시했다. 왕의 명에 따라 친구이자 애인의 오빠를 죽인 로엘라스 가문의 산초는 제정신이 아니었다. 집에서 멍하니 있던 그는 갑자기 경비대에 잡혀 감옥에 갇혔다. 은밀히 왕의 명령을 받은 하인들은 그의 집에서 산초 4세가 주었던 쪽지를 찾아 없앴다. 그 쪽지가 없다면 로엘라스 가문의 산초는 산초

4세가 시켜서 부스토스를 죽였다고 증명할 길이 없었다.

산초 4세는 에스트레야의 약혼자가 감옥에 있고 그녀가 의지할 오빠마저 죽었으므로 그녀를 차지할 수 있으리라고 생각했다. 이런저런 즐거운 상상을 하며 산초 4세는 에스트레야의 집에 갔다. 그런데 에스트레야는 이미 그곳에 없었다. 그녀는 오빠가 사랑하는 사람의 손에 죽고 그 연인마저 감옥에 갇히자 현실 세계에 흥미를 잃고 수녀원으로 들어갔다.

산초 4세는 결국 에스트레야를 손에 넣지 못하고 허탈하게 돌아왔다. 그가 돌아오자 경비병들이 감옥에 있는 로엘라스 가문의 산초를 어떻게 하느냐고 물었다. 산초 4세는 이미 에스트레야가 수녀가 된 이상 그를 감옥에 둘 이유가 없었다.

로엘라스 가문의 산초는 감옥에서 나와 에스트레야를 찾아갔다. 그는 그녀를 만나서 모든 것을 설명하고 용서를 구하려고 했다. 다시 자신을 사랑해 달라고 할 수는 없지만 적어도 그녀의 곁을 지킬 수 있게 해 달라고 부탁하려고 마음먹었다. 그러나 이미 에스트레야는 수녀가 된 터라 그녀를 만날 수조차 없었다. 결국 모든 것을 잃은 그는 군인이 되어 변방을 지키러 떠났다.

지옥으로 소환된 왕, 페르난도 4세

✛ 산초 4세의 통치 기간에는 반란이 많이 일어났다. 원래 알폰소 10세의 왕위 계승자는 알폰소 데 라 세르다였기 때문에 그를 왕으로 인정하는 무리도 있었고, 산초 4세의 동생인 후안을 따르는 무리도 있었다. 후안은 산초 4세에게 반란을 일으켰다가 붙잡혀서 산초 4세와 그의 아들에게 충성을 다할 것을 맹세하고 풀려났다. 하지만 후안의 서약은 거짓

「마리아 데 몰리나 여왕이 바야돌리드 의회에 그의 아들 페르난도 4세를 소개하는 장면」, 안토니오 기스베르트 그림, 1863

이었다. 후안은 일단 풀려나면 프랑스의 도움을 받아 산초 4세를 몰아내고 왕이 되려고 했다. 1294년 후안은 리스본에서 프랑스로 가는 배를 탔다. 그런데 그 배는 항해 도중 문제가 생겨서 표류하다 탕헤르에 있던 마리니드 왕국의 술탄 아부 야쿱 유수프 안나스르Abu Yaqub Yusuf an-Nasr에 의해 구출됐다. 이 인연으로 술탄과 친해진 후안은 술탄에게 카스티야 왕국의 왕이 되도록 도와달라고 요청했다.

북아프리카에 있던 무슬림들에게 이베리아 반도는 여전히 매력적인 땅이었다. 모로코의 마리니드 왕국과 그라나다의 나사리 왕국은 후안을 도와 모로코에서 이베리아 반도로 들어오는 관문인 타리파를 치기로 했다. 후안이 도움을 청하기 이전에 이미 마리니드 왕국과 나사리 왕국은 이베리아 반도를 공격하는 협약을 맺고 있었다.

후안을 돕기 위해 모로코와 그라나다에서 이슬람군이 출동했다. 이슬람군은 타리파를 에워싸고 거센 공격을 퍼부었지만 타리파를 지키고 있던 구스만 엘 부에노Guzman el Bueno는 거세게 저항했다. 후안은 구스만 엘 부에노의 10살 난 아들을 잡아와 항복하지 않으면 아들을 죽이겠다고 성 밖에서 협박했다. 구스만 엘 부에노는 아들이냐 성이냐를 결정해야 했다. 그는 성을 지키기로 마음먹었다. 왕이 자신에게 준 임무를 저버릴 수는 없었다. 그는 자신의 검을 이슬람군 진영에 던지며 성은 줄 수 없다고 외쳤다. 이에 분노한 이슬람군은 그의 아들의 목을 잘라 타리파 성안으로 날려 보냈다. 결국 이슬람군은 타리파를 점령하지 못했다. 마니리드군은 북아프리카로, 나사리군은 그라나다로 돌아갔다. 후안은 그라나다로 피신했다.

1295년 산초 4세가 죽자, 10살 난 그의 아들 페르난도 4세가 왕위를 물려받았다. 어린 페르난도 4세가 카스티야 왕국의 왕이 되자 그라나다에 있던 후안과 프랑스에 있던 알폰소 데 라 세르다가 다시 반란을 일으켰다. 이 시기에는 카스티야 왕국을 주변의 모든 국가가 노리고 있었다. 페르난도 4세는 섭정을 했던 그의 어머니 마리아 데 몰리나Maria de Molina 때문에 살아남을 수 있었다.

그녀에게는 천부적인 외교 재능이 있었다. 그녀는 협상을 통해 돈을 주더라도 전쟁을 피하는 방법을 썼다. 그녀 덕택에 주변의 적들이 하나씩 사라져 갔고 페르난도 4세는 무사히 성년을 맞이할 수 있었다. 그러나 페르난도 4세는 어머니에게 고마워하기는커녕 모든 사람에게 인정받고 있던 어머니를 질투했다. 그는 어머니가 그동안 필요 이상의 많은 돈을 낭비했다며 추궁했다. 페르난도 4세는 아버지에게 받은 패물까지 쓴 것 아니냐며 패물을 보여 달라고까지 한 막돼먹은 사람이었다. 페르난도 4세는 1312년에 갑작스러운 병으로 사망하는데 그때까지 그가 남긴 가장 큰 공적은 1309년 그라나다의 나사리 왕국에 속해 있던 지브롤터를 탈환한 것이었다.

그의 죽음과 관련해서는 다음과 같은 전설이 있다. 후안 데 베나비데Juan de Benavide라는 그가 총애하는 기사가 두 명의 암살자에게 죽임을 당했다. 범인으로 카르바할 가문의 두 형제가 지목되었다. 두 형제는 무고하다고 항변했지만 아무런 소용이 없었다. 페르난도 4세는 살인자들을 못, 칼, 쇠꼬챙이가 가득 든 철 상자에 넣고 산꼭대기에서 밀어 버리라고 말했다. 두 형제는 죽기 전에 억울함을 호소하며, 죄 없는 사람을 죽인 죄로 페르난도 4세를 신 앞에 30일 안에 소환할 것이라고 외쳤다.

페르난도 4세 조각상

잔인하게 두 형제가 죽고 페르난도 4세는 갑자기 피를 토하기 시작했다. 사람들은 두 형제가 죽으면서 남긴 유언대로 페르난도 4세가 죽어서 심판을 받을지도 모른다며 걱정했다. 다행히 페르난도 4세는 치료를 받으며 호전됐다. 그는 더 이상 피를 토하지 않았고 얼핏 봐도 건강한 상태로 보였다. 페르난도 4세는 건강을 회복한 기념으로 성대한 파티를 열었다. 맛있는 음식을

230

배불리 먹고 좋은 술을 잔뜩 마셔서 취한 그는 낮잠을 잤다. 그리고 다시 일어나지 못했다. 그날이 1312년 9월 7일로 카르바할의 두 형제가 죽은 지 꼭 30일째 되는 날이었다.

이후 스페인 사람들은 페르난도 4세 앞에 'emplazado'라는 말을 붙였다. 이는 '소환된'이라는 뜻으로 카르바할 두 형제의 유언대로 그가 신에게 소환되었음을 의미한다. 두 형제가 죽은 하엔Jaen의 마르토스Martos 도시에는 둘의 억울한 죽음을 위로하기 위해 '울음의 십자가 Cruz del Lloros'가 세워져 있다.

페르난도 4세에게는 1살 난 어린 아들이 있었다. 그가 바로 알폰소 11세이다. 알폰소 11세가 페르난도 4세의 뒤를 이어 새로운 왕이 되었다. 그의 할머니인 마리아 데 몰리나는 다시 한 번 섭정이 되어 알폰소 11세를 보살폈다.

살라도 전투에 참여한
바람난 왕과 왕의 장인

✠ 카스티야 왕국은 아직 그라나다에 이슬람 세력인 나사리 왕국이 있어서 불안했다. 나사리 왕국은 모로코의 마리니드 왕국과 밀접한 관계를 유지하며 카스티야 왕국을 공격할 기회를 호시탐탐 엿보고 있었다.

모로코는 알모아데족의 세력이 약해져서 페스를 기반으로 하는 마리니드 왕조가 다스리고 있었다. 그라나다의 나사리 왕국은 모로코의 마리니드 왕조의 술탄에게 이베리아 반도에 들어와서 자신들을 도와달라고 부탁했다. 1288년 마리니드 왕국의 술탄 아부 야쿱 유수프 안나스르는 그라나다의 나사리 왕조와 스페인 남부의 카디스 탈환을 목표로 하는 협약을 맺었

© Userfalconaumann/Wikimedia Commons.

구스만 엘 부에노 동상

다. 카디스를 들어가기 위해서는 우선 모로코에서 가까운 항구인 타리파와 알헤시라스를 점령할 필요가 있었다. 때를 기다리고 있는데 1294년 기회가 왔다. 카스티야 왕국의 왕 산초 4세의 동생이자 왕위를 노리고 있던 후안이 카스티야 왕국을 공격하는 데 도와주겠다고 한 것이다.

1294년 이슬람 연합군은 타리파를 공격하는데 그때 타리파를 지키고 있던 구스만 엘 부에노의 맹활약으로 실패했다. 오히려 1309년 페르난도 4세는 나사리 왕국에 속해 있던 지브롤터를 정복했다. 이슬람군은 포기하지 않고 계속 스페인 남부를 침략했다. 그라나다 군과 마리니드 군은 1329년 알헤시라스를 수중에 넣었다. 1331년 그라나다의 나사리 왕국은 파리아를 내는 조건으로 가톨릭 왕국들과 4년간의 휴전 협정을 맺었다. 그러나 이 휴전 협정은 나사리 왕국의 협정이었으므로, 마리니드 왕조는 독자적으로 알헤시라스를 기점으로 지브롤터를 공격했다. 그리고 1333년 지브롤터를 점령했다.

마리니드 왕조는 알헤시라스와 지브롤터를 기반으로 북아프리카의 군대를 쉽게 스페인으로 실어 나를 수 있었다. 무슬림들은 600년 전 이슬람 군대가 이베리아 반도를 다스렸던 것처럼 과거의 영광을 재현할 수 있으리라는 희망에 찼다. 반대로 알폰소 11세는 과거 이슬람 세력에게 땅을 빼앗겼던 치욕스러운 역사가 자신이 다스리고 있는 시대에 다시 반복될지 모른다는 위기의식을 느꼈다. 점점 상황이 위급해지자 알폰소 11세는 아라곤과 영국에 도움을 청해 연합 해군을 만들어 지브롤터를 탈환하고자 했다. 그러나 연합 해군의 공격은 모두 실패했다.

스페인 남부에서의 긴장은 더 심해져 갔다. 알폰소 11세는 특단의 조치를 취해야만 했다. 그것은 포르투갈에 도움을 청하는 것이었다. 그 당시 포르투갈의 왕은 아폰수 4세Afonso Ⅳ였다. 아폰수 4세의 딸은 마리아 데 포르투갈Maria de Portugal이라고 불렸는데 알폰소 11세와 결혼했다. 포르투갈의 아폰수 4세는 알폰소 11세의 장인이었으므로 그의 편이어야 마땅했지만, 사적인 문제가 가로막고 있었다. 알폰소 11세가 마리아 데 포르투갈과의 결혼 생활에 충실하지 않았기 때문이다. 알폰소 11세는 마리아 데 포르투갈을 놔두고 레오노르 데 구스만Leonor de Guzman이라는 여인과 바람을 피우고 있었다. 아폰수 4세는 사위가 바람을 피우고 있다는 소식을 듣고 화가 나 있었

다. 알폰소 11세는 포르투갈의 아폰수 4세가 자신에게 좋은 감정이 없다는 것을 알고 있었다. 하지만 알폰소 11세는 마지막 기회를 잡는다는 심정으로 부인에게 편지를 썼다. 편지에서 그는 그녀의 아버지에게 말해서 이슬람 세력에 대항해 싸울 수 있도록 도와달라고 부탁했다. 마리아 데 포르투갈은 아버지에게 알폰소 11세의 편에

알폰소 11세와 그라나다의 왕 무함마드 4세의 전투를 그린 삽화

서서 이슬람군과 싸워 달라고 편지를 보냈다. 포르투갈의 아폰수 4세는 편지를 받고 나서 도움을 청하려면 알폰소 11세가 직접 자신의 손으로 쓴 편지를 보내라고 답장했다.

한 나라의 왕으로서 알폰소 11세는 자존심이 상했지만 다른 방도가 없었다. 그는 직접 도와달라는 편지를 써서 리스본에 있는 아폰수 4세에게 보냈다. 그는 사위인 알폰소 11세에게 만약 그의 정부인 레오노르를 수도원에 가두고 다시는 만나지 않는다면 군대를 보내 주겠다고 약속했다. 알폰소 11세는 그 편지를 받고 레오노르를 수도원에 보냈다.

그리하여 알폰소 11세의 카스티야 왕국과 포르투갈의 군사 동맹이 맺어졌다. 1340년 10월 모로코의 마리니드 왕국과 그라나다의 나사리 왕국 연합군과 카스티야 왕국과 포르투갈의 연합군이 타리파에 있는 살라도Salado 강 인근에서 전투를 벌였다. 가톨릭 연합군은 이 전투에서 아랍인들에게 대승을 거뒀다. 이와 함께 이슬람 세력이 가졌던 희망의 불씨가 꺼져 버렸다. 교황 베네딕토 12세Benedictus XII는 이 승리를 이끈 알폰소 11세와 포르투갈의 아폰수 4세에게 '용감한 왕el bravo'이라는 칭호를 내렸다.

알폰소 11세는 이 전투의 승리를 기념하여 알카사르 석고 정원 옆에 정의의 방Sala de Justicia을 만들라고 지시했다. 정의의 방은 정교한 무데하르 양식으로 만들어졌으며, 알카사르를 방문하면 이곳을 볼 수 있다.

수도원에 갔던 알폰소 11세의 정부인 레오노르는 어떻게 되었을까? 알폰소 11세는 일단 전쟁이 끝나자 포르투갈의 아폰수 4세와의 약속을 저버리고 다시 레오노르를 알카사르로 불러들여 함께 살았다.

오페라 「라 파보리타」의
배경이 된 이야기

　　╬　알폰소 11세는 정략적인 차원에서 포르투갈의 아폰수 4세의 딸 마리아와 결혼했다. 그런데 알폰소 11세는 앞에서 이야기했던 것처럼 결혼 전부터 구스만 가문의 레오노르라는 젊고 아름다운 과부를 사랑했다. 마리아는 이 사실을 모르고 결혼을 했다. 알폰소 11세는 결혼한 뒤에도 레오노르와 어울리며 마리아에게 관심을 주지 않았다.

　전설에 따르면 마리아는 마녀를 시켜 사랑에 빠지게 하는 약을 만들었다고 한다. 어느 수도원의 한 모임에서 마리아는 수도사에게 그 약을 왕의 와인 잔에 몰래 넣어 달라고 부탁했다. 그녀는 만약 알폰소 11세가 사랑에 빠지는 약을 먹고 자신을 사랑하게 된다면 행복한 결혼 생활을 할 수 있을 것이라고 기대했다. 그런데 실수로 사랑에 빠지는 약이 들어 있는 잔을 간호사가 아파 누워 있던 수도사 페르난도에게 전달했다. 페르난도는 병을 치료해 주는 약인 줄 알고 그것을 마셨다. 원래 효과대로라면 그는 왕비인 마리아와 사랑에 빠져야 했다. 그런데 약이 잘못되었는지 페르난도는 자신의 몸 내부에서 엄청난 힘이 샘솟는 것을 느꼈다. 그는 그 힘을 주체하지 못하고 긍정적인 곳에 사용하기 위해 군대로 들어가서 이슬람군과 싸우기로 했다. 그는 그라나다의 나사리 왕국의 이슬람군과 싸우는 전투마다 큰 공을 세웠다.

　알폰소 11세는 여전히 마리아는 안중에 두지 않았고 오직 레오노르만을 찾았다. 어느 날 이슬람군과의 전투에서 공을 세운 사람들을 치하하기 위한 연회가 왕궁에서 열렸다. 페르난도는 전투에서 뛰어난 활약을 했기 때문에 그 역시 왕궁에 초대되었다. 화려한 축하 파티에서 페르난도는 운명처럼 한 여인을 보고 첫눈에 사랑에 빠졌다. 그녀는 알폰소 11세의 정부 레오노르였다. 그 사랑이 어찌나 강렬했던지 페르난도는 레오노르가 왕의 시녀인 줄 알고 왕에게 그녀와 결혼하고 싶다고 말했다.

알폰소 11세는 페르난도가 자신의 여자와 결혼하겠다는 말을 듣고 처음에는 화가 났다. 그런데 곰곰이 생각해 보니 페르난도가 자신과 레오노르의 사이를 알고 그런 말을 하는 게 아니라는 것을 깨달았다. 왕은 페르난도의 눈빛을 보고 레오노르에 대한 마음이 진심이라는 것을 알아차렸다.

페르난도가 레오노르와 결혼하겠다는 말을 들었을 때 마침 알폰소 11세는 난처한 상황에 처해 있었다. 그날 파티에는 알폰소 11세의 장인인 포르투갈의 왕도 참석해 있었기 때문이다. 포르투갈의 아폰수 4세는 알폰소 11세가 자신의 딸인 마리아를 놔두고 레오노르와 바람을 피우는 데 대해서 강한 불만을 품고 있었다. 알폰소 11세는 포르투갈의 왕이자 장인인 아폰수 4세에게 불륜 관계를 추궁 당할지도 몰랐다.

카스티야 왕국은 충분히 강하지 않았다. 포르투갈을 적으로 돌리면 동쪽의 그라나다와 서쪽의 포르투갈 양쪽에서 공격을 받을 수도 있었다. 어떻게든 그는 포르투갈 아폰수 4세의 마음을 누그러뜨리고 이 곤경에서 빠져나와야 했다.

알폰소 11세는 재빨리 머리를 굴려 만약 그의 정부인 레오노르가 다른 사람과 결혼을 한다면 장인도 아무 말 못할 것으로 생각했다. 그는 레오노르와 불륜 관계를 숨기기 위해 페르난도가 레오노르와 결혼하는 것을 허락했다. 그러고 나서 레오노르에게는 그와의 관계를 감추기 위해서 페르난도와 형식적으로라도 결혼해 달라고 설득했다. 이러한 사정도 모르고 페르난도는 기쁘게 레오노르를 신부로 맞이했다. 그러나 그는 레오노르에 대해서는 아무것도 몰랐다.

둘의 결혼 생활은 불행했다. 레오노르는 페르난도를 좋아하지 않았고 껍데기뿐인 결혼이었다. 그녀는 여전히 알폰소 11세와 애인 관계에 있었고 알카사르에 가서 시도 때도 없이 왕과 사랑을 나눴다. 페르난도는 왕이 왜 자신과 레오노르의 결혼을 허락했는지 뒤늦게 깨달았다. 그는 형식적인 남편이었다. 그가 사랑하는 레오노르에게 그는 아무것도 아니었다. 대놓고 왕과 밀회를 즐기는 아내를 바라보며 그는 화가 났다.

왕이 죽도록 미웠고, 그를 죽이고도 싶었다. 그렇게 페르난도는 하루하루 분노로 살아갔다. 하지만 상대가 왕이었기 때문에 어떻게 할 수가 없었다. 결국, 그는 분신 같은 자신의 칼을 부러트린 뒤 수도원으로 들어가 버렸다.

알폰소 11세와 레오노르는 페르난도가 수도원으로 들어간 것에도 아랑곳하지 않고 열심히 사랑을 나누었다. 어차피 페르난도는 장인의 추궁을 피하고자 이용한 사람일 뿐이었다. 레오노르는 알폰소 11세의 아이를 10명이나 낳았다. 그중의 한 명이 나중에 알폰소 11세와 정식 왕비인 마리아 사이에 낳은 페드로를 죽이고 왕위에 올랐던 엔리케이다.

이 이야기를 원작으로 만든 오페라가 가에타노 도니체티Gaetano Donizetti의 「라 파보리타La Favorita」이다. 실제 이야기와 오페라의 다른 점은 오페라에서는 레오노르가 사랑한 것이 알폰소 11세가 아니라

Mᵐᵉ STOLTZ ET Mʳ DUPREZ
dans la Favorite. (4ᵉ acte.)

페르난도와 레오노르. 오페라 「라 파보리타」 공연을 알리는 석판화

페르난도라는 것이다. 그래서 오페라의 마지막에서는 상처를 입은 레오노르가 페르난도에게 찾아와 용서를 구하고 페르난도는 그녀에게 사랑한다고 말한다. 레오노르는 페르난도 곁에서 숨을 거두고 페르난도는 그녀가 죽었다고 슬프게 소리치며 끝이 난다.

그럼 실제 레오노르의 마지막은 어떻게 되었을까? 알폰소 11세가 죽고 나자 레오노르를 보호해 줄 사람이 없었다. 왕비였던 마리아는 평생 남편의 사랑을 독차지했던 레오노르가 미웠다. 왕비는 잔인한 복수를 계획했다. 1351년 레오노르는 마리아가 보낸 사람들에 의해 망치로 맞아 죽었다.

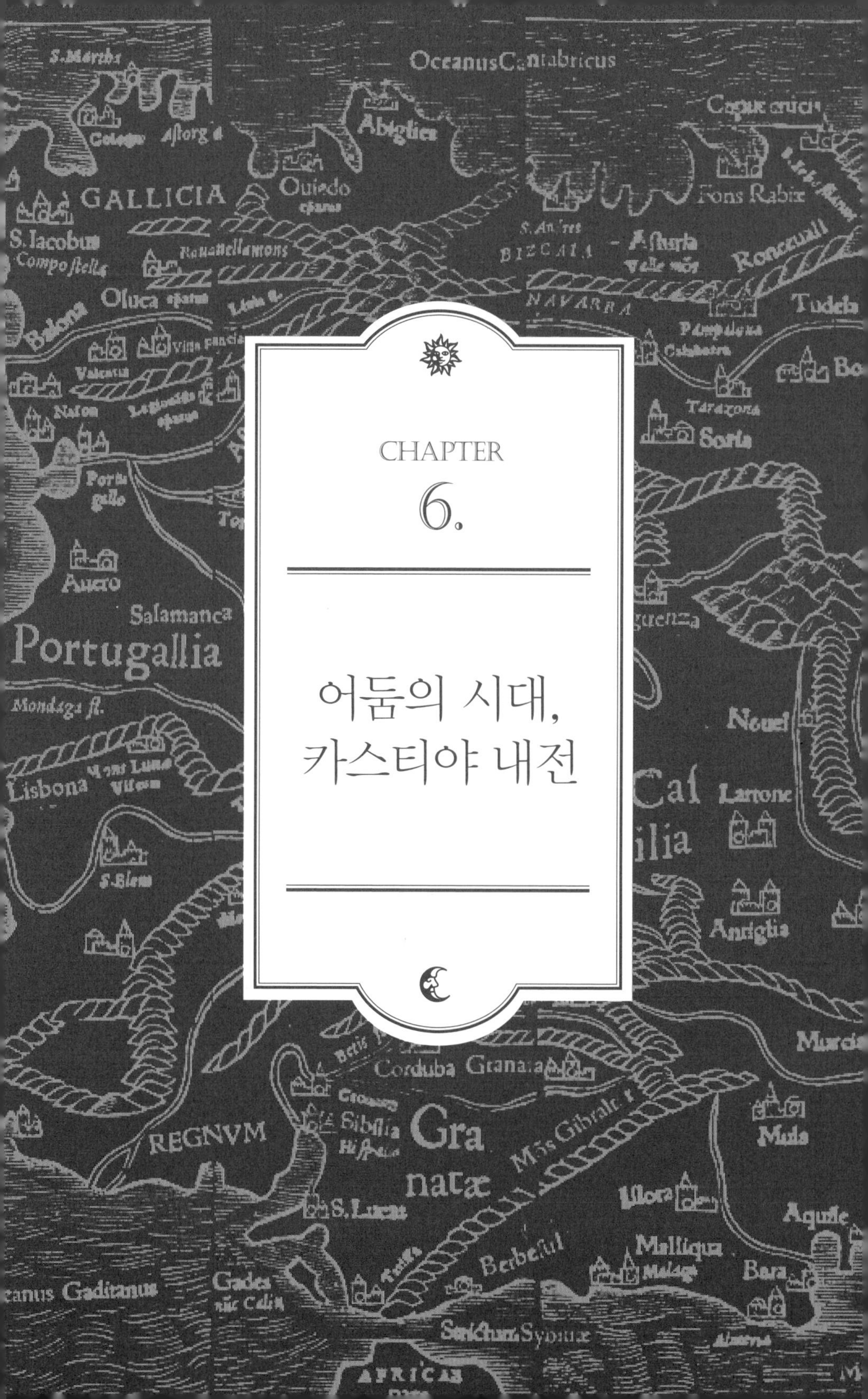

CHAPTER

6.

어둠의 시대, 카스티야 내전

Oceanus Cantabricus

S. Martha

Cologa   Astorga

Abeglica

Caque crucis

GALLICIA

Ouiedo
espanos

Fons Rabix

S. Jacobus
Compostella

Ranabellamons

S. An̄ret
BIZCAIA

Asturia
Valle mēz

Roncrualli

Oluca espanes

Lisba

NAVARRA

Pampliona
Calahora

Tudela

Balona

Vitta fancia

Lyon

Burgos

Nazera

Tarazona

Borgia

Valencia

Leposito
espanos

Nafon

Astorga

Pifera fl.

Val Doiis

Palenza

Deneo fl.

Soria

Portu
gallo

Toro

Medina

Siguenza

Auero

Salamanca

CASTI   LIA

Segobia
Alcala

Noeul

Portugallia

Mondaga fl.

Madrit

Taius

Cai
tilia

Larrone

Lisbona   Mons Luna
Vlixeu

Tormauceto mōz

S. Blas

Merida

Guadiana fl.

Antiglia

Betis et Guadalquebir

Vbet

Murcia

El

Beris fl.

Corduba   Granaia

Mons Gibraltar

Mula

REGNVM

Sibillia
Hispaa

Gra
natæ

Llora

Aquila

S. Lucas

Mallicua
Malaga

Bara

ceanus Gaditanus

Gades
siue Cadis

Berbeiul

Stctum Sybrax

Almeria

Mare

AFRICÆ
pars

페드로 왕의
머리 전설

✚ 1350년 알폰소 11세는 왕으로서는 유럽 최초로 지브롤터에서 흑사병으로 죽었다. 그 뒤를 이어 16살의 나이로 카스티야 왕국 왕위에 오른 사람이 잔혹왕 또는 정의왕으로 알려진 페드로 왕이다. 페드로 왕은 알폰소 11세와 정식 왕비인 마리아 사이에서 태어났다. 알폰소 11세는 왕비인 마리아를 외면하고 항상 구스만 가문의 레오노르를 사랑했다. 페드로 왕은 그런 모습을 보며 자랐다. 더군다나 구스만 가문은 알폰소 11세가 레오노르를 총애하자 이를 이용하여 가문의 힘을 키웠다.

페드로 왕은 아버지인 알폰소 11세와 레오노르가 궁전에서 대놓고 애정 행각을 벌이는 것도 못마땅한데 구스만 가문이 득세하는 꼴을 보고 단단히 벼르고 있었다. 그래서 당연하게 페드로 왕과 구스만 가문은 서로 적내적이었다. 둘이 부딪치는 것은 시간문제였다.

페드로 왕은 왜 구스만 가문을 단번에 처리하지 못했을까. 왕은 최고 권력자이므로 가문 하나쯤 없애는 것은 일도 아니지 않느냐고 반문할 수도 있다. 그러지 못했던 이유는 왕의 힘이 그만큼 없었기 때문이다. 물론 기본적으로 왕은 강한 힘을 가지고는 있었으나 스페인에서는 강한 귀족의 경우 왕에게 대항할 정도로 큰 힘이 있었다. 또한, 그 시기에는 귀족들이 힘을 합쳐 왕에게 맞서기도 했다. 그러한 연유로 페드로 왕도 구스만 가문을 건드리지 않고 기회를 기다리며 참고 있었다.

그러던 어느 날 구스만 가문의 한 청년이 공공장소에서 페드로 왕의 험담을 했다는 이야기가 들려왔다. 왕을 험담하는 것은 사형에 처할 만큼 중한 범죄였다. 그러나 그 청년은 구스만 가문 출신이었고, 그의 아버지는 세비야 근교 지역인 니에블라Niebla의 총독이었다. 만약 그 청년을 전통대로 사형에 처한다면 구스만 가문뿐만 아니라 그 가문과 연계된 유력한 가문이 함께 반란을 일으킬지도 몰랐다. 공식적으로 그를 벌할 수도 없었고, 그를 그냥 놔두기에도 자존심이 상했다. 페드로 왕은 직접 그를 벌하기로 마음먹었다. 왕은 사람을 시켜 은밀히 그 청년이 매일 밤 세비야 산타크루스 유대인 지구에 위치한 네 개의 작은 돌Cuatro Cantillos이라는 길을 지나간다는 첩보를 입수했다.

페드로 왕은 깜깜한 밤, 그 길목에서 잠복을 했다. 정보대로 자신을 모욕했던 청년이 저 멀리서 오고 있었다. 페드로 왕은 청년이 자신의 앞을 지나갈 때 갑자기 나타나서 길을 막고는 그와 결투를 벌였다. 두 남자가 서로를 죽이기 위해 안간힘을 쓰고 있는 도중에 길가 근처 어느 집의 창문이 열렸다. 한 노파가 등불을 들고 누가 이렇게 한밤중에 싸우는지를 지켜봤다.

페드로 왕은 싸움에 집중하느라 누가 자신을 보고 있는지도 몰랐다. 싸움에 능했던 그는 청년을 칼로 찔러 죽였다. 그의 칼이 구스만 가문의 청년에 꽂혀 피가 솟구치는 순간, 노파는 놀라서 창문을 황급히 닫았다. 그리고 그 바람에 등불을 땅에 떨어뜨렸다. 왕은 등불이 누구의 집에서 떨어졌는지는 몰랐다. 다만 등불이 떨어지는 소리를 듣고 누군가 결투하는 모습을 봤다는 것을 알았을 따름이었다. 왕은 구스만 가문의 청년을 죽인 일이 들통 날까 봐 서둘러 자리를 피했다.

노파는 어두운 밤인 데다 촛불 빛으로는 한계가 있어서 왕의 얼굴을 보지는 못했다. 그러나 그녀는 결투에서 승리한 사람이 사라지는데 무릎에서 딸가닥거리는 소리를 들었다. 페드로 왕은 예전에 전투에서 말에서 떨어진 뒤 걸어 다닐 때마다 무릎에서 기괴한 소리가 났다. 어둠 속으로 사라진 살인자의 무릎에서 나는 소리는 페드로 왕의 무릎에서 나는 소리와 비슷했다. 노파는 결투에서 상대방을 죽인 사람이 페드로 왕이라는 것을 알아차렸다.

노파는 다음 날 숯carbon을 파는 직업을 가진 아들 후안 엘 카르보네라 juan el Carbonera에게 어젯밤에 있었던 일을 이야기하며 누군가가 결투에서 사람을 죽이는 장면을 보았는데 자신이 유일한 목격자라고 말했다. 그리고 살인하는 장면을 보고 놀라서 등불을 떨어뜨렸기 때문에 살인자가 자신을 없애러 올지 모른다고 걱정했다.

아들은 어머니를 진정시키며 지금 등불을 회수하면 아무런 문제가 없다고 이야기했다. 아들은 서둘러 길에 나갔지만 어머니가 어젯밤에 떨어뜨렸다던 등불은 없었다. 아들은 심란한 마음으로 주변을 찾아보았다. 그러다 어젯밤 구스만 가문의 한 청년이 길에서 죽었고 구스만 가문에서 나온 사람들이 청년의 시신을 수습하면서 길 옆에 떨어져 있던 등불을 가져갔다는 말을 들었다. 죽은 청년의 아버지인 니에블라 총독은 구스만 가문을 대표하여 알카사르로 찾아와 페드로 왕에게 아들을 죽인 범인을 잡아서 가문의 원수를 갚아 달라고 말했다. 그러자 페드로 왕은 아무것도 모르는 척 태연하게 물었다.

"내가 듣기로는 청년이 정면에서 칼에 맞아 죽었다고 들었소. 만약 암살 당했다면 등 쪽에 칼자국이 있었을 텐데 왜 그가 암살자에게 당했다고 생각하시오?"

죽은 청년의 아버지는 바로 아들의 시체를 수습했다. 그는 페드로 왕이 보지도 못한 아들 시신의 칼자국 위치를 어떻게 아는지 의아했다. 그는 등불을 증거물로 제시하며 말했다.

"이 등불은 제 아들이 죽은 곳에서 발견된 것입니다. 분명히 누군가가 제 아들을 암살했습니다. 이 등불이 떨어진 것으로 보아 누가 제 아들을 죽였는지 누군가 아는 사람이 있을 것입니다."

페드로 왕은 어이없다는 듯이 대답했다.

"이는 오히려 더욱 그가 암살되지 않았다는 것을 증명하오. 등불이 있었다는 것은 그가 어둠 속에서 암살된 게 아니라 밝은 빛 아래에서 결투를 했다는 것 아니겠소?"

청년의 아버지는 왕이 자꾸 진상 조사를 하려 하지 않고, 결투로 아들이 죽은 것으로 몰아가자 화가 났다. 니에블라 총독은 어쩌면 페드로 왕이 아들의 죽음과 연관되어 있을 수도 있다고 생각했다.

"결투든 암살이든 제 아들이 죽었습니다. 우리 가문은 똑같이 제 아들을 죽인 사람의 목을 원합니다. 만약 그렇게 되지 않는다면 가만있지 않겠습니다."

페드로 왕은 그가 단호하게 범인을 잡아 달라고 요청하자 일단은 그를 진정시켰다. 구스만 가문이 반란을 일으키면 페드로 왕 역시 곤란했다.

"알겠소. 그럼 범인을 알려 주는 사람에게 황금 100냥을 준다고 현상금을 걸겠소. 그런 다음 살인자를 잡은 뒤 그의 목을 잘라서 당신의 아들이 죽은 곳에 전시하여 모든 사람이 볼 수 있도록 하겠소."

니에블라 총독은 페드로 왕의 말을 믿고 왕궁에서 물러났다. 페드로 왕은 약속대로 구스만 가문의 청년을 누가 죽였는지 알려 준다면 황금 100냥을 현상금으로 주겠다고 널리 알렸다. 페드로 왕이 니에블라 총독의 아들과 결투하는 장면을 보았던 노파의 아들인 후안 엘 카르보네라도 그 소식을 들었다. 그는 집으로 달려가서 어머니에게 부자가 될 것이라고 기뻐서 소리쳤다. 노파는 페드로 왕이 범인인데 그가 범인인 것을 밝히면 무사하지 못할 것이라고 걱정하며 그냥 가만히 있으라고 말했다. 하지만 후안은 생각이 있다면서 왕궁으로 향했다. 후안은 왕궁으로 가서 페드로 왕에게 암살자가 누군지 안다고 이야기했다.

"누가 그 청년을 죽였느냐? 만약 한 치의 거짓이라도 있으면 네 목숨은 온전치 않을 것이다."

후안은 고개를 조아리며 말했다.

"저는 그 청년을 누가 죽였는지 분명히 알고 있습니다. 다만 그 살인자가 유명하고 위대한 사람이라 감히 모든 사람이 있는 이곳에서는 말을 할 수가 없습니다. 왕과 저 둘만 있는 곳에서 이야기하도록 하겠습니다."

왕은 후안을 밀실로 데리고 갔다.

"자, 이제 누가 죽였는지 이야기해 보아라."

"그 사람은 너무 높은 사람이라 제 입으로 말할 수 없습니다. 다만 누군지 알려 드릴 수는 있습니다. 저쪽을 한번 봐 주시겠습니까?"

후안은 손가락으로 한 방향을 가리켰다. 왕이 손가락이 가리키는 방향으로 눈을 돌리자 거울에 비친 자신의 모습이 보였다.

"어떻게 알았소?"

"그날 밤 저희 어머니가 왕께서 청년과 결투를 벌이는 장면을 보았습니다. 그러다가 왕께서 청년을 죽일 때 놀라서 등불을 떨어뜨렸습니다."

페드로 왕은 등불이 떨어진 것이 기억 났기 때문에, 그의 말이 사실임을 알았다.

"약속대로 너에게 황금 100냥을 주겠다. 하지만 이 일이 밖으로 새어 나가면 너를 교수형에 처할 것이다."

페드로 왕은 후안에게 현상금을 주고 돌려보냈다. 구스만 가문의 청년을 죽인 범인을 찾아냈다는 소식이 온 시내에 퍼졌다. 구스만 가문 사람들은 후안이 페드로 왕에게 무슨 말을 했는지 궁금해서 알카사르로 달려갔다. 페드로 왕은 그들에게 대답했다.

"그 청년은 구스만 가문의 니에블라 총독 아들을 누가 죽였는지 정확하게 내게 이야기했소. 그래서 그에게 약속한 대로 황금 100냥을 하사하였소."

"범인이 누굽니까? 어서 빨리 그 살인범을 잡아 목을 잘라 주시기 바랍니다."

구스만 가문은 왕에게 정의의 심판을 요구하며 약속대로 살인범의 목을 잘라 가문의 청년이 죽은 장소에 전시해 달라고 요청했다. 페드로 왕은 그들을 진정시키며 오후에 약속한 장소에다가 살인범의 목을 가져다 놓겠다고 약속했다.

이 말에 구스만 가문의 사람들은 물러났다. 그날 오후 구스만 가문의 사람들과 수많은 사람들이 살인 현장으로 모여들었다. 살인범의 목을 구경할 수 있다고 생각했기 때문이다. 약속했던 시간이 되자 군인들이 나무로 된 상자를 들고 왔다. 도대체 살인범이 누구일까 궁금해하던 사람들에게 왕의 대변인이 큰 목소리로 이야기했다.

"살인범의 목은 이 상자에 담겨 있소. 그리고 이 목은 상자에 담겨 저 건

왕의 머리 길에서 볼 수 있는 페드로 왕의 흉상

물 벽에 놓일 것이오."

　왕이 파견한 사람들은 상자를 벽 안 움푹 파인 곳에 올려놓고 철창을 만들어 사람들이 접근할 수 없도록 했다. 구스만 가문 사람들은 살인자의 얼굴을 보여 달라며 아우성쳤다. 왕의 대변인은 사람들을 진정시키며 말했다.

　"왕께서는 이 살인자가 유력한 가문의 사람이라 이자의 이름이 밝혀질 경우 구스만 가문과 그 가문의 싸움이 벌어질 것을 염려하셨소. 구스만 가문이 요청한 대로 살인자를 잡아 목을 잘랐으니 복수는 이뤄진 것이오. 그런데 이미 끝난 문제로 두 가문이 싸우게 된다면 아무 죄 없는 사람들이 다치거나 죽을 수 있소. 왕께서는 고민 끝에 다른 어떤 것보다 나라의 평화와 안정이 중요하므로 살인자의 목을 상자에 넣어 벽 안에 놓으시라고 하셨소. 그리고 철창으로 가로막아 그 누구도 상자 안을 볼 수 없게 하라고 하셨소."

　군인들이 무기를 들고 상자 근처에 다가올 수 없도록 지키고 있었기 때문에 구스만 가문 사람들은 살인자가 죽었다는 이야기에 만족한 채 돌아가야만 했다. 나중에 살인자가 누구인지 궁금해서 상자 안을 보려고 접근하기도 했지만, 경비병들이 24시간 철저하게 감시하며 통제했다. 세비야 사람들은 이 일 이후 노파가 초등을 떨어뜨린 길을 '등불 거리'라고 부르기 시작했다.

그로부터 몇 년 뒤 알폰소 11세와 구스만 가문 출신의 정부였던 레오노르 사이에서 태어난 한 살 위의 이복형 엔리케와 페드로 왕 사이에 내전이 일어났다. 기나긴 내전 끝에 엔리케가 페드로 왕을 죽이고 승리했다. 구스만 가문은 엔리케 편에서 싸웠고 엔리케 어머니의 출신 가문이었기 때문에 가문의 영향력이 더 커졌다. 구스만 가문 사람들은 페드로 왕이 죽자마자 니에블라 총독의 아들을 죽인 살인자의 얼굴을 보기 위해 등불 거리로 몰려들었다. 살인자의 목이 담긴 상자를 끌어내리고 상자를 열어 보니, 상자 안에는 다름 아닌 페드로 왕의 얼굴 조각상이 담겨 있었다.

이후 그 조각상이 놓여 있던 벽 옆의 길을 '왕의 머리'라고 부르게 되었다. 지금도 세비야 구시가지에 있는 왕의 머리 길에 가면 페드로 왕의 두상을 볼 수 있다. 다만 이 두상은 가짜이고 진품은 산타크루스 지구에 있는 필라토스의 집Casa de Pilatos에 있다.

『오셀로』의 모티브가
된 이야기

✛ 페드로 왕 시절 구티에르 데 솔리스Gutierre de Solis라는 장군이 있었다. 이 장군은 멘시아 폰세 데 레온Mencia Ponce de Leon이라는 아름다운 여인과 결혼을 했다. 두 사람은 세비야의 백작의 광장Plaza de Duque에 있던 솔리스의 궁전Palacio de los Solis에서 행복하게 살았다. 그런데

그녀에게는 남에게 말 못하는 고민이 있었다. 왕의 이복형인 엔리케가 유부녀인 그녀에게 구애했기 때문이다. 성질이 불같은 남편이 그 사실을 알면 가만있지 않을 게 분명했다. 그러면 남편은 왕의 이복형을 죽이거나 다치게 한 죄로 죽임을 당할지도 몰랐다. 그녀는 누구에게도 아무 말을 하지 못했다. 그러던 어느 날 페드로 왕에게 신임을 받던 구티에르 장군은 그라나다를 공격하는 군대의 총지휘관으로 임명됐다. 대군을 이끄는 높은 자리에 올라 큰 공을 세울 수 있었으므로 그는 매우 기뻐했다. 그러나 그녀는 그 소식을 듣자마자 걱정부터 앞섰다. 만약 그가 그라나다로 떠난다면 엔리케가 그 틈을 노려 자신을 괴롭힐지도 몰랐다. 그런 일을 방지하기 위해 남편이 전장으로 떠나자마자 그녀는 엔리케에게 편지를 썼다.

'저를 더 이상은 찾지 마세요. 저는 수도원으로 들어가서 남편이 돌아올 때까지 그곳에서 지낼 겁니다. 제가 사랑하는 사람은 오직 제 남편뿐입니다. 어떤 일이 있더라도 이 마음은 변하지 않을 것입니다. 저는 그곳에서 남편이 전장에서 승리하고 무사히 돌아오길 매일매일 기도할 것입니다.'

그녀는 하인을 시켜서 엔리케에게 편지를 보냈다. 하인은 그녀의 지시대로 편지를 전해 주었으나 그 내용은 알 수 없었다. 단지 하인은 나름대로 그 편지가 엔리케에게 보내는 연애편지라고 생각했다. 구티에르 장군에게 충성스러웠던 하인은 장군에게 달려가 그의 부인이 엔리케에게 편지를 보냈다고 고자질했다. 구티에르 장군은 배신감과 질투로 불타올랐다. 그녀가 자신이 전쟁터에 나간 틈을 이용해 밀회를 즐길지도 모른다는 상상을 하면 할수록 화가 났다. 그는 분노에 사로잡혀서 복수 외에는 제대로 된 생각을 할 수 없었다. 혹시 오해가 있을 수 있다는 짐도 고려하지 않았다.

구티에르 장군은 전쟁 중이라 돌아갈 수가 없었다. 그는 한 외과 의사를 불러 명령을 내렸다. 장군의 지시에 따라 외과 의사는 수소문해서 그의 부인이 있는 곳을 찾아갔다. 의사는 장군이 내린 명에 따라 그녀의 동맥을 끊었다. 그녀는 피를 너무 많이 흘려서 결국 죽고 말았다. 이 소식을 들은 엔리케는 페드로 왕에게 가서 그녀의 억울한 죽음을 알렸다. 엔리케는 그녀가 자신 때문에 죽었다는 사실에 죄책감을 느꼈다. 그는 그녀의 영혼을 위로하는 길은 그녀를 죽이도록 명령한 구티에르 장군을 벌하는 것뿐이라고 생각했다. 그러나 페드로 왕은 구티에르 장군을 벌하는 것을 거부하며 말했다.

"카이사르의 부인은 의심조차 받아서도 안 된다."

이 말은 카이사르가 아내 폼페이아와 이혼하면서 남긴 말이었다. 이 말이 나온 배경에는 클로디우스라는 청년이 있다. 그 청년은 카이사르의 아내 폼페이아를 유혹하려고 했지만 폼페이아는 넘어가지 않았다. 그랬는데도 결국 카이사르는 로마의 유력 가문인 클로디우스 가문과 적이 되지 않으려고 폼페이아와 헤어졌다.

페드로 왕은 내용이야 어찌 됐던 그녀가 엔리케에게 편지를 보낸 행동이 오해를 살 만했다고 생각했다. 부인이 바람을 피운다는 하인의 말을 듣고 부인을 죽이도록 명령한 구티에르 장군의 행동은 오해에서 비롯된 일이었지만 전쟁터에 있던 그로서는 어쩔 수 없었던 선택이라고 보았던 것이다.

한 남자가 하인의 잘못으로 부인이 불륜을 저지른다고 오해하여 죽이는 이 이야기는 영국에까지 전해져 2세기가 지난 후 셰익스피어가 『오셀로』를 쓰는 데 영감을 주었다고 전해진다.

결혼식 이틀 만에
버려진 왕비

✝ 1335년 알폰소 11세는 아들인 페드로 왕이 1살일 때

영국과의 동맹을 위해 페드로 왕과 에드워드 3세의 딸인 이사벨라의 정략결혼을 약속했다. 그러나 페드로 왕이 너무 어렸기 때문에 7년 뒤에 페드로 왕이 에드워드 3세의 다른 딸인 조안과 정략결혼을 하기로 변경했다. 그런데 1348년 페드로 왕이 약속대로 영국의 조안 공주와 결혼을 할 무렵 조안이 흑사병으로 죽었다. 에드워드 3세는 조안 대신 다른 공주를 그와 결혼시키려고 했다. 알폰소 11세는 시간을 끌며 명확한 답을 주지 않았다. 왜냐하면 페드로 왕이 어떤 나라의 누구와 결혼하느냐에 따라 카스티야 왕국의 운명이 엇갈릴 수 있었기 때문이다. 1337년부터 1453년 사이에 영국과 프랑스는 백년전쟁을 벌였다. 영국과 프랑스는 두 나라만이 싸우는 것이 아니라 주변의 다른 나라도 끌어들여 상대를 고립시키고자 노력했다. 스페인과의 동맹은 영국과 프랑스에게 모두 중요했다. 그래서 페드로 왕이 영국 왕실 가문의 여자와 결혼하느냐 프랑스 왕실 가문의 여자와 결혼하느냐 하는 것은 카스티야 왕국 입장에서는 신중하게 고민을 해야 하는 문제였다. 전쟁에서 지는 나라와 결혼으로 동맹을 맺을 경우 카스티야 왕국도 피해를 입을 수 있었다. 그런데 1350년에 갑자기 알폰소 11세가 흑사병에 걸려 죽었다. 페드로 왕이 누구와 결혼할지 정하지 못한 채였다.

알폰소 11세의 뒤를 이어 페드로 왕이 왕위에 올랐으나 16살로 나이가 어려서 힘이 없었다. 왕비인 마리아와 총리인 알부르케르케Alburquerque가 페드로 왕을 대신해 권력을 행사했다. 왕비는 권력을 이용해 제일 먼저 레오노르 데 구스만을 처단하고자 했다. 레오노르를 보호해 주던 알폰소 11세 왕이 죽었고, 마리아의 유일한 아들이 왕위에 올라 있었다. 마리아를 말릴 수 있는 사람은 아무도 없었다. 그녀는 암살자를 보내 레오노르를 망치로 쳐 죽였다. 어머니인 레오노르가 죽고 난 뒤 겁에 질린 레오노르의 자식들은 뿔뿔이 흩어졌다.

마리아 데 포르투갈과 총리 알부르케르케는 알폰소 11세가 결정하지 못했던 페드로 왕의 결혼 문제를 매듭지어야 했다. 두 사람은 영국보다는 프랑스와 동맹이 중요하다고 생각해서 페드로 왕을 프랑스 출신의 여인과 맺어 주기로 했다.

처음에 두 사람은 프랑스의 필리프 6세Philippe Ⅵ와 혼인했다가 6개월 만에 과부가 된 프랑스 왕비 블랑쉬 데브뢰Blanche d'Evreux를 스페인의 왕비로 선택했다. 그런데 그녀는 페드로와 결혼하길 원하지 않았다. 그러자 프랑스 쪽에서는 부르봉 왕가 출신의 블랑쉬Blanche를 추천했다.

1352년 페드로 왕과 블랑쉬가 결혼하기로 하면서 스페인 카스티야 왕국과 프랑스의 동맹이 맺어졌다. 블랑쉬의 지참금과 카스티야 왕국이 백년전쟁에서 프랑스를 도와주는 대가로 프랑스는 카스티야 왕국에 총 30만 플로린스를 지원해 주기로 했다. 처음 2만 5천 플로린스는 그해 크리스마스 전까지 주고, 블랑쉬가 프랑스를 떠날 때 2만 5천 플로린스를 지급하기로 했다. 그리고 매년 5만 플로린스를 약속된 30만 플로린스가 될 때까지 주기로 약속했다.

마리아 데 포르투갈

위 협약이 맺어지고 7개월 뒤, 블랑쉬는 페드로 왕과 결혼하기 위해서 프랑스를 떠났다. 페드로 왕의 이복형제인 파드리케가 그녀를 무사히 파리에서 스페인까지 호송하는 임무를 맡았다. 1353년 1월 그녀는 바르셀로나에 도착했고 2월에는 결혼식이 열릴 바야돌리드에 도착했다. 한

데 결혼에 앞서 문제가 발생했다. 프랑스가 크리스마스 때 2만 5천 플로린스를 주었으나, 그녀가 프랑스를 떠날 때 지불하기로 했던 나머지 2만 5천 플로린스를 지급하지 않았기 때문이다. 페드로 왕은 이미 마리아 데 파디야라는 여인과 함께 살고 있었다. 그녀와 사이에서 한 명의 아이도 있었고, 그녀를 사랑했다. 블랑쉬는 그저 정략결혼의 대상이었다. 프랑스 왕실이 약속을 지키지 않자 페드로 왕은 결혼식을 미루고 미루다, 마지못해 6월 3일에 결혼식을 올렸다.

결혼식을 올린 지 단 이틀 만에 페드로는 블랑쉬와 살지 않겠다며 별거에 들어갔다. 그리고 바야돌리드에서 100킬로미터 떨어진 아빌라의 한 성에 그녀를 감금해 버렸다. 그 이유로는 이복형제인 파드리케가 그녀를 파리에서 데리고 오면서 사랑을 나눈 것 때문이라는 이야기도 있고 프랑스 왕이 약속된 지참금을 주지 않겠다고 했기 때문이라는 이야기도 있다. 세간에서는 페드로 왕의 정부인 마리아 데 파디야가 마법을 부려서 페드로 왕이 블랑쉬를 꺼렸다는 소문까지 돌았다.

이후 페드로 왕은 블랑쉬를 아빌라에서 톨레도로 옮겨 톨레도의 알카사르에 감금시켰다. 블랑쉬는 감시가 없는 틈을 타 사람들에게 도움을 청했다. 블랑쉬의 비참한 처지가 사람들에게 알려진 뒤 여론은 페드로 왕에게 안 좋게 흘러갔다. 대중은 페드로 왕이 정식 왕비를 이틀 만에 버리고 정부를 선택한 행동에 대해 비판했다. 1353년 급기야 블랑쉬를 구하기 위해 톨레도에서 반란이 일어났다. 페드로 왕은 반란을 진압하기 위해 톨레도로 향했다.

페드로 왕은 1355년 5월 8일 톨레도를 다시 찾았다. 그리고 감옥에서 블랑쉬를 발견했다. 반란군이 도망칠 때 미처 그녀를 데리고 가지 못한 것이다. 페드로 왕은 또다시 그녀 때문에 시민들의 반란이 일어날까 걱정됐다. 그는 그녀를 안전한 세비야에서 가까운 카디스 지방의 푸에르토 데 산타 마리아

Puerto de Santa María에 있는 한 성에 가뒀다. 그리고 1361년에 사람을 보내 그녀를 죽였다. 그때 그녀의 나이는 22살이었다.

1차 카스티야 내전

╼╇╾ 페드로 왕이 블랑쉬를 유배시킴으로써 블랑쉬와 결혼을 주관했던 페드로 왕의 어머니인 마리아와 총리 알부르케케도 곤란한 처지에 빠졌다. 정치 인생을 걸었던 프랑스와의 동맹을 페드로 왕이 무참하게 짓밟아 버리자 궁정 내 그들의 위치도 흔들리고 있었다. 페드로 왕은 단순히 한 여인을 버린 것이 아니었다. 그를 보좌했던 왕비와 총리와도 등을 지겠다는 의도였다. 페드로 왕은 블랑쉬를 결혼식 뒤 이틀 만에 내침으로써 마리아와 알부르케케에게 정치적인 공격을 가한 셈이었다. 이번 일로 그는 주변의 간섭을 받지 않는 진짜 왕이 될 수 있었다. 다만 문제는 그가 그의 주변 사람들을 적으로 돌렸다는 점이었다. 그래서 왕실에는 그의 편이 얼마 남아 있지 않게 되었다.

알부르케케는 반란을 일으키기로 마음먹었다. 마침 그때 구스만, 코로넬 가문이 페드로 왕에게 불만을 품고서 칼을 갈고 있었다. 그리고 블랑쉬가 유배되어 있는 톨레도의 시민들은 페드로 왕을 비판하다 급기야 블랑쉬를 구출하기 위해 폭동까지 일으켰다. 1353년 알부르케케는 구스만, 코로넬 가문 등과 손을 잡고 톨레도의 시민들을 이끌어 톨레도에서 반란을 일으켰다. 1353년 알부르케케와 함께 반란을 일으킨 사람으로는 알폰소 페르난데스 코로넬Alfonso Fernández Coronel과 그의 사위인 후안 데 라 세르다 Juan de la Cerda가 유명하다. 알폰소는 구스만 가문의 최측근이었다. 그는 페드로 왕이 왕위에 오른 뒤 레오노르가 유배되고 살해당하자 페드로 왕에

254

게 불만이 쌓여 있었다.

알폰소는 어렸을 적 세비야에 살 때 고모인 마리아 알론소 코로넬Maria Alonso Coronel의 집에서 지냈다. 마리아는 구스만 가문의 알론소 페레스Alonso Pérez de Guzmán의 부인이었다. 알폰소는 이 인연으로 구스만 가문과 밀접한 관계를 맺었고 알폰소 11세 때에는 높은 권력자가 되었다.

후안 데 라 세르다는 알폰소 페르난데스 코로넬의 딸인 마리아 코로넬의 남편이다. 후안 데 라 세르다는 알폰소 10세의 증손자인 루이스 데 세르다의 아들이었다. 루이스 데 세르다는 구스만 엘 부에노의 딸인 레오노르 페레스 데 구스만Leonor Pérez de Guzmán과 결혼했다. 그녀는 알폰소 11세의 정부였던 레오노르와 동명이인이다.

페드로 왕은 톨레도에 이복형제인 엔리케를 반란을 진압하도록 보냈다. 엔리케의 어머니가 구스만 가문 출신이었지만 페드로 왕은 이복형제들을 믿고 있었다. 그런데 엔리케는 페드로 왕을 배신해서 알부르케르케의 반란군에 합류했다. 게다가 1354년 알부르케르케가 독살당하자 엔리케는 반란군의 수장이 되었다. 그때 페드로 왕의 어머니인 마리아도 블랑쉬를 보호한다는 명목으로 반란군과 함께 톨레도에 있었다. 엔리케의 어머니인 레오노르를 죽이도록 명령한 사람이 다름 아닌 마리아였다. 마리아와 원수 사이였던 엔리케가 그녀와 공동의 목표를 갖고 한 공간에 있었으니 영원한 적은 없다는 말이 꼭 들어맞았다.

페드로 왕은 아라곤 왕국과 유대인으로 구성된 군대를 이끌고 1355년 톨레도를 공격했다. 성 밖에 페드로 왕의 군대가 밀려들어 오자 성안의 시민들은 겁을 먹고 두려워했다. 엔리케는 승산이 없다고 생각해 반란군을 이끌고 사모라 지방의 토로로 도망쳤다.

페드로 왕은 1355년 5월 8일 톨레도를 수복한 뒤 토로로 향했다. 토로에 도착한 페드로 왕은 성을 포위하고 기다렸다. 토로에는 반란군과 함께 어머니인 마리아가 있었기 때문이다. 1356년 싸울 의지를 잃은 토로의 반란군은 항복했다. 반란군의 수장이었던 엔리케는 프랑스로 도망쳤고 엔리케의 쌍둥이 형제인 파드리케는 포로로 붙잡혔다.

2차 카스티야
내전과 영국의 흑태자

✧ 1차 내전을 진압하고 얼마 지나지 않아 페드로 왕은 아라곤 왕국과 전쟁을 시작했다. 전쟁이 일어나게 된 계기는 다음과 같았다. 아라곤 왕국의 페드로 4세Pedro IV가 9척의 무장된 갈레아선을 영국과 백년전쟁 중이었던 프랑스를 돕기 위해 보냈다. 이 배들은 중간에 보급하기 위해 카스티야 왕국의 영토였던 카디스 지방 산루카르 데 바라메다에 닻을 내렸다. 그런데 아라곤 왕국의 군대가 보급하는 동안 항구에 정박하고 있던 제노바 공국의 배를 약탈했다. 이 일은 아라곤 왕국이 카스티야 왕국을 공격한 것이나 마찬가지였다. 1357년 페드로 왕의 카스티야 군대는 아라곤 왕국에 쳐들어갔다. 다행히 그해 바로 추기경의 중재로 카스티야 왕국과 아라곤 왕국은 1년간 휴전 협정을 맺었다. 이때는 페드로 왕에게 버림받은 블랑쉬가 감금당해 있을 때였다. 교황은 페드로 왕에게 서한을 보내 정식 왕비인 블랑쉬를 존중하라고 했다. 페드로 왕은 아랑곳하지 않고 그녀를 계속 성에 가두어 두었다.

이 시기에 페드로 왕은 정적들을 처형시켰다. 1357년 반란군의 핵심이었던 알폰소 페르난데스 코로넬의 사위, 후안 데 라 세르다를 황금의 탑에서 교수형에 처하고 모든 재산을 빼앗았다. 그리고 1358년에는 아라곤의 페드

나헤라 전투를 묘사한 그림

로 4세 왕의 이복형제인 후안 데 아라곤을 죽였다. 같은 해 엔리케의 쌍둥이 동생인 파드리케를 알카사르에서 죽이도록 명령했다. 1359년에는 엔리케의 형제인 후안과 페드로를 암살했다.

　페드로 왕은 집권하자마자 거의 매년 전쟁을 했기 때문에 군대를 유지하기 위해 막대한 자금이 필요했다. 아라곤 왕국과도 전쟁이 완전히 끝난 것이 아니고 1년간의 휴전 협정이었으므로 전쟁 준비를 위해 돈이 더 많이 필요했다. 페드로 왕은 망설이다가 결국 대성당에 묻혀 있던 알폰소 10세, 페르난도 3세, 페르난도 3세의 왕비이자 알폰소 10세의 어머니였던 베아트리스 데 수아비아의 무덤에서 값진 보석들을 꺼내 팔아 전쟁 자금을 마련했다.

　한편 엔리케는 프랑스로 도망갔다가 다시 아라곤 군대에 합류했다. 엔리케는 알폰소 11세의 아들이었고 귀족들의 지지를 받고 있었다. 아라곤 왕국은 페드로 왕과 싸울 때 엔리케가 필요했다. 1360년 엔리케는 병력을 이끌고 카스티야 왕국 리오하 지방의 나헤라를 공격했다. 나헤라는 페드로 왕의 정부인 마리아 데 파디야의 친척이며 페드로 왕이 아꼈던 후안 페르난데스 데 이네스트로사Juan Fernández de Hinestrosa가 다스리고 있었다. 엔리케는 나헤라를 점령한 뒤 후안을 죽였다.

페드로 왕은 보복으로 엔리케의 측근들을 죽이도록 명령한 뒤 나헤라를 공격하러 갔다. 페드로 왕은 나헤라에서 대승을 거뒀다. 엔리케는 도시 속에 숨었다. 페드로 왕은 엔리케를 찾지 못하고 세비야로 돌아와야 했다. 그라나다의 나사리 왕국이 카스티야 왕국으로 쳐들어오고 있었기 때문이다. 엔리케는 페드로 왕이 병력을 뺀 틈을 타서 다시 프랑스로 도망갔다.

1361년에는 카스티야와 아라곤 두 왕국 사이에 평화 협정이 맺어졌다. 평화 협정의 조건은 그동안 서로 정복한 성과 도시들을 반환하는 것이었다. 페드로 왕은 그라나다의 나사리 왕국과 아라곤 왕국 둘 다를 모두 상대할 수 없었으므로, 일단은 아라곤 왕국과 휴전했다. 아라곤 왕국과 평화 협정이 맺어지기는 했지만, 영원한 것은 아니었다. 페드로 왕은 1362년 나바라 왕국과 영국의 흑태자 에드워드와 동맹을 맺어 아라곤 왕국과의 전쟁에 대비했다. 1366년 아라곤 왕국을 통해 프랑스군과 엔리케가 들어왔다. 아라곤 왕국은 카스티야 왕국과 싸우기 위해서 카스티야의 귀족들을 포섭했다.

프랑스와 아라곤 왕국은 엔리케에게 군사를 내주어 페드로 왕과 싸울 수 있도록 했다. 엔리케는 두 나라의 지원으로 군대를 모아 다시 한 번 반란을 일으켰다. 엔리케는 카스티야 왕국의 북쪽 지방을 하나하나 점령해 가기 시작했다. 엔리케는 점령한 지방에서 스스로 카스티야의 왕이라고 칭했다. 매번 지기만 했던 엔리케였으나 이번에는 달랐다. 카스티야 왕국 내에 엔리케가 정복한 도시가 점점 많아졌다.

나중에는 페드로 왕이 기반을 잃고 위협을 느껴 프랑스 남부로 도망치기에 이르렀다. 카스티야 왕국을 떠나 페드로 왕은 프랑스 남부에 있던 영국의 흑태자 에드워드를 찾아갔다. 그는 흑태자에게 도움을 요청했다. 흑태자는 페드로 왕이 다시 카스티야 왕국으로 돌아갈 수 있도록 돕기로 했다. 정식 왕인 페드로 왕이 반란 때문에 쫓겨난 것은 정의롭지 못하기 때문에 흑태자가 페드로 왕을 돕기로 했다는 이야기도 있다. 하지만 흑태자가 페드로 왕을 도운 이유는 무엇보다 스페인이 프랑스의 영향력 안에 들어가면 프랑스와 전쟁 중인 영국에게도 부담이 되었기 때문이다. 페드로 왕은 도와주는 대가로 영국의 에드워드에게 스페인 영토 내 군대 유지 비용과 스페인의 일부 영토를 주겠다고 제안했다.

1367년 4월 3일 나헤라에서 페드로 왕의 카스티야-영국 연합군과 엔리케-아라곤-프랑스 연합군이 맞부딪혔다. 처음에 카스티야 왕국에서 벌어졌던 페드로 왕과 엔리케의 전쟁이 카스티야 왕국과 아라곤 왕국의 전쟁으로 번지더니 영국과 프랑스의 전쟁으로 확대된 양상이었다. 페드로 왕의 운은 끝나지 않았다. 이 전투에서 영국과 페드로 왕의 군대가 승리했다. 엔리케는 패배하여 도망을 쳤다. 페드로 왕은 다시 카스티야 왕국의 왕좌에 올랐다.

에드워드는 약속대로 군대를 보내서 페드로 왕을 도와주었다. 그는 페드로 왕을 지원하기 위해 병력을 움직이는 모든 비용을 프랑스 남부에서 나온 세금으로 충당하고 있었다. 프랑스 남부에서 가혹한 세금으로 불만이 쌓인 상황이었기 때문에 더는 병력을 유지하기 위해 비용을 세금으로 걷을 수 없었다. 에드워드는 전쟁에 승리해서 한숨을 돌렸다. 페드로 왕이 약속대로 보상해 준다면 프랑스 남부의 불만도 사라질 수 있었다. 그런데 페드로 왕은 에드워드에게 군대 유지 비용을 지급하지 않았고 약속된 영토도 주지 않았다. 군대 유지 비용의 경우 지급 안 한 것이 아니라 못한 것이 맞았다. 계속된 전투로 카스티야 왕국의 재정은 바닥을 드러내고 있었다. 페드로 왕은 그래도 양심은 있었던지 에드워드에게 흑태자의 루비라고 불리는 5센티미터 크기, 170캐럿의 스피넬(첨정석) 보석을 선물하였다.

영국의 흑태자는 보상을 받지 못하자 1367년 8월에 프랑스 남부로 돌아갔다. 이 일은 영국의 흑태자에게도, 페드로 왕에게도 불운한 일이었다. 흑태자는 페드로 왕을 돕기 위해 많은 세금을 프랑스 남부에서 거둬들였는데, 그것이 도화선이 되어 영국은 프랑스 남부의 지배권을 잃어버렸다. 페드로 왕은 영국의 지원군이 떠나면서 약해졌기 때문에 또다시 엔리케, 아라곤, 프랑스 연합군의 공격을 받을 수 있었다.

페드로 왕의
최후

✛ 엔리케는 프랑스 군대와 아라곤 왕국의 군대를 모아 흑태자가 돌아가 힘을 잃은 페드로 왕을 다시 한 번 공격했다. 엔리케와 페드로 왕은 1369년 카스티야 라 만차 지방 몬띠엘에서 일전을 벌였다. 페드로 왕은 영국 군대가 빠지자 유대인, 그라나다의 나사리 왕국의 이슬람 사람들까지 동원하여 엔리케에 맞섰다. 그러나 페드로 왕의 군대는 엔리케의 연합군을 당해 낼 수 없었다. 페드로 왕은 전투에서 패배했고 겨우 몬티엘 성으로 숨어들었다. 그는 엔리케에게 포위되자 탈출할 방법을 궁리했다. 성에 있는 병력으로는 성 밖에 대기하고 있는 엔리케의 병력을 뚫고 나갈 수 없었다. 성안에는 물자가 바닥나기 시작했기 때문에 그대로 있으면 굶어 죽을 판이었다.

페드로는 고민 끝에 엔리케를 도와주러 온 프랑스 군대의 장군 베르트랑 뒤 게클랭Bertrand du Guesclin에게 사례를 주겠다고 제안하면서 자신을 도망치게 해 달라고 연락했다. 만약 그가 페드로 왕을 도와준다면 다시 한 번 재기할 수 있었다. 간절하게 기다리고 있는데 그에게 회신이 왔다. 베르트랑은 페

엔리케 2세의 무덤

드로 왕에게 목숨을 살려주겠다며, 밤에 혼자서 성 밖의 약속 장소로 나오라
고 했다. 사람이 많으면 들킬 수 있기 때문에 그 혼자만 탈출할 수 있다는 것
이었다. 페드로 왕은 혼자 탈출하는 게 꺼림칙했지만 남은 군대는 자신이 도
망가고 난 뒤 항복하면 목숨은 건질 수 있을 것이라고 위안했다. 그는 한밤중
에 몰래 성에서 빠져나와 약속 장소로 갔다. 그런데 뭔가 분위기가 이상했다.
그곳에는 엔리케가 머무는 천막이 있었다. 불길한 생각에 페드로 왕이 돌아
서려는데 갑자기 엔리케가 뛰어나와 칼을 꺼내 페드로 왕에게 달려들었다.

　칼싸움으로는 엔리케가 페드로 왕을 이길 수 없었다. 페드로 왕이 엔리케
를 넘어트리고 위에 올라탔다. 페드로 왕은 누가 뭐래도 이복형제였던 엔리
케를 믿었다. 엔리케와 잘 지내려고 했고 그를 반란군을 진압하기 위한 지
휘관으로 임명하기도 했다. 그러나 결국 엔리케는 자신을 배반했다. 만감이
교차하는 순간이었다. 페드로 왕이 엔리케의 가슴을 향해 칼을 내리꽂았다.
페드로 왕이 엔리케를 죽이기 직전이었다. 베르트랑이 나타나 페드로 왕의
발을 잡아당겼다. 덕분에 페드로 왕의 칼이 빗나갔다. 엔리케는 그 순간 페

드로 왕의 위로 올라가서 그를 칼로 찔러 죽였다.

기나긴 내전의 최후였다. 내전 당시 페드로 왕을 도왔던 유대인들과 그라나다의 나사리 왕국 사람들은 보복을 당할까 봐 두려움에 떨었다. 엔리케는 페드로 왕의 편에 서서 자신에게 대항했던 이들의 모든 죄를 사한다고 공표했다. 엔리케 역시 그들이 반란이나 전쟁을 일으키기를 원하지 않았기 때문이다. 엔리케는 엔리케 2세로 페드로 왕의 뒤를 이어 카스티야 왕국의 왕이 되었다. 엔리케는 트라스타마라Trastámara 왕실 가문의 첫 번째 왕이다. 그의 왕실 가문은 1555년 후아나까지 200여 년 가까이 계속되었다.

잔인한 왕이자
정의로운 왕

✛ 페드로 왕은 잔인한 왕이라는 뜻의 Pedro cruel과 정의를 실현했다고 해서 '정의왕'이라는 의미인 Pedro justciero라는 두 이름을 가지고 있다. 그가 왕으로서 행한 일을 살펴보면 잔인한 일을 저지르기도 했다. 그런데 그 시절의 다른 왕들에 비하면 그가 행한 일들이 유독 잔혹한 것은 아니었다. 그럼에도 그가 잔혹왕이라고 불린 까닭은 무엇일까? 그것은 페드로 왕의 통치 기간 내내 계속된 귀족들의 반란과 무관하지 않다. 결국, 페드로 왕은 귀족들의 지지를 받은 이복형 엔리케에게 목숨을 잃었다.

엔리케가 반란으로 왕이 된 후 그는 먼저 페드로 왕이 잔인했고, 스페인을 통치할 만한 인재가 아니었다고 드러내야 했다. 그렇게라도 반란의 정당성을 확보하지 않으면 사람들이 자신을 따르지 않을 것이 분명했다.

페드로 왕이 정의왕이라 불리기 시작한 건 200년이 넘게 지난 후 카를로스 1세Carlos I의 아들인 펠리페 2세Felipe II가 되어서였다. 그 시절 역사학자들은 페드로 왕이 잔혹한 왕이 아니라 정의로운 왕이었다고 주장했다. 페드로 왕을 정의왕이라고 칭할 만한 다음과 같은 일화가 있다.

페드로 왕이 집권했을 때는 가톨릭의 힘이 매우 강했다. 어느 날 한 성직자가 제화공에게 신발을 주문했다. 그 시기에는 만들어진 신발을 파는 것이 아니라 주문이 들어오면 제작을 했다. 제화공은 성직자가 주문한 대로 그에게 신발을 잘 만들어 주었다. 그는 신발을 받은 뒤 돈을 안 가지고 와서 신발 값을 나중에 주겠다고 했다.

제화공은 성직자의 말만 믿고 오랜 시간을 기다렸다. 그러나 성직자는 신발 값을 계속 주지 않았다. 기다리다 지친 제화공은 대성당 앞에서 성직자를 기다렸다가 그가 나오자 신발 값을 계산해 달라고 했다. 성직자는 신발 값을 주기는커녕 예의 없이 성당에까지 와서 돈을 달라고 하느냐며 화를 냈다. 그리고 지팡이로 제화공을 때렸다. 그 바람에 제화공의 갈비뼈가 부러졌다. 제화공은 신발 값도 못 받은 데다 갈비뼈까지 부러지자 억울했다. 몸을 움직일 수 없어서 일할 수 없었기 때문에 경제적으로도 어려워졌다. 제화공은 분통을 풀기 위해 성직자를 고소했다. 누가 잘못했는지는 명백했다. 그런데 재판관은 교회의 눈치를 보느라 그 성직자에게 성당에서 미사를 드릴 때 1년 동안 성가대 자리에 앉지 못한다는 처벌을 내렸다.

말도 안 되는 판결에 제화공은 몸도 마음도 괴로웠다. 3개월 동안 꼬박 침대에서 요양한 뒤에 제화공은 겨우 일어설 수 있었다. 제화공은 복수를 원했다. 재판관도 성직자의 편이었기 때문에 법에 호소할 수도 없었다. 화를 풀 길이 없었던 그는 몽둥이를 들고 성당으로 찾아갔다. 제화공은 거기서 성직자를 기다렸다가 그가 나오자 그를 몽둥이로 때렸다. 제화공은 똑같이 성직자의 갈비뼈를 부러뜨렸다. 사람들은 놀라서 달려들었고, 제화공은 감옥에 잡혀갔다.

얼마 후 재판이 열렸다. 재판관은 제화공이 신을 섬기는 성직자를 때려서 갈비뼈를 부러뜨렸기 때문에 교수형에 처한다는 판결을 내렸다. 불공평한 판결이었다. 그러나 약자인 제화공은 어디에 하소연할 길이 없었다. 제화공과 그의 부인은 울면서 서로를 위로했다.

제화공이 교수형을 당하는 날이었다. 페드로 왕이 사냥을 하러 말을 타고 알카사르의 문을 통해 나가는 데 한 여인이 그의 앞에 나타나 엎드려 길을 막더니 말했다.

"위대하신 왕이시여, 제 남편이 억울하게 교수형을 당하게 되었습니다. 제발 남편을 살려 주십시오."

페드로 왕은 그녀를 일으켜 그간에 있었던 일을 들었다. 그녀의 이야기를 끝까지 들은 뒤, 페드로 왕은 그날의 사냥을 취소했다. 그리고 사형당할 예정인 제화공, 제화공에게 맞아 갈비뼈가 부러진 성직자, 제화공을 사형에 처한다는 판결을 내린 재판관을 모두 알카사르로 불렀다. 페드로 왕은 처음 제화공에게 물었다.

"그대는 성직자에게 신발을 만들어 주었는가?"

"네. 신발을 만들어 주었습니다."

"성직자는 당신에게 돈을 주었는가?"

"돈을 받지 못했습니다. 성당에 가서 돈을 달라고 했는데 저를 때려서 갈비뼈가 부러졌습니다."

페드로 왕이 재판관을 보며 말했다.

"그때 성직자가 제화공의 갈비뼈를 부러뜨려서 내린 판결이 무엇인가?"

"1년 동안 성가대 자리에 앉지 못한다는 것입니다."

"그럼 제화공을 교수형에 처하는 판결에는 뭔가 오류가 있는 것 같네. 성직자가 제화공의 갈비뼈를 부러뜨렸을 때는 1년 동안 성가대에 앉지 못하는 벌이었는데 어찌 제화공이 성직자의 갈비뼈를 부러뜨렸을 때는 교수형이란 말인가?"

재판관은 제화공과 성직자의 신분이 다르다고 말하고 싶었지만 페드로 왕의 눈치를 보면서 아무 말도 하지 않고 가만히 듣고 있었다.

"우선 제화공의 교수형 처벌은 취소하시오. 그리고 그에게는 성직자가 성가대 좌석에 1년간 앉지 못한 것처럼 그의 작업장에서 그가 일했던 자리에 앉지 못하도록 처벌하도록 하시오. 물론 성직자가 성가대 좌석이 아닌 다른 좌석에 앉을 수 있었던 것처럼 그도 일했던 자리가 아니라 다른 의자에는 앉을 수 있을 것이오."

제화공은 페드로 왕의 도움으로 교수형을 면했다. 페드로 왕은 잔혹왕이라고 불리기도 했지만, 백성들에게는 공정하고 정의롭게 대했다. 페드로 왕은 유대인들과도 친했고 왕권을 강화하고 상공업의 발전을 통해 서민들이 잘살 수 있는 길을 모색하기도 했다. 그래서 그의 사후 정의왕이라는 이름을 가질 수 있었다.

대리석에
스며든 피

✣ 페드로 왕에게는 엔리케와 쌍둥이 형제인 파드리케라는 이복형이 있었다. 파드리케는 산티아고 기사단장이었다. 산티아고 기사단은 산티아고에 있는 야고보의 무덤까지 이어지는 산티아고 순례길을 무슬림으로부터 지키는 귀족들의 조직이었다. 전임 산티아고 기사단장이 물러나면서 공석이 생겼을 때 파드리케의 아버지인 알폰소 11세는 파드리케가 기사단장이 되도록 힘을 썼다. 그래서 그는 어린 나이에 1342년부터

산티아고 기사단장이 될 수 있었다. 1358년 페드로는 1차 카스티야 내전이 끝나고 파드리케를 알카사르에서 죽이도록 명령했다. 그가 죽임을 당한 가장 큰 이유는 파드리케가 엔리케의 형제이고 페드로에게 반란을 일으켰었기 때문이다. 그런데 페드로 왕이 파드리케를 죽인 것이 첫 번째 부인인 블랑쉬와 관계가 있다는 전설도 있다. 페드로 왕은 어머니인 마리아와 총리인 알부르케르케가 추진하여 프랑스 왕의 조카인 블랑쉬와 결혼할 예정이었다. 파드리케는 그녀를 프랑스 파리에서부터 결혼식이 열리는 바야돌리드까지 데려오는 임무를 맡았다. 파리에서 몇 달 동안 먼 길을 함께 오면서 파드리케는 그녀에게 사랑을 느끼고 그녀 역시 파드리케에게 마음을 주었다고 한다. 페드로 왕은 결혼 후 이틀 만에 블랑쉬와 살지 않겠다고 선언하고, 그녀를 성에 감금시켜 버렸다. 여러 이유가 있겠지만 파드리케와 연관된 전설에서는 블랑쉬가 처녀가 아니었기 때문이라고 한다. 감금된 그녀와 파드리케가 계속 만남을 유지해서 둘 사이에 한 명의 아이도 있었다고 언급하는 경우도 있지만 이는 확실한 이야기는 아니다.* 대부분의 책에서는 둘 사이의 아이는 언급하지 않고 있기 때문이다.

　페드로 왕은 정식 왕비인 블랑쉬에게 가혹하게 대했다는 사실 때문에 많은 비판을 받았다. 그래서 페드로 왕을 옹호하는 학자들일수록 블랑쉬와 파드리케의 애정 관계를 확대해석하는 경향이 있다. 블랑쉬가 페드로 왕과 결혼 전에 파드리케와 바람이 났었던 것이라면 블랑쉬를 가혹하게 대했던 페드로 왕의 행동이 합리화되기 때문이다.

　지금 할 이야기는 1358년 파드리케가 알카사르에서 어떻게 죽었는가에 관한 것이다. 페드로 왕은 산티아고 기사단장인 파드리케를 그가 머무르는

---

* 『카스티야 왕들의 역사Historia de los reyes de castilla』, 페로 로페스 데 아알라Pero Lopez de Ayala 지음.

세비야의 알카사르로 불렸다. 그는 많은 기사와 함께 알카사르로 찾아왔다. 파드리케는 알카사르에 도착하여 페드로 왕에게 인사를 한 다음에 페드로 왕의 정부인 마리아 데 파디야와 그의 조카들을 보러 갔다.

마리아 데 파디야는 페드로 왕이 파드리케를 죽이려 한다는 사실을 알고 있었다. 그녀는 왕의 뜻인지라 아무것도 할 수 없었지만, 그가 곧 죽는다고 생각하니 슬펐다. 왕비의 표정과 알카사르 전체에서 이상한 기운을 느낀 파드리케는 본능에 따라 이곳을 떠나야겠다는 생각이 들었다.

파드리케는 그의 말을 세워 둔 알카사르 안의 뜰로 갔다. 거기서 말을 타고 나가려는데 페드로 왕의 하인이 다가와 페드로 왕의 전갈을 가지고 왔다. 페드로 왕이 저녁 식사를 함께 하자고 초대하는 내용이었다. 파드리케는 겁쟁이는 아니었지만 왠지 모를 두려움을 느꼈다. 감이 이상했지만, 왕의 명령이었기 때문에 어쩔 수 없이 따를 수밖에 없었다. 파드리케는 다른 기사들과 종자들을 데리고 페드로 왕이 있는 궁전으로 들어갔다. 그런데 궁전 입구에서 왕실 경비병들이 출입을 통제했다. 경비병들은 오직 그와 기사들만 입장할 수 있고 종자들은 밖에서 기다려야 한다고 말했다.

파드리케 일행은 정의의 방Sala de Justicia**으로 갔다. 그 방에는 페드로 왕의 명을 받아 정적들을 처리하던 왕실 경비대장 후안 디엔테Juan Diente가 있었다. 그와 왕실 경비병들은 커다란 망치를 들고 굳은 얼굴로 서 있다가 파드리케 일행이 들어오자 문을 닫았다. 페드로 왕은 후안 디엔테에게 명령을 내렸다.

"기사단장을 죽여라."

그 말을 듣고 파드리케는 단검을 꺼내어 싸우려고 했지만, 단검이 칼집에

걸려서 나오지 않았다. 그는 자신이 바보라고 생각했다. 만약에 쌍둥이 형제인 엔리케를 따라서 함께 프랑스로 피신했다면 이렇게 목숨을 위협받는 상황을 맞이하지는 않았을 것이다.

파드리케는 페드로 왕에게 살려 달라고 애원했다. 페드로 왕의 표정은 변함이 없었다. 왕의 단호한 얼굴을 본 후안 디엔테는 망치로 파드리케의 머리를 내려쳤다. 파드리케의 머리가 깨져 뇌가 드러나고 피가 흘러내렸다. 하지만 그의 목숨은 붙어 있었다. 파드리케는 자신의 피가 흘러 웅덩이가 된 바닥을 기어서 문으로 향해 갔다. 그대로 죽을 수는 없었다. 파드리케에게는 살기 위한 몸부림이었지만 그 모습을 지켜보는 다른 사람들에게는 끔찍한 장면이었다.

어느 틈에 다가온 페드로 왕이 단검을 꺼내서 후안 디엔테에게 주었다.

"그를 끝내 주시오."

후안 디엔테는 페드로 왕의 단검으로 파드리케의 심장을 찔러 목숨을 끊었다. 일설에는 페드로 왕이 파드리케의 시체가 있는 상태로 방에서 저녁을 먹었다고 한다. 파드리케가 흘린 피가 대리석에 깊게 스며들어 아무리 닦아도 지워지지 않아서 몇 백 년 동안 그의 핏자국이 그 자리에 남아 있었다는 이야기도 전해진다.

끓는 기름을 끼얹은 수녀

✢ 알폰소 페르난데스 코로넬의 딸인 마리아 코로넬은 후안 데 라 세르다의 부인이었다. 아버지인 알폰소는 알폰소 11세 시절 그의 정부 레오노르와 가까운 사이였다. 알폰소의 고모가 레오노르의 출신 가문

인 구스만 가문에 시집을 갔는데, 어렸을 적 고모 집에서 자라면서 구스만 가문과 깊은 인연을 맺게 된 것이다. 그 덕으로 그는 큰 권력을 휘둘렀다.

알폰소가 마리아 코로넬을 후안 데 라 세르다에게 시집보낸 이유는 후안 의 아버지가 알폰소 10세의 증손자로 왕가의 핏줄을 물려받은데다가 구스 만 가문의 여인을 배필로 맞아들여서 그 역시 구스만 가문과 친한 사이였기 때문이다. 그러나 1350년 알폰소 11세가 갑자기 흑사병으로 숨을 거두면서 영원할 것만 같던 구스만 가문의 영광도 끝이 났다. 알폰소 11세가 있을 때 는 그의 정부인 레오노르가 구스만 가문 출신이니 알폰소 11세를 등에 업 고 권력을 누릴 수 있었다. 그런데 알폰소 11세가 죽고 나자 모든 권력이 알 폰소 11세의 정식 왕비인 마리아와 나이 어린 페드로 왕에게 돌아갔다.

1351년 급기야 레오노르가 왕비 마리아에 의해 유배되고 살해당하자 구 스만 가문을 배경으로 권력을 누려왔던 사람들은 위기의식을 느꼈다. 그들 역시 언젠가는 페드로 왕에게 죽을지 몰랐다. 마리아 코로넬의 아버지 알폰

페드로 왕이 후안 데 라 세르다를 처형한 황금의 탑

소는 가만히 앉아서 죽기를 기다리기보다는 먼저 공격을 하자고 생각했다. 이리 죽으나 저리 죽으나 똑같다는 생각을 했었던 것인지도 모른다. 잘하면 역사에 남을 영웅이 될 수 있을 테고 실패해도 어차피 언젠가는 찾아올 죽음뿐이었다. 그는 사위인 후안을 설득하여 함께 반란을 일으켰다. 그러나 알폰소 페르난데스 코로넬의 반란은 실패했다. 그는 1353년 2월 페드로 왕에 의해 처형당했다. 1357년 마리아 코로넬의 남편 후안 데 라 세르다 역시 황금의 탑에서 교수형으로 죽었고 모든 재산을 빼앗겼다.

　페드로 왕은 이후 코로넬 가문의 두 자매와 염문을 뿌렸다. 알폰소 코로넬의 둘째 딸인 알돈사 코로넬Aldonza Coronel은 아버지가 죽고 남편이었던 구스만 가문의 알바르 페레스Alvar Perez가 혼자 도망가면서 세비야에 버려졌다. 페드로 왕은 세비야에 홀로 남게 된 그녀를 자신의 여자로 취했다. 페드로 왕은 그녀를 알카사르로 데리고 가서 살았는데 알돈사 코로넬의 질투가 대단했다고 한다. 그녀는 페드로 왕의 정부 마리아 데 파디야와 매일매일 신경전을 벌였다. 페드로 왕은 그녀와 마리아 데 파디야를 함께 둘 수 없다는 것을 깨닫고는 그녀를 내쳤다. 그리고 다시 새로운 여자가 눈에 들어왔다. 그녀는 알돈사 코로넬의 언니인 마리아 코로넬이었다. 그 당시 마리아 코로넬은 남편 후안이 반란죄로 처형당한 뒤 충격에 빠졌다가 서서히 안정을 찾아가는 중이었다. 그런데 어느 날부터 페드로 왕이 그녀에게 접근하기 시작했다. 왕이 그녀에게 구애했으나 그녀의 남편과 아버지를 죽인 페드로 왕에게 마음이 열릴 리 없었다. 그녀는 왕의 구애를 거절하고 자신의 아버지가 살던 집에 숨었다. 그녀는 자신이 집에 없으면 페드로 왕이 포기할 것으로 생각했다.

　페드로 왕은 마리아 코로넬을 생각하지 않으려 해도 계속 그녀가 생각이 났다. 왕인 그가 지금껏 얻지 못한 여자가 없었는데, 그녀가 거부하자 점점 더 그녀를 정복하고 싶었다. 이미 한 번 거절당한 터였다. 왕의 자존심상 다시 그녀를 찾아가 이야기하기도 우스웠다. 그러나 결국 페드로 왕은 다시 그녀의 집을 찾았다. 기껏 페드로 왕이 마리아 코로넬의 집에 찾아왔는데 하인들은 그녀가 집에 없다고 전했다. 페드로 왕은 그 말을 믿지 못하고 직접 눈으로 확인하기 위해 그녀의 집에 강제로 들어가서 샅샅이 뒤졌다. 정말 하인들의 말대로 그녀는 집에 없었다.

페드로 왕은 하인들에게 마리아 코로넬이 어디로 갔는지 물었다. 하인들은 모르겠다고 답했다. 그들은 페드로 왕이 마리아 코로넬의 아버지와 남편을 죽인 원수라는 것을 알고 있었고, 그녀가 그를 피해서 도망갔다는 것도 알고 있었다.

페드로 왕은 칼을 꺼내 하인 한 명을 잡아 마리아 코로넬이 어디로 갔는지 말하지 않으면 그를 죽이겠다고 위협했다. 겁에 질린 하인 중 한 명이 마리아 코로넬이 숨은 곳을 실토했다. 페드로 왕은 마리아 코로넬이 숨어 있는 집으로 향했다. 그 집은 굳게 닫혀 있었다. 페드로 왕은 집의 문을 부수고 들어가서 마리아 코로넬을 찾기 시작했다.

마리아 코로넬은 페드로 왕이 찾아올까 봐 두려움에 떨며 그 집에 숨어 있었다. 그런데 어디선가 페드로 왕의 말소리와 강제로 문을 부수는 소리가 들렸다. 그녀는 창밖으로 페드로 왕이 들어오는 것을 보았다. 그의 결의 어린 표정을 보며 페드로 왕에게 잡히면 명예를 지키기 힘들 것이라는 생각이 들었다.

문이 부서지자 그녀는 집을 탈출하기 위해 정문 반대편에 있는 다른 쪽문으로 달아났다. 페드로 왕은 황급히 그녀가 문을 열고 나가는 것을 보고는 그녀를 뒤따라갔다. 마리아 코로넬은 정신없이 달렸다. 페드로 왕은 그녀를 또 놓치지 않기 위해 뛰어가며 그녀와의 거리를 좁혀 갔다. 마리아 코로넬은 다급하게 숨을 곳을 찾고 있었다. 그때 골목 어귀에 산타 클라라 수도원이 보였다. 그녀는 수도원으로 달려갔다. 마침 그곳에는 한 수도사가 있었다. 마리아 코로넬은 그를 보고 애절한 목소리로 말했다.

"제발 저 좀 여기에 숨겨 주세요. 왕이 저를 강제로 취하려고 쫓아오고 있습니다."

수도사는 단번에 어떤 상황인지 알아챘다. 그는 그녀를 정원으로 데리고 갔다. 정원에는 깊게 파인 구덩이가 있었다. 그는 그녀에게 구덩이 안으로 들어가라고 시켰다. 그녀가 구덩이로 들어간 뒤 수도사가 장치를 건드리자 큰 나무판이 구덩이를 덮었다.

페드로 왕은 그녀가 수도원에 간 것을 보았다. 그도 수도원으로 들어와 여기저기를 돌아다니며 그녀를 찾았다. 곧 그녀가 숨은 구덩이가 발견될지도 몰랐다. 아무래도 그녀가 숨은 구덩이 위는 다른 땅과 달리 풀이 없었기 때문에 자연스럽지 못했다.

페드로 왕이 마침내 그녀가 숨어 있는 정원에 도착했다. 그러나 다행히 눈치를 채지 못하고 다른 곳으로 가려고 했다. 수도사는 페드로 왕이 그녀를 발견하면 어떡하나 걱정을 하던 참이었다. 그는 왕이 다른 곳으로 가려 하자 안도의 한숨을 내쉬었다. 그런데 정원을 나서려던 페드로 왕이 다시 뒤를 돌아보았다. 아무래도 땅의 한 부분이 다른 땅과 어울리지 못한다는 느낌이 들었기 때문이다. 마리아 코로넬은 구덩이 아래에서 제발 왕이 자신을 찾지 못하게 해 달라고 하느님께 간절히 기도를 올리고 있었다.

그 순간 기적이 일어났다. 페드로 왕이 다시 뒤돌아봤을 때, 그녀가 숨은 구덩이 위에 풀들이 나서 다른 땅과 똑같아 보였다. 페드로 왕은 착각을 했다고 생각하고 정원을 떠났다. 그는 수도원에서 그녀를 한참 동안 찾다가 포기하고 왕궁으로 되돌아갔다.

시간이 지난 후에도 마리아는 집으로 돌아갈 생각을 하지 않고 수도원에서 계속 생활했다. 귀한 가문의 딸로 자라나 고생이라고는 모르다가 아버지와 남편이 모두 처형당하고 재산까지 빼앗긴 그녀가 의지할 수 있는 것은 종교 밖에 없었다. 그녀는 하느님께 기도를 드리며 하루하루를 보냈다. 수도원에 있으면서 그녀는 진정으로 자신이 무엇을 원하는지 깨달았다.

어찌 보면 왕이 자신을 좋아한다는 것이 꼭 안 좋은 일만은 아니었다. 그녀는 그 상황을 이용하여 무너진 가문을 재건할 수도 있었고, 다시 예전처럼 영화로운 삶을 살 수도 있었다. 아니면 독한 마음을 먹고 페드로 왕의 곁에 있다가 그가 안심한 틈을 타서 남편과 아버지의 복수를 할 수도 있었다. 그러나 그녀는 모든 것이 부질없다는 생각이 들었다. 힘든 일들을 겪으면서 그녀는 종교에서 인생의 의미를 찾았다.

한동안 페드로 왕은 그녀를 찾지 않았다. 왕이 계속 보이지 않자 마리아 코로넬은 이제 그가 포기했다는 생각에 안심하고 수도원에서 기도하며 살고 있었다. 그러던 어느 날 왕이 또다시 그녀 앞에 나타났다. 왕은 마치 일부러 그녀가 방심하도록 기다린 듯했다. 그녀는 페드로 왕을 피해 달아나기 시작했다. 페드로 왕은 그녀 뒤를 열심히 뒤따라갔다.

쫓기던 그녀는 수도원의 식당으로 들어갔다. 왕은 자신을 포기할 생각이 없어 보였다. 그녀의 눈에 요리사가 냄비에 튀김 요리를 하기 위해 기름을 끓이고 있는 것이 보였다. 생각해 보니 페드로 왕이 자신을 원하는 이유는 예쁜 얼굴 탓이었다. 이미 모든 것을 잃은 그녀에게 예쁜 얼굴은 아무 의미도 없었다. 그녀의 얼굴을 보며 예뻐해 주고 사랑해 줄 사람들은 이미 그녀 곁에 없었기 때문이다.

그녀는 더는 도망치지 않았다. 페드로 왕은 서서히 그녀에게 다가왔다. 그는 이제야 그녀를 가질 수 있다는 생각에 기쁨이 넘쳤다. 왕은 그녀를 진정시키면서 다가갔다. 그 순간 마리아 코로넬은 눈을 감고 펄펄 끓는 기름을 자신의 얼굴에 끼얹었다. 기름에 의해 그녀의 얼굴이 녹아내리자 왕은 놀라서 소리를 질렀다. 그의 탐욕 때문에 일어난 일이었다. 왕은 화상을 입어 징그러워진 그녀의 얼굴을 보고 황급히 식당을 나갔다. 수도사들이 그녀에게 달려왔다. 다행히 그녀의 목숨에는 지장이 없었다.

알카사르로 돌아간 페드로 왕은 반성하고 수도원장에게 그녀를 잘 보살펴 달라고 부탁했다. 그리고 마리아 코로넬에게 용서를 구하며 원하는 것은 무엇이든 들어주겠다고 말했다. 그녀는 이마헨 길Calle Imagen의 주변에 있는 가문의 땅을 되돌려 달라고 부탁했다. 페드로 왕은 약속대로 그녀의 소원을 들어주었다.

마리아 코로넬은 돌려받은 땅에 수도원을 세웠다. 그 수도원의 이름이 산타 이네스Santa Hines이다. 그녀는 산타 이네스 수도원의 원장으로 지내면서 일생을 기도하며 보냈다. 그녀는 죽기 직전 수도원 성가대석 밑에 묻어 달라는 유언을 남겼다. 수도사들은 그녀가 죽자 유언대로 수도원 성가대석 아래에 묻었다. 그 후 시간이 흘러 수도원에 보수 공사를 하려고 그녀의 관을 꺼냈는데 관을 열자 그녀의 시신이 썩지 않고 보존되어 있었다고 한다. 수도사들은 그것을 성스럽게 여겨 이후 그녀의 시신을 유리관에 넣고 매년 12월 2일마다 일반인들에게 공개하고 있다.

예전에 도서관에서 마리아 코로넬이 미라로 전시된 사진을 본 적이 있다. 미라 사진은 무섭고 슬프게 내 기억에 남았다. 그 사진을 보는 것만으로도 소름이 돋고 그녀의 기구한 삶이 슬프게 다가왔다. 남편을 잃고 반역자로 몰려서 가족들의 재산도 빼앗긴 상황에서 원수인 페드로 왕에게 할 수 있는 가장 큰 복수는 자신의 얼굴을 훼손하는 게 아니었을까. 인간은 자신을 상처 입힘으로써 남을 상처 입힐 수도 있다.

그녀는 얼굴에 기름을 끼얹어 여자로서 가장 소중한 아름다움을 잃었다. 페드로 왕은 자신 때문에 녹아내리는 그녀의 얼굴을 보며 평생 씻을 수 없는 죄책감을 가지고 살 수밖에 없었을 것이다.

자고새의 육수를
마시면 안 되는 이유

⁜ 정식 왕비는 아니었지만 페드로 왕이 그의 인생에서 가장 사랑했던 여인은 마리아 데 파디야였다. 마리아 데 파디야는 귀족 출신의 후안 가르시아 데 파디야Juan García de Padilla와 마리아 곤살레스 데 이네스트로사María González de Hinestrosa 사이에서 태어난 딸이었다. 그녀의 어린 시절에 관련해서는 알려진 것이 거의 없다.

다만 집시들의 내려오는 전설에 따르면 마리아 데 파디야는 어렸을 적 버려져 고아원에서 자랐다고 한다. 그녀는 나중에 고아원을 나와 주술사의 하인으로 들어가 주술을 배우고, 혼자 플라멩코를 연습했다. 소설『카르멘』에서 보면 카르멘이 마리아 데 파디야의 가호를 비는 주문을 외우는 장면이 나오고, 마리아 데 파디야가 보헤미안의 위대한 여왕이라는 이야기가 나온다. 아마 이는 마리아 데 파디야가 주술사의 하인으로 들어가 주술을 배웠다는 전설을 받아들여 민간에 퍼진 이야기일 것이다. 뛰어난 미모를 자랑했던 그녀는 어느 날 궁중에서 춤을 출 기회가 있었는데 많은 사람이 아름다운 그녀의 모습에 반했다. 그날 이후로 그녀는 귀족들 사이에서 유명해졌다.

1352년 페드로 왕은 그의 이복형제 엔리케의 반란을 진압하러 가는 도중에 처음 마리아 데 파디야를 만났다. 페드로 왕의 측근이었던 후안 페르난데스 데 이네스트로사가 조카인 마리아 데 파디야가 사는 곳을 지날 때 그녀를 페드로 왕에게 소개해 주었다. 페드로 왕은 마리아 데 파디야에게 한눈에 반했고 그녀에게 점점 더 빠져들어 갔다. 이미 페드로 왕은 프랑스 왕가의 블랑쉬와 결혼할 예정이었다. 하지만 그러한 사실은 그가 마리아 데 파디야를 취하는 데 아무런 문제가 되지 않았다.

페드로 왕은 마리아 데 파디야를 항상 데리고 다녔다. 마리아 데 파디야는 곧 페드로 왕의 아이를 임신했다. 페드로 왕이 1353년 블랑쉬와 결혼할 때쯤에 그녀는 이미 딸을 출산했다. 페드로 왕은 누구보다 마리아 데 파디야를 사랑했지만 한 나라의 왕으로서 정해진 상대와 결혼을 해야만 했다. 그녀는 누구보다 예뻤지만, 그녀의 혈통으로는 왕비가 될 수 없었다. 그 사실을 알았기 때문에 그녀는 페드로 왕이 다른 여자와 결혼하는 것을 바라볼 수밖에 없었다.

집시들의 전설에 따르면 마리아 데 파디야는 페드로 왕과 결혼을 앞둔 블랑쉬에게 황금 허리띠를 선물했다고 한다. 만약 마리아 데 파디야가 마법을 부릴 줄 안다는 것을 알았다면 블랑쉬는 조심했을지도 모른다. 그러나 블랑쉬는 스페인에 처음 왔기 때문에 마리아 데 파디야가 누구인지 잘 몰랐다. 단순히 결혼 축하 선물을 주는 줄 알고 그녀는 감사히 받았다.

결혼식을 무사히 마치고 첫날밤 블랑쉬는 페드로 왕에게 잘 보이기 위해 예쁜 드레스를 골라 입었다. 그러고 나서 어떤 허리띠를 할까 둘러보는데 유독 마리아 데 파디야가 선물한 황금 허리띠가 눈에 들어왔다. 그 허리띠는 다른 어떤 허리띠보다 화려하고 예뻐 보였다.

블랑쉬는 황금 허리띠를 착용하고 침실에서 기다리고 있는 페드로 왕에게 갔다. 페드로 왕은 자신에게 걸어오는 블랑쉬를 보고 깜짝 놀랐다. 페드로 왕의 눈에는 블랑쉬가 허리에 징그러운 뱀을 두르고 있는 것처럼 보였다.

블랑쉬는 자신이 어떻게 보이는지도 모르고 수줍게 웃으며 페드로 왕에게 걸어갔다. 페드로 왕은 그 광경을 보고 놀라서 도망쳤다. 그 후 그는 그녀를 혐오하게 되었고, 그녀와 평생 살지 않겠다고 선언했다.

전설에서는 마리아 데 파디야가 황금 허리띠에 주문을 걸어서 착용하면 허리띠가 뱀처럼 보이도록 했다고 한다. 그래서 당시 일반 백성들은 페드로 왕이 블랑쉬를 버린 이유가 마리아 데 파디야가 마법을 썼기 때문이라고 믿었다. 마리아 데 파디야가 어렸을 적에 주술사의 하인으로 지내면서 주술을 익혔다고 하는 이야기도 있었으니 더욱더 그녀가 주술을 사용해 둘의 사이를 갈라놓았다는 이야기가 신빙성 있게 들렸을 것이다.

페드로 왕은 1354년에 후아나 데 카스트로Juana de Castro와 정치적인 이유로 다시 결혼했다. 후아나 데 카스트로는 1355년에는 페드로 왕의 아들 후안을 출산했다. 그러나 페드로 왕은 그녀와도 역시 며칠을 함께 했을 뿐이었다. 대외적으로는 후아나 데 카스트로가 왕비였지만 그녀는 토로 지방에 있는 성에서 감금되어 살았다. 그녀는 탈출을 시도하기도 했다. 후아나 역시 블랑쉬와 마찬가지로 불운한 삶을 살았다.

마리아 데 파디야는 1361년 7월에 페스트에 걸려 죽었다. 페드로 왕은 그녀가 죽자 슬피 울었다. 그는 평생 그녀가 정식 왕비로 인정받지 못했던 게 제일 후회가 됐다. 카스티야 왕국의 왕으로서 왕국의 이익을 위해 사랑하지 않는 여인들과 결혼해야 했으나 그녀가 죽은 이상 정말 무엇이 그에게 소중한지 깨달은 것이다.

이후 페드로 왕은 궁정에서 그녀만이 자신의 유일한 부인이었다고 선언하고, 톨레도의 주교에게는 그녀를 제외한 모든 여인과 결혼했던 오적을 삭제해 달라고 요청했다. 그녀의 시신은 팔렌시아Palencia 아스투디요Astudillo에 있는 산타 클라라 수도원에 묻혔는데 이후 세비야 대성당의 왕실 예배당으

마리아 데 파디야의 목욕탕

마리아 데 파디야의 목욕탕 안으로 가는 길

로 옮겨와 그와 함께 묻힐 수 있도록 했다.

전해져 내려오는 이야기로는 페드로 왕에게 못된 취미가 하나 있었다고 한다. 마리아 데 파디야는 체구는 작지만 뛰어난 몸매를 자랑했다. 그녀가 알카사르에 있는 목욕탕에서 알몸으로 목욕하면 페드로 왕은 자신의 여인을 자랑하기 위해 신하들을 데리고 목욕탕으로 내려갔다. 그리고 신하들에게 그녀가 목욕하는 모습을 보라고 했다고 한다. 어느 날 페드로 왕은 흥을 더하기 위해 신하들에게 마리아 데 파디야가 목욕한 물을 마시라고 시켰다. 페드로 왕이 두려웠던 신하들은 지시대로 모두 그 목욕물을 마셨다. 그런데 어떤 한 신하가 마시기를 거부했다. 페드로 왕은 화가 나서 그에게 왜 명령을 듣지 않느냐고 물었다. 그러자 신하는 다음과 같이 대답했다.

"자고새*의 육수를 마시면 자고새가 먹고 싶어집니다. 저는 마리아 부인의 목욕물을 마시면 그녀를 탐하고 싶어질까 두려워서 그 물을 마시지 않았습니다."

그러자 페드로 왕은 신하의 설명을 듣고 껄껄 웃으며 그를 용서했다고 한다.

마리아 데 파디야가 목욕했던 장소는 현재도 세비야의 알카사르에 남아 있다. 왕자의 정원을 지나 조금 걸어가면 지하로 내려가는 계단이 있다. 그 안에 마리아 데 파디야의 목욕탕이 있다. 예전에 처음 이곳을 찾을 때 나는 마리아 데 파디야가 누구인지도 몰랐고, 페드로 왕에 대해서도 잘 몰랐다. 마리아 데 파디야와 관련된 이야기를 접하고 난 뒤에는 꼭 다시 한 번 더 보고 싶었다. 페드로 왕을 따라 이곳에 내려와서 마리아 데 파디야가 목욕하는 모습을 보면서 귀족들은 무슨 생각을 했을까?

---

* 자고새는 꿩과에 속하며 메추라기와 비슷하게 생긴 새이다. 잘 날지 않고, 빠른 속도로 땅을 걸어 다니는데 고기가 맛이 있어서 고대부터 사냥해서 먹었다.

밖으로 나오니 한 그룹을 이끈 가이드가 보였다. 가이드는 천천히 스페인어로 그들에게 이곳이 페드로의 정부였던 마리아 데 파디야의 목욕탕이라고 힘을 주어 강조했다. 페드로 왕은 마리아 데 파디야가 죽은 뒤 예전 결혼을 모두 취소하고 그녀 혼자 정식 부인인 것으로 호적을 갈아엎었다. 그런데도 그녀는 여전히 정부였다.

페드로 왕은 누구보다 마리아 데 파디야를 사랑해서 그녀와의 사이에서 3명의 딸과 한 명의 아들을 두었다. 아이러니한 것은 알폰소 11세 때문에 힘들어한 어머니 마리아를 보고 자란 그가 아버지가 한 것과 똑같은 일을 반복했었다는 사실이다. 알폰소 11세는 정실 부인인 마리아와 사이에는 아들 페드로 왕 딱 한 명이 있었는데, 정부인 구스만 가문의 레오노르와는 10명의 자식을 두었다. 그리고 평생 정식 부인보다 레오노르를 사랑하고 아꼈다. 그런 아버지를 보면서 페드로 왕은 어떤 생각을 했었을까? 아마 좋다는 생각은 하지 않았을 것이다. 그런데 그는 아버지가 했던 일을 자신이 다시 했다.

알폰소 11세나 페드로 왕이나 자기 부인에게 충실하지 않았던 대가는 컸다. 페드로 왕은 알폰소 11세가 남겨 놓은 배다른 형제와 계속 싸워야 했다. 페드로 왕은 블랑쉬의 출신 국가인 프랑스의 지원을 받은 이복형제인 엔리케에게 패배하여 목숨을 잃었다. 그런데 죽은 이는 페드로 왕뿐만이 아니었다. 알폰소 11세의 피가 흐르는 그의 배다른 형제도 내전 중에 거의 다 죽었다. 그리고 그들 사이에 대의 없는 싸움을 하느라 많은 군인이 목숨을 잃었고 전쟁 비용을 대느라 백성들은 신음했다.

세비야의
유대인 학살

-¦- 유대인이 이베리아 반도와 처음 교류를 한 것은 타르 테소스 왕국이 있었던 시기로 보인다. 에제키엘이 적은 구약성서 「에제키엘 서」 27장 12절을 보면 아래와 같은 구절이 나온다.

"네가 온갖 재물을 가졌기 때문에 타르시스Tarsis는 너와 교역을 했다. 타 르시스는 은, 철, 주석, 납 등을 주고 장에서 네 물건들을 샀다."

여기서 타르시스는 타르테소스 왕국을 의미한다. 에제키엘이 살던 기원전 7~6세기에는 이베리아 반도에 타르테소스 왕국이 있던 때였다. 타르테소스 왕국에는 은, 철, 주석 등의 광산이 있었다. 구약성서의 위 구절은 유대인들 이 타르테소스 왕국과 교역을 했었다는 사실을 증명해 준다.

언제부터 유대인이 이베리아 반도의 선조들과 만남을 가졌었는지는 밝혀 졌지만 정확히 언제부터 유대인이 이베리아 반도에 정착했었는지는 알려져 있지 않다. 분명한 것은 로마 시대 때 이미 유대인들이 이베리아 반도에서 살 고 있었다는 사실이다. 로마 시절 이베리아 반도와 유대인이 살던 예루살렘 은 로마의 통치를 받았다. 같은 로마 제국 안에 있었지만 스페인과 예루살렘 은 서쪽과 동쪽 끝으로 거리가 멀었다. 그럼에도 스페인에 유대인이 정착해 서 살기 시작한 이유는 로마와 유대인의 종교적 갈등 때문이다.

로마는 다신교였는데 유대인은 유일신의 유대교를 믿었다. 이 때문에 로 마가 유대 지방을 통치할 때 유대인들과 갈등이 끊이지 않았다. 로마의 다신 교 종교 행사에 유대인들은 참석하기를 거부했다. 유대인은 닫혀 있었다. 적 까지도 자신의 편으로 포용하는 로마 입장에서 유대인들은 속 터지는 사람 들이었다. 탈무드에는 "유대인은 어머니가 유대인이어야 유대인이다"라고 적 혀 있다. 유대인의 사회는 모계사회여서 유대인이 되려면 어머니 쪽이 유대인이어야 했다. 2009년 영국에서는 아버지가 유대인이고 어머니가 외국인인 경우에도 유대인으로 인정해야 한다는 판결이 있었다. 하지만 아직까지 유대인의 전통에서는 어머니 쪽이 유대인이어야 유대인으로 인정을 받을 수 있다. 부계 사회가 일반적으로 자리 잡는 상황에서도 모계 사회를 유지하고자 하는 유대인의 모습을 보면 다른 집단과 어울리기 어려운 그들의 고집을 엿볼 수 있다.

유대인도 로마가 마음에 들지 않기는 마찬가지였다. 유대인의 불만이 극에 달했던 때는 37년 말에 즉위한 칼리굴라 황제 때였다. 즉위 초 칼리굴라 황제는 멀쩡했다. 시민들에게 식량을 나눠 주는 등 선정을 베풀기도 했다. 그런데 즉위한 지 몇 달 지나지 않아 고열로 많이 아팠다. 황제는 목숨을 건졌지만 그 이후로 정신이 온전치 않았다. 그는 쓸데없는 일에 돈을 물 쓰듯 썼고 누이들과 근친상간을 했다. 칼라굴라는 급기야 자신을 신이라고 여기면서 로마 제국 전역의 성전에 그의 조각상을 세우라고 명령했다. 유대인들은 유대교 성전에 칼라굴라의 조각상을 놓는 것까지는 참을 수 없었다. 유대 지방의 유대인들은 차근차근 준비해서 반란을 일으켰다. 제1차 유대-로마 전쟁이 66년에 일어났다. 하지만 유대인은 로마를 이길 수 없었다. 70년 로마는 예루살렘을 가볍게 함락시킨 다음 유대교 성전을 불태워 버렸다. 로마 제국은 말을 안 듣는 유대인들을 제국 전역으로 뿔뿔이 흩어져 살도록 했다. 이 일을 디아스포라Diaspora라고 한다. 디아스포라는 인종이나 종교 때문에 사람들을 원래 있던 곳에서 다른 곳으로 강제적으로 이주시키는 것을 말한다. 바빌로니아는 기원전 587년에 유다 왕국을 멸망시켰다. 이때에도 바빌로니아는 유다 왕국의 왕과 많은 유대인들을 포로로 삼아 수도 바빌론으로 잡아갔다. 유대인의 디아스포라 사례로는 위 바빌로니아 때와 로마 제국이 70년에 반란을 일으킨 유대인들을 진압하고 로마 제국 내 다른 땅으로 이주시킨 때가 많이 언급된다.

예루살렘에서 추방된 유대인들은 전 유럽에 걸쳐 있는 로마의 영토에 흩어져 살기 시작했다. 유대인은 스페인을 비롯한 유럽에서 보통 고리대금업에 종사했다. 사람들은 유대인들의 돈이 필요했지만 다른 한편으로는 그들을 싫어했다. 스페인 중세 시대에는 왕도 유대인들에게 돈을 빌렸다. 왕은 전쟁을 위해서 돈이 많이 필요했기 때문이다. 그 대가로 왕은 유대인들이 살 수 있는 구역을 마련해 주고 성벽을 세워 보호해 주기도 했다. 서고트 왕국 시절 레카레도가 가톨릭을 서고트 왕국의 공인 종교로 삼기 전까지 유대인은 큰 문제가 없었다. 그러나 가톨릭이 공인 종교가 되면서 유대인은 많은 탄압을 받았다.

이슬람 세력이 이베리아 반도를 지배할 때 유대인은 사회의 요직을 차지하며 잘 살았다. 이슬람 세력이 약해진 사이 북쪽에서 가톨릭 왕국이 세력을 키우며 이슬람 세력을 몰아냈다. 유대인은 서고트 왕국 말기의 악몽이 떠올랐지만 가톨릭 왕국과 초기에는 잘 지냈다. 하지만 14세기 후반에 유대인의 불길한 느낌은 현실이 되었다.

1391년에 스페인 세비야에서 성난 군중이 유대인들을 학살하는 사건이 발생했다. 이해 3월에 세비야 에시하Ecija 지방의 대성당 부사제였던 페르난도 마르티네스Fernando Martinez는 세비야에서 유대인들을 축출하는 움직임을 주도했다. 유대인은 알폰소 10세가 내어준 세비야 구시가지의 유대인 지구에 모여 살고 있었다. 그 이후 세비야에는 스페인에서 톨레도에 이어 두 번째로 유대인의 인구수가 많았다. 처음에는 가톨릭교 신도들이 유대인 지구에 들어와서 유대인들을 때리고 상점에서 물건을 훔치는 정도였다.

당시 카스티야 왕국은 엔리케 2세의 아들이었던 후안 1세Juan I가 1390년에 죽고, 그의 11살 난 아들인 엔리케 3세^{Enrique Ⅲ}가 왕이었다. 그는 병약하고 나이가 어린데다 흑사병이 지속적으로 창궐하던 어수선한 때라 세비야에서 일어나던 유대인들에 대한 폭동을 제대로 통제하지 못했다.

세비야에서 유대인들에 대한 대중의 증오는 심해져 갔다. 급기야 6월 6일에는 유대인 지구의 마테오스 가고^{Mateos Gago} 길과 고기의 문^{Puerta Carne} 사이 길을 막고 많은 사람이 유대인 지구에 난입했다. 유대인들은 탈출하려고 했지만 유대인 지구는 성벽으로 둘러싸여져 있었고, 밖으로 나가는 문은 폭도들에 의해 막혀 있었다. 성난 군중은 유대인이라면 어린아이, 노약자 상관할 것 없이 닥치는 대로 죽였다. 이날 4천 명이 학살되었다. 그때 세비야에 살던 유대인들의 인구가 5천 명이었으므로 80퍼센트에 달하는 유대인이 죽임을 당한 것이었다. 운 좋게 목숨을 건진 유대인들은 두려움에 세비야를 떠났다. 엔리케 3세는 뒤늦게 유대인들에 대한 박해를 금지하는 칙령을 발표했지만 이미 세비야에 남은 유대인들은 거의 없었다.

유대인 학살이 발생한 데에는 두 가지 이유가 있었다. 첫 번째는 스페인에 창궐한 흑사병 때문이었다. 흑사병은 맨 처음에는 중앙아시아에서 발생했다. 1347년 몽골 제국은 우크라이나에 있는 페오도시야^{Feodosiya}를 공격할 때 흑사병에 걸려 죽은 군인의 시체를 투석기에 실어 던져 보냈다. 그로 인해 페오도시야에 흑사병이 발생해서 많은 사람들이 죽었다. 페오도시야에는 제노바 교역소가 있었다. 교역소에서 일하던 이탈리아 사람들은 살기 위해 고향으로 탈출했다. 그들은 시칠리아에 도착했다. 그러나 그들도 얼마 지나지 않아 흑사병으로 인해 모두 죽었다. 그 결과 흑사병이 시칠리아에 퍼졌다. 이것은 시작에 불과했다. 유럽의 많은 사람들이 시칠리아를 오갔기 때문에 곧이어 전 유럽에 흑사병이 퍼져 나갔다.

스페인에는 1348년부터 본격적으로 흑사병이 유행했다. 대표적으로 페드로 왕의 아버지인 알폰소 11세가 흑사병으로 죽었다. 왕이 흑사병으로 죽을 정도였으니 일반 사람들의 희생자 수는 상상도 못할 정도였다. 지역에 따라 다르지만 흑사병으로 인해 각 도시에서 최소 20퍼센트에서 많게는 80퍼센트까지 인구수가 줄었다. 중세 시대에는 의학적 지식이 부족했으므로 미신을 믿었다. 흑사병이 하느님의 심판이라는 사람들도 있었고, 새 부리 가면을 쓴 닥터 쉬나벨이 흑

닥터 쉬나벨을 묘사한 그림. 사람들은 닥터 쉬나벨이 흑사병 환자의 집을 방문하면 그 환자가 죽는다고 믿었다.

사병 환자의 집을 방문하면 환자가 죽는다는 이야기도 있었다.

일부 사람들은 유대인들이 흑사병을 몰고 왔다고 생각하기도 했다. 유대 민족은 예수를 십자가에 못 박은 원죄가 있었다. 성서에 보면 로마에서 파견된 이스라엘 총독 빌라도는 예수를 십자가에 못 박으라는 유대인 군중들에게 그 사람의 잘못을 찾을 수 없다고 했다. 유대인 군중은 빌라도에게 계속 예수를 십자가에 못 박으라고 외쳤다. 빌라도는 성난 유대인들에게 떠밀려 예수에게 십자가형을 선고하면서, 자신은 이 판결에 책임이 없다며 손을 씻었다. 이에 유대인들은 예수의 피에 대한 책임은 우리와 우리 자손들이 지겠다고 말한 바 있다.

흑사병이 하느님의 심판이라면 그것은 유대인들을 벌하기 위한 것이었다. 유대인들 때문에 생긴 전염병이므로 유대인들을 없애 버린다면 심판이 끝나

과거 산타크루스의 유대인 거주 지역

전염병이 사라질지도 몰랐다. 흉흉한 사회 분위기 속에서 사람들은 점차 유대인들이 전염병을 가져왔다는 말을 믿기 시작했다. 더 나아가 어떤 사람들은 그들을 공격하기도 했다.

스페인 사람들이 유대인들을 학살한 두 번째 이유는 16세기 말에 셰익스피어가 지은 『베니스의 상인』이라는 희곡을 보면 알 수 있다. 『베니스의 상인』에 등장하는 샤일록은 중세 유럽 사람들이 생각하는 유대인의 전형적인 모습이다. 사실 중세 시대 유대인은 사회의 두뇌 역할을 많이 했다. 많은 의사가 유대인이었다. 또한 유대인은 고리대금업을 비롯한 각종 금융업에 종사했다. 중세 시대에 유대인은 농업, 상업, 공업 등 전반적인 분야에서 일하는 것이 금지되어 있었다. 그들이 할 수 있는 것 중 가장 괜찮은 일이 일반 사람들과 교회에서 하지 않는 고리대금업이었다. 유대인은 신용을 중히 여기고, 돈이 될 만한 것을 발견해 내는 영특함이 있었기 때문에 고리대금업 분야에서 성공해서 많은 돈을 벌어들였다. 그런데 유대인은 전통과 유대교를 유지하며 현지 사회와 어울리는 것을 거부했다. 대중은 자신들과 어울리지도 않고, 높은 이자로 돈놀이를 하는 유대인을 안 좋은 시선으로 바라보았다. 기존 원주민과 유대인의 갈등이 스페인에서만 발생한 것은 아니었다. 14세기 후반 유대인의 학살은 전 유럽에 걸쳐 나타난 현상이었다.

스페인에 있던 유대인은 서고트 왕국 시절 유대교에 대한 탄압이 시작되자 북아프리카에서 온 이슬람 사람들을 도와 스페인을 지배할 수 있도록 도운 전력도 있었다. 또한 트라스타마라 가문 출신의 왕과 내전을 벌였던 페드로 왕을 지원했던 것도 유대인들이었다. 페드로 왕이 패배하여 트라스타마라 가문의 엔리케 2세가 왕위에 오르면서 유대인에게 보복하지 않겠다고 하긴 했지만 유대인이 갑자기 친구처럼 느껴지지는 않았을 것이다.

1492년에 이사벨 1세Isabel I와 페르난도 2세Fernando II가 스페인을 통일하고 유대인들에게 스페인에서 나가거나 가톨릭으로 개종할 것을 선택하도록 한 적이 있었다. 개종을 거부한 유대인들이 대대적으로 스페인 전역에서 쫓겨났다. 이 시기 추방된 유대인들을 세파르디Sefardi라고 한다. 일부 세파르디 후손은 지금도 15세기의 스페인어를 사용한다. 스페인에는 톨레도를 방문한 세파르디 후손이 선조가 살던 집에 찾아와서 가문 대대로 내려온 열쇠로 수백 년 된 집의 문을 열었다는 이야기가 뉴스에 나오기도 한다.

그때 유일하게 세비야는 유대인들이 거의 축출되지 않은 곳이었다. 특별히 왕이 지난날의 과오 때문에 세비야의 유대인들을 아껴서 그런 것이 아니었다. 그보다는 이미 그때에 세비야에는 거의 유대인들이 살고 있지 않았기 때문이다.

집의 문 앞에 걸린 해골,
수손나 이야기

✛ 엔리케 3세는 1391년 세비야에서 있었던 유대인 학살 이후 살아남은 유대인들을 보호하고 그들이 계속 살 수 있도록 도와주었다. 그 결과 일부 유력한 유대인 가문 사람들은 세비야에 남아 있었다. 하지

만 유대인들이 자신들의 가족과 친구가 학살당했던 일을 잊은 것은 아니었다. 유대인들은 칼을 갈고 있었지만, 그 칼을 드러내지 않을 뿐이었다. 그들은 실제로는 유대교를 믿으면서 가톨릭으로 개종한 것처럼 살아갔다.

1391년의 유대인 학살이 있었던 이후 거의 100년의 세월이 흘러 1478년에 세비야에는 종교재판이 시행되었다. 종교재판의 주 타깃은 허위로 가톨릭으로 개종한 유대인들이었다. 그리고 잡힌 유대인들은 전 재산을 몰수된 이후 사형에 처해졌다. 1391년의 유대인 학살이 비합법적이었다면 종교재판은 교회에 의한 합법적인 탄압이라 부를 만했다. 안 그래도 세비야에 있던 유대인들은 1391년의 학살을 방조했던 국가에 반감을 품고 있었다. 그래도 참고 살았는데 종교재판으로 또다시 언제 잡혀가 처형될지 모르는 상황이 되었다. 세비야에 남은 유대인들은 극도의 스트레스를 받았다.

1480년 후반에 세비야의 유대인 사회에서 가장 영향력이 있던 인물은 디에고 수손Diego Suson이었다. 그는 다른 유대인들을 설득해 반란을 계획했다. 계속 언제까지 이렇게 두려움과 박해 속에서 살 수는 없었다. 그는 스페인 전역에 있는 유대인의 힘을 합치고 북아프리카에서 이슬람 세력을 데려와 스페인 왕국과 싸워 이기도록 도와야 한다고 생각했다. 유대인들은 자본을 가지고 있었기 때문에 불가능한 일은 아니었다. 이슬람 세력의 지배 아래에서는 유대교를 믿는 대가로 별도의 세금을 내겠지만, 사회 활동과 생존이 보장될 수 있었다.

디에고 수손은 반란의 첫 단계로 세비야에 있는 감옥의 죄수들과 노예들을 탈출시킨 뒤 그들에게 무기를 줘서 세비야를 혼란에 빠뜨려야 한다고 생각했다. 무기를 구하는 것이 문제였는데 곧 해결책도 마련되었다. 무역업에 종사하는 유대인이 외국에서 물건을 수입할 때 몰래 무기를 배 밑에 숨겨서 가져오기로 했다.

성난 죄수들과 노예들이 무기를 가지고 시내를 돌아다니며 혼란을 일으
킨다면 경비병들도 쉽게 그들을 제압할 수 없을 터였다. 경비병들이 죄수들
과 노예들을 진압하는 데 애를 쓰는 동안 디에고 수손이 용병들과 함께 알
카사르를 점령하면 세비야를 손에 넣을 수 있다고 보았다. 그 후 이슬람 세력
이 군대를 이끌고 세비야에 도착하면 그들이 알아서 세비야를 기반으로 삼
아 가톨릭 세력과 싸울 것이었다.

거사가 얼마 남지 않은 어느 날 밤이었다. 모반을 꾀하는 유대인들이 디에
고 수손의 집에 모두 모였다. 이 반란은 약 100년 전의 학살로 무고하게 목
숨을 잃은 선조들과 종교재판으로 박해를 당한 가족과 친구를 위한 일이었
다. 복수할 기회는 단 한 번뿐이었다. 성공한다면 종교재판으로 박해받는 유
대인의 목숨을 건질 수 있을 뿐만 아니라 행복하게 살 수 있었다. 만약 실패
한다면 모든 세비야의 유대인이 죽을 수도 있었다. 계획은 한 치의 틀어짐도
없어야 했다. 주동자들은 매일 밤 디에고 수손의 집에 모여서 완벽한 반란
계획을 세우기 위해 밤을 새웠다. 그런데 디에고 수손과 다른 유대인들은 한
가지 중요한 변수를 놓치고 있었다. 그것은 다름 아닌 디에고 수손의 딸인
수손나Susona였다. 그녀는 세비야 전체에서 손꼽히는 미모로 유명했다. 수손
나는 유대인이었지만 가톨릭의 한 귀족과 사귀고 있었다. 사랑의 열병에 빠
진 그녀는 매일 밤 몰래 집을 나가서 그와 함께 있다가 다시 새벽녘에 몰래
들어오곤 했다. 그날도 마찬가지였었다. 여느 때처럼 몰래 애인을 만나러 나
가려고 하는데 거실에서 웅성거리는 소리가 들렸다. 그녀는 아버지가 친구
들과 오랜만에 만났나 보다 생각하고 들키지 않게 조심하며 살금살금 발걸
음을 옮겼다. 그런데 슬쩍슬쩍 들려오는 이야기들이 심상치 않았다. 호기
심이 생긴 그녀는 몰래 그들의 이야기를 엿들었다.

수손나의 가슴이 쿵쾅쿵쾅 뛰었다. 반란이 일어나면 지금 사랑하는 애인

수손나의 집

도 죽을지 몰랐다. 사랑에 빠진 그녀에게는 애인이 세상의 전부였다. 그녀는 그가 없이는 살아갈 수 없다고 생각했다. 그를 살려야만 했다. 그녀는 당장 연인에게 달려가서 그녀가 들은 이야기를 모두 털어놓았다. 사랑에 눈이 먼 그녀는 그 계획을 말하면 어떤 일이 일어날지 볼 수 없었다.

수손나의 애인은 큰 공을 세울 기회가 생겼다고 생각했다. 만약 그가 유대인들의 반란 모의를 미리 알아내어 보고한다면 큰 보상을 받을 수 있었다. 그는 곧장 세비야에 있던 디에고 데 메를로Diego de Merlo 장군에게 달려가 수손나의 아버지가 반란을 일으킬 것이라고 말했다. 디에고 데 메를로가 어떻게 그 말을 확신할 수 있느냐고 묻자 그는 자신의 애인이 디에고 수손의 딸인 수손나이며, 그녀가 직접 들은 것을 자신에게 알려줬다고 대답했다.

디에고 데 메를로는 바로 군대를 이끌고 디에고 수손의 집으로 쳐들어갔다. 그는 그녀의 아버지를 포함해 반란을 모의했던 모든 사람을 붙잡았다. 반란을 주동했던 유대인들은 스페인의 유대인들이 행복하게 살 수 있는 세상을 꿈꾸었지만 이제 그들에게 남은 건 사형당할 미래밖에 없었다.

수손나는 모의를 밀고한 사람이었기 때문에 살아남았다. 그것은 그녀에게 다행이라기보다는 오히려 벌이었다. 그녀는 아버지를 포함한 많은 유대인의 처형 장면을 두 눈으로 똑똑히 지켜보아야만 했다. 수손나는 죄책감으로부터 헤어나올 수 없었다. 만약 그녀가 그날 밤 거실에서 하는 이야기를 듣지 않았더라면, 그녀가 애인에게 말하지 않았더라면 하는 생각이 떠나지를 않았다. 문제는 그뿐이 아니었다. 그녀의 밀고로 처형당한 유대인의 유가족은 그녀를 욕하고 목숨을 위협했다. 그녀는 유대인 지구에서 나와 대성당에 들어가 도움을 청했다. 대성당에 있던 신부는 그녀에게 수도원에 들어가서 기도를 하라고 권했다. 그녀는 몇 년간을 수도원에서 보낸 뒤 집으로 돌아왔다.

오랜 시간이 지났지만, 그녀는 그 후로 다시는 행복해질 수 없었다. 집에 돌아온 뒤에도 항상 그녀는 후회와 반성을 하며 금욕적인 생활을 했다. 평생 참회하고 기도를 했지만, 그녀는 마지막 순간까지도 자신을 용서할 수 없었다. 그녀는 유언으로 자신이 죽으면 목을 잘라 집의 문 앞에 걸어 달라고 부탁했다. 후세 사람들이 아버지를 배신했던 자신의 얼굴을 보면서 자신과 같은 실수를 범하지 않기를 바랐던 것이다.

그 유언대로 그녀의 목은 해골로 변할 때까지 집 앞에 백 년 넘게 걸려 있었다고 한다. 그녀의 집이 있던 길은 해골 덕분에 '죽음의 길'이라고 불리다가 지금은 '수손나의 길'로 바뀌었다. 산타크루스 유대인 지구에 있는 그 길에 가면 지금은 해골이 걸려 있던 자리에 해골 대신 해골 모양의 타일이 장식되어 있다.

큰 뱀의 길에 얽힌 전설

⊹ '수손나의 길' 이외에 스페인 세비야에서 유명한 또

하나의 길을 들라면 '큰 뱀의 길^{Calle Sierpes}'을 들 수 있다. 세비야 중심가 상점들이 몰려 있는 큰 뱀의 길은 예전에는 '칼 장인의 길^{Calle Espaderos}'로 불렸다. 스페인어로 espaderos는 '칼을 만드는 장인들'이라는 뜻이다. 당시에 그 길에는 칼 장인의 조합과 그들을 위한 병원이 있었기 때문에 자연스레 칼 장인의 길이라는 이름으로 불렸다. 이 길이 후에 '큰 뱀의 길'이라고 불리게 된 데에는 다음과 같은 전설이 있다.

15세기 후반에 세비야 전역에서 아이들이 하나 둘씩 사라지는 사건이 발생했다. 부모가 잠깐 집을 비운 사이 집에 있던 아이들이 사라지기도 했고, 길에서 놀던 아이가 집으로 돌아오지 않기도 했다. 한두 명도 아니고 계속해서 아이들이 행방불명되자 세비야 사람들은 자식들의 안전을 걱정하며 신경이 날카로워졌다. 어수선한 분위기 속에서 유괴범으로 서로를 의심하기도 했다.

어떤 사람들은 세비야에서 학살을 당했던 유대인의 후손이 복수를 위해 이런 일을 저질렀다고 생각했다. 또 다른 사람들은 이슬람교에서 가톨릭으로 개종한 모리스코^{morisco}들이 아이들을 유괴해서 그라나다로 데려간다고 생각하기도 했다. 그 시기에 이슬람 사람들은 거의 모두 그라나다에서 살았기 때문이다. 그때 세비야의 실세인 구스만 가문과 폰세 데 레온 가문이 싸움을 벌이고 있었는데, 사람들은 한 가문에서 아이들을 납치한 뒤 그 책임을 상대방으로 돌려 가문의 힘을 약화시키고자 하는 목적이라고 이야기하기도 했다.

아이를 잃어버린 부모는 하던 일을 내버려 두고 미친 듯이 아이를 찾아다녔고, 아이를 가진 부모는 아이를 두고 밖으로 나갈 수가 없었다. 이 때문에 세비야 사회가 제대로 돌아가지를 않았다. 세비야의 총독 알폰소 데 칼데나^{Alfonxo de Caldena}는 걱정에 잠을 이루지 못했다. 세비야의 치안은 그의 책임이었다. 그는 경비병을 데리고 밤낮으로 순찰했다. 범인의 흔적을 찾으려 노력했지만, 이 사건과 관련한 증거는 도저히 찾을 수가 없었다. 그러던 어느 날 칼 장인의 길 끝에 있는 감옥에 수용되어 있던 한 죄수가 교도소장에게 면담을 신청했다.

오늘날 큰 뱀의 길(시에르페스 길)

"저는 세비야에서 아이들을 누가 유괴했는지 알고 있습니다. 범인은 제가 직접 총독님께 말씀드리도록 하겠습니다."

교도소장은 그가 아이들을 납치한 범인을 알고 있다고 하자 부랴부랴 총독에게 달려가 그 사실을 알렸다. 총독은 그를 바로 데리고 오라고 지시했다. 그가 오자 총독은 범인이 누구냐고 물었다.

"말씀드리기 전에 한 가지 여쭙고 싶습니다. 제가 범인을 알려 드리면 제게 어떤 보상을 해 주실 것인가요?"

총독은 유괴범을 잡는 것이 제일 시급했다. 그와 협상을 하며 버릴 시간이 없었다.

"네가 원하는 모든 것을 들어주겠다. 그러나 만약 네 말이 거짓이라면 너는 네 목숨을 내놓아야 할 것이다."

"제가 틀릴 일은 없습니다. 지금 해 주신 말씀을 문서로 작성해 공증을 해 주시면 범인을 알려 드리도록 하겠습니다."

"네 소원이 무엇이냐? 일단 그것을 알려 줘야 문서를 작성해도 할 것 아니냐?"

"저는 제 모든 죄의 조건 없는 사면을 원합니다."

총독은 공증인을 불러와서 그의 죄를 사면한다는 문서를 작성해 주었다.

"자, 이제 네가 요구한 대로 문서를 작성하고 공증까지 해 주었다. 이제 범인에 대해서 이야기해 보아라."

"저는 감옥에 갇혀 불행한 나날들을 보내고 있었습니다. 만약 제가 정말 죄를 지었다면 하루하루 반성하는 마음으로 살 수 있었겠지요. 그렇지만 저는 억울하게 감옥에 갇혔습니다. 그 운명을 받아들일 수 없었기에 탈옥하기로 마음을 먹었습니다. 감옥의 창문에는 쇠창살이 처져 있었고, 감옥의 곳곳에는 경비병들이 밤낮으로 항상 보초를 서고 있었기 때문에 감옥 밖으로 바로 나갈 방법은 없었습니다. 그래서 저는 하수도를 통해서 감옥을 빠져나가기로 했습니다.

경비병들이 교대하는 사이 저는 몰래 방에서 빠져나와 미리 봐둔 감옥 안에 있는 하수도로 들어갔습니다. 하수도는 어둡고 습했고 음식 썩는 냄새가 났습니다. 등잔불에 의지해 한 걸음씩 자유를 향해 걸어가는데 갑자기 조금 전과는 다른 역한 냄새가 났습니다.

네, 그것은 시체가 썩어 가는 냄새였습니다. 참을 수 없는 악취에 인상을 쓰며, 고개를 돌리는데 거기에 유괴범이 있었습니다. 유괴범은 저를 보자마자 달려들었습니다. 저는 침착하게 참고 있다가 몸을 살짝 틀며 유괴범의 몸에 칼을 찔러 넣었습니다. 그가 달려오던 기세에 칼은 그의 몸속 깊숙이 박혀서 빠지지 않았고, 곧 그는 숨을 거두었습니다. 만약 제가 그대로 도망갔더라면 유괴범의 존재는 미스터리로 남았을 것입니다. 아이를 잃어버린 부모들도 자식이 어디로 갔는지 몰라 항상 괴로워했을 테지요. 그래서 저는 다시 감옥으로 돌아와 총독님께 면담을 신청한 것입니다."

그는 총독과 경비병을 데리고 하수도 안으로 들어갔다. 한참을 걸어가자 과연 그의 말대로 점점 시체 썩는 냄새가 진동을 했다. 죄수가 어느 한 곳을 가리켰다. 총독이 그곳에 가보니 거기에는 5미터 정도의 길이에 몸통이 통나무와 같이 굵은 큰 뱀이 칼에 찔려 죽어 있었다. 총독은 죄수가 왜 감옥으로 다시 돌아와야 했는지 뱀을 보고서야 알았다. 하수도를 막고 있는 뱀의 크기가 너무 커서 그 뱀을 치우기 전까지는 빠져나갈 수가 없었다. 죄수 혼자 그 뱀을 치울 수는 없었다. 경비병들은 근처에서 아이들의 뼈와 시신을 발견했다. 총독은 뱀이 아이들을 죽였다는 사실을 받아들였다.

세비야 시내의 지하에는 로마 사람과 이슬람 사람들이 살 때 만들어 놓은 하수도가 복잡하게 연결되어 있었다. 하수도 속에서 살던 뱀은 비정상적으로 커졌고 하수도를 지나다니다 배가 고프면 하수도를 통해 밖으로 잠깐 나와서 아이들을 잡아먹고는 다시 하수도로 도망친 것이다.

총독은 뱀을 꺼내 뱀이 있던 하수도 위의 칼 장인의 길에 전시했다. 그 이후 사람들은 이 길을 '큰 뱀의 길'이라고 불렀다.

GALLIAE PARS

GASCONIA

Caput cruci
Baiona
Tholofa
Pyrenei môtes
Mootpolier

Fons Rabix
Roncis
Biſiers

Ronceuall
Narbona

Tudela
Parpian

Borgia
Bergufa
Vich
Girona
Epiatus
Empuries

Saragoza
Cefar Augufta
Fraga
Laburgra
Cardona
Ducaus

Soria
Tarragona
ARAGONIA
Ilerda
Leyda
Barſalona

Alcaniz
Ibex & Ebro fl.
Tarragona
Cubels

Iubalda mons

Nouel
Tortofa

Lartone
Serua fl.

Valentia

Chineer fl.
Goldamor s.
Maiorca
Mallorca
Minori
Menore

Anriglia
Almanfa

Elda
Denia
Cormedera

Murcia
Euica

Sicura fl.

Cerne

Mula

Cartagena

Sufana

Aquife

Bara

Almeria

Mare mediterraneum

Der Berg Rontcual vor zeiten mons Pyre-
neus geheiſſen/ſcheidet Hiſpaniā von Franck-
reich/ vnnd ziehen ſich zwey Gebirg vonn jhm
durch Hiſpaniā/vnder welchen eins ſich ſtreckt
biß gehn Portugall/ v.nd ſcheidet es von Galli
cia/ hat mancherley naſſen / nach dem es ander
vnd andere Völcker bekreifft. Bey dem Strictū
Sybilie/ verſtand dz eng Meer. ſo zwiſchen Hi
ſpaniam vnd Mauritaniam jſther ghet.

CHAPTER

7.

다시 태양이 떠오르다, 스페인의 통일과 대항해 시대

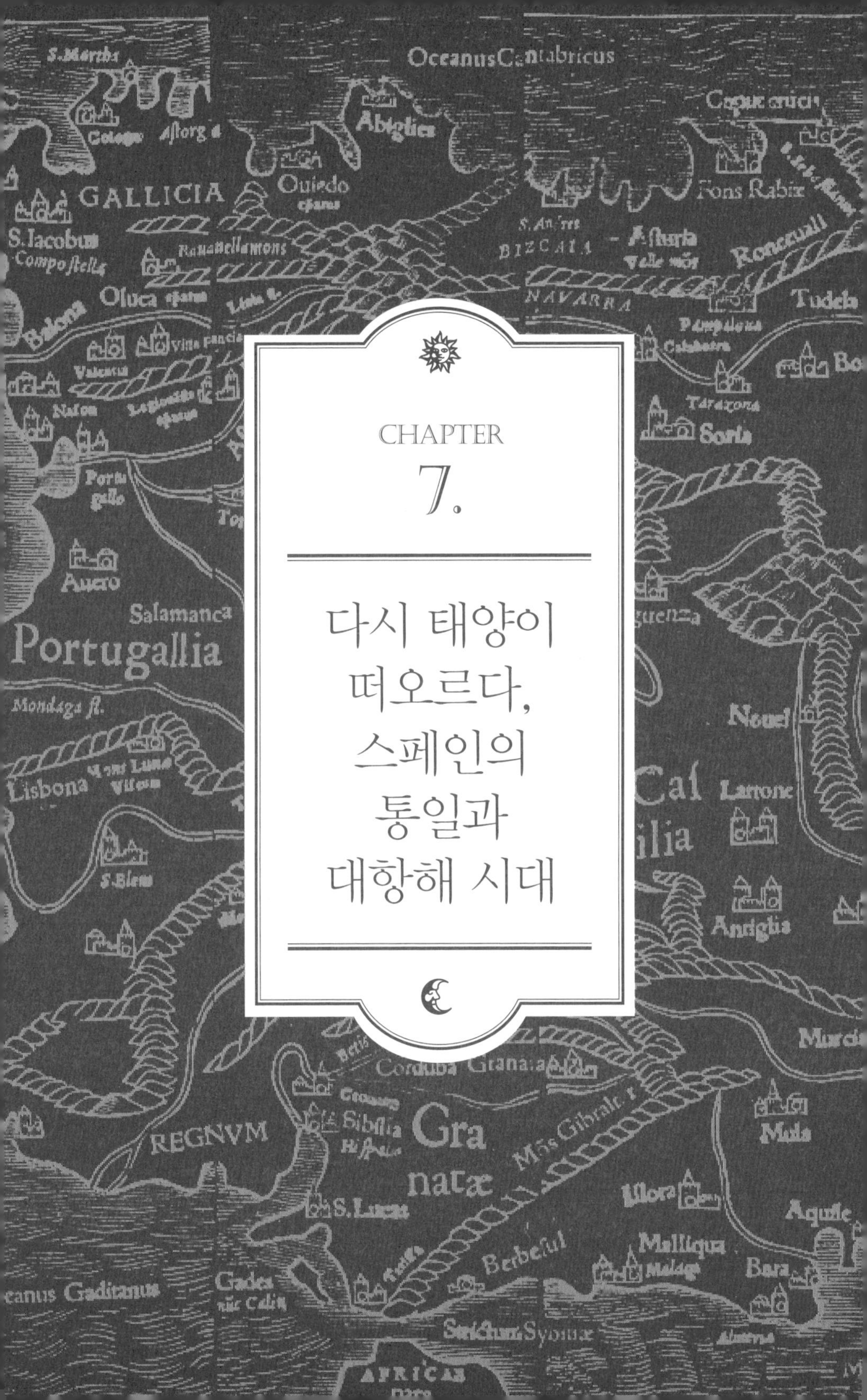

OceanusCantabricus

S. Martha
Cologa
Aſtorga
Abiglica
Caput crucis
P. S. Sch. Marie
Oviedo
charas
Fons Rabix
GALLICIA
S. Iacobus
Compoſtella
Rauanellamons
S. An̄es
BIZCAIA
Aſturia
Velle woſt
Ronceuall
Balona
Oluca charas
Liola fl.
NAVARRA
Tudela
Vina pancia
Lyon
Pampluna
Cabaçera
Borgia
Valcatis
Naſon
Logroño charas
Aſtorga
Piſurg fl.
Burgus
Nazera
Tarraçona
Soria
Val Doña
Palentia
Porta gallo
Deuto fl.
Medina
Auero
Toro
CASTI
LIA
Siguenza
Salamanca
Portugallia
Segohia
Alcala
Nouel
Mondega fl.
Madrit
Tatus
Cal
tilia
Larrone
Lisbona
Mons Luna
Viſem
Ternuicus mōs
S.Elem
Guidiona fl.
Merida
Beda et Guadalquebir
Vbet
Antighia
Elda
REGNVM
Betis fl.
Corduba
Granata
Murcia
Croning
Sibilia
Hiſpalis
Gra
natæ
Mōs Gibralt. r.
Mula
S.Lucas
Illora
Aquile
nus Gaditanus
Gades
nūc Caliz
Berbeul
Malliqua
Malaga
Bara
Stricum Syonix
AFRICAE
pars

포르투갈의 이사벨과
스페인의 이사벨 1세

✣ 엔리케 3세는 27살의 나이로 1406년 12월 25일 숨을 거두었다. 그리고 1살 난 그의 아들 후안 2세가 왕위에 올랐다. 왕의 나이가 어렸기에 어머니와 삼촌인 페르난도 데 안테케라^{Fernando de Antequera}가 섭정을 했다. 이 시기에 카스티야 왕국은 그라나다의 나사리 왕국과 전쟁을 했고, 영국, 포르투갈과 국교를 수립했다. 1412년에 페르난도 데 안테케라는 아라곤의 왕이 되어 카스티야 왕국을 떠났다. 아라곤의 왕이자 페르난도 데 안테케라의 삼촌이었던 마르틴 1세^{Martin I}가 후손 없이 죽어서 여러 후보자가 아라곤의 왕위에 도전했었는데 페르난도 데 안테케라도 그 후보자 가운데 한 명이었다. 1412년 귀족들과 교회의 지원을 받아서 페르난도 데 안테케라는 아라곤의 왕으로 최종 인정을 받았다. 그는 아라곤 왕국의 페르난도 1세^{Fernando I}가 되었다.

1420년에도 후안 2세의 왕권은 여전히 불안했다. 아라곤의 왕 페르난도

1세의 아들인 엔리케는 카스티야 왕국을 노리고 있었다. 엔리케는 후안 2세의 사촌이기도 했지만, 권력 앞에서 친척 관계는 아무런 상관이 없었다. 그는 1420년 7월 후안 2세가 있는 궁전을 공격했다. 왕의 편을 드는 귀족들은 체포를 당했고, 잠을 자고 있던 후안 2세는 엔리케의 칼 앞에 엔리케의 꼭두각시가 되겠다고 다짐해야 했다. 엔리케는 스스로 왕의 후견인임을 자처했고 카스티야 왕국의 모든 권력을 움켜쥐었다.

엔리케가 후견인이 된 지 한 달이 지나지 않아 후안 2세는 1420년에 8월 4일 페르난도 데 안테케라의 딸이자 사촌이며 엔리케의 여동생인 마리아 데 아라곤과 결혼했다. 근친 간의 결혼이었지만 엔리케는 카스티야 왕국과 아라곤 왕국의 힘을 합쳐 자신의 권력을 공고히 하길 원했다. 정치적인 목적의 강제적인 결혼이었기 때문에 성대하게 거행되지 않았고, 축제도 없었다.

엔리케는 후안 2세의 여동생과 결혼을 했다. 이 결혼을 통해 엔리케는 카스티야 왕국 내 그의 영향력을 점점 더 넓혀 갔다. 여동생의 아들이나 자기 아들이 후안 2세의 뒤를 이어 왕위에 오르면 아라곤 왕국은 카스티야 왕국을 병합할 수도 있었다.

마리아 데 아라곤은 후안 2세와의 사이에서 3명의 딸과 1명의 아들을 출산했다. 그 아들이 바로 후안 2세의 뒤를 이어 왕이 되었던 엔리케 4세이다. 그녀는 결혼 이후에도 후안 2세를 조종하고 괴롭혔던 아라곤 왕국의 엔리케 편을 들었다. 그래서 후안 2세와 사이가 좋지 않았다.

후안 2세도 가만히 있지는 않았다. 그 나름대로 엔리케를 막기 위해 노력했다. 1420년 11월 29일 그는 알바로 데 루나Álvaro de Luna와 함께 갇혀 있던 탈라베라 데 라 레이나Talavera de la Reina에서 라 푸에블라 데 몬탈반La puebla de Montalban으로 도망쳤다. 이 이후로 알바로 데 루나는 왕의 신임을 얻었다.

1429년에 마리아 데 아라곤의 오빠인 아라곤 왕국의 알폰소 5세^{Alfonso V}가 카스티야 왕국에 쳐들어왔을 때 그녀의 중재로 휴전 협정이 이뤄졌다. 이후로 카스티야 왕국에서 엔리케의 힘이 약해지기 시작했다. 대신 후안 2세의 총애를 받던 알바로 데 루나가 권력을 잡았다. 그는 카스티야 왕국에 미련을 버리지 못했던 엔리케와 계속 전쟁을 벌였다.

기도하는 알바로 데 루나

1445년 2월 18일 후안 2세의 왕비 마리아 데 아라곤이 죽었다. 그리고 1445년 5월 19일 올메도^{Olmedo}에서 후안 2세, 후안 2세의 아들 엔리케, 알바로 데 루나의 카스티야 군대는 아라곤 왕국 엔리케의 군대를 물리쳤다. 이 전투에서 아라곤 왕국의 엔리케는 상처를 입고 며칠 뒤에 죽었다. 그가 죽으면서 아라곤 왕국은 카스티야 왕국에 대한 영향력을 잃어버렸다.

올메도 전투의 결과로 후안 2세의 편에 섰던 사람들이 득세했다. 우선 아라곤의 엔리케가 차지하고 있던 산티아고 기사단장 자리를 알바로 데 루나가 물려받았다. 산티아고 기사단장의 자리까지 차지하면서 그는 명실공히 카스티야 왕국의 최고 권력자가 됐다. 그다음으로 카스티야 왕국의 왕자 엔리케를 옆에서 보좌했던 후안 파체코, 그의 동생 페드로 히론 아쿠냐 파체고가 궁정에서 힘을 얻었다. 페드로 히론은 칼라트라바 기사단장이 되었다.

후안 2세가 1447년 두 번째 왕비로 맞이한 이사벨은 포르투갈의 왕인 주앙 1세^{João I}의 조카였다. 이 결혼은 카스티야 왕국과 포르투갈이 공공의 적인 아라곤 왕국을 견제하려는 목적으로 이루어졌다. 콜럼버스의 신대륙 발견을 지원한 것으로 유명한 이사벨 여왕(이사벨 1세)은 후안 2세와 포르투갈의 이사벨 왕비의 딸로 1451년 4월 22일에 태어났다. 그로부터 2년 뒤 그의 동생 알폰소가 태어났다.

알바로 데 루나의 권력은 그리 오래가지 못했다. 포르투갈의 이사벨 왕비는 여장부 같은 사람이었다. 그녀는 카스티야 왕국의 궁정에 들어오자마자 궁정이 알바로 데 루나에 의해 움직인다는 것을 깨달았다. 이사벨은 왕권을 강화하려면 알바로 데 루나를 제거해야 한다고 판단했다. 그녀는 전 왕비의 아들 엔리케와 그의 충신 후안 파체코와 협력하여 1453년 6월 알바로 데 루나를 끌어내렸다. 알바로 데 루나는 1453년 바야돌리드의 교수대에서 사형을 당했다.

알바로 데 루나에 대해서는 두 가지 평가가 있다. 하나는 탐욕스럽게 권력을 좇던 사람이라는 것이고, 다른 하나는 왕에게 충성을 다했던 사람이라는 것이다. 이 두 평가 중에 무엇이 정확히 맞는지는 알기 어렵다. 그가 최고 권력자로서 군림하며 권력을 남용했다는 이야기도 있지만, 아라곤 왕국의 사촌들에 둘러싸여 위협을 받던 후안 2세를 도운 것만은 분명하다.

여러 자료를 보면 그는 단지 나쁜 사람으로 묘사되어 있다. 하지만 알바로 데 루나가 후안 2세를 아라곤 왕국의 엔리케 손아귀에서 구하고 왕을 보좌하여 엔리케와의 전투에서 승리를 거둔 점에 대해서는 언급하지 않는 경우가 많다. 역사는 승자에 의해 다시 쓰이기 마련이다. 그가 실제로 나쁜 사람이었는지 권력의 희생자였는지 생각해 보지 않고 나쁜 사람이라고 비난하기만 한다면 알바로 데 루나가 서운해하지 않을까?

스페인 역사를 바꾼
엔리케 4세의 스캔들

    ✝ 카스티야 왕국의 후안 2세가 1454년 7월 20일 숨을 거두었다. 뒤를 이어 후안 2세와 마리아 데 아라곤의 아들 엔리케가 왕위에 올랐다. 사실 후안 2세는 포르투갈 출신의 두 번째 왕비 이사벨의 아들인 알폰소가 왕이 되기를 원했다. 엔리케는 평생 그를 괴롭혔던 아라곤 왕국 출신의 마리아가 낳은 아들이었기 때문인지도 모른다.

새 왕비인 포르투갈의 이사벨은 엔리케의 부인이 마음에 들지 않았다. 후안 2세의 전 부인인 마리아 데 아라곤은 아들 엔리케와 블랑카 데 나바라 Blanca de Navarra의 결혼을 주선했다. 블랑카 데 나바라는 아라곤 왕국의 페르난도 1세의 아들인 후안 2세의 딸이었다. 아들인 엔리케 역시 그의 사촌과 결혼한 것이다. 블랑카는 엔리케와의 사이에서 자식이 없었다.

이사벨은 포르투갈 출신의 여인을 왕비로 들여 카스티야 왕국과 포르투갈의 동맹을 원했다. 그래서 1453년 엔리케와 블랑카 데 나바라와의 결혼이 취소됐다. 결혼식의 취소 사유는 결혼한 뒤 엔리케가 첫날밤을 치르지 못했다는 것이었다. 왕이 된 엔리케 4세는 1455년 포르투갈의 왕 두아르테Duarte의 딸 후아나 데 포르투갈Juana de Portugal과 결혼했다.

엔리케 4세는 왕이 되면서 변하기 시작했다. 어쩌면 아버지 후안 2세가 평생 주변 사람에게 시달리며 왕다운 모습으로 살지 못한 것을 보고 자신은 다르게 살겠다고 다짐했기 때문일 수도 있다. 그는 새롭게 궁정의 판도를 바꿨다. 엔리케 4세가 왕권을 강화하기 위해 제일 먼저 내린 결단은 1454년 왕권에 위협이 되는 새어머니 이사벨과 이복동생인 알폰소를 아레발로Arévalo로 보낸 일이었다.

궁정에서 풍족하게 살아왔던 이사벨의 가족은 권력의 중심에서 멀어지면서 경제적인 어려움까지 겪었다. 거기다 이사벨 여왕의 어머니는 이 시기에 미치기까지 했다. 이사벨 여왕은 어렸을 적 찾아온 이 어려운 시기를 종교에 의지하면서 보냈다. 그녀가 평생을 독실한 가톨릭 신자로 살았던 이유는 그녀의 불우한 유년 시절에서 찾을 수 있다.

엔리케 4세는 권력을 강화하려고 두 번째로 자신의 충신이었던 후안 파체코와 그의 주변 인물들을 멀리하고, 새로운 인물인 벨트란 데 라 쿠에바 Beltran de la Cueva를 가까이했다. 후안 파체코는 엔리케의 친구이자 그를 평생 가까이서 섬기던 사람이었다. 그는 알바로 데 루나를 물리칠 때도 결정적인 역할을 했다. 그럼에도 엔리케 4세로부터 버려졌던 것이다. 엔리케 4세는 신하에게 지나치게 많은 권력을 주었던 아버지의 실수를 다시는 하지 않기 위해 후안 파체코를 조금씩 멀리하면서 다스리기 쉬운 새로운 귀족 벨트란을 가까이한 것이다. 후안 파체코는 이에 배신감을 느꼈다. 그는 어린 시절부터 엔리케가 왕위에 올라 엔리케 4세가 될 때까지 계속 옆에서 그에게 충성을 바쳤기 때문이다.

권력에서 멀어진 후안 파체코는 엔리케 4세에게 복수하기 위해 때를 기다렸다. 복수의 시기는 생각보다 빨리 찾아왔다. 7년 동안이나 아이가 없던 엔리케의 새 왕비 후아나가 임신을 한 것이다. 엔리케 4세는 고자였던 것으로 알려져 있다. 그가 전부인인 블랑카와 결혼을 취소한 사유도 첫날밤을 한 번도 치루지 못했기 때문이었다. 후안 파체코는 어쩌면 그 뱃속의 아이가 엔리케 4세의 아이가 아닐지도 모른다고 생각했다.

한편, 1461년에 이사벨 가족은 왕비의 임신 때문에 세고비아로 거처를 옮겼다. 엔리케 4세는 이복형제인 알폰소와 이사벨의 존재가 항상 부담스러웠다. 그는 알폰소와 이사벨이 반란을 일으켜 자신을 죽이고 왕이 될 수 있다는 상상을 했다. 그래서 왕비 후아나가 후계자를 출산할 때 그들이 딴짓을 못하도록 가깝게 두기를 원했다.

1462년에 후아나는 공주를 낳았다. 그런데 얼마 후 공주 후아나가 엔리케 4세의 딸이 아니라 엔리케 4세가 아꼈던 귀족 벨트란 데 라 쿠에바와 왕비가 바람을 피워서 낳은 아이라는 소문이 돌았다. 엔리케 4세에게 배신감을 느낀 후안 파체코가 엔리케 4세의 핏줄이 아닌 벨트란의 자식이라는 소문을 냈다는 이야기도 있다. 엔리케 4세의 딸은 진짜 그의 딸일 수도 있고, 세간의 의심대로 벨트란의 딸일지도 몰랐다. 하지만 현재로서는 후아나 공주의 시신이 어디 있는지 모르므로 DNA 검사를 할 수 없어 단정 지을 수 없다. 어쨌든 엔리케는 핏줄을 의심하지 않고 공주 후아나를 아스투리아스의 공주이자 후계자로 인정했고, 후안 파체코에게 그녀의 대부가 되어 달라고 부탁했다. 엔리케 4세는 나름대로 후안 파체코에게 화해의 손길을 내민 셈이었다. 하지만 여전히 엔리케 4세는 후안 파체코보다 벨트란을 더 총애했다. 벨트란은 1462년에 산티아고 기사단장이 되면서 후안 파체코보다 더 많은 권력을 가졌다.

1463년 이 시기 프랑스와 아라곤은 사이가 안 좋았다. 그래서 두 나라는 모두 인접해 있는 카스티야 왕국과의 동맹을 원했다. 프랑스의 루이 11세는 후안 파체코가 벨트란에게 밀리고 있었지만, 카스티야의 궁정과 귀족들 사이에서 그의 입김이 중요하다는 것을 알고 있었다. 그래서 루이 11세는 그의 딸과 후안 파체코의 아들과의 결혼을 주선하고 있었다. 아라곤 왕국도 이에 가만 있을 수 없었다. 아라곤 왕국의 후안 2세는 카스티야 왕국과 프랑스의 동맹을 저지하기 위해 아들 페르난도와 후안 파체코의 딸 베아트리스 파체코를 약혼시켰다.

1464년 9월 후안 파체코는 승부수를 던졌다. 그는 후아나가 왕의 딸이 아니며 벨트란의 딸이기 때문에 왕위 계승권은 후아나가 아닌 이사벨 여왕의 동생인 알폰소에게 있다고 주장했다. 후안 파체코는 궁정에 있는 알폰소를 그와 함께 있게 해 달라고 요구했다. 그다음으로는 벨트란이 정치를 못 해 백성들이 어려움을 겪고 있으므로 그를 산티아고 기사단장에서 퇴진시키고 궁정에서 쫓아내 달라고 요청했다. 칼라트라바 기사단장이자 후안 파체코의 동생인 페드로 히론, 그들의 삼촌인 톨레도 주교 알론소 카리요를 비롯한 귀족들이 후안 파체코를 지지했다. 반란의 움직임은 점점 커져 갔다.

반란을 막기 위해 엔리케 4세는 1464년 알폰소를 왕위 계승자로 임명하면서 조건을 붙였다. 알폰소가 엔리케 4세의 딸 후아나와 결혼을 해야 한다는 것이었다. 엔리케 4세는 알폰소와 미래의 이사벨 여왕을 후안 파체코의 진영에 보냈다. 후안 파체코는 어린 알폰소의 후견인이 되었다. 벨트란은 권력에서 멀어졌고, 알폰소가 산티아고 기사단장의 자리를 물려받았다. 후안 파체코는 다시 권력의 중심에 섰다.

공주 후아나의 어머니인 엔리케 4세의 왕비 후아나 데 포르투갈은 알라에호스Alaejos의 성에 감금되었다. 사실이든 아니든 간에 공주 후아나의 출생에 대해서 그녀가 바람을 피웠기 때문이라는 의심이 불거짐에 따라 왕비의 역할을 할 수 없었기 때문이다. 이때 그녀를 보살피는 이가 페드로 왕의 증손자인 페드로 데 카스티야 이 폰세카Pedro de Castilla y Fonseca였다. 그녀는 성에 갇혀 우울한 생활을 하다가 그녀를 돌봐주는 그와 사랑에 빠졌다. 그러다 급기야 그의 아이까지 갖기에 이르렀다. 둘의 사이는 어떻게든 감출 수 있었지만, 그녀의 불러오는 배는 감출 수가 없었다. 만약 엔리케 4세가 안다면 그녀도 페드로도 뱃속의 아이까지도 모두 죽을지 몰랐다. 그녀는 출산하기 전 가까스로 알라에호스의 성을 탈출하여 그녀에게 호의적인 귀족에게 몸을 의탁했다. 그녀는 1471년에 페드로의 쌍둥이 아들을 출생했다. 그러나 이는 축복받을 수 없는 출산이었다.

엔리케 4세는 후안 파체코의 의견을 들어주었지만, 반란의 불길은 사그라들지 않았다. 1465년 6월 5일에는 '아빌라의 소극'이라는 사건이 일어났다. 여전히 불만을 품은 카스티야 귀족들이 엔리케 4세를 무시하고 아예 알폰소를 왕으로 옹립하고자 그의 대관식을 진행한 것이다. 엔리케 4세는 카스티야 왕국에 2명의 왕이 있게 되자 머리가 아팠다. 그는 1466년 페드로 히론에게 반도들을 회유하면 알폰소의 동생인 이사벨과 결혼을 시켜 주겠다고 했지만, 페드로 히론은 1466년 5월에 죽고 말았다.

1467년에 후안 파체코는 알폰소의 산티아고 기사단장 직위를 물려받았다. 그런데 알폰소가 1468년 7월 5일 알 수 없는 이유로 죽었다. 독살로 추정될 뿐 범인이 누군지는 알려지지 않았다. 알폰소가 죽으면서 그를 지지했던 귀족들은 알폰소의 누나였던 이사벨 여왕을 차기 왕으로 추대하려고 했다. 이사벨은 한 나라에 두 명의 왕이 있을 수 없고 이미 엔리케 4세가 왕위에 올라 있으므로 새로운 왕이 될 수 없다고 거절했다. 그러면서 엔리케와의 화해를 원했다.

통일된 스페인을 낳은
비밀의 결혼식

╬ 1468년 9월 중순 엔리케 4세와 이사벨 간의 화해가 이뤄졌다. 엔리케 4세는 이사벨을 아스투리아스의 공주로 임명했다. 이는 그녀를 카스티야 왕국의 왕위 계승자로 인정한다는 의미였다. 그리고 그녀를 톨레도 지방의 오카냐Ocaña에 있는 성에 살도록 했다. 엔리게 4세는 이사벨을 왕위 계승자로 인정하는 대신, 이사벨의 남편감은 이사벨이 고를 수 있지만 결혼을 하기 위해서는 엔리케 4세의 동의를 받아야 한다는 조건을 내걸었다.

엔리케 4세는 이 말을 자신이 원하는 사람을 이사벨의 남편으로 정할 수 있다는 뜻으로 이해했다. 그러나 이사벨은 엔리케 4세가 정해 준 사람과 결혼할 생각이 추호도 없었다. 이사벨은 차기 카스티야 왕국의 통치자였으므로, 그녀와 결혼을 해서 카스티야 왕국을 손에 넣으려는 권력자들이 많았다.

엔리케 4세는 처음에 이사벨에게 포르투갈의 국왕인 아폰수 5세^{Afonso V}와 결혼하라고 제의했다. 엔리케 4세는 이 결혼을 통해 포르투갈과 동맹을 굳건히 하고자 했지만, 이사벨은 아폰수 5세가 이사벨의 삼촌인 데다가, 19살이나 더 많다는 이유로 거절했다.

이다음에 엔리케 4세가 물색한 사람은 프랑스 루이 11세의 동생 샤를 드 발루아^{Charles de Valois}였다. 그러나 그 역시 이사벨이 원하는 사람이 아니었다. 샤를 드 발루아는 이사벨이 거절하자 엔리케 4세의 딸인 후아나와 결혼하기로 했는데, 둘의 결혼은 이뤄지지 못했다. 샤를 드 발루아가 결혼 전에 결핵으로 죽었기 때문이다.

아라곤의 후안 2세 왕은 그 누구보다 아들 페르난도가 이사벨과 결혼하길 원하고 있었다. 그런데 그는 차마 그 말을 입 밖으로 꺼내지 못했다. 왜냐하면, 페르난도를 이미 카스티야 왕국의 권력자 후안 파체코의 딸과 약혼시켰기 때문이다. 이사벨 여왕은 아라곤의 후안 2세의 아들인 페르난도에게 가장 이상적인 배필이었지만 후안 2세는 아무것도 할 수 없었다. 그런데 이사벨 여왕으로부터 뜻밖의 편지가 날아왔다. 그녀가 페르난도와 결혼하고 싶다는 것이었다. 페르난도 역시 이사벨 여왕을 부인으로 맞아들이고 싶었다. 하지만 문제가 있었다. 이사벨과 페르난도는 사촌 사이여서 결혼을 인정받으려면 교황의 교서가 필요했다. 교황은 이사벨과 그의 삼촌 포르투갈의 아폰수 5세와 결혼 이야기가 오갈 때는 결혼을 인정하는 교서를 준다고 했다. 하지만 교황은 페르난도와 이사벨의 결혼을 인정해 주는 교서는 발급을 거부했다. 만약 둘이 결혼한다면 우선 카스티야 왕국의 엔리케 4세가 결혼에 동의하지 않을 것이었다. 그럼에도 결혼을 강행한다면 후안 파체코는 그의 딸과의 약혼을 깬 페르난도와 그와 결혼한 이사벨을 원수 취급할 게 뻔했다. 거기에다가 결혼을 거절당했던 포르투갈과 프랑스도 카스티야 왕국과 아라곤 왕국의 통합을 경계하여 둘을 공격할 가능성이 높았다. 교황은 괜히 둘의 결혼을 인정하여 그 싸움에 휘말리고 싶지 않았다.

또 다른 문제는 이사벨 여왕이 갇혀 있고, 엔리케 4세가 둘의 결혼을 허락할 리 없다는 것이었다. 이사벨 여왕은 엔리케 4세가 남편감으로 정해 준 사람을 족족 거절했다. 결국 엔리케 4세는 화가 나서 이사벨 여왕을 오카냐의 성에 가두고 후안 파체코를 시켜 성 밖으로 못 나가게 하고 있는 상황이었다. 이사벨은 엔리케 4세에게 페르난도와 결혼식을 올리겠다고 말할 수 없었다. 그녀는 비밀리에 결혼식을 올려야만 했다. 그러기 위해서 그녀는 후안 파체코가 감시하고 있는 오카냐의 성을 탈출해야만 했다.

이사벨은 엔리케 4세에게 죽은 동생 알폰소의 무덤을 방문한다는 이유를 들어 오카냐의 성을 나왔다. 그리고 바로 결혼식을 올리기로 한 바야돌리드로 향했다. 아라곤 왕국의 페르난도 역시 결혼식을 위해 상인으로 위장하여 바야돌리드로 출발했다. 그리고 드디어 1469년 10월 19일에 페르난도와 이사벨이 결혼했다.

둘은 결혼을 했지만 각자의 나라를 통치하기로 합의했고 후계자도 별도로 두기로 했다. 그래서 나중에 이사벨 여왕이 죽고 나서 카스티야 왕국의 왕위는 딸 후아나가 물려받았다. 카스티야와 아라곤은 서로 다른 돈을 썼고 도량형 단위도 달랐다.

엔리케 4세는 이사벨과 페르난도의 결혼 소식을 듣고 대노했다. 애초에 그는 이사벨에게 왕위 계승권을 주면서 이사벨이 결혼할 때 그가 결혼에 동의

해야 한다는 약속을 받았었다. 그는 이사벨이 페르난도와 허락 없이 결혼해서 그의 조건을 어겼기 때문에 이사벨의 왕위 계승권을 박탈해 버렸다. 그리고 다시 공주 후아나에게 왕위 계승권을 주었다. 후안 파체코가 앞장서서 후아나 공주의 편을 들었다. 왜냐하면, 페르난도는 그의 딸과 결혼을 하기로 되어 있었는데, 이를 무시하고 두 사람이 결혼했기 때문이다.

1471년에 교황은 이사벨과 페르난도의 결혼을 인정하는 정식 교서를 보냈다. 이 교서를 가지고 온 사람은 후에 알렉산데르 6세Alexander Ⅵ 교황이 되는 추기경 로드리고 보르지아Rodrigo Borgia였다. 로드리고 데 보르자는 성직자였지만 자식이 있었다. 그는 이사벨과 페르난도에게 이 교서를 주는 대가로 그의 아들이 발렌시아 지방 간디아Gandiá를 통치할 수 있게 해 준다는 약속을 받아냈다.

정치력이 탁월했던 로드리고 데 보르자는 이사벨과 엔리케 4세를 화해시켰다. 그는 엔리케 4세에게 만약 이사벨에게 적절한 보상을 해 주고 그녀가 공주 후아나의 왕위 계승권을 인정하도록 한다면 오히려 그에게는 더 잘된 일이라고 설득시켰다. 이에 엔리케 4세는 1473년 이사벨을 세고비아로 불러들여 화해하고 정식으로 이사벨과 페르난도의 결혼을 인정했다.

카스티야
왕위 계승 전쟁

✛ 엔리케 4세는 1474년 12월 11일 숨을 거뒀다. 그런데 그의 유언장이 사라져서 그가 어떤 유언을 남겼는지 확인할 수가 없었다. 그 결과 카스티야 왕위 계승권을 놓고 전쟁이 시작됐다. 공식적으로는 공주 후아나가 왕위 계승권을 가졌지만 많은 카스티야 귀족이 그녀의 출생에 대해

서 여전히 의심을 하고 있었다. 만약 그녀가 엔리케 4세의 핏줄을 이은 자식이 아니라면 카스티야 왕국의 왕이 되는 일은 있을 수 없었다. 엔리케 4세가 성적으로 불구였다는 사실은 이미 많은 사람에게 알려져 있었으므로, 공주 후아나가 그의 핏줄이 아닐 가능성이 높았다.

이사벨은 엔리케 4세가 죽은 다음 날 세고비아에서 스스로 카스티야 왕국의 왕이라고 선포하며 많은 귀족의 지지를 받았다. 카스티야 왕국의 왕위를 노리는 또 다른 사람이 있었다. 공주 후아나와 포르투갈의 왕 아폰수 5세였다. 1475년 5월 25일 아폰수 5세는 조카이자 카스티야 왕국의 왕위 계승자였던 후아나와 결혼했다. 후아나의 지지자들은 왕위 계승권자이나 핏줄이 의심되는 후아나의 약점을 상쇄하고자 신분이 확실한 그녀의 남편, 포르투갈의 왕 아폰수 5세를 카스티야 왕국의 왕으로 추대했다.

한 나라에 왕이 두 명이나 있게 된 상황이었다. 카스티야 왕국은 둘로 나뉘어 왕위 계승 전쟁을 시작했다. 이사벨 여왕의 편에는 남편인 페르난도 2세의 아라곤 왕국과 공주 후아나의 아버지로 의심되었던 귀족 벨트란이 있었다. 프랑스의 루이 11세와 후안 파체코는 아폰수 5세와 공주 후아나를 지지했다. 이전의 원수가 아군이 되고, 은인이 적으로 뒤바뀐 상황이었다.

프랑스의 루이 11세가 포르투갈의 아폰수 5세를 지지한 이유는 프랑스와 아라곤 왕국이 이탈리아의 지배권을 두고 다툼을 벌이고 있었기 때문이다. 프랑스의 지원을 받은 포르투갈의 아폰수 5세가 이사벨 여왕과 페르난도 2세를 무찌른다면 포르투갈과 카스티야 왕국은 병합될 것이었다. 카스티야 왕국을 잃은 아라곤 왕국은 프랑스, 포르투갈, 카스티야 왕국을 한 번에 대적할 수는 없을 게 분명했다 멀리 이탈리아를 신경 쓸 거를도 없을 뿐만 아니라 아라곤 왕국도 사라질 수 있었다.

포르투갈의 아폰수 5세는 카스티야 왕국의 영토에 군대를 이끌고 와서

포르투갈의 리스본 전경

전쟁을 벌였다. 넓은 영토를 가지고 있고, 대서양에서 계속 부딪히고 있는 카스티야 왕국을 손에 넣을 수 있다면 포르투갈은 유럽에서 최고로 강한 국가가 될 수 있었다.

　이사벨 여왕은 포르투갈과 전쟁을 해야 했고, 카스티야 왕국 내의 귀족들과도 싸워야 했다. 이사벨 여왕은 대적하는 귀족들을 물리친 뒤 관용을 베풀어 자신의 편으로 만들었다. 한편 이때는 나라가 어수선하다 보니 전반적으로 치안이 안 좋았다. 세비야에서 마드리드까지 가는데 2~3개월이나 걸렸다고 한다. 가는 길에 도적들이 많아서 돌아다니기가 힘들었기 때문이다. 가톨릭 부부왕은 그 해결책으로 시민 경찰인 산타 에르만다드^{Santa} ^{Hermandad}를 만들었다. 시민 경찰은 왕에 의해 재판 없이 처벌을 내릴 수 있는 권리를 가지고 있었다. 그들은 물건을 훔치거나 살인을 한 범죄자들을 가차 없이 바로 죽이기도 했다. 재판이 없었으니 시민 경찰은 권한을 남용하는 경우도 있었다. 선의의 피해자도 있었지만 사람들은 시민 경찰을 두려워해 치안이 좋아졌다. 치안이 확립되자 도시 간의 왕래가 늘어나면서 교역량도 많아졌다. 이사벨 여왕은 카스티야 왕국 내부의 귀족들을 포섭하고 치안을 바로잡으면서 진정한 여왕의 길에 다가서고 있었다. 남은 것은 포르투갈의 아폰수 5세를 물리치는 일이었다.

아폰수 5세와 이사벨 여왕의 군대는 1476년 3월 1일 사모라 지방의 토로에서 전투를 벌였다. 아폰수 5세와 이사벨 여왕의 군대에 속해 있던 페르난도 2세가 지휘하는 군대가 맞부딪혔다. 그러나 포르투갈의 군대는 본토에서 싸우는 카스티야 왕국과 아라곤 왕국의 연합군을 당해 낼 수 없었다. 패배한 아폰수 5세는 카스티야 왕국을 탈출하여 포르투갈로 돌아갔다. 토로의 전투에서 이사벨 여왕이 승리하자 점차 카스티야 왕국에서 이사벨 여왕을 왕으로 인정하는 귀족과 도시가 훨씬 더 늘어났다.

1476년 이후 카스티야 왕국과 포르투갈의 왕위 계승 전쟁은 대서양의 패권을 두고 다투는 전쟁으로 변질됐다. 아프리카의 기니와 엘미나는 황금과 노예 사업 때문에 중요한 곳이었다. 1478년에 카스티야 왕국은 두 선단을 만들어 한 선단은 카나리아 제도로 보내고 다른 선단은 기니와 엘미나로 가도록 했다. 카나리아 제도로 간 선단은 아무런 성과를 거두지 못했다.

기니와 엘미나로 떠났던 선단은 스페인에서 가져온 특산품을 교역해서 막대한 금을 확보했다. 그런데 지휘관이 욕심을 냈다. 그는 더 많은 황금과 노예들을 얻어서 더 큰 공을 세우고자 했다. 그는 두 달 동안 아프리카의 각지를 탐사하기로 했다. 그런데 이렇게 시간을 끄는 동안 포르투갈의 선단이 도착했다.

카스티야 군대는 아프리카에서 체류하는 기간이 길어지면서 풍토병에 시달렸다. 카스티야 군대는 약해질 대로 약해져 포르투갈 군대에 속수무책으로 당했다. 패배의 대가는 컸다. 카스티야 선단 모두와 그동안 모아놓았던 황금과 그들이 잡았던 노예들뿐만 아니라 카스티야 왕국의 군인들까지도 리스본으로 붙잡혀 갔다.

포르투갈은 거의 아무런 피해 없이 큰 승리를 거뒀다. 아폰수 5세는 토로의 전투에서 패배한 뒤 자금난을 겪고 있었는데 많은 양의 금을 확보하면서 다시 한 번 전쟁을 벌일 수 있게 됐다. 반면, 카스티야 왕국은 침울했다. 카스티야 왕국이 약해진 틈을 타 전국 각지에서 반란의 기미도 보였다.

포르투갈과 카스티야 왕국은 한 번씩 큰 승리와 패배를 주고받은 셈이었다. 힘이 팽팽한 두 나라가 전쟁을 하는 것이었기 때문에 어느 한 나라가 완전히 망하기 전에는 끝이 나지 않는 싸움이었다. 한쪽이 다른 한쪽을 끝내더라도, 나중에는 다른 한쪽도 힘을 잃고 역사 속으로 사라질 수도 있었다. 마침내 포르투갈과 카스티야 왕국은 전쟁을 그만두고 화해 협정을 맺었다. 1479년 9월 4일 포르투갈의 알카소바스에서 맺어진 이 조약의 합의 사항은 다음과 같았다.

1. 포르투갈과 카스티야 왕국과 아라곤 왕국은 전쟁을 끝낸다. 아폰수 5세는 이사벨 여왕과 페르난도 2세를 카스티야 왕국의 왕으로 인정한다.

2. 대서양은 스페인과 포르투갈이 나눠 가진다. 기니, 엘미나, 마데이라, 아소르스 제도, 카보 베르데는 포르투갈의 소유로 하고, 카나리아 제도의 섬은 카스티야 왕국이 가진다.

3. 카스티야 왕국에서 아폰수 5세를 지지해서 싸웠던 카스티야 귀족들을 용서한다.

4. 모로코의 페스 왕국의 정복 권한은 포르투갈이 독점으로 갖는다.

5. 아폰수 5세의 부인 후아나는 포르투갈의 수도원에 들어가거나, 카스티야 왕국 이사벨 여왕과 페르난도 2세의 아들 후안이 성인이 되면 그와 결혼한다.

6. 이사벨 여왕과 페르난도 2세의 첫째 딸 이사벨은 포르투갈 아폰수 5세의

손자인 아폰수 왕자*와 결혼한다. 그리고 딸 이사벨을 포르투갈에 시집보낼 때 지참금에 전쟁 보상금을 더하여 준다.

알카소바스 조약으로 카스티야 왕국의 이사벨 여왕과 페르난도 2세는 포르투갈과 전쟁을 끝내고 결혼으로 동맹을 맺었다. 카스티야 왕국 엔리케 4세의 딸로 왕위 계승자이며 포르투갈의 왕 아폰수 5세의 부인이었던 후아나는 포르투갈의 한 수도원에서 일생을 마쳤다.

악명 높은 스페인의 종교재판

✠ 세비야의 종교재판소는 스페인에서 공식적으로 최초로 1478년에 설립되었다. 종교재판소는 다른 사법 재판소와는 독립적인 기관으로 운영되었으며, 종교재판은 유력한 가문이라도 피해갈 수가 없었다. 주로 허위로 가톨릭으로 개종한 유대인, 무슬림이 재판 대상이었지만 무신론자나 신을 모독하는 자, 개신교 신자, 동성연애자 등도 재판을 받았다.

종교재판이 악명 높았던 이유는 죄가 없어도 일단 감옥에 들어가게 되면 죄를 고백할 때까지 고문을 계속했기 때문이다. 고문을 그만 받으려고 짓지 않은 죄를 지었다고 하는 경우도 많았다. 죄를 고백한다고 끝나는 것이 아니었다. 죄를 인정하면 보통 감옥에 가거나 심하면 화형에 처했다. 16세기에 활동한 스페인 출신의 역사학자 제로니모 수리타Jerónimo Zurita에 따르면 세비야에서만 1481년부터 1524년 사이 4천 명이 종교재판소에 허부되었고, 1천

---

* 아폰수 왕자의 아버지는 아폰수 5세의 아들 주앙 2세이다.

명이 화형당했다고 한다.

　호아킨 귀초트Joaquin Guichot의 『세비야의 역사Historia de la ciudad de Sevilla』에는 1559년 9월 24일 산 프란시스코 광장에서 열린 종교재판의 판결문 일부가 실려 있다.

> 　마리아 데 비루에스, 마리아 데 코로넬, 넬마리아 보오르케스, 성직자 모르치요, 돈 후안 폰세 데 레온 등은 엘 가로테 빌(El garrote vil, 목을 조이고 뒤에서 못으로 찔러 죽이는 기계)로 사형시킨다.
> 　산 이시도로의 수도원장인 후안 곤잘레스, 수도사 가르시아 아리아스, 수도사 후안 데 레온, 수도사 카시오도로, 의사 크리스토발 데 로사다, 교리 책임자 페르난도 산 후안은 산 채로 화형시킨다.
> 　이사벨 데 바에나는 그녀의 집을 부숴서 평지로 만들고 집 앞에 그녀의 죄상을 적은 표지판을 세운다.

　이날 재판에서 21명에겐 죽음이, 80명에겐 유죄가 선고되었다. 1560년에 열린 12월 22일 산 프란시스코 광장에서 열린 종교재판에서는 이미 고문 중에 죽은 세 명의 피고인을 대신해 인형을 세워 두었다. 이날에는 14명이 화형을 선고받았고, 34명이 다양한 죄목으로 유죄를 선고받았다.

　고야는 가로테 빌로 죽이는 장면을 그리기도 했다. 그러나 사실 그의 그림은 많이 순화된 것이다. 실제로 그 물건으로 사형당하는 장면은 상상만으로도 끔찍했다. 가로테 빌로 사형을 시작하면 우선 사형수를 기계에 앉힌 뒤 그의 목을 움직일 수 없게 끈으로 묶었다. 그리고 뒤에서 레버를 돌리면 서서히 그 끈이 감기면서 목을 졸랐다. 그럼 사형수는 숨을 쉬지 못해 죽었다. 그런데 위 방법으로는 사형수가 죽는 데까지 시간이 너무 많이 걸렸다. 그래서 목 뒤

316

「1683년 스페인 마드리드에서의 이단 심문」, 프란시스코 리치 그림, 1683

에서 끈으로 목을 조를 때 동시에 못이 목에 파고들도록 설계한 제품이 나왔다. 그 기계는 레버를 돌릴 때마다 목을 조르고 동시에 조금씩 못이 목 뒤를 파고들어 가니 사형수가 느끼는 고통은 처음 기계보다 더했을 것이다.

종교재판에서 죽은 사람들은 그렇게 큰 죄를 지은 것이 아니었다. 가령 어떤 사제가 루터파 개신교 신자와 이야기를 몇 번 나누었다고 하자. 그럼 그걸 누가 보고 종교재판관에게 알리면 재판관은 그 사제를 불러들인다. 그리고 고문을 시작하여 그가 이단 교인과 무슨 이야기를 했는지 캐묻는다. 그런데 중요한 것은 그와 무슨 이야기를 했는지, 그가 실제로 이단인지가 아니다. 왜냐하면 고문은 그가 이단임을 스스로 밝힐 때까지 계속되었기 때문이다. 그는 고문을 멈추기 위해 결국 자신이 이단임을 고백해야 했다. 그는 어찌 됐든 유죄의 길에서 벗어나지 못했다.

세비야에서 종교재판에 회부된 죄수들이 수용되었던 곳은 이사벨 다리 건너편 산 호르헤 성이었다. 지금 그곳은 박물관으로 꾸며져 있다. 종교재판이 열렸던 곳은 세비야 시청사 뒤 산 프란시스코 광장이었다. 이곳에서 사형을 선고받으면, 사형은 프라도 버스 터미널 인근에서 집행되었다.

비인권적인 종교재판을 국가에서 용인했던 까닭 중 하나는 종교재판에서 유죄를 선고받으면 재산이 국가에 압류되었기 때문이다. 그래서 스페인에서는 종교재판을 유대인들이나 지방 부자들의 재산을 빼앗아 국고를 채우는 방법으로 악용하기도 했다. 종교재판은 또한 사람들 사이에 공포와 불신을 조장했다. 겁을 먹은 사람들은 수동적으로 변해서 왕이 쉽게 다스릴 수 있었다. 교회 역시 종교재판이라는 막대한 힘을 가진 도구가 있었으니 위세를 떨칠 수 있었다.

스페인의 종교재판은 권력과 종교가 결합할 때 어떠한 일이 벌어지는지, 법 없이 사람을 처벌하면 어떻게 되는지에 대한 극단적인 예다. 종교재판의 서기로 근무했던 후안 안토니오 요렌테Juan Antonio Llorente가 1822년 펴낸 『종교재판의 역사 비평Historia crítica de la Inquisición』에서는 그때까지 약 34만 명이 종교재판에 넘겨졌고, 3만 2천여 명이 사형을 당했다고 적었다. 역사학자마다 제시하는 숫자가 달라 정확한 희생자의 수는 알기가 어렵지만 수많은 사람 중에는 죄 없이 목숨을 잃거나 모든 재산을 빼앗기고 감옥에 갇힌 사람도 많았다. 1530~1700년 사이 1만 8천 명이 사형당했다는 자료도 있다.

종교재판은 권력을 가진 사람에 의해 법이 규정되고 형벌이 집행되는 죄형전단주의를 기본으로 했다. 스페인의 종교재판소는 독립적인 기관으로 다른 법에 저촉받지 않았다. 따라서 종교재판소는 법적 근거 없이 사람들을 죽일 수도 있었다. 종교재판에서는 재판관의 재량으로 형벌을 결정했다. 종교재판의 시스템에서는 어떤 사람이 일단 죄인으로 지목되면 그는 그냥 죄인이 되었다. 그 시기에는 한 명의 죄인이 허술한 법망을 피해 빠져나가지 못하도록 하는 것이 백 명의 무고한 사람이 희생당하는 것보다 더 중요했다. 따라서 죄형전단주의에 기반을 둔 재판에서는 무고하게 피해를 당하는 사람들이 많았다. 어떠한 원칙 없이, 아무런 근거 없이 권력자에 의해 심판을 받았고, 권력자 마음에 들면 큰 죄를 지어도 사면을 받기도 했고, 반대로 사소한 죄로 목숨을 잃기도 했다. 그래서 많은 시민들의 투쟁 끝에 프랑스 혁명 이후에는 죄형법정주의가 자리를 잡았다.

"Nullum crimen sine lege, nulla poena sine lege(법률 없이는 범죄가 성립되지 않고, 그에 따라 형벌도 줄 수 없다)."

이는 라틴어로 죄형법정주의를 설명한 유명한 문장이다. 현재는 한 사람이라도 무고한 사람이 억울하게 처벌당하지 않도록 신경을 쓴다. 그러므로 진짜 죄가 있는 죄인들이 처벌을 받지 않거나 지은 죄에 비해 가벼운 처벌을 받는 것처럼 보이기도 한다.

사회에 충격을 주었던 강력 범죄 사건에 대한 판결이 나오면 국민 여론은 대체로 우리나라가 범죄자를 너무 가볍게 처벌한다는 것에 기운다. 죄 없이 희생당한 피해자를 생각하면 범죄자가 좀 더 가혹한 벌을 받았으면 좋겠다고 생각할 수도 있다. 그러나 종교재판의 경우를 떠올려 보면 이에 대해서도 다시 한 번 생각하지 않을 수 없다.

왕자의 세례식에 나타난 일식

-:- 1470년에 이사벨 여왕과 페르난도 2세 사이에서 장녀 이사벨이 태어났다. 그 이후 카스티야 왕국의 백성은 왕자를 기다렸지만, 오랫동안 소식이 없었다. 카스티야 왕국은 포르투갈과 왕위 계승 문제를 두

고 오랜 전쟁 중이었다. 이렇게 전쟁을 하고 있는 까닭도 따지고 보면 엔리케 4세에게 뒤를 이을 왕자가 없었기 때문이다. 두 왕은 간절하게 자신들의 뒤를 이을 왕자가 태어나기를 기도했다. 그러나 웬일인지 아이가 잘 생기지를 않았다. 어쩌면 결혼 이후 계속해서 왕위 계승 문제로 이사벨 여왕이 스트레스를 받고 있었기 때문인지도 몰랐다.

드디어 1477년, 첫째 아이를 출산한 지 7년 만에 이사벨 여왕이 다시 한번 임신했다. 그녀는 배 속에 있는 아이가 남자아이이기를 간절하게 기도했다. 1478년 6월 말 이사벨 여왕은 출산을 위해 세비야 알카사르에 머물렀다. 출산이 임박하자 산파가 왔다. 아이를 낳기 위해 애쓰는 이사벨 여왕의 신음이 온 궁전에 울려 퍼졌고, 주변 모든 사람이 그녀의 건강과 아들의 탄생을 빌었다. 기나긴 기다림과 고통의 시간이 지나갔다. 이사벨 여왕의 비명이 그치고 아이의 울음소리가 들렸다. 산모와 아기 모두 무사했다. 그렇게 바라던 아들이었다. 두 왕은 장차 카스티야 왕국과 아라곤 왕국의 왕이 될 아기의 이름을 후안이라고 지었다.

왕자의 출생을 알리는 종소리가 전역에 울려 퍼졌다. 사람들은 일주일 동안 축제를 열어 후안의 탄생을 축하했다. 이사벨 여왕은 알카사르에서 산후 조리를 했다. 포르투갈과 계속 전쟁을 하고 있었고 카스티야 왕국 내에서도 반란을 일으키는 귀족들이 남아 있었다. 근심이 끊이지 않지만 후안을 보면 모든 일이 다 잘 풀릴 것만 같았다. 후안이 카스티야 왕국을 물려받을 때는 모든 것이 안정되어 그가 왕국을 통치하는 데 아무런 문제가 없도록 더 열심히 살아야겠다는 생각이 들었다.

한 달이 지난 후 후안의 세례식이 대성당에서 거행되었다. 세비야의 여름 날씨는 매년 지독하리 만큼 화창했다. 비도 오지 않고 쨍쨍 내리쬐는 햇볕이 원망스러울 정도였다. 그날도 마찬가지였다. 여느 세비야의 여름 날씨처럼 무덥고 건조했다. 하늘은 맑고 푸르렀다. 성당에 많은 사람이 모여 세례식을 지켜보고 있었다. 그런데 그때 갑자기 온 세상이 깜깜해졌고 일순간 태양이 사라졌다. 일식이 일어난 것이다. 사람들은 후안의 운명에 불길한 징조가 나타났다고 생각했다. 축복을 받아야 할 왕자의 세례식은 무거운 분위기 속에서 마무리되었다.

세례식이 끝나고 이사벨 여왕은 세비야를 떠나야 했다. 그녀는 후안의 어머니였지만 카스티야 왕국의 여왕으로서 나라를 이끌 책임이 있었다. 어린 아기를 데리고 계속 옮겨 다닐 수는 없었다. 이사벨 여왕은 후안을 유모에게 맡기고 안전한 세비야에 있도록 했다. 어렸을 적 후안은 잔병치레를 많이 했다. 그는 말라서 힘이 없었는데 머리는 좋았다고 전해진다.

1479년 카스티야 왕국은 포르투갈과 알카소바스 조약을 맺으며 왕위 계승 전쟁을 마무리 지었다. 이해 11월 이사벨 여왕은 둘째 딸 후아나를 출산했다. 전쟁은 끝이 없었다. 이사벨 여왕과 페르난도 2세는 스페인 통일을 위해 마지막으로 남은 이슬람의 후손인 나사리 왕국과 전쟁을 벌였다.

1490년 그라나다와의 전쟁이 소강상태에 접어들었다. 이때 이사벨 여왕의 첫째 딸인 이사벨 공주와 포르투갈의 왕자 아폰수의 결혼식이 세비야 알카사르에서 열렸다. 이 결혼은 알카소바스 조약에서 협의가 이뤄진 사항이었다. 이 결혼으로 포르투갈과 카스티야 왕국과 아라곤 왕국은 굳건한 동맹을 맺었다. 성대한 결혼식 뒤에 축제가 열렸다. 이후 이사벨 여왕과 페르난도 2세는 다시 그라나다의 전쟁터로 떠났다. 두 왕은 전쟁터에 후안을 데려갔다. 전쟁을 직접 경험하는 것은 어린아이에게 잔인한 일이지만 후안은 훗날 왕이 될 사람이었다. 왕이 되면 싫어도 전쟁을 해야 했으므로 전쟁터가 어떤 곳인지도 알아야 했다. 후안은 전쟁터에서 발생하는 일들을 좋아하지 않았다. 그는 그저 자연을 좋아하는 순수한 어린아이였다.

전쟁의 승리는 카스티야 왕국 쪽으로 점점 기울었다. 그동안 나사리 왕국이 살아남을 수 있었던 것은 이베리아 반도 내에서 가톨릭 왕국들이 싸움을 벌였기 때문이다. 그런데 이제 포르투갈도 카스티야 왕국과 평화 협정을 체결했으므로 나사리 왕국은 가톨릭 연합군의 목표에서 벗어날 길이 없었다. 이사벨 여왕 부부는 그라나다의 왕인 보압딜에게 편지를 써서 항복할 의사가 있다면 그라나다 주변의 나무를 자르라고 말했다.

1491년 나사리 왕국의 마지막 왕 보압딜은 항복하겠다는 의사를 밝혔다. 전쟁이 멈추고 두 진영은 항복을 조건으로 협상을 시작했다. 보압딜은 알함브라를 비롯한 모든 궁전과 성채들을 넘겨주는 대신 조건을 내걸었다. 그 조건은 그라나다에 사는 무슬림에게 가톨릭으로 개종하라고 강요하지 않고, 무슬림이 나사리 왕국의 법에 따라 상업 활동을 하며 그라나다에서 살 수 있게 해 달라는 것이었다.

1492년 1월 2일 이사벨 여왕 부부는 그라나다에 입성했다. 보압딜은 그라나다 성문의 열쇠를 페르난도 2세에게 건넸고, 그는 그 열쇠를 이사벨 여왕에게 주었다. 그녀는 열쇠를 다시 후안 왕자에게 전달했다. 언젠가는 후안이 모든 것을 물려받을 것으로 생각했기 때문이다. 다행히 이 시기 후안은 건강하게 잘 성장하고 있었다.

이사벨 여왕은 후안과 둘째 딸 후아나를 신성로마제국을 다스리는 합스부르크 왕가의 자식들과 맺어 줄 생각을 하고 있었다. 카스티야 왕국과 합스부르크 왕가가 정략적으로 동맹을 맺기 위해서 결혼보다 확실한 것은 없었다. 1496년 10월 둘째 딸인 후아나와 합스부르크 가문의 펠리페 왕자가 결혼했다. 1497년 4월에는 후안 왕자와 마가리타 공주의 결혼식이 부르고스에서 치러졌다. 후안은 맨 처음 이 결혼을 원하지 않았다고 한다. 상대가 누구인지도 몰랐기 때문이다. 단지 부모의 뜻에 따라 결혼식을 올린 것뿐이었

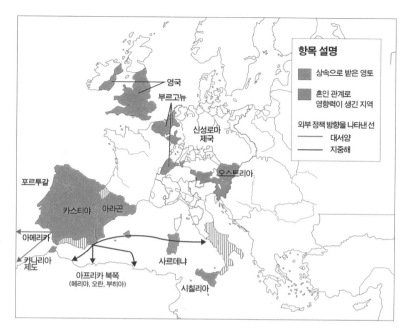

가톨릭 부부왕의 국외 정책과 정벌(1479~1516)

다. 이는 마가리타 공주 역시 마찬가지였다. 합스부르크 왕조는 특히 결혼을
통해서 가문의 영향력을 늘리는데 많은 노력을 해 왔다. 그녀는 원래 프랑스
의 샤를 8세와 결혼 이야기가 오갔었다. 그런데 그가 거절하면서 다른 배우
자 감으로 점찍은 것이 후안이었다.

후안 왕자는 마가리타 공주와 결혼하는 것이 맨 처음에는 내키지 않았지
만 막상 그녀를 본 후에는 마음이 바뀌었다. 그녀가 매우 예뻤기 때문이다.
후안 왕자는 그녀에게 한눈에 반해 버렸다. 다행히 마가리타 공주도 후안 왕
자가 마음에 들었다. 둘은 만족스러운 결혼생활을 했다. 문제는 둘의 금실이
좋아도 너무 좋았다는 것이다. 전실에 따르면 후안 왕자와 마가리타 공주는
결혼 이후 매일매일 무리한 부부 관계를 가졌다고 한다. 그래서 그는 급속히
말라갔고 건강이 악화되었다. 이사벨 여왕 부부는 수척해진 후안 왕자가 걱

정되어 의사를 불렀다. 그를 진찰한 의사는 이사벨 여왕 부부에게 후안의 건강 회복을 위해서는 후안과 마가리타가 당분간 떨어져 지내야 한다고 충고했다고 한다.

후안 왕자의 건강은 의사의 진찰 이후에 오히려 점점 더 안 좋아졌다. 시름시름 앓기 시작하던 후안 왕자는 나중에는 침대에서 일어날 수 없을 정도로 병세가 악화됐다. 그리고 10월에 결국 사망했다. 사인은 결핵이었다. 온 국가가 유일한 왕위 계승자였던 후안 왕자의 죽음으로 슬픔에 빠졌다. 이사벨 여왕과 페르난도 2세의 상실감을 이루 말할 수 없을 정도였다.

그나마 다행히 후안 왕자의 부인인 마가리타의 뱃속에 후안의 아이가 있었다. 그 아이가 무사히 태어난다면 이사벨 여왕과 페르난도 2세의 뒤를 이을 수도 있었다. 그런데 불행은 후안 왕자의 죽음으로 끝나지 않았다. 어린 남편의 죽음은 마가리타에게도 큰 충격이었다. 그녀는 스트레스로 조기 출산을 했는데 출산 도중 아이는 죽고 말았다.

이사벨 여왕은 후안 왕자를 세비야 알카사르의 왕자의 방Cuarto del Principe에서 출생했다. 지금도 알카사르의 곳곳에는 이사벨 여왕과 페르난도 2세의 유일한 왕자였던 후안과의 추억이 남아 있다. 이사벨 여왕은 후안 왕자가 죽고 난 뒤 그를 추모하기 위해 그가 태어난 방을 왕자의 방으로 이름을 바꿨고 그 방 옆의 정원을 왕자의 정원Jardin del Principe이라고 이름을 붙였다.

혼자 남은 마가리타의 삶은 불행했다. 1501년에 사보이의 필리베르토 2세Filiberto II와 결혼했지만 3년 뒤 그도 죽었다. 둘 사이에 아이는 없었다. 마가리타가 다시 혼자가 되자 왕비와 사별한 영국의 헨리 7세Henry VII가 그녀와 결혼을 하고 싶어 했다. 하지만 그녀는 다시는 결혼하지 않겠다고 마음먹었다. 이미 두 번이나 남편을 먼저 떠나보내며 깊은 상처를 입은 까닭이었다.

짓궂은 운명은 그녀를 그대로 두지 않았다. 2년 뒤 1506년에는 그녀의 유일한 오빠 펠리페 1세$^{\text{Felipe I}}$마저 사고로 갑작스럽게 죽었다. 그녀는 사랑하는 사람들의 연이은 죽음에 큰 충격을 받았다. 신성로마제국의 황제이자 아버지인 막시밀리안 1세$^{\text{Maximilian I}}$는 상심에 빠진 그녀에게 네덜란드를 통치하도록 맡겼다. 이후 그녀가 자식 없이 죽으면서 네덜란드를 그녀의 조카(펠리페 1세의 아들)인 카를로스 1세가 물려받았다. 카를로스 1세는 스페인과 신성로마제국을 동시에 다스렸으므로 이후 네덜란드는 스페인의 영향력 안에 들어오게 되었다.

스페인 땅을 밟지 않으려 한 콜럼버스

✦ 1453년 오스만튀르크 제국이 콘스탄티노플을 점령하며 동로마 제국을 무너뜨렸다. 오스만튀르크 제국은 콘스탄티노플을 이스탄불로 이름을 바꾸고 수도로 삼았다. 이는 오스만튀르크 제국이 앞으로 유럽에 진출하겠다는 선전포고와 같았다. 동로마 제국은 서유럽 나라들에 있어서 오스만튀르크 제국의 공격을 막아 주는 방파제와 같은 역할을 했었다. 그런데 동로마 제국이 무너지면서 이제 서유럽 국가들은 직접 오스만튀르크 제국과 상대해야 했다.

오스만튀르크 제국이 동로마 제국을 무너뜨리자 상인들도 큰 충격을 받았다. 상인들은 실크로드를 통해 동양에서 가져오는 특산품으로 막대한 이익을 남길 수 있었는데 오스만튀르크가 실크로드를 가로막았기 때문이다. 만약 누군가 실크로드를 대체할 수 있는 비닷길을 개척하고 독점한다면 막대한 부와 명예를 누릴 수 있었다. 이러한 시대에 콜럼버스가 등장했다. 콜럼버스는 포르투갈 귀족 출신의 부인과 결혼한 제노바 출신의 항해사였다.

1480년대 초반부터 콜럼버스는 지구는 둥글어서 대서양 서쪽으로 계속 항해하면 세상의 끝으로 추락하는 것이 아니라 인도가 나타날 것이라고 믿었다. 그러나 대서양 항해는 그런 믿음만으로 할 수 있는 것이 아니었다. 거친 바다를 몇 달 동안 항해하기 위해서는 큰 배와 선원이 필요했기 때문에 막대한 자본이 있어야 했다. 그리고 추후에 발견한 뒤에는 그의 지위와 부를 보장해 주는 힘 있는 국가의 승인도 중요했다.

콜럼버스는 1483에서 1485년 사이 포르투갈의 왕 주앙 2세에게 그의 계획을 처음으로 제안한 것으로 알려져 있다. 당시 포르투갈에는 항해사를 양성하는 큰 학교가 있어서 유능한 항해사들이 많이 있었다. 그 항해사들은 대양을 항해하는 뛰어난 기술을 가지고 있었다. 그러나 포르투갈은 콜럼버스를 지원해 주지 않았다. 포르투갈은 이미 아프리카 대륙을 빙 둘러서 인도로 가는 항로를 개발하는 중이었고, 이미 그 루트에 많은 시간과 돈을 투자한 뒤였다. 얼마 뒤면 자신들의 힘으로 아프리카 대륙을 지나 인도로 갈 수 있는데 굳이 콜럼버스에게 부와 지위를 약속해 주며 모험을 할 필요는 없었다.

콜럼버스가 포르투갈 다음으로 찾아간 곳이 스페인이었다. 스페인은 포르투갈과 함께 유럽에서 항해 기술이 제일 발달한 나라였다. 콜럼버스는 1485년에 스페인에 도착했다. 그는 운 좋게 세비야의 카르투하 수도원에서 왕과의 만남을 주선해 주겠다는 수도사를 만났다. 콜럼버스는 수도사와 함께 그라나다에서 전쟁을 벌이고 있는 이사벨 여왕과 페르난도 2세를 찾아갔다. 콜럼버스는 열심히 준비한 계획을 설명하고 지원을 요청했다. 그러나 가톨릭 부부왕은 콜럼버스에게 당장 답을 줄 수는 없다고 말했다. 첫째, 그라나다에서 마지막 남은 아랍인들과 전쟁을 벌이고 있었기 때문이고, 둘째, 1479년 포르투갈과 알카소바스 조약을 체결했는데 대서양을 항해해서 인도로 가

「여왕 앞에 선 콜럼버스」, 에마누엘 로이체 그림, 1843

는 것이 조약에 위배되지 않는지 알아봐야 한다는 것이었다.

가톨릭 부부왕이 검토해 본다고 하자 콜럼버스는 스페인에 많은 기대를 걸었다. 스페인 왕의 대답은 포르투갈 왕의 대답보다는 훨씬 긍정적이었다. 콜럼버스는 카르투하 수도원 근처에서 지내며 기다렸다. 계절이 몇 번이나 바뀌었지만, 왕으로부터는 아무 소식이 없었다. 1488년 기다림에 지쳐 가고 있는 그에게 포르투갈 왕이 콜럼버스를 보자고 편지를 보냈다. 아프리카 대륙을 지나서 인도로 가는 루트가 진전이 없었기 때문에, 포르투갈의 왕은 콜럼버스를 지원해서 새로운 루트를 개척하는 것도 좋겠다고 생각했기 때문이나. 콜럼버스는 포르투갈 왕을 만나 대서양을 기로질러 인도로 가면 아프리카를 돌아가는 것보다 더 빨리 인도에 도착할 수 있다고 설명했다. 그때 바르톨로뮤 디아스가 희망봉을 발견했다는 기쁜 소식을 가지고 포르투갈에 도착했다. 이는 아프리카를 돌아 인도로 갈 수 있는 날이 얼마 남지 않았다는 뜻이었다. 포르투갈 궁정에서 바르톨로뮤를 축하하는 연회가 열렸다. 자연스레 콜럼버스의 계획을 입 밖에 올리는 사람은 없었다.

콜럼버스는 실의에 빠져 다시 스페인으로 돌아왔다. 후안 데 라 세르다 Juan de la Cerda라는 귀족이 계속된 거절로 좌절한 콜럼버스를 집으로 초청했다. 후안 데 라 세르다는 콜럼버스의 계획을 듣고 그럴듯하다고 생각했다. 그는 콜럼버스를 도와주며 콜럼버스가 그의 집에서 머물 수 있도록 편의를 봐 주었다.

콜럼버스는 그의 집에서 또다시 2년간 머무르며 시간을 보냈다. 가족도 아닌 그로부터 계속 신세를 질 수는 없는 노릇이었다. 그렇다고 모든 것을 포기하고 고향으로 돌아갈 수는 없었다. 콜럼버스는 그의 집에서 나와 우엘바의 라비다 Labida 수도원으로 거처를 옮겨 왕의 부름을 기다렸다. 마침내 그라나다를 점령하기 전 1491년 11월 25일 가톨릭 부부왕이 콜럼버스를 그라나다로 불렀다. 콜럼버스는 가톨릭 부부왕의 임시 거처가 있던 그라나다 근교 산타페에 1492년 4월에 도착했다. 콜럼버스는 가톨릭 부부왕을 만나 다음과 같은 사항을 요구했다.

1. 해군 제독의 지위를 주고 콜럼버스가 새로 발견한 땅에서는 그가 죽을 때까지 부왕副王으로 임명한다. 제독의 지위는 세습할 수 있도록 한다.
2. 콜럼버스가 새로 발견한 땅에서 나오는 10퍼센트의 수익은 그가 가진다. 또한 신대륙의 추후 교역 활동에 대해서 8분의 1의 자본 참가권을 승인한다.

가톨릭 부부왕은 많은 투자를 해야 하고, 그가 원하는 것이 너무 과하기 때문에 안 된다고 말했다. 콜럼버스는 좌절하여 돌아갔다. 그런데 왕 옆에 있던 루이스 데 산탄헬Luis de Santángel이
가톨릭 부부왕을 설득했다. 그는 왕실의
재무를 담당했던 귀족이었다. 루이스 데
산탄헬은 투자와 비교하면 얻을 수 있는
것이 더 많으므로 콜럼버스의 계획을 지원
하자고 설득했다. 왕실의 재정 상황을 꿰뚫
고 있던 그는 비용이 부족하다면 그가 모
자란 돈을 꿔 주겠다고 말했다. 그의 말이
일리가 있고 신대륙 발견에 필요한 자금 문
제가 해결되자 가톨릭 부부왕은 콜럼버스
를 다시 불렀다. 그리고 마침내 1492년 4월
17일 계약서에 사인했다.

루이스 데 산탄헬

가톨릭 부부왕이 콜럼버스를 지원한 방
식은 카나리아 제도를 발견할 때와 마찬가
지 방식이었다. 국가의 돈으로 모든 항해 비용을 지원하는 것이 아니라 다양
한 사람들로부터 투자를 받아서 진행했다. 그래서 성공하면 땅은 스페인 왕
이 갖고 보물은 투자한 사람들이 나눠 갖는 식이었다. 콜럼버스의 항해도 이
와 같은 모델이었다. 만약 미지의 땅을 발견한다면 돈방석에 앉겠지만 그게
아니면 아무것도 얻지 못할 수 있었다.

콜럼버스는 세비야로 돌아와 우엘바를 오가며 항해 준비를 시작했다. 처
음에는 그와 함께 대서양으로 나가려는 선원들이 많이 없었다. 그래서 콜럼
버스는 항해를 시작하기 위해 죄수들을 동원하기도 했다.

1492년 8월 3일 콜럼버스는 3척의 배를 이끌고 우엘바에서 출발했다. 근
10년에 걸친 노력과 기다림 끝에 콜럼버스는 신대륙을 향한 닻을 끌어올릴

수 있었다. 그리고 콜럼버스는 마침내 10월 12일에 신대륙을 발견했다. 콜럼버스는 죽을 때까지 그가 발견한 곳이 인도라고 생각했다. 하지만 그곳은 인도가 아니라 유럽인들에게는 새로운 땅이었다. 콜럼버스는 1493년 3월 13일에 신대륙의 특산물과 원주민을 싣고 팔로스항으로 돌아왔다. 가톨릭 부부왕은 그를 약속대로 신대륙의 부왕으로 임명하였다.

콜럼버스의 신대륙 발견은 전 유럽에 화제가 되었다. 콜럼버스는 신대륙에 다시 가면 많은 황금을 가져올 수 있다고 설득해서 가톨릭 부부왕으로부터 많은 지원을 얻어 내었다. 일확천금을 노리고 많은 사람들이 콜럼버스와 함께 떠나겠다고 몰려들었다. 불과 1년 전만 해도 콜럼버스는 별 볼일 없는 몽상가에 불과했다. 신대륙을 발견한 이후 그의 지위와 인기가 급격히 올라갔다. 콜럼버스에게 이제 남은 건 신대륙에서 황금을 발견하고 부자가 되는 일이었다. 콜럼버스는 1493년 9월 1차 항해 때보다 규모가 훨씬 커진 총 17척에 1,200명의 대 선단을 이끌고 두 번째 항해를 떠났다.

이 2차 항해에서 콜럼버스는 지도자로서 신대륙에서 잔혹한 모습을 보여주었다. 신대륙에서 콜럼버스는 기대만큼 많은 황금을 찾을 수 없었다. 그의 말을 믿고 따라온 선원들의 불만도 점점 거세졌다. 콜럼버스는 강제로 원주민들을 금광을 발견하고 금을 채굴하는 데 동원하였다. 그러나 성과는 보잘것없었다. 콜럼버스가 신대륙을 발견하고자 했던 이유는 단순히 모험을 하고 싶어서가 아니었다. 이는 그를 믿고 따라온 선원들과 그의 항해를 지원한 사람들도 마찬가지였다. 모두가 원하는 것은 황금이었다. 콜럼버스는 계획대로 신대륙을 찾았으나 그가 바랐던 황금이 없어서 큰 스트레스를 받고 있었다. 스트레스를 이기지 못한 콜럼버스는 점점 더 잔인해져서 인간으로서는 넘지 말아야 할 선을 넘어섰다. 콜럼버스는 원주민들에게 황금 할당량을 주고 그 할당량을 채우지 못하면 손발을 자르기도 했고, 사냥개의 먹이로 주기도 했다.

콜럼버스가 신대륙에서 금도 찾지 못하고 원주민들을 가혹하게 대한다는 소식이 스페인 궁정에 들려왔다. 신하들이 무능한 콜럼버스를 비판하기 시작했다. 1494년 말 가톨릭 부부왕은 콜럼버스에게 명예롭게 스스로 신대륙 부왕의 지위에서 퇴진하라는 메시지를 보냈다. 콜럼버스는 아직 희망을 더 가지고 있었다. 그는 왕의 말을 듣지 않고 원주민을 더 독하게 대했다. 그의 이러한 고집은 가톨릭 부부왕과 그의 사이를 더 멀어지게 했다. 콜럼버스는 원주민을 노예로 삼아 노동력을 착취했는데 이는 가톨릭 부부왕이 선호하는 방식이 아니었다. 가톨릭 부부왕은 식민지 정부를 세우고 원주민에게 세금을 거둬들이는 편이 장기적으로 이득이 될 것으로 생각했다. 끝내 그가 바라던 황금을 얻지 못한 콜럼버스는 많은 원주민 노예를 데리고 1496년 6월에 마지못해 귀국했으나 환영받지 못했다.

콜럼버스는 포기하지 않았다. 신대륙 어딘가에 그가 꿈꾸던 황금이 잠자고 있다고 믿었다. 그는 1498년 5월, 6척의 배로 3차 항해를 떠났다. 2차 항해의 실패로 선단의 규모가 많이 줄어 있었다. 그는 많은 부를 가져다줄 새로운 땅을 발견하기 위해 남쪽으로 향했다. 그러다 오리노코 강 근처에서 바람이 불지 않는 지대를 만나서 죽다 살아나기도 했다. 콜럼버스는 프로젝트를 계획하고 실행하는 능력은 있었으나 다스리는 능력은 부족했던 것으로 보인다. 1500년에 그는 히스파니올라 섬에서 지냈는데 통치를 엉망으로 해서 내부 반란이 일어났다. 결국, 그는 쇠사슬에 묶여 본국으로 송환됐다. 재판이 진행되는 동안 그가 저지른 많은 잘못이 드러났다. 가톨릭 부부왕은 새로운 식민지를 안겨 준 콜럼버스의 공을 생각하여 그에게 약속했던 직위를 박탈하는 것으로 처벌을 끝내고 은퇴하여 편하게 살 것을 권했다. 하지만 콜럼버스는 신대륙에서 황금을 찾는 일을 그만두지 않을 작정이었다.

콜럼버스는 1502년에 세비야에서 4차 항해를 출발했다. 콜럼버스는 권

콜럼버스의 관

력도 잃었고 황금으로 사람들을 선동할 수도 없었기 때문에 선단은 캐러벨선 4척으로 초라했다. 그는 황금을 찾아 아직 가 보지 않은 곳을 항해해 보기로 했다. 그는 4차 항해를 하며 온두라스, 니카라과, 코스타리카, 파나마의 해안을 발견했다. 그러나 어디에도 그가 꿈꾸던 황금은 없었다. 그는 1504년에 다시 스페인으로 돌아왔다. 1504년 11월 26일 그를 지원해 주었던 이사벨 여왕이 숨을 거뒀다.

강력한 후원자였던 이사벨 여왕이 죽고 나자 콜럼버스의 궁정 내 위치는 더욱더 좁아졌다. 그는 산타페 조약에 명시된 대로 신대륙에서 발생하는 수입의 10퍼센트를 달라는 탄원서를 내기도 했다. 그러나 페르난도 2세는 콜럼버스가 부왕 지위를 박탈당했기 때문에 그 조항이 무효라며 그의 말을 들어주지 않았다. 그는 끝내 원하던 것을 얻지 못하고 1506년 5월 19일 숨을 거뒀다. 그는 스페인에 대한 불만으로 다음과 같은 유언을 남겼다.

"내 시신은 신대륙에 묻어라. 내가 다시는 이곳 스페인의 땅을 밟지 않게 하라."

후손들은 그의 시신을 신대륙으로 옮기기가 여의치 않아 바야돌리드에 묻었다. 그러다가 3년 뒤 콜럼버스의 아들이 아버지의 시신을 세비야의 카르투하 수도원에 안치했다. 1542년이 되어서야 그의 후손들은 콜럼버스의 유해를 신대륙으로 옮겨 도미니카 공화국의 수도인 산토도밍고에 묻었다.

콜럼버스는 살아 있을 때에도 죽은 뒤에도 스페인에서 신대륙을 왔다 갔다 했다. 산토도밍고가 1795년에 스페인에서 프랑스로 지배권이 넘어가면서, 그의 시신은 쿠바로 옮겨졌다. 그리고 쿠바가 1898년 스페인으로부터 독립하자, 스페인은 콜럼버스의 유골을 세비야 대성당 안에 두기로 했다. 350년 만에 콜럼버스가 다시 스페인으로 돌아오게 된 것이다. 그런데 문제가 있었다. 콜럼버스는 유언으로 그를 신대륙에 묻고, 다시는 스페인 땅을 밟지 않도록 당부했기 때문이다. 그래서 스페인 사람들은 머리를 써서 콜럼버스의 유골이 든 관을 스페인의 카스티야, 레온, 아라곤, 나바라 왕이 들고 있도록 설계했다. 어찌 됐던 콜럼버스의 유언대로 그는 스페인의 땅을 밟지 않을 수 있었다. 세비야 대성당에 가면 콜럼버스의 묘가 있다. 그의 관을 들고 있는 네 명의 왕 중 왼쪽 앞에 있는 왕의 발을 만지면 부자가 되고 오른쪽 앞에 있는 왕의 발을 만지면 사랑하는 사람과 세비야를 다시 찾게 된다는 미신이 있다.

콜럼버스는 신대륙을 발견하면 그곳에 막대한 황금이 있어서 그에게 엄청난 부를 가져다줄 것이라고 믿었다. 그는 4번에 걸쳐 목숨을 걸고 대서양을 항해했다. 금을 얻기 위해 원주민을 학대하는 잔인한 모습도 보여 주었다. 그러나 결국 그는 꿈꾸던 부를 가지지 못했다. 황금은 그에게 어떤 의미였을까? 만약 그가 신대륙을 발견한 것으로 만족하고 욕심을 부리지 않았더라면 존경받는 탐험가로 역사에 기록됐을 것이다. 지도에도 없는 곳을 찾아 대양을 몇 달씩이나 항해하는 것은 아무나 할 수 있는 일이 아니기 때문이다.

1572년에 지롤라모가 쓴 『새로운 세계의 역사 Historia del Nuevo Mundo』라는 책에는 유명한 콜럼버스의 일화가 나와 있다. 그가 신대륙을 발견한 것에 대하여 별것 아니라고 깎아내리는 귀족들이 있었다. 그는 달걀을 가지고 와서 그를 비웃는 귀족들에게 세워 보라고 시켰다. 한 명씩 달걀을 세워 보려고 노력했지만, 그 누구도 세울 수 없었다. 귀족들은 달걀을 세우는 것은 불가능한 일이라고 말했다. 그들은 콜럼버스도 달걀을 세울 수 없을 것이라고 장담했다.

콜럼버스는 달걀을 달라고 하더니 끝 부분을 깨서 달걀을 세웠다. 귀족들은 쉽게 콜럼버스가 달걀을 세우자 그건 아무나 할 수 있는 일이라고 말했다. 콜럼버스는 아까 그들이 달걀을 세우려고 쩔쩔매던 일을 이야기하며, 아무리 쉬워 보이는 일도 처음 하는 것이 어렵다고 답했다. 이 이야기는 저자가 꾸민 것이라는 이야기도 있다. 하지만 콜럼버스 덕분에 신대륙으로 가는 안전한 항로가 개발되어 많은 배가 그 길을 따라 신대륙을 오간 것만은 분명한 사실이다.

카를로스 1세의 슬로건, '보다 더 멀리'

✛ 이사벨 여왕이 죽은 해인 1504년 프랑스의 루이 12세Louis XII와 페르난도 2세의 둘째 딸 후아나의 사위인 펠리페가 비밀리에 1차 블루아 조약을 맺었다. 페르난도 2세가 아들이 없이 죽고 후아나가 왕위를 물려받으면 남편인 자신이 스페인의 왕위를 노릴 수도 있었다. 그런데 그게 말처럼 쉽지 않았다. 그가 왕이 되려면 다른 사위들과 전쟁을 해야 할지도 몰랐다. 가톨릭 부부왕은 스페인의 영향력을 넓히기 위해 딸들을 모두 주변 국가의 왕실 가문에 시집을 보냈기 때문이다.

펠리페는 미래에 발생할 수 있는 왕위 계승 전쟁에 대비하여 프랑스와 손을 잡고자 했다. 그는 루이 12세와 블루아에서 1504년 9월 22일 몰래 만나 펠리페의 아들 카를로스(후에는 스페인의 카를로스 1세이자 신성로마제국 황제로는 카를 5세)와 루이 12세의 딸 클로드를 결혼시키기로 합의했다. 루이 12세는 아들이 없었다. 루이 12세가 죽으면 그의 사위이자 펠리페의 아들인 카를로스가 프랑스의 왕을 겸할 수도 있었다. 프랑스는 계속 이탈리아에서 아라곤 왕국과 싸우고 있었다. 만약에 펠리페가 카스티야의 왕이 된다면 아라곤 왕국과 갈라질 것으로 생각했다. 그렇게 된다면 이탈리아에서 걸리적거리는 아라곤 왕국은 프랑스를 당해 내지 못하고 이탈리아에서 철수할 수밖에 없을 게 분명했다.

이사벨 여왕이 죽고 혼자 남은 페르난도 2세는 1505년 10월 19일 제르멘 드 푸아Germaine de Foix와 결혼식을 올렸다. 남편은 53살이었고, 신부는 18살이었다. 페르난도 2세가 어린 여자를 원해서 그녀와 결혼을 한 것은 아니었다. 두 사람이 결혼하게 된 이유는 페르난도 2세와 프랑스의 루이 12세가 맺은 2차 블루아 조약 때문이었다. 루이 12세는 그의 딸 클로드를 펠리페의 아들 카를로스 1세에게 시집을 보내려고 했으나, 얼마 지나지 않아 조약을 파기했다. 클로드의 남편이 프랑스의 왕이 될 확률이 높은데, 합스부르크 왕가에 프랑스 왕권을 넘겨주는 게 아무래도 내키지 않았기 때문이다. 루이 12세는 발루아 공작이자 사촌의 아들인 프랑수아와 클로드를 맺어 주었다. 루이 12세가 펠리페와의 조약을 파기하면서 그는 스페인 내의 새로운 조력자가 필요했다.

1505년 10월 12일 프랑스 블루아에서 프랑스의 루이 12세와 카스티야와 아라곤의 페르난도 2세가 만났다. 페르난도 왕은 후계자가 절실했다. 그에게는 5명의 자식이 있었지만 4명이 딸이었고, 후계자였던 왕자 후안은 대를 잇지 못하고 일찍 죽었다. 페르난도 2세와 이사벨 여왕은 많은 사람의 반대를 무릅쓰고 결혼을 해서 분열되어 있던 스페인 내의 가톨릭 국가들을 통합했고, 이슬람 세력들을 쫓아냈으며 아메리카 신대륙을 식민지로 만들었다.

만약 페르난도 2세가 아들을 다시 낳지 못한다면 애써 이사벨 여왕과 함께 이뤄 놓은 모든 것들을 다른 가문에 넘겨줘야 하는 상황이었다. 스페인의 앞날은 찬란했다. 그런데 그 유산을 물려받을 후계자가 없었기에 트라스타마라 가문의 장래는 어두웠다. 프랑스 왕가 출신으로 건강하고 젊은 새 왕비는 페르난도 2세에게 후계자를 출산해 줄 수 있는 이상적인 신부였다.

페르난도 2세는 또한 이 결혼을 통해 나폴리를 두고 이탈리아에서 벌어지고 있는 프랑스와의 전쟁을 끝내고자 했다. 15세기 이탈리아에는 피렌체, 밀라노, 제노바, 베네치아 등등 다양한 도시 국가가 있었다. 이탈리아 중부는 교황이 다스리는 교황령이 있었고 남부에는 나폴리가 있었다. 나폴리는 아라곤 왕국의 알폰소 5세가 1442년에 점령해서 아라곤 왕국의 영향력 밑에 있었다.

프랑스는 계속해서 이탈리아를 탐냈다. 샤를 8세는 나폴리의 왕위 계승권을 주장하면서 나폴리를 공격해서 1495년부터 1년간 나폴리를 빼앗기도 했다. 나폴리는 페르난도 2세에게 도움을 요청했다. 스페인의 페르난도 2세는 스페인에서 군대를 보내 나폴리를 지원했다. 1496년 나폴리에는 다시 아라곤 왕국과 연관이 있는 페르디난도 2세가 왕이 됐다. 그는 1년 만에 후사 없이 죽었다. 그의 뒤를 이어 아라곤 왕가의 피가 흐르는 페데리코 1세가 나폴리의 왕이 됐다. 그런데 샤를 8세 다음에 프랑스 왕위에 오른 루이 12세가 나폴리를 공격하면서 스페인의 페르난도 2세와 루이 12세는 이탈리아의 지배권을 두고 전쟁을 계속하고 있었다.

프랑스와 스페인은 이 모든 문제를 해결하기 위해 2차 블루아 조약을 맺었다. 이 조약에서는 루이 12세가 나폴리 왕국의 통치권을 조카인 제르멘에게 주고 그녀가 페르난도 2세의 아들을 낳는다면 그 아들이 나폴리를 다스릴 권한을 물려받기로 합의했다. 만약 후계자가 없다면 나폴리는 프랑스가 다스리기로 했다. 페르난도 2세는 거절할 이유가 없었다. 나폴리를 두고 루이 12세의 프랑스와 전쟁을 하는 것은 별 이득이 없었기 때문이다. 그러한 소모전을 끝내기 위해 페르난도 2세는 적이었던 루이 12세의 조카인 어린 신부와 결혼하기로 했다.

1509년 드디어 페르난도 2세가 기다리던 소식이 찾아왔다. 페르난도 2세의 새로운 왕비 제르멘이 임신을 했다. 그녀가 아들을 낳는다면 그 아들은 스페인뿐만 아니라 무궁한 가능성이 있는 신대륙과 이탈리아 일부까지 다스릴 수 있었다. 그리고 트라스타마라의 가문의 대를 이을 수 있었다. 페르난도 2세는 태어나는 아이가 아들이기를 기원했다.

제르멘은 그렇게 바라던 아들을 출산했다. 그런데 마냥 왕자의 탄생을 기뻐할 수만은 없었다. 그의 건강 상태가 좋지 않았기 때문이다. 스페인에서 제일 뛰어난 의사들이 새로 태어난 왕자를 살리기 위해 노력했고 수많은 성직자가 기적이 일어날 수 있도록 열심히 기도했다. 그러나 정해진 운명은 바꿀 수 없었다. 후안 데 아라곤이라 불린 아기는 태어난 지 몇 시간 지나지 않아 세상을 떠났다.

페르난도 2세는 결국 아들을 얻지 못하고 1516년에 사망했다. 사인과 관련해서는 그가 제르멘에게서 아들을 얻으려고 유럽에서 최음제로 쓰였던 벌레인 물집청가리를 많이 먹었는데 그 부작용 때문이라는 주장도 있다. 페르닌도 2세는 제르멘이 괴부로 있는 동안에는 그녀에게 마대한 임대 소득을 지급하되, 만약 그녀가 다른 사람과 결혼하면 지급을 중지하라고 유언을 남겼다. 그리고 그의 뒤를 이어 스페인의 왕위에 오르게 될 손자

카를로스 1세에게는 그녀에게 그 비용이 잘 지급될 수 있도록 해 달라는 편지를 썼다.

그 이후 이야기는 막장 드라마보다 더 막장으로 흘러갔다. 페르난도 2세의 손자인 카를로스 1세는 카스티야와 아라곤 왕국의 왕이 됐다. 카를로스 1세는 1517년 처음 스페인에 와서 새 할머니인 제르멘을 만났다. 이때 카를로스 1세는 17살이었다. 제르멘은 그의 새 할머니였지만 29살에 불과했다. 둘 사이는 금지된 사이였다. 그런데 둘 사이에서 불꽃이 튀었다. 제르멘은 1518년에 딸 이사벨을 출산했다. 페르난도 2세는 1516년에 사망했으니 그 딸은 페르난도 왕의 딸일 리 없었다. 제르멘은 그녀의 아버지가 누구인지 밝히지 않았다.

1519년 제르멘은 카를로스 1세의 측근인 독일 귀족 요한과 결혼을 했다. 그 결혼은 제르멘과 카를로스 1세의 금지된 사랑을 감추기 위한 목적이 컸다. 그런데 5년 뒤 그가 죽으면서 그녀는 다시 과부가 됐다. 1526년 그녀는 카를로스 1세의 명으로 칼라브리아의 귀족 페르난도와 다시 한 번 결혼했다. 제르멘은 1538년 숨을 거뒀다. 마지막에 죽기 전에 제르멘은 자신의 딸이 카스티야 왕국의 공주이며, 위대한 왕의 딸이라고 적었다. 이는 이사벨이 제르멘이 낳은 카를로스 1세의 딸이라는 것을 의미했다.

합스부르크 왕가의 카를로스 1세는 칵테일과 같이 섞인 스페인 역사에 하나의 재료를 더 했다. 카를로스 1세는 스페인뿐만 아니라 부르고뉴 공국의 발루아 - 부르고뉴 가문과 오스트리아의 합스부르크 가문의 상속자였다. 스페인은 갑자기 카를로스 1세 시기에 이르러 영토가 늘어났다. 영토가 늘어나는 것이 무조건 좋은 일은 아니다. 적어도 아라곤 왕국에게는 나쁜 일이었다. 아라곤 왕국은 카스티야 왕국과의 통일을 원하지 않았다.

이사벨 여왕과 페르난도 2세는 각각 카스티야 왕국과 아라곤 왕국을 통치했었다. 이사벨 여왕이 죽고 나서 카스티야 왕국을 페르난도 왕이 아니라 딸 후아나가 물려받은 예를 보듯 카스티야 왕국과 아라곤 왕국은 그들의 왕이 그들의 방식으로 통치하기를 원했다. 그런데 페르난도 2세가 죽고 나서 카를로스 1세가 두 왕국을 모두 물려받으면서 카스티야 왕국과 아라곤 왕국이 합쳐졌다. 현재 스페인의 모습은 카를로스 1세 이후에 존재했다. 그러나 카를로스 1세는 스페인 최초로 카스티야 왕국과 아라곤 왕국을 합쳐서 통치했지만 주로 스페인 밖에 있었다. 그는 스페인어도 잘못했고 통치 초반에 스페인은 그의 관심사 밖에 있었다. 왜냐하면 그가 다스리는 영토가 넓다 보니 영토 내의 문제가 끝이 없었기 때문이다. 게다가 국경을 맞댄 주변국들과 다툼도 끊임이 없었다.

프랑스의 프랑수아 1세는 카를로스 1세에게 압박감을 느꼈다. 프랑스의 남쪽과 동쪽에 모두 카를로스 1세가 통치하는 나라가 있었다. 프랑스는 그 위기감을 카를로스 1세와 이탈리아의 주도권을 두고 전쟁을 일으키는 것으로 표출했다. 프랑수아 1세는 1525년에 이탈리아의 파비아성을 두고 스페인과 신성로마제국을 다스리는 카를로스 1세의 군대와 전투를 벌였다. 이 전투에서 카를로스 1세는 화승총 부대를 투입하여 대승을 거두었다. 프랑스군의 사상자는 1만 2천 명에 달했으나, 카를로스 1세의 군대 사상자는 5백 명에 불과했다. 거기다 프랑수아 1세는 포로가 되어 마드리드로 끌려가 여러 이권을 카를로스 1세에게 양보한다는 조약에 서명해야 했다.

카를로스 1세는 오스만튀르크와도 문제가 있었다. 오스만튀르크는 이슬람 제국의 땅을 회복해 가면서 북아프리카까지 있다. 오스만튀르크의 군대는 강했기 때문에 주변 국가들이 속수무책으로 무너졌다. 오스만튀르크는 곧이어 발칸 반도와 이집트를 점령했다. 그리고 1529년에 오스만

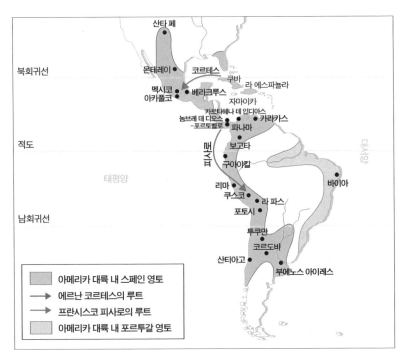

아메리카의 식민지. 오렌지색은 스페인의 식민지이고 녹색은 포르투갈의 식민지이다.

튀르크의 술탄 술레이만 1세는 동유럽을 장악한 뒤 합스부르크 가문의 본
거지였던 빈까지 공격했다. 이후 1683년에 오스만튀르크는 다시 한 번 빈에
쳐들어왔다.

카를로스 1세의 슬로건은 'PLUS ULTRA(보다 더 멀리)'였다. 그는 유럽 땅
에서 전쟁을 벌여 왔지만, 해상에 있어서는 지중해보다는 대서양에 초점을
맞췄다. 오스만튀르크는 강력한 해군력을 바탕으로 지중해 주변을 점령해
가고 있었다. 오스만튀르크는 지중해를 그들의 앞바다로 만들려는 생각이
있는 듯했다. 카를로스 1세는 오스만튀르크의 세력을 지중해에서 견제해야
했다. 그 결과 카를로스 1세는 1535년에 튀니지를 점령했다.

카를로스 1세 시기에 또 하나의 굵직한 사건이 터졌다. 로마 교황은 바티칸 성당을 짓기 위해 면죄부를 팔았다. 카를로스 1세의 통치 구역인 신성로마제국(독일 지역)에서 루터가 1517년 면죄부를 파는 가톨릭의 잘못된 점을 지적하면서 종교 개혁의 움직임이 일어났다. 루터는 성서를 중요시 여겼다. 루터는 일반 사람들도 쉽게 성경을 접할 수 있도록 성경을 독일어로 번역했다. 이전까지 성경은 성직자들이 해석을 해서 일반 교도들에게 알려 주어야만 했었다. 일반 사람들도 성경을 읽을 수 있게 된다면 루터는 자연스레 성직자의 힘과 부패도 줄어들 것이라고 생각했다. 게다가 개신교에서는 신부를 통하지 않고 직접 고해했기 때문에 성당에서는 면죄부를 팔 수도 없었다.

독일 내 제후들은 개신교를 좋아했다. 개신교는 가톨릭처럼 땅을 원하지 않았다. 개신교가 지지를 받은 이유는 로마 시대 고트족 지도자가 로마의 영향력을 받지 않기 위해 가톨릭 대신 아리우스파를 선택한 이유와 비슷했다.

알카사르에 있는 카를로스 1세의 튀니지 점령을 기념한 태피스트리의 방

카를로스 1세가 다스리던 신성로마제국은 구교와 신교로 나뉘어 종교 전쟁을 벌였다. 신교와 구교 모두 전쟁을 계속했지만 둘다 이길 수가 없었다. 카를로스 1세는 1555년 아우스부르크 화의에서 각 제후들이 그들이 원하는 종교를 선택할 권리를 인정했다. 그러나 스페인은 예외였었다. 스페인의 가톨릭은 흔들림이 없었다.

카를로스 1세는 스페인을 그가 넓은 제국을 유지하는 데 필요한 자금을 보관하고 있는 은행쯤으로 생각했다. 그의 치세 때 프랑스, 오스만튀르크, 신성로마제국 내전 등 수많은 전쟁이 일어났다. 스페인은 아메리카 대륙의 광활한 식민지를 통해 막대한 부를 거머쥘 수 있었지만 그 돈은 카를로스 1세의 광대한 영토를 지키기 위한 전쟁 비용으로 스페인에서 모두 빠져나갔다.

세상의 끝을 넘어서, 마젤란의 세계 일주

✛ 중세 시대 사람들은 지구가 둥글다는 것을 알지 못했다. 아프리카 대륙 남서쪽에 있는 카나리아 섬까지는 발견했지만, 서쪽으로 더 나아가면 크라켄이나 용 같은 괴물들이 배를 집어삼킨다고 믿었다. 운 좋게 괴물을 만나지 않더라도 바다의 끝은 세계의 끝이라서 결국 깊은 심연 속으로 떨어진다고 생각했다. 물론 사람들은 콜럼버스가 신대륙을 발견한 이후 많은 배가 대서양을 오가는 것을 보며 그 생각이 틀렸다는 것을 알게 됐다.

그런데 대서양을 항해하는 것에서 더 나아가 지구가 정말로 둥글다면 계속 서쪽으로 항해해서 출발한 지점으로 다시 돌아올 수 있다고 생각하는 사람들이 있었다. 바로 그 사람들이 1517년 세비야 무역관(현 인디아 문서 보관소)에 모인 항해사들이었다. 그들은 세계를 횡단하는 계획에 대해서 논의했다. 이 계획의 총 지휘자가 바로 포르투갈 출신의 마젤란이었다.

이 계획은 단순히 순수한 호기심을 충족시키기 위한 것이 아니었다. 대서양을 항해하는 것도 힘이 드는 일이었다. 그런데 그 대서양을 지나 새로운 곳으로 나아간다는 것은 목숨을 건 일이었다. 위험을 감수할 선원들과 강한 바닷바람과 파도를 견딜 튼튼한 배도 필요했다. 당연하지만 그 막대한 비용은 한 사람의 항해사가 감당할 수 있는 비용이 아니었다. 투자를 받기 위해서는 세계 일주를 하는 것이 어떤 이득을 줄 수 있는지 설명을 해야 했다. 마찬가지로 세계 일주에 참여하는 사람들에게도 동기 부여를 위해 보상을 약속해야 했다.

가능성은 있었다. 스페인은 아메리카 대륙을 식민지로 두면서 점점 많은 수익을 올리고 있었다. 다만 스페인은 아시아와는 큰 교류가 없었다. 이때까지 유럽에서 아프리카 대륙을 지나 아시아로 가는 해로는 포르투갈이 독점하고 있었기 때문이다. 만약 스페인이 서쪽으로 아시아에 다다를 수 있는 새로운 루트를 개발하고 포르투갈의 말루쿠 제도(향료제도)와 같은 다른 식민지를 가질 수 있다면 스페인은 마젤란의 세계 여행을 수십, 수백 번 지원하더라도 본전을 뽑을 수 있었다. 마젤란은 포르투갈이 1511년 아시아의 말루쿠 제도를 식민지화할 때 참여해서 향료 무역이 막대한 부를 가져다준다는 것을 알고 있었다. 그와 함께하는 항해사들과 선원도 마찬가지였다. 성공해서 살아 돌아오기만 한다면 부와 명예는 자연스레 따라오리라고 믿었다.

이 당시 스페인의 왕은 신성로마제국의 왕을 겸하고 있는 카를로스 1세였다. 마젤란은 세계 일주를 완주하는 조건으로 카를로스 1세에게 다음의 사항을 요구했다.

1. 세계 일주가 끝난 뒤 발견한 무역 루트를 10년간 독점한다.
2. 세계 일주 도중 발견하는 새로운 땅은 그가 관리하며 그 땅에서 나오는 소득의 5퍼센트를 그가 가진다.
3. 세계 일주를 통해 얻은 총 수익의 20퍼센트를 지급한다.
4. 추후 발견한 세계 일주 루트를 항해할 때 출항 시 내야 하는 1천 두카도의 세금을 5퍼센트만 낼 수 있도록 공제 혜택을 준다.
5. 발견한 섬 중에 일곱 번째부터 열다섯 번째까지 많은 수익을 가져다주는 섬들은 선장들에게 하나씩 양도해 준다.

1519년 8월 10일 세계 횡단 여행을 위해 260명*이 탑승한 5척의 배가 세비야의 과달키비르 강에서 출발했다. 맨 처음 배의 항로는 이미 발견된 포르투갈령 카보베르데를 지난 후 브라질 쪽으로 비스듬히 내려가는 형식이었다. 이때는 이미 포르투갈이 남아메리카에서 브라질을 발견한 뒤였다.**

마젤란의 목적은 남아메리카 탐험이 아니었다. 그들은 신대륙을 지나 아시아가 있는 서쪽으로 나아가야 했다. 마젤란은 1520년 3월 아르헨티나의 푸에르토 산 훌리안Puerto San Julian에 도착했다. 겨울이었기 때문에 마젤란은 그곳에서 봄까지 나면서 앞으로 있을 긴 항해를 준비하려 했다.

항해를 처음 시작한 지 반년이 넘었지만, 성과가 없었다. 계획대로라면 벌써 아메리카 대륙을 지나 아시아로 갈 수 있는 바다가 나와야 했으나 그 바다는 보이지 않았다. 처음에는 모두 죽음을 각오하고 굳은 의지로 마젤란을

---

* 『세상의 끝을 넘어서(마젤란의 해양 오디세이)』, 로런스 버그린 지음, 박은영 옮김, 해나무, 2006. 234명, 270명이라고 주장하는 자료도 있다.
** 스페인과 포르투갈 사이에 아메리카 대륙의 영토 문제가 생기자 1494년에 카보베르데 제도의 서쪽으로 370레구아 떨어진 지역에 남북으로 선을 그어 서쪽은 스페인이, 동쪽은 포르투갈이 차지하도록 하는 토르데시야스 조약이 교황의 중재로 이뤄졌다.

인디아 문서 보관소

따라 나섰지만 땅 위에서 있다 보니 왜 이런 고생을 하는지 후회를 하는 사람들이 늘어났다.

마젤란이 아르헨티나에서 겨울을 나는 동안에 스페인 선장들을 중심으로 반란이 일어났다. 많은 선원이 굶주리고 있었다. 앞으로 있을 항해에 어떠한 어려움이 있을지 몰랐다. 그들은 그저 다시 돌아가기를 원했다. 그러나 마젤란은 돌아가는 것이 죽기보다 싫었다. 시작은 돈이었지만 그는 끝을 보고 싶었다. 스페인 선장들은 돌아가기를 거부하는 마젤란을 죽이려 했다. 하지만 마젤란의 재빠른 대처로 반란은 실패했다.

마젤란은 반란을 제압하고 해안을 따라 계속 남서쪽으로 내려갔다. 1520년 11월 끝도 없을 것 같았던 대륙의 끝이 보였다. 남극과 남아메리카 대륙 사이에 있는 해협에 도달한 것이다. 마젤란은 유럽인 최초로 이 해협을 건넜다. 이 해협은 이후 마젤란 해협으로 불렸다. 마젤란 해협을 건너기는 쉽지 않았다. 센 바람과 거친 파도로 해협에 들어서던 배 한 척이 난파됐다. 마젤란을 뒤따라오던 다른 배 한 척은 대형에서 이탈해서 스페인으로 도망갔다. 그 배는 마젤란과 같은 포르투갈 출신의 항해사 에스테방 고메스^{Estêvão Gomes}가 이끄는 산 안토니오호였다. 에스테방은 1521년 5월 6일에 세비야로 돌아왔다. 그는 돌아오자마자 감옥에 수감되고 재판에 회부되었다. 에스테방은 마젤란이 세계 일주를 계획할 때부터 참여했던 사람이다. 그런 사람이 아시아로 나갈 수 있는 길목에서 꿈을 이루는 것보다 감옥에 갇히는 것을 선택했으니, 그 당시 마젤란의 항해에서 선장들과 선원들이 느꼈던 중압감이 얼마나 컸는지를 짐작할 수 있다.

3척의 배가 마젤란 해협을 지나자 갑자기 바다가 평온해졌다. 마젤란은 이 평온한 바다를 고요한 바다, 태평양이라고 불렀다. 처음에 만난 태평양은 항해하기가 편해서 좋았다. 그런데 마젤란은 정박할 땅을 찾을 수가 없었다. 마젤란 해협에서 이탈한 산 안토니오호는 마젤란의 선단에서 가장 큰 배로 식량을 제일 많이 싣고 있었기 때문에 식량 보급이 절실했다. 하지만 마젤란은 3개월 동안이나 물과 식료품을 보충할 수 없었다. 괴혈병과 굶주림으로 인해 많은 선원이 죽었다. 안토니오 피가페타^{Antonio Pigafetta}는 마젤란과 함께 항해하면서 처음부터 일기를 썼다. 그는 그때와 관련해서 다음과 같이 기록했다.

"우리가 먹는 빵은 더는 빵이 아니었다. 빵 안에는 구더기들이 가득했고, 부스러기밖에 없었다. 빵에서는 역겨운 오줌 냄새가 났다. 물은 썩어서 악취가 났다. 우리는 굶어 죽지 않기 위해 배의 돛대에 있던 소가죽을 먹기도 했다. 우리는 자주 톱밥과 쥐를 먹곤 했다. 선원들끼리는 각자 잡은 쥐를 서로 팔기도 했다. 이것이 전부가 아니었다. 괴혈병(비타민 C가 부족해서 생기는 병)으로 잇몸이 부어서 이빨이 보이지 않을 정도였다."

다행히 마젤란은 1521년 3월 6일 괌에 도착했다. 괌에서 보급한 뒤 마젤

알카사르의 해군 제독의 방. 항해사들은 항해를 떠나기 전 이곳에서 기도를 했다.

란은 필리핀 세부까지 항해를 했다. 남쪽으로 조금만 더 나아가면 그가 목표로 했던 향료제도에 도착할 수 있었다. 그는 10년 전 향료제도에 체류했었기 때문에 만약 향료제도에 도착한다면 세계 최초로 지구를 횡단한 사람이 될 수 있었다. 그런데 안타깝게도 마젤란은 필리핀 막탄 섬에 살던 원주민과의 전투에서 목숨을 잃었다.

마젤란이 죽을 때, 그 옆에는 마젤란이 아끼던 노예이자 통역사로 여행을 함께했던 엔리케가 있었다. 마젤란은 죽기 전에 엔리케를 노예에서 해방해 주었다고 한다. 그런데 마젤란의 뒤를 이어 책임자가 된 두아르테 바르보사 Duarte Barbosa는 통역사로 엔리케가 필요했다. 그는 엔리케를 해방해 주기는 커녕 그를 포르투갈로 보내 평생 노예로 살게 하겠다고 위협하며 가혹하게 대했다.

엔리케는 가뜩이나 선원들이 멍청해서 마젤란이 죽었다고 생각했기 때문에 화가 나 있었다. 그래서 그는 세부 섬의 부족장과 짜고 선원들을 부족의 저녁 식사에 초대한 뒤 음식에 독을 타도록 했다. 두아르테 바르보사를 포함한 많은 선원이 그때 목숨을 잃었다. 다행히 부족장의 저녁 식사에 참여하지 않아 살아남았던 스페인 바스코 출신의 선장인 후안 세바스티안 엘카노Juan Sebastián Elcano가 총지휘를 맡아서 항해를 계속하기로 했다. 항해할 인원이 부족해서 그는 3척의 배 중 콘셉시온호는 그냥 두고 트리니다드호와 빅토리아호를 이끌고 남쪽으로 출발했다. 그리고 얼마 지나지 않아 향료제도라고 불리던 말루쿠 제도에 도착했다.

말루쿠 제도에서는 후추, 계피, 정향 등 유럽에서 귀한 향료들이 많이 났다. 선원들은 두 척의 배에 향료를 가득 실었다. 이 향료를 가지고 갈 수 있기만 한다면 그동안의 고생은 모두 보상받고도 남을 정도로 많은 돈을 벌 수 있었다. 그런데 갑자기 트리니다드호에서 물이 새기 시작했다. 결국, 트리니다드호는 말루쿠 제도에 수리를 위해 남겨 두고 빅토리아호만 스페인으로 향했다.

향료제도에서 돌아오는 항해도 쉽지 않았다. 말루쿠 제도에서 인도, 아프리카를 거쳐 오는 해로는 포르투갈이 독점하고 있었다. 포르투갈의 방해로 보급을 제대로 받지 못해 빅토리아호의 선원들은 태평양에서 항해하던 때처럼 굶주리고 괴혈병에 시달려야 했다.

1522년 7월 빅토리아호는 세비야에 도착했다. 260명이 출발했지만 빅토리아호에는 단 18명만 탑승해 있었다. 후안 세바스티안 엘카노 선장을 포함한 이 18명은 최초로 세계 횡단을 한 사람들로 기록에 남았다. 그들은 지구가 둥글다는 것을 실제로 증명했다. 빅토리아호에는 향료가 가득 실려 있었는데 이 향료만으로도 투자했던 모든 비용을 상쇄하고 남을 정도였다.

나는 폭풍우와 싸우라고
함대를 보낸 게 아니다

  ┼┼ 16세기에 신대륙은 신세계라고 하고 유럽은 구세계
라고 했는데 세비야는 구세계의 수도라고 불렸다. 신대륙 발견 이후 세비야
가 신대륙의 독점 교역항으로 지정되었기 때문이다. 아메리카 대륙의 모든
자원, 상품들이 세비야를 통해서만 들어올 수 있었다. 무역량이 증가하면서
세비야는 유럽에서 제일 번화한 도시로 변했다. 세비야 항구는 스페인 항구
중에 제일 큰 항구로서 아메리카 대륙으로 떠나는 갤리온 선박들이 많이 정
박해 있었다.

  1500년대 초부터 세계 각지에서 온 상인들과 기회를 잡으려는 사람들로
세비야의 인구는 기하급수적으로 늘어났다. 세비야는 날로 번창해 갔다. 특
히 프랑스, 이탈리아, 독일, 벨기에 등 유럽 각지에서 온 많은 상인들이 사업
을 위해 세비야에 머물렀다. 누에바 광장 근처와 큰 뱀의 길에는 많은 수의
상점들이 있었다. 카를로스 1세가 1526년 세비야에서 결혼하면서 세비야는
더욱 유명해졌다.

  가톨릭 부부왕은 신대륙을 발견한 뒤 세비야에 무역관을 설치했다. 무역
관은 아메리카 대륙에 갈 사람들을 정했고, 아메리카 대륙에서 수입하고 수
출하는 물건들을 통제했으며 선원들을 교육했다. 처음 무역관은 도스 데 마
요 길Calle Dos de Mayo에 있는 조선소에 있었다. 그런데 과달키비르 강에서
가까워 습기가 많았기 때문에 물건들이 훼손되는 경우가 많았다. 그리고
마땅히 물건을 교역할 장소가 없었다. 비가 오거나 날씨가 안 좋은 경우에
는 상인들이 대성당 안에 들어와서 물건을 사고팔았다. 대성당 안은 비가
새지 않고 공간도 넓어서 장사하기 좋았기 때문이다. 그런데 대성당은 장터
가 아니라 기도를 위한 성전이었다. 성직자들은 왕에게 상인들이 교역할 수

알카사르에서 카를로스 1세가 결혼식을 올린 장소

있는 곳을 만들어 달라고 요청했다.

1584년에 현 인디아 문서 보관소 자리에 무역관이 만들어졌다. 무역관 안에는 경매장도 있었다. 당시 경매에서는 특이하게 물건을 파는 사람이 원하는 높은 가격에서 점점 가격이 내려가는 형식을 취했다. 1524년에는 아메리카 대륙을 통제하는 역할을 담당했던 인도 위원회가 세비야에 설립되었다.

16세기에는 세비야에 돈이 넘쳐흘렀다. 이탈리아에서 일어난 르네상스의 영향을 받아서 큰 건물들이 많이 세워졌다. 신대륙에서 가져온 많은 양의 금과 은으로 대성당 내부를 장식했다. 알모아데족의 유산인 히랄다 탑 위에 종탑을 세우고 히랄디요 여신상을 올려 완공한 것도 이 시기 때 일이다. 누에바 광장에 있는 시청사와 화폐를 만들던 조폐국도 이때 지어졌다.

세비야는 신대륙 발견 전에도 중요한 도시였다. 그런데 콜럼버스가 신대륙을 발견한 이후 세비야는 유럽 최대의 도시로 성장했다. 왜 세비야를 아메리카 대륙과 교역할 수 있는 유일한 항구로 선택했을까? 여기에는 두 가지 이유가 있다.

첫 번째, 안전상의 이유였다. 과달키비르 강을 따라 내륙에 있던 세비야는 해적들이 약탈하기 어려운 도시였다. 신대륙 교역항으로 세비야와 경쟁하던 도시는 카디스였다. 대서양과 접하고 있는 카디스는 아메리카 대륙에서 세비야보다 더 가깝다. 카디스에는 열린 구조의 큰 항구가 있어서 많은 배가 한 번에 드나들기 쉬웠다. 그런데 이 장점은 반대로 해적이나 다른 나라의 배들이 쉽게 침략할 수 있다는 단점이 되기도 했다. 카디스는 외부 공격에 취약했다. 세비야는 방어하기 쉬우면서도 대서양에 가까워 신대륙 교역항으로, 적합한 도시였다.

두 번째로 과달키비르 강이 큰 배가 들어올 수 있는 강이란 점을 들 수 있다. 과달키비르 강은 수심이 깊고 강폭도 넓다. 옛날에 페니키아인 멜카르트가 이 강을 항해하여 세비야에 도시를 세우기도 했다. 아무리 세비야가 해적들로부터 방어하기 좋은 도시라고 해도 대서양을 항해하는 큰 배가 들어오지 못한다면 신대륙의 중심 교역항으로 성장하지는 못했을 것이다.

16세기에 세비야를 방문했던 이탈리아의 역사학자이자 철학자, 정치가였던 프란체스코 구이치아르디니Francesco Guicciardini는 세비야에 대해서 다음과 같이 말했다.

"이곳의 사람들은 가난하다. 사람들이 일하는 걸 별로 좋아하지 않는다. 사람들은 생산적인 곳에 투자하지 않고 쓸데없는 곳에 돈을 많이 쓴다. 그리고 세비야 사람들은 드러내기를 좋아하고 정열적이고 무기를 잘 다룬다. 세비야 도시 자체는 매우 아름답다."

신대륙에서 많은 자원이 유입되면서 도시 자체는 부유해졌지만, 그 부가 일반 사람들에게까지는 미치지 못했던 것이다. 오히려 물가가 급상승하며 비참한 생활을 하는 사람들이 늘어나기도 했다.

1556년 카를로스 1세는 황제 노릇에 지쳤다. 그는 자진해서 스페인은 아들 펠리페 2세Felipe II에게 넘겨주고, 신성로마제국은 동생 페르디난트 1세Ferdinand I에게 물려주었다. 이 이후 합스부르크 왕가는 스페인 계열과 신성로마제국 계열로 나뉘게 된다.

스페인의 전성기는 펠리페 2세 때에 맞이했다. 펠리페 2세 시대를 스페인의 전성기라고 부르는 이유는 그의 치세 때 영토가 가장 넓었기 때문이다. 아메리카 대륙뿐만 아니라 1565년에는 마젤란이 발견한 필리핀을 본격적으로 식민지 삼아 해가 지지 않는 나라를 이루었다.

영토가 넓어질 수 있었던 이유는 펠리페 2세가 포르투갈의 왕위에 오르면서 포르투갈의 영토와 식민지까지 다스렸기 때문이다. 포르투갈의 왕이었던 세바스티앙 1세Sebastião I는 1578년 모로코 원정 중에 후사 없이 죽었다. 포르투갈의 왕위를 노리고 권력 다툼이 있었는데 펠리페 2세도 포르투갈의 왕 자리를 노렸다. 펠리페 2세의 어머니가 포르투갈 아비스 왕가 출신이었기 때문에 그에게도 아비스 왕가의 피가 흐르고 있었다. 1580년 알바 공작Duque de Alba의 군대를 앞세워 리스본을 점령한 펠리페 2세는 포르투갈의 왕위에 올랐다. 그가 포르투갈의 왕위에 오르면서 포르투갈의 식민지도 모두 그의 지배하에 들어갔다. 포르투갈은 스페인과 함께 바다의 강자였다. 아프리카, 아시아에 많은 식민지가 있었다. 포르투갈은 아프리카를 돌아 아시아로 가기 위한 해상 무역 루트를 가지고 있어서 아시아로 가는 중간중간 해안 지역에 보급 기지가 필요했었기 때문이다.

펠리페 2세가 재위했을 때 네덜란드 쪽에서 반란이 일어났다. 펠리페 2세의 아버지였던 카를로스 1세는 신성로마제국과 네덜란드에서 개신교를 선택하는 제후국들과 종교전쟁을 하다가 종국에는 제후들이 원하는 종교를 선택할 수 있는 권리를 주었다. 카를로스 1세는 네덜란드에서 태어났으므로 그 지방 사람들의 특성을 잘 알고 달랠 줄 알았다. 그런데 펠리페 2세는 네덜란드 사람들에 대해서는 잘 알지도 못했고 신교와도 타협하지 않는 독실한 가톨릭 신자였다. 그는 그가 지배하는 모든 곳의 종교가 가톨릭이기를 바랐다. 네덜란드에는 해상 무역을 하면서 많은 돈을 벌어들이고 자유로운 생각을 가진 사람들이 많이 살았다. 펠리페 2세는 네덜란드에 무거운 세금을 물리고 개신교를 탄압했다. 네덜란드 귀족들은 펠리페 2세와 대화로 문제를 풀려고 노력도 해 보았지만 펠리페 2세는 이야기가 통하는 사람이 아니었다. 네덜란드는 이에 스페인으로부터 독립하고자 하는 욕구가 더욱더 커졌다. 급기야 네덜란드의 칼뱅파는 성당에 있던 성상을 파괴했다.

펠리페 2세는 기다렸다는 듯 알바 공작을 보냈다. 알바 공작은 군대를 이끌고 네덜란드에 쳐들어갔다. 반란군은 뛰어난 장군이었던 알바 공작이 이끄는 강력한 스페인 군대를 당해 낼 수 없었다. 알바 공작은 피의 법정을 세워 네덜란드에서 반란과 관련된 수천 명을 처형시켰다. 문제는 개신교 신자들만이 아니라 가톨릭 귀족들도 제대로 통치를 못해서 반란이 일어났다는 이유로 죽였다는 것이다. 알바 공작은 네덜란드에 공포 그 자체였다. 아직까지도 네덜란드에서는 아이가 말을 안 들을 때 알바 공작이 잡으러 온다고 겁을 주기도 한다.

강력했던 알바 공작에게도 문제가 발생했다. 돈이 부족해서 주둔하고 있는 스페인군에게 급료를 줄 수 없었다. 스페인의 땅은 해가 지지 않는다고 할 정도로 넓었다. 그리고 펠리페 2세 시기에는 남아메리카에서 큰 은광이 발견되어 은 생산량이 급격히 늘어났다. 그럼에도 펠리페 2세는 1557년, 1575년, 1596년 세 번이나 파산을 선언했다. 그 이유는 전쟁하는 데 돈을 많이 썼기 때문이다. 지출이 식민지에서 나오는 수입을 넘어서자 대출을 받았는데 그 대출받은 이자 중에는 원금의 40퍼센트 정도로 비싼 것도 있어서 나중에는 점차 빚이 눈덩이처럼 커져 갔다.

아메리카 식민지와의 무역은 세비야의 무역관에서 모두 관장했다. 이 무역은 스페인 독점이었고, 왕이 직접 관리를 했다. 당시에는 해적들이 활동하던 시기였다. 아메리카 대륙과 오가는 상선들은 약탈을 피하기 위해 스페인의 무장 함대의 호위를 받으며 이동했다. 배들은 세비야에서 카디스를 거쳐 카나리아 섬에서 아메리카로 갔다. 그런 다음 아메리카에서 은과 그 외 특산품들을 실어서 스페인으로 왔다. 스페인에서 아메리카 대륙으로 가는 선단과 아메리카 대륙에서 스페인으로 오는 선단은 1년에 딱 한 번씩만 있었다. 그만큼 자유로운 왕래가 어려웠고 나라에서 독점적으로 관리하다 보니 규제가 많았다. 나중에는 아메리카 대륙에 스페인이 가져다 팔던 제품들을 아메리카 대륙에서 자체 생산하기 시작했다. 그 결과 스페인의 무역 수입이 줄어들었다.

알바 공작은 스페인에서 금전적 지원을 더 이상 기다릴 수 없었다. 스페인 군인들은 반란을 일으키기도 했고 네덜란드 도시를 약탈하기도 했다. 알바 공작은 자체적으로 해결하기 위해 네덜란드 의회의 반대에도 불구하고 1할세라는 법을 만들었다. 1할세는 네덜란드에서 물건을 판매하거나 토지를 매매할 때 1퍼센트를 세금으로 받겠다는 것이었다. 네덜란드에는 신교 신자도 있었지만 스페인과 같은 가톨릭 신자도 있었다. 그런데 알바 공작이 네덜란드에 와서 수많은 사람들을 처형시키고 세금까지 추가로 걷자 네덜란드 사람들은 종교에 관계없이 스페인에 불만을 가졌다. 네덜란드로부터 또다시 반란이 시작되고 스페인과 네덜란드는 지루한 전쟁을 계속하게 된다. 네덜란드는 1648년에 독립하는데 1568년부터 80년간 전쟁을 했다고 해서 이를 '80년 전쟁'이라고 부른다.

펠리페 2세는 1554년 영국의 여왕 메리 1세와 결혼을 했다. 메리 1세는 영국 전왕 헨리 8세와 스페인 가톨릭 부부왕의 딸 카탈리나(영국식으로는 캐서린)의 딸이었다. 헨리 8세는 카탈리나와 결혼 생활을 유지하고 있는 도중 앤 불린이라는 여자와 사랑에 빠졌다. 헨리 8세는 이혼을 하고 앤 불린과 결혼하고 싶었다. 그런데 교황은 카탈리나와 헨리 8세의 이혼을 허락하지 않았다. 카를로스 1세는 가톨릭의 최대 후원자였으므로 교황은 스페인의 눈치를 보아야 했다. 이 시기 전 유럽에 종교 개혁의 열풍이 불고 있었는데 영국도 예외가 아니었다. 헨리 8세는 영국 교회의 독립을 선언했다. 영국 성공회의 시작이었다. 이제 교황의 허락을 받을 필요가 없게 된 헨리 8세는 그의 바람대로 카탈리나와 이혼을 하고 앤 불린과 결혼했다. 그런데 앤 불린과의 사이에서 딸 엘리자베스를 낳은 뒤 아들을 낳지 못했다. 헨리 8세는 이후에 여러 번 결혼한 끝에 겨우 아들인 에드워드 6세를 낳았다. 하지만 에드워드 6세는 6년이라는 짧은 치세 끝에 요절하고 말았다.

펠리페 2세의 아버지인 카를로스 1세는 부인을 잃은 펠리페 2세를 메리 1세와 결혼시켰다. 메리 1세는 38살로 펠리페 2세보다 11살 연상이었고 독실한 가톨릭 신자였다. 전해지는 이야기로 메리 1세는 펠리페 2세를 너무 사랑해서 상상임신을 할 정도였다고 한다. 하지만 펠리페 2세는 메리 1세에게 냉담했다. 그는 스페인에 머물며 영국의 여왕으로 영국을 비울 수 없는 메리 1세를 잘 찾지도 않았다. 메리 1세는 난소암으로 1558년에 사망한다. 메리 1세는 여왕이었던 어머니를 아버지와 이혼시킨 장본인인 앤 불린의 딸 엘리자베스를 미워했다. 그러나 그녀는 자식이 없었으므로 다른 방도가 없었다. 그녀는 죽기 전날 밤에서야 마지못해 엘리자베스에게 왕위를 물려주겠다고 했다.

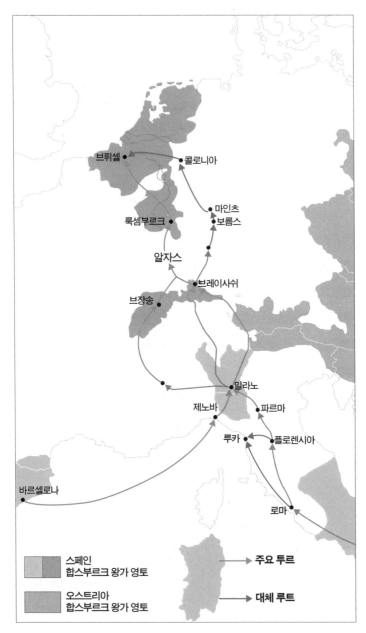

브뤼셀 • ● 콜로니아

마인츠 ●
룩셈부르크 ● 보름스 ●

알자스 •
브레이사쉬 ●

브장송 •

밀라노 ●
제노바 • ● 파르마

루카 • ● 플로렌시아

바르셀로나 •

로마 ●

스페인
합스부르크 왕가 영토

오스트리아
합스부르크 왕가 영토

→ 주요 투르

→ 대체 루트

네덜란드를 공격한 알바 공작 군대의 이동 경로

펠리페 2세는 부인 메리 1세를 잃고 나서, 영국 여왕이 된 엘리자베스 1세에게 청혼을 했다. 엘리자베스 1세는 펠리페 2세와 결혼할 생각이 없었다. 그가 이복 언니의 남편이었기 때문만은 아니었다. 영국에서 스페인에 대한 감정이 좋지 않았고, 엘리자베스 1세도 스페인을 좋아하지 않았다. 엘리자베스 1세는 스페인과 독립 전쟁을 벌이고 있는 네덜란드를 도왔고, 해적들을 동원해서 스페인의 해상무역을 견제했다. 이러한 견제는 스페인이 포르투갈의 지배권을 가져갔기 때문이다. 포르투갈은 펠리페 2세가 통치하기 전까지 영국과 잘 지냈다. 그런데 펠리페 2세가 포르투갈까지 다스리자 위기감을 느낀 영국은 포르투갈의 식민지도 공격했다. 그동안 바다에서 스페인, 포르투갈, 네덜란드에 뒤처져 있던 영국은 16세기 이후 해상으로 진출하고자 노력하고 있었기 때문에 스페인과의 갈등을 피할 수 없었다.

펠리페 2세는 엘리자베스 1세가 자꾸 싸움을 걸어오자 혼을 내주고 싶었다. 그는 네덜란드와 영국이 가까운 점을 이용해서 배를 보내 네덜란드에 있는 스페인 육군을 영국에 상륙시키고자 했다. 스페인 육군은 유럽 최고 수준이었기 때문에 만약 영국 본토에 상륙할 수만 있다면 영국의 항복을 받아낼 수 있으리라고 생각했다.

1588년 스페인에서 약 3만 명의 군인을 태운 130여 척의 배가 네덜란드를 향해 떠났다. 배는 130여 척이었지만 30여 척만 군함이었고 나머지는 육군을 영국으로 상륙시킬 상선들이었다. 영국은 해협에서 스페인 함대를 기다리며 매복하고 있었다. 스페인 함대는 영국 함대의 갑작스런 공격을 받고 전열이 흐트러졌으나 계획대로 네덜란드에 도착할 수 있었다. 그런데 상륙 작전을 실행할 육군이 늦게 도착하는 바람에 스페인 함대가 기다려야 했다. 영국은 스페인 함대가 움직이지 않고 가만히 있자 상선에 불을 붙여 스페인 함대가 모여 있는 곳으로 보내 화공을 펼쳤다. 때마침 바람도 스페인에 불리한 쪽으로 불어왔다. 가만히 있으면 꼼짝없이 불에 다 타 버릴 수 있었기 때문에 스페인 제독은 북쪽으로 도망갔다. 우선 영국 함대의 공격을 피한 다음에 영국을 한 바퀴 돌아서 네덜란드로 다시 내려올 계획이었다. 만약 작전대로였다면 영국을 공격할 기회가 있었겠지만 갑자기 태풍이 불어왔다. 성난 바다는 그 어떤 대포보다 무서웠다. 큰 피해를 입은 스페인 함대는 결국 다시 본국으로 돌아갈 수밖에 없었다. 펠리페 2세는 무적함대의 패배 소식을 듣고 "나는 폭풍우와 싸우라고 함대를 보낸 게 아니다"라고 이야기하며 아쉬워했다고 한다.

이 스페인 함대의 패배를 영국에서는 무적함대의 패배라고 말했다. 유럽 최대 강국이었던 스페인을 영국이 무찔렀다는 점을 강조하기 위해서였다. 무적함대의 패배로 스페인이 손실을 입은 것은 분명하다. 하지만 스페인 쪽 자료에 의하면 침몰된 배는 37척(영국 측 자료로는 63척)이었다. 양측 전사자는 1만 명으로 비슷했다. 스페인의 국력을 감안할 때 재기하지 못할 정도로 심한 패배는 아니었다. 하지만 강력한 스페인 함대가 영국 함대에 졌다는 소식은 개신교도들에게 언젠가 스페인-합스부르크 왕가의 영향력으로부터 독립할 수 있다는 희망을 주는 메시지였다.

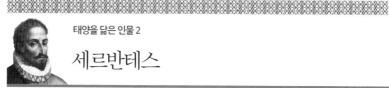

세르반테스

『돈키호테』로 친숙한 스페인 문학의 거장 세르반테스는 1547년에 마드리드 근교 알칼라 데 에나레스Alcalá de Henares에서 태어났다. 그는 사춘기 시절, 스페인 전역을 돌아다니면서 살았다. 세르반테스는 22살이던 1569년 마드리드에서 안토니오 데 시구라Antonio de Sigura와 결투를 벌이다 그에게 상처를 입히고 이탈리아로 도망갔다. 그는 이탈리아에서 2년 동안 추기경을 섬겼다. 그런데 아무래도 추기경을 섬기는 일은 그의 적성이 아니었다. 좀 더 역동적인 일을 찾아 1571년에 해군에 입대한다. 입대한 그해 레판토 해전이 일어났다. 레판토 해전은 가톨릭 연합군이 오스만튀르크의 지중해 확장을 저지하기 위해 벌였던 전투이다.

펠리페 2세 시절에도 오스만튀르크는 위협적이었다. 오스만튀르크는 베네치아가 지배하고 있던 1570년 키프로스 섬을 점령했다. 베네치아는 키프로스 섬을 빼앗기자 교황에게 로비를 해서 오스만튀르크와 전쟁을 할 수 있도록 주변 국가를 설득해 달라고 부탁했다. 베네치아의 주변 국가 가운데 해군력이 가장 강한 국가는 바로 스페인이었다. 교황은 스페인의 펠리페 2세에게 오스만튀르크의 지중해 확장을 저지하는 데 도와달라고 요청했다. 사실 스페인과 키프로스 섬은 큰 연관이 없었다. 펠리페 2세의 주된 돈줄은 서쪽에 있었기 때문이다. 하지만 교황과 밀접한 관계를 맺고 있었던 스페인은 계속된 요구를 무시할 수 없었다. 그래서 오스만튀르크의 확장을 막기 위해 십자군 전쟁 때처럼 베네치아와 스페인을 중심으로 지중해 국가들이 모였다. 그들의 목표는 오스만튀르크의 해군을 물리치는 것이었다.

총지휘는 펠리페 2세의 이복동생인 후안 데 오스트리아가 맡았다. 가톨릭 연합 해군과 오스만튀르크 해군은 그리스 레판토 해상에서 전투를 시작했다. 가톨릭 연합 측은 갤리선 227척, 베네치아 갤리어스 6척, 9만 8천 명의 규모였고, 오스만튀르크는 갤리선 210척, 87척의 갤리엇과 푸스타(갤리선에 비해 작은 배들), 12만 명의 규모였다. 이 역사의 현장에 세르반테스는 사수로서 참전했다. 간략하게 전투의 결과를 정리하자면, 화력과 전술 면에서 앞선 가톨릭 연합군이 오스만튀르크를 무찔렀다. 수적으로는 오스만튀르크가 우세했지만, 오스만튀르크의 노잡이들은 가톨릭 노예 출신이 대다수였다. 후안 데 오스트리아와 오스만튀르크의 함대 사이에 전면전이 일어나자 오스만튀르크의 노잡이들은 반란을 일으켰다. 내외부로 적을 맞이한 오스만튀르크 해군은 무너지고 말았다.

후안 데 오스트리아는 오스만튀르크 함대의 총 지휘관이었던 알리 파샤를 잡아 목을 베어 배 위에 걸어 두었다. 지휘관을 잃은 오스만튀르크 함대는 도주하기 시작했다. 오스만튀르크는 이 전쟁에서 약 190척의 배와 3만여 명의 정예 병력을 잃었다. 오스만튀르크 배에 타고 있던 1만 2천 명의 가톨릭 노예가 전투 후 해방되었다. 오스만튀르크에게는 배를 잃은 것보다 경험이 많은 병력을 잃은 것이 더 뼈아팠다. 레판토 해전의 패배로 오스만튀르크의 지중해 확장은 일시적으로 저지되었다.

세르반테스는 전투 도중 왼팔에 상처를 입었다. 그런데 하필 신경에 문제가 생겨서 그는 평생 왼팔을 움직일 수 없게 되었다. 세르반테스는 병원에서 6개월 정도 머물면서 부상을 치료했다. 그런데도 그는 생사의 갈림길을 수없이 오가는 전쟁터가 그리웠다. 1572년에 그는 또다시 군대에 복귀하여 나바리노 해전과 그다음 해에는 튀니지 해전에 참전했다.

그 후 세르반테스는 이탈리아의 시칠리아, 제노바, 나폴리 등을 여행한 다음

다시 스페인으로 돌아가기로 했다. 세르반테스는 그의 동생인 로드리고와 함께 1575년에 나폴리에서 스페인 바르셀로나로 가는 솔sol호를 탔다. 그런데 항해 도중 터키 해적의 공격을 받아 두 형제는 포로로 잡혔다.

세르반테스는 해군 시절 카를로스 1세의 서자 돈 후안이 지휘하는 배에 탔었다. 그 인연으로 돈 후안은 이복형이자 스페인의 왕인 펠리페 2세에게 세르반테스를 추천하는 서류를 써 주었다. 펠리페 2세는 이복동생인 돈 후안을 아꼈기 때문에

EL INGENIOSO
HIDALGO DON QVI-
XOTE DE LA MANCHA,
*Compueſto por Miguel de Ceruantes
Saauedra.*
DIRIGIDO AL DVQVE DE BEIAR,
Marques de Gibraleon, Conde de Benalcaçar, y Baña-
res, Vizconde de la Puebla de Alcozer, Señor de
las villas de Capilla, Curiel, y
Burguillos.

Año, 1605.

CON PRIVILEGIO,
EN MADRID Por Iuan de la Cueſta.
Vendeſe en caſa deFranciſco de Robles, librero del Rey nŕo ſeñor.

1605년에 출간된 『돈키호테』 초판본

세르반테스는 그 추천서를 가지고 가면 궁정에서 안정적이고 보수가 좋은 일을 얻을 수 있으리라고 기대했다. 그런데 그 편지가 애꿎은 오해를 불러일으켰다.

해적은 돈 후안의 추천서를 보고 세르반테스가 중요한 사람이라고 생각했다. 그래서 세르반테스의 몸값을 다른 사람보다 훨씬 더 많이 요구했다. 세르반테스는 그들이 생각하는 것만큼 대단한 사람이 아니었다. 세르반테스의 가족은 몸값을 마련하기 위해 백방으로 노력했지만, 몸값으로 요구한 비용이 너무 커서 세르반테스와 로드리고 둘 중 한 명의 몸값만 마련할 수 있었다. 세르반테스는 로드리고를 풀어 주라고 했다.

세르반테스는 알제리의 알제에서 5년 동안 노예로 생활했다. 그는 네 번 탈출을 시도했는데 모두 실패했다. 1580년 9월 노예 구제 수도회의 안토니오 데라 베야Antonio de la Bella와 후안 힐Juan gil 두 성직자가 알제에 왔다. 그들의 도움으로 세르반테스는 겨우 풀려났다.

세르반테스는 스페인에 돌아와서 가족을 만났다. 예전에 몸값을 무리해서 내느라 집안 형편이 어려웠다. 세르반테스는 일자리가 필요했다. 다행히 아직 세르반테스는 돈 후안의 추천서를 지니고 있었다. 그는 포르투갈에 머물고 있던 펠리페 2세를 찾아가 추천서를 보여 주었다. 그런데 펠리페 2세는 세르반테스를 대단하게 보지 않았다. 왕은 그가 알제리에 노예로 있었다고 하자 알제리의 오란에서 임시로 할 일을 주었다. 그 일이 끝나고 세르반테스는 약간의 돈을 받았다. 하지만 왕은 그에게 일을 더는 주지 않았다. 그는 마드리드에서 다른 일자리를 찾았지만 좀처럼 기회를 잡지 못했다.

경제적으로 어려웠지만, 그는 틈틈이 작품 활동을 하고 있었다. 1581년에서 1583년 사이 그는 소설 『라 갈라테아La Galatea』를 탈고했다. 『라 갈라테아』를 쓰던 시기에 세르반테스는 코랄레스Corrales라는 공공 극장에서 공연되는 희곡을 썼다. 「알제리의 생활El trato de Argel」, 「누만티아의 포위El Cerco de Numancia」, 「해전La Batalla Naval」이 그때 쓴 것들이다. 당시 무대에서 공연되던 연극은 5막으로 구성되어 있었다. 세르반테스는 기존 관습을 무시하고 3막으로 구성했다. 그의 희곡에는 신선함이 있었다. 관객들은 그에게 환호를 보냈다.

이 시기 그의 희곡에 반해 그에게 연정을 품은 여인이 있었다. 세르반테스의 연극과 세르반테스를 사랑했던 여인의 이름은 아나 비야프랑카Ana Villafranca였다. 그런데 그녀는 이미 술집 주인인 로하스Rojas와 결혼한 상태였다. 둘은 은밀히 연애했고 1584년에 아나 비야프랑카는 이사벨 데 사베드라Isabel de Saavedra를 출산하기까지 했다.

이후 세르반테스는 톨레도 지방의 에스키비아스Esquivias에 갔다. 에스키비아스에는 죽은 친구의 부인인 후아나 가이탄Juana Gaitán이 살고 있었다. 그녀는 세르반테스가 로망세집을 출판할 수 있도록 도와주겠다고 했다. 일 때문에 갔지만 에스키비아스에서 세르반테스는 그녀로부터 카탈리나 데 살라사르Catalina de Salazar라는 여자를 소개받았다. 카탈리나는 잘 사는 농부의 딸인데 부모를 여읜 상태였다.

1584년 37살의 세르반테스는 12월 12일 20살이 채 되지 않았던 그녀와 갑작스럽게 결혼을 했다. 그러나 그녀와의 결혼은 행복하지 않았다. 알게 된 지 3개월 만에 결혼해서 그런지 서로에 대해서 너무 몰랐다. 그녀는 농촌에서 자라나 자연을 사랑하는 순진한 처녀였고 세르반테스는 문학과 여행을 좋아하는 남자였다.

1587년 세르반테스는 혼

분홍색 건물이 예전에 세르반테스가 갇힌 감옥이 있던 자리이다.

자 세비야에 도착했다. 어쩌면 부인과 떨어져서 자유롭게 지내기 위해서였을지도 모른다. 그는 세비야에서 무적함대의 식량조달관이 되어 집집마다 돌아다니며 밀과 기름을 걷으러 다녔다. 그나마 1588년 여름 무적함대가 영국 함대에 지면서 그 일자리마저 사라졌다. 그는 스페인에 희망을 잃고 아메리카 대륙에 가려고 자원했다. 이마저도 뜻대로 되지 않았다. 그 후 그는 세금 징수원이 되었다. 세금을 걷는 일은 쉽지 않았다. 하지만 그 일이 아니면 다른 수입이 없었다. 그는 열심히 일하면서 틈틈이 글을 썼다. 세비야에는 이야깃거리의 소재로 쓰일 만한 다양한 사람들이 있었다. 세르반테스는 그들로부터 많은 영감을 받았다.

그의 인생은 세비야에서도 잘 풀리지 않았다. 세르반테스는 1597년 9월부터 12월까지 3개월 동안 억울하게 감옥에 갇혔다. 그는 체납된 세금을 걷어서 한 은행에 넣어 두곤 했었다. 그런데 은행이 파산하면서 세르반테스가 맡긴 돈을 돌려주지 않아 문제가 생긴 것이다. 그래도 세르반테스에게 위안이 될 만한 일은 그가 세비야의 감옥에 갇혀 있던 동안 『돈키호테』를 쓰기 시작했다는 것이었다. 『돈키호테』 서문에는 "(이 이야기는) 온갖 슬픈 소리가 들리고, 모든 불편함이 있는 감옥에서 만들어졌다"고 적혀 있다.

드디어 1605년 세르반테스의 『돈키호테』가 출간됐다. 『돈키호테』는 대성공을 거두며 그동안 무명작가였던 세르반테스는 드디어 작가로서 이름을 알렸다. 『돈키호테』는 많은 사랑을 받았지만, 계약을 잘하지 못해서 작품의 명성만큼 돈을 벌지는 못했다. 1부가 출간된 지 10년 만인 1615년에 『돈키호테』 2부를 출간했다. 그리고 이듬해 1616년 4월에 세르반테스는 사망했다.

세르반테스는 평생 열심히 살았지만 가난했다. 미친 기사의 모험담인 『돈키호테』는 당시 스페인 문학계에서 환영받지 못했다. 세르반테스보다 유명했던 작가 로페 데 베가 Lope de Vega 는 그의 친구에게 세르반테스처럼 나쁘고 『돈키호테』를 찬양하는 것처럼 무지한 시는 이 세상에 없다는 편지를 보냈다. 그 친구는 편지의 복사본을 만들어서 궁정에 돌렸다. 세르반테스와 『돈키호테』는 웃음거리가 됐다. 그러나 현재는 로페 데 베가와 그의 작품보다 세르반테스와 『돈키호테』가 더 인정받고 있으니 아이러니한 일이다.

스페인의 몰락과
근친혼의 폐해

╬ 펠리페 2세는 1598년 숨을 거두었다. 펠리페 2세는 신이 자신에게 다스릴 넓은 왕국을 주셨지만 그 왕국을 다스릴 아들은 주지 않으셨다고 스스로 말할 정도로 자식복이 없었다. 첫째 부인과의 사이에서 아들 한 명이 있었는데 그가 바로 돈 카를로스Don Carlos이다. 돈 카를로스는 정신병이 있었던 것으로 추정되고 있다. 펠리페 2세의 아버지였던 카를로스 1세는 카스티야 여왕 후아나의 아들이었다. 그런데 후아나는 말년에 정신병으로 감금 생활을 했었다. 그리고 좀 더 올라가면 후아나의 할머니, 이사벨 여왕(이사벨 1세)의 어머니도 정신적으로 문제가 있었다. 돈 카를로스의 정신병은 스페인 왕가에서 유전적으로 내려오던 것으로 보인다.

돈 카를로스는 어릴 적부터 토끼를 산 채로 굽기도 하고, 마구간에 있는 말의 눈을 멀게 하기도 하는 잔인한 면모를 보였다. 1562년에 돈 카를로스는 계단에서 넘어져 머리를 크게 다쳤는데 그 이후 더 정신이 이상해졌다. 그는 펠리페 2세와 전쟁 중인 네덜란드 편에 붙으려 하기도 하고 자신이 신교도라고 하기도 했다. 전해지는 이야기로 펠리페 2세를 가장 화나게 했던 건 돈 카를로스가 고해 신부에게 펠리페 2세를 죽이고 싶다고 고백한 것이었다고 한다. 펠리페 2세는 돈 카를로스가 정상으로 돌아와 스페인을 통치할 수 있다는 기대를 버렸다. 그는 1568년 1월 18일에 아들을 방 안에 가두라고 시켰다. 화가 난 돈 카를로스는 방 안에 자기를 가두면 스스로 목숨을 끊겠다고 말했다. 신하들은 그의 방 안에 자살에 이용될 수 있는 칼이나 포크 등 뾰족한 물건을 모두 치웠다. 돈 카를로스는 나중에는 단식투쟁을 벌였다. 그러다 그는 갑자기 단식을 멈추고 끝없이 먹어 치웠다. 그 결과 약해진 몸에 무리가 갔다. 1568년 7월 24일 돈 카를로스는 숨을 거뒀다. 펠

「스페인의 펠리페 2세와 영국의 메리 1세」,
한스 이워스 그림

리페 2세가 음식에 독을 타서 아들을 살해했다는 의혹도 있었지만 이에 대한 증거는 없다.

펠리페 2세는 두 번째 부인인 영국의 여왕 메리 1세와의 사이에서도 자식이 없었다. 메리 1세가 난소암으로 일찍 죽고 난 뒤 그는 세 번째 부인으로 이사벨 데 발로이스를 맞아들였다. 그녀는 프랑스 앙리 2세의 딸로 원래는 돈 카를로스 왕자의 약혼녀였다. 그런데 돈 카를로스가 제정신이 아니다 보니 펠리페 2세가 1559년에 프랑스와 평화조약을 맺으면서 그녀와 결혼을 했다. 어찌됐든 아들의 약혼녀를 부인으로 삼은 펠리페 2세에 대해 비난하는 사람들도 있었다. 돈 카를로스 왕자도 아버지에게 항의했었다고 한다.

이사벨 데 발로이스의 아버지인 앙리 2세는 딸과 펠리페 2세의 결혼을 축하하는 마상 경기 시합에서 몽고메리 백작인 가브리엘에 의해 눈을 크게 다쳤다. 펠리페 2세는 근대 외과 의학의 확립자로 불리던 앙브루아즈 파레Ambroise Paré를 보내 앙리 2세를 치료하려고 했다. 그러나 의사가 도착했을 때 앙리 2세는 이미 목숨을 잃은 상태였다. 시작부터 불길한 느낌이 가득한 결혼이었다. 펠리페 2세는 이사벨 데 발로이스와의 사이에서 2명의 딸을 두었다. 펠리페 2세는 돈 카를로스를 대신할 후계자가 절실했다. 이사벨 데 발로이스는 1567년 딸을 출산한 이후 심한 열병을 앓다가 살아났다. 겨우 몸을 회복했는데 왕자를 모두가 기다리고 있었던 시기라 그녀는 1568년에 다시 한 번 임신을 했다. 그녀는 임신 기간 내내 구토, 어지럼증을 겪다가 10월 3일 예정보다 일찍 아기를 낳던 도중에 사망했다.

펠리페 2세의 네 번째 부인은 외조카였던 합스부르크 왕가의 아나 데 오스트리아였다. 원래 그녀 역시 돈 카를로스와 혼담이 오갔던 여자였다. 마침내 아나 데 오스트리아는 펠리페 2세가 간절히 바라던 후계자를 낳았다. 그런데 5명의 아이 중 페르난도(1571~1578), 카를로스(1573~1575), 디에고(1575~1582), 마리아(1580~1583)가 7살을 넘기지 못하고 죽었다. 펠리페 2세의 왕위는 1578년에 태어난 펠리페가 물려받았다. 그는 1598년에 왕위에 올라 스페인에서는 펠리페 3세, 포르투갈에서는 펠리페 2세로 불린다.

스페인의 펠리페 3세는 영국과 관계를 개선했고 네덜란드와는 평화 협정을 맺었다. 1598년부터 1621년 사이에 전쟁이 끊이지 않았던 스페인에 모처럼 평화가 찾아왔다. 이 시기를 팍스 이스파니카Pax hispanica라고 한다. 펠리페 3세는 외교적으로는 처신을 잘했으나 1609년에 스페인 전역에서 모리스

「데니아 항구에서의 추방」, 스페인 데니아 부둣가에서 승선하는 모리스코들, 빈센트 모스트레 그림, 1613

코(가톨릭으로 개종한 이슬람교도)를 추방하라는 명령을 내렸다. 모리스코들 중에는 가짜로 개종한 척하면서 이슬람교를 믿고 있는 사람들이 많았다. 펠리페 3세는 모리스코를 그대로 두면 오스만튀르크나 북아프리카에서 활동하고 있는 해적들과 손을 잡고 스페인을 공격할까 봐 걱정했다. 또한 스페인 사회에서 모리스코에 대한 평판이 좋지 않았고, 그들을 내쫓으면서 스페인에 쌓은 그들의 부를 흡수하여 경제적인 이득을 얻을 수도 있었다. 1609년에서 1610년까지 스페인 전역에서 30만 명 가까운 모리스코들이 추방됐다. 이 정책으로 일손이 갑자기 줄면서 곳곳에 경제 생산력이 크게 떨어졌다.

펠리페 3세의 아들 펠리페 4세는 아버지가 죽고 난 뒤 1621년부터 스페인을 통치했다. 그는 예술의 보호자로 일컬어지며 당대 최고의 그림 콜렉션을 가지고 있었다. 펠리페 4세는 스페인뿐 아니라 이탈리아, 프랑스, 네덜란드 작품도 모았다. 세계 3대 미술관으로 손꼽히는 마드리드 프라도 박물관에 전시된 그림들 중의 대다수가 펠리페 4세가 수집했었던 것들이다. 펠리페 4세 시기에 활동하던 스페인 화가로는 벨라스케스가 가장 유명하다. 펠리페 4세 시기부터 스페인의 하향세는 더욱 뚜렷해졌다. 그의 치세 시절에 포르투갈과 네덜란드가 독립했고 스페인 내에서도 각지에서 반란이 일어났다.

펠리페 4세 시절까지도 스페인의 카스티야, 카탈루냐, 아라곤, 안달루시아 등의 지역에서는 귀족의 영향력이 컸다. 펠리페 4세는 귀족들의 힘을 억누르고 중앙 집권적으로 바꾸고자 했다. 1640년에 펠리페 4세는 국정 운영 비용이 부족하자 카탈루냐, 아라곤, 안달루시아, 포르투갈에서 세금을 걷고자 했었다. 그간 스페인에서 전쟁에 쓰는 비용은 카스티야 지역에서 거의 다 대왔던 것이다. 점점 국고가 비자 펠리페 4세는 스페인 내 모든 지역에서 세금을

더 걷어 전쟁 비용을 대야 한다고
했다. 그러자 제일 먼저 카탈루냐
에서 저항이 일어났다. 포르투갈
도 처음 펠리페 2세가 포르투갈
을 통치할 때 약속했던 자치권이
펠리페 3세와 4세에 이르러 줄어
들자 반란을 일으켰다.

그다음 차례는 안달루시아였
다. 안달루시아에 있던 귀족들이
중앙집권화에 불만을 품고 포르
투갈의 지원을 받아 펠리페 4세
에 대항해 반란을 일으켰다. 아메

「펠리페 4세 초상화」, 벨라스케스 그림, 1644

리카 대륙의 은이 모두 세비야로 도착했으므로 펠리페 4세는 안달루시아의
반란을 진압하는데 심혈을 기울였다.

카탈루냐는 프랑스의 루이 13세에게 도움을 청하며 독립했다. 그러다
1652년 스페인 정부 후안 호세 데 아우스트리아에 의해 정복됐다. 카탈루
냐의 독립 운동이 무력으로 저지된 것처럼 보이지만 사실 카탈루냐도 프랑
스와 문제가 있었다. 카탈루냐가 애초에 독립을 원했던 것은 스페인이 점
점 중앙집권적으로 변했기 때문이다. 그런데 프랑스는 스페인보다 훨씬 더
중앙집권적이었다. 프랑스는 카탈루냐의 자치를 아예 무시하고 프랑스어
로 말하고 프랑스 법을 준수해야 하며 카탈루냐의 의회도 없애라고 요구
했다. 카탈루냐는 프랑스보다는 스페인이 낫다고 생각해서 다시 돌아온 것
이었다.

국내외로 전쟁을 치르는 와중에 스페인은 프랑스에게 로세욘을 내주었다.

로세욘은 피레네 산맥 넘어 프랑스 지역 평지와 연결된 땅이었다. 땅 크기는 크지 않았지만 프랑스와 전쟁을 할 경우 피레네 산맥을 넘어 로세욘 지역에 병력을 배치하면 평지로 나아갈 수 있었다. 그런데 로세욘 지역을 빼앗기면서 피레네 산맥이 프랑스와 국경이 되어 버렸다. 프랑스 입장에서는 국경을 지키기가 쉬워졌으나 스페인 입장에서는 뼈아픈 손실이었다.

합스부르크 왕가는 정치적 영향력을 넓히기 위해 근친 간의 결혼도 마다하지 않았다. 그 덕에 합스부르크 왕가는 넓은 영토를 다스릴 수 있었지만 계속된 근친 간의 결혼으로 아이가 허약하게 태어나서 얼마 안 돼 죽거나 장애를 가지는 경우가 많았다. 펠리페 4세는 프랑스 출신의 엘리사벳과 결혼해서 1남 6녀를 두었으나 2명만 성인이 되었다. 그중 한 명이 왕자 발타사르 카를로스였는데 그도 1646년 17살에 천연두에 걸려 죽고 말았다.

첫 번째 왕비 엘리사벳이 1644년에 죽고 하나뿐인 후계자마저 사망하자 펠리페 4세는 1649년 대를 잇기 위해 여동생의 딸인 마리아나와 결혼을 했다. 마리아나는 5명의 아이를 출산했다. 그러나 근친혼의 영향으로 살아남은 건 첫째 마르가리타 테레사와 막내 카를로스뿐이었다. 마르가리타 테레사는 벨라스케스의 「시녀들」의 모델로도 잘 알려져 있다.

펠리페 4세가 60세의 나이로 죽자 4살이었던 카를로스가 왕이 됐다. 카를로스는 너무 어렸기 때문에 그의 어머니 마리아나가 섭정을 했다. 카를로스 2세는 근친 간의 결혼으로 태어나서 그런지 성장이 느렸고 말도 늦게 배웠다. 전반적으로 그는 똑똑하지도 못했고 몸도 정상이 아니었다. 합스부르크 왕가는 스페인에서 가문의 영광을 유지하기 위해 근친혼도 불사하며 어떻게든 버텨 왔지만 이제 더 이상 어떻게 할 수 없는 막바지에 다다르고 있었다. 다행히 카를로스 2세는 성인이 되어 프랑스 출신과 오스트리아 출신의 왕비를 맞이했지만 누구와도 후세를 남기지 못했다. 학자들은 그가 성적

「시녀들」, 벨라스케스 그림, 1599

으로 불능이었다고 추측하고 있다. 그는 건강하지도 못하고, 후계자를 남길 수도 없었던 탓에 30대 후반부터 후계자를 정하라는 압박을 받았다.

카를로스 2세는 프랑스와 오스트리아 출신의 왕가에서 후계자를 정해야 했다. 두 나라 모두 다른 나라였지만 합스부르크 왕가의 핏줄은 두 나라에도 섞여 있었다. 후보자 모두 카를로스 2세와 친척 관계에 있었다.

1700년에 카를로스 2세가 죽으면서 스페인의 합스부르크 왕가의 가문은 대가 끊겼다. 죽기 전에 그가 선택한 후계자는 프랑스 루이 14세의 손자였던 펠리페였다. 프랑스에서 온 펠리페가 펠리페 5세로 즉위하면서 프랑스 부르봉 왕가가 스페인을 차지했다. 부르봉 왕가의 핏줄은 아직도 이어져 현재 스페인의 국왕 펠리페 6세도 부르봉 왕가 출신이다.

해가 지지 않는 나라에
해가 진 이유

-┼- 스페인 합스부르크 왕가의 내리막길은 펠리페 2세와 함께 시작했다. 그는 아버지였던 카를로스 1세에 비해 닫힌 사고방식을 가진 사람이었다. 그는 "나의 모든 왕국과 100개의 생명을 잃는다 하더라도 이단자가 되고 싶지 않다"라고 말했다. 이는 이슬람 시기 세비야 타이파의 마지막 왕이었던 알무타미드의 말과 비슷했다. 알무타미드는 "가톨릭 왕 치하에서 이교도의 돼지로 살아가느니, 모로코에서 낙타를 치며 사는 것이 낫다"라고 말하면서 북아프리카의 알모라비데족에게 도움을 청했다.

알모라비데족은 이베리아 반도에 건너와서 이슬람 소왕국들을 합병시키고 알무타미드를 포로로 잡았다. 만약 알무타미드가 단순히 종교의 기준에 따라 가톨릭은 그와 다른 종교이니 배척해야 하고, 이슬람은 나와 같은 종교이니 좋다, 라고 나누지 않았더라면 어땠을까? 그가 단지 종교적 이유만으로 알모라비데족을 부르지 않고 가톨릭 세력과 공존할 방법을 모색했더라면 허무하게 모로코의 감옥에서 목숨을 잃지는 않았을 것이다. 이러한 역사적 선택을 다시 한 번 생각해 보는 것이 중요한 이유는 펠리페 2세가 알

카를로스 1세의 초상화

무타미드와 같은 실수를 저질렀기 때문이다. 종교 개혁의 파도는 펠리페 2세 때가 아니라 그의 아버지 카를로스 1세 때 덮쳐 왔다. 카를로스 1세가 신교를 다루는 자세는 펠리페 2세와는 차이가 있었다.

카를로스 1세는 종교 개혁의 파도를 일으킨 장본인인 루터를 1521년 보름스로 불렀다. 보름스에서 루터는 그가 이야기하는 것들이 이단임을 시인하고 취소할 것인지 질문을 받았다. 모든 사람들이 가톨릭을 믿고 교황이 절대 권력을 갖고 있던 시절이었다. 모든 사람 앞에서 교황의 권위를 끝까지 부정하는 것은 목숨을 건 어려운 일이었다. 하지만 루터는 다음과 같이 말했다.

"나는 이곳에 서 있다. 내 주장을 철회할 수 없다. 하느님이여 나를 구원하소서, 아멘."

종교 개혁을 일으킨 사람다운 기개 있는 자세였다. 루터는 회의를 마치고 돌아가는 도중에 사라졌다. 루터의 후원자였던 작센의 제후 프리드리히

3세가 루터의 안전을 고려하여 그를 숨긴 것이다. 루터는 프리드리히 3세의 보호 밑에서 독일어로 성경을 번역하는 작업을 했다. 그런데 이 모든 일이 카를로스 1세의 묵인 하에 이뤄졌을 가능성이 높다. 만약 카를로스 1세가 원했다면 프리드리히 3세를 치고 루터를 처단하는 일이 어려운 일은 아니었을 것이다.

카를로스 1세는 가톨릭을 대표해서 신교 측 진영과 전쟁을 했다. 전쟁 끝에 그가 깨달은 것은 종교 개혁은 시대의 흐름이며 대세를 거스를 수 없다는 것이었다. 그는 종교 분쟁이 있었던 네덜란드 지역에서 각 제후가 종교를 선택할 수 있도록 했다. 그는 가톨릭이 국교이며 모든 국민은 가톨릭을 믿어야 한다는 사고방식에서 벗어나 타협점을 찾았다. 거대한 나라를 다스리는 카를로스 1세는 종교보다 제국의 통합이 중요하다는 사실을 알고 있었다. 이러한 유연함, 관용은 넓은 나라를 다스리는 왕이 가져야 할 필수 덕목이었다. 나라가 넓으면 자연히 다양한 인종, 다양한 종교의 사람들이 함께 살 수밖에 없다.

이러한 다양성을 인정하는 자세는 이슬람 제국에서도 엿볼 수 있었다. 이슬람 제국은 유일신을 믿었지만 피정복민이 세금을 내고 다른 종교를 유지할 수 있도록 했다. 종교는 억압하면 억압할수록 더 절실해지는 법이다. 이슬람 제국은 피정복민에게 이전의 통치자들보다 세금도 적게 걷고 더 많은 자유를 주었다. 피정복민들은 세금을 내면서 자신의 종교를 유지하다가 점차 이슬람으로 개종했다.

카를로스 1세 역시 이슬람 제국이 피정복민을 이슬람으로 개종시킨 역사를 참고했을 수 있다. 1555년 아우크스부르크 화의에서 신성로마제국의 각 제후가 종교를 선택할 수 있지만, 제후가 신교로 개종하는 경우에는 그의 공직과 영지를 반납해야 한다는 단서를 붙였기 때문이다. 인간은 신념을 지키기 위해 목숨을 걸기도 한다. 탄압이 강하면 강할수록 어느덧 그 탄압에 대한 저항이 존재 목적이 된다. 그럼 그 신념은 그의 자존심이 되고, 그는 자존심을 지키기 위해 생명을 바친다. 땅에 뿌려진 그의 피는 저항이라는 싹을 틔우고 그의 육체를 거름 삼아 자라난 튼튼한 나무는 결국 어떠한 바람에도 흔들리지 않는다.

하지만 인간은 이중적이다. 얼마나 많은 권력가들이 젊은 시절 숭고한 이상을 위해 그들의 모든 것을 바쳤던가. 그리고 그러한 희생을 인정받아 최고의 위치에 오른 이들이 조그마한 이익을 탐하다 며칠 만에 그 자리에서 내려와야 했는가. 카를로스 1세는 신교를 탄압하는 것보다 그들의 종교가 그가 누리고 있는 세속적인 것보다 더 절실한지 물음으로써 신교와의 갈등을 해결하고자 했다. 카를로스 1세는 역사적으로 검증된 인간의 심리를 이용한 정책으로 해가 지지 않는 거대한 제국의 뼈대를 만든 것이나 마찬가지였다.

그 뼈대는 바로 다음 왕 펠리페 2세부터 무너지기 시작했다. 펠리페 2세 시기 아메리카 대륙의 거대한 은광을 발견하면서 많은 은이 스페인에 흘러들어왔지만 전쟁 때문에 국가 재정은 늘 적자였다. 펠리페 2세는 타협할 줄 몰랐다. 그는 이미 카를로스 1세가 국가의 이익을 위해서 신교와 만들어 놓은 타협안을 뒤엎고 새로운 전쟁을 시작했다. 가톨릭 입장에서 펠리페 2세는 위대한 사람이었지만 펠리페 2세가 다스리는 지역의 일반 사람에게는 무능한 군주였다. 전쟁 비용을 대느라 무거운 세금을 내야 했고, 스페인 경제는 파탄이 났기 때문이다. 그가 카를로스 1세가 만들어 놓은 신교와 공존하는 가이드라인을 유지하기만 했어도 쓸데없이 네덜란드까지 가서 전쟁을 할 필요는 없었을 것이다.

스페인 입장에서는 왕국이 거대할 필요는 없었다. 차라리 왕이 스페인과 스페인의 식민지만 다스리는 편이 좋았다. 해가 지지 않는 나라라는 말은 껍데기뿐이었다. 내실이 없었다. 구성원의 만족 없이 외형적으로 성장한 나라는 유지될 수 없다. 침몰하는 배에 물이 들어오면 선장은 선원들을 다그쳐 물을 퍼내라고 윽박지르고 칼을 뽑아 말을 안 듣는 선원의 목을 베어 버리기도 한다. 하지만 선장이 어떠한 노력을 하던 배에 뚫린 구멍을 먼저 막지 않고서는 배를 살릴 수 없다.

스페인이 배고 가톨릭이 배를 만든 나무라면, 그 시기 가톨릭은 썩을 대로 썩은 나무처럼 구멍이 나 버려 한창 바다 한가운데를 항해하던 스페인이라는 배에 종교 개혁이라는 물이 들어오고 있었다. 카를로스 1세가 어떻게든 물이 새는 구멍을 막아 배를 고치기 위해 항구로 돌아가는 선장이었다면, 펠리페 2세는 구멍을 억지로 틀어막고 대양을 가로지르는 항해를 끝마치려는 선장이었다.

펠리페 2세는 왜 그렇게 가톨릭에 집착했을까? 그의 입장에서 생각을 해 보면 스페인이 거대한 식민지를 가질 수 있던 이유가 가톨릭 종교와 밀접한 연관이 있었기 때문이다. 과거 스페인은 유럽 다른 나라 입장에서는 남쪽에서 지지리도 못나서 이슬람의 지배를 받고 있던 불쌍한 나라였다. 그래서 스페인은 유럽의 십자군 전쟁이 한창일 때 이슬람 왕국과의 전쟁으로 빠질 수 있었다. 유럽의 다른 나라들이 십자군 전쟁으로 가난해지고 있던 사이 스페인은 이슬람을 통해 선진 문물을 받아들이며 발전했다.

스페인이 강대국으로 급부상하게 된 시기는 신대륙 발견으로 거대한 식민지를 얻고 나서부터이다. 그런데 식민지를 누가 인정해 주는가? 가령 달이나 화성 등에서 사람들이 살 수 있는 새로운 땅을 발견하면 그 땅은 누구의 소유가 될까? 누가 그가 소유자임을 인정해 줄까? 당시 15세기 말 스페인이 아메리카 대륙을 발견했다고 주장했을 때 로마 교황이 스페인의 식민지 지배의 정당성을 인정해 주었다. 펠리페 2세 입장에서 보면 가톨릭은 스페인의 은인이었다. 그는 신교와 타협하는 것이 가톨릭을 버리는 것이나 마찬가지라고 생각했다.

펠리페 2세의 뒤를 이은 펠리페 3세와 펠리페 4세 역시 가톨릭을 지키고자 애썼다. 그들은 다른 종교와 사고방식을 인정하지 않았다. 그 고집의 대가는 컸다. 1618~1648년 사이 독일에서 일어난 신구교간의 30년 전쟁의 피해로 감소한 인구수는 750만 명에 이르렀다.* 2,100만 명이던 신성로마제국의 인구는 1,350만 명으로 줄어들었다. 종교 전쟁은 종교뿐 아니라 새로운 생각을 가로막았다. 닫힌 스페인의 몰락은 역사 속에서 무너져 간 다른 여러 강대국처럼 이미 예정되어 있었다.

스페인이 점점 유럽에서 힘을 잃어 갈 때 스페인의 합스부르크 왕가도 함께 무너져갔다. 합스부르크 왕가는 삼촌과 조카 사이의 결혼이 흠이 되지 않을 정도로 자주 근친 간에 결혼을 했다. 이유는 단 하나 합스부르크 가문의 영향력을 넓히기 위해서였다. 확장하고픈 열망에 근친 간 결혼을 반복하다 보니 갈수록 태어나는 아이들이 정상이 아닌 경우가 많았다. 수 명의 아이를 낳아도 어린아이 때 대다수가 죽었고, 그나마 살아남은 아이도 정상이 아닌 경우가 많았다. 합스부르크 가문은 근친 간의 결혼이 왜 금기시되는지 인류에게 알려 주는 극단적인 예이다. 공교롭게 근친 간의 폐해로 태어난 아이의 문제도 펠리페 2세 이후부터 도드라졌다. 그의 왕위 계승자였던 돈 카를로스는 제정신이 아니어서 펠리페 2세를 죽이고 싶다고 고해신부에게 고백하기도 했다. 위태위태하게 이어지던 스페인의 합스부르크 가문의 대는 펠리페 3세, 펠리페 4세 다음 마지막 왕 카를로스 2세가 성적 불구로 태어나

---

* 위 데이터는 알란 맥파레인Alan McFarlane 「평화의 야만적 전쟁: 영국, 일본 그리고 멜더스 학파의 덫The Savage Wars of Peace: England, Japan and the Malthusian Trap」 (2003)에서 참고한 자료이다. 30년 전쟁으로 감소한 인구수에 대한 추정치는 학자마다 달라서 300만~1,150만 사이였던 것으로 추정하고 있다.

아이를 갖지 못하면서 끝이 났다.

유럽-아시아 대륙의 서쪽 끝에서 펠리페 2세의 고집이 스페인에 독이 되었듯, 비슷한 시기 동쪽 끝 한반도의 조선도 스페인과 비슷한 이유로 굴욕을 당했다. 유럽에서 종교 전쟁이 일어나고 있던 17세기 초 중국에서는 명나라와 여진족의 패권 싸움이 한창이었다. 명나라는 조선에게 원군을 요청했다. 임진왜란 때 명나라는 조선을 도왔다. 조선은 명나라의 원군 요청을 모른 척할 수는 없었다. 하지만 만약 명나라를 여진족이 무너뜨리고 새로운 나라를 세운다면 그때 조선은 난처한 입장에 처할 수밖에 없었다. 광해군은 중립적인 태도를 취했다. 명나라 요청대로 여진족을 상대로 원군을 보내기는 했다. 그러나 여진족과 싸우지 않고 전투가 일어나면 항복해서 여진족의 원한을 사지 않도록 노력했다.

어떤 세력이 이길지 모르는 상황에서 실리를 택한 광해군의 외교는 카를로스 1세가 종교혁명을 다루는 방식과 비슷했다. 카를로스 1세가 죽고 뒤를 이은 펠리페 2세는 카를로스 1세의 정책을 뒤집어 신교를 탄압해 스페인의 몰락을 자초했다. 마찬가지로 1623년 인조반정으로 광해군의 뒤를 이은 인조는 여진족을 멀리하고 명나라를 가까이하는 태도를 노골적으로 취했다. 여진족은 두 번에 걸쳐 조선을 침략해 정묘호란과 병자호란을 일으켰다. 조선은 전쟁에서 패배하여 막대한 전쟁 보상금을 물어줘야 했고 수많은 백성이 노예로 팔려 갔다. 물론 일차적인 책임은 조선을 침략한 여진족, 청나라에게 있다. 그러나 만약 카를로스 1세가 신교를 인정하면서 공존하는 방안을 모색했듯, 인조 정권이 실리를 추구하여 청나라와 공존하는 방안을 강구했다면 조선이 전화에 휩싸이고 무고한 백성이 피해를 입지는 않았을 것이다.

역사는 반복된다. 그게 나라이든, 개인이든, 특정 집단이든 분명 어느 순간에는 중요한 선택을 해야 할 때가 있다. 그때 과거의 역사를 알면 현명한 선택을 해서 찬란한 역사를 쓸 수 있다. 모든 벽은 문이라는 말이 있다. 스페인과 관련된 역사에서 그 문을 여는 열쇠는 바로 다양성을 인정하는 자세에 있었다.

참고 서적

국내 서적

- 『그리스 사상과 아랍 문명』, 디미트리구타스 저, 정영목 역, 글항아리(2013)
- 『대항해 시대 : 해상 팽창과 근대 세계의 형성』, 주경철 저, 서울대학교출판부 (2008)
- 『로마 제국 쇠망사』, 에드워드 기번 저, 강석승 역, 동서문화사(2007)
- 『세계 철학사』, 한스 요아힘 슈퇴리히 저, 자음과 모음(2013)
- 『세상의 끝을 넘어서(마젤란의 해양 오디세이)』, 로렌스 버그린 저, 박은영 역, 해나 무(2006)
- 『스페인 미술관 산책』, 최경화, 시공아트(2013)
- 『스페인 역사 100장면』, 이강혁 저, 가람 기획(2003)
- 『스페인 역사』, 박철 편역, 삼영서관(2009)
- 『스페인사』, 레이몬드 카 외, 김완중, 황보영조 옮김, 까치(2006)
- 『신의 용광로』, 데이비드 리버링 루이스 저, 이종인 역, 책과함께(2010)
- 『여왕의 시대: 역사를 움직인 12명의 여왕』, 바이하이진 저, 김문주 역, 미래의창 (2008)
- 『역사란 무엇인가』, E. H. 카 저, 김택현 역, 까치(2007)
- 『역사의 비밀을 찾아서 '바다의 방랑자 페니키아인'』, 한스 크리스티안 후프 저, 오늘의 책(2004)
- 『이슬람의 과학과 문명』, 하워드 R. 터너, 저 정규영 역, 르네상스(2004)

- 『자존심의 문명 이슬람의 힘』, 권삼윤 저, 동아일보사(2001)
- 『총 균 쇠』, 재레드 다이아몬드 저, 김진준 역, 문학사상사(2005)
- 『플루타르코스 영웅전 1』, 플루타르코스 저, 이다희 역, 이윤기 감수, 휴먼앤북스 (2010)

외국 서적

- 『*Blood in the Forum: The Struggle for the Roman Republic*』, 〈Marin, Pamela〉, A&C Black(2009)
- 『*Catedrales: Las biografías desconocidas de los grandes templos de España*』, 〈Sobrino, Miguel〉, La Esfera de los Libros(2009)
- 『*Curiosidades de Sevilla*』, 〈Manuel Grosso〉, El pais y Aguilar(1992)
- 『*Dictionary of Greek and Roman biography and mythology*』, 〈William Smith〉, Michigan: University of Michigan Library(2005)
- 『*El Alcázar de sevilla*』, 〈Miguel Ángel Tabales Rodríuez〉, Junta de Andalucia (2010)
- 『*El Cid histórico*』, 〈Martínez Díez, Gonzalo〉, Planeta(1999)
- 『*Guerra y sociedad en la monarquía hispánica*』, 〈Enrique García Hernán〉, Laberinto S.L.(2007)
- 『*Hannibal's Odyssey, Environmental Background to the Alpine Invasion of Italia*』, 〈Mahaney, W.C〉, Gorgias Press(2008)
- 『*Historia I*』, 〈Heróoto〉, Catedra(2004)
- 『*Historia Antigua, Actas del II congreso de historia de andalucia*』〈Instituto de Historia de Andalucía〉, Junta de andalucia(1994)
- 『*Historia crítica de la Inquisición*』, 〈Juan Antonio Llorente〉, La Imprenta del Censor(1822)
- 『*Historia de España*』, 〈Jaime Alvar〉Temas de hoy(2002)
- 『*Historia de la ciudad de Sevilla*』, 〈Joaquín Guichot〉, Gironés y Orduña(1901)
- 『*Historia de Sevilla*』, 〈José María de Mena〉, Plaza&Janes Editores,

S.A(2007)

- 『Historia Economica de la Hispania Romana』, 〈José María Blázquez〉, Ediciones Cristiandad(1978)

- 『Homosexualismo』, 〈Gerardo Sanchez, Navarro〉, CreateSpace(2010)

- 『La aventura de los godos』, 〈Juan Antonio Cebrián〉, La Esfera de los Libros(2002)

- 『La ciudad de Cervantes Sevilla 1587−1600』, 〈Francisco Núñez Roldán〉, Ayuntamiento de Sevilla(2005)

- 『Le voyage de Magellan (1519-1522)』, 〈Xavier de Castro 외〉, Chandeigne(2010)

- 『Los Enigmas de Tarteso』, 〈Jaime Alvar〉Cátedra(1993)

- 『Prebistoria: History de España』, 〈VV.AA.〉, Ariel(2005)

- 『Tradiciones y leyendas sevillanas』, 〈José María de Mena〉, Plaza&Janes Editores, S.A(2011)

찾아보기